会計制度の
パラダイムシフト

経済社会の変化が与える影響

河﨑照行 [編著]
Kawasaki Teruyuki

中央経済社

はじめに

◆ 本書の目的

　本書『会計制度のパラダイムシフト─経済社会の変化が与える影響』の目的は，会計の基礎理論，会計文化論，社会学，監査論，税制，実証研究といった多様な視点から，経済社会のダイナミズムに対応したわが国（および諸外国）の会計制度のあり方（会計制度のパラダイム転換）を総合的に研究するものである。本書の研究課題は，具体的には，次の３点である。

(1) 経済社会のダイナミックな変化（経済社会のダイナミズム）が，会計制度のあり方にどのようなインパクトを与えているかについて，会計研究の多様な視点から，両者の関係を闡明にすること

(2) 諸外国の会計制度の動向を踏まえ，わが国の会計制度の二分化と各会計制度内部における会計基準の複線化について，その原因を究明すること

(3) 上記(1)と(2)の検討結果に基づき，わが国の会計制度はいかにあるべきか，あるいはどのように改善すべきかという視点から，わが国の会計制度改革のあり方（グランドデザイン）を提言すること

◆ 本書の背景

　今日の経済社会のダイナミックな変化（経済社会のダイナミズム）は，少なくとも次の３つの側面から，その特徴を浮き彫りにすることができる。

(1) 第１は，経済基盤の変化である。従来の企業活動は国内が中心であり，資金調達も国内資本市場を前提とするドメスティックな活動であったのに対し，今日では，企業活動は国境を越えてグローバル化し，資金調達も世界的規模で拡大している。

(2) 第２は，市場経済の変化である。従来の市場経済は，有形財（製品プロダクト）を主軸とした「プロダクト型市場経済」であったのに対し，今日では，金融財（金融商品）を主軸とした「ファイナンス型市場経済」へ重点が移動し，さらに，この重点移動は無形財（知的資産）を主軸とした

「ナレッジ型市場経済」へ移行しつつある。
 (3) 第3は，アカウンタビリティーに対する認識の変化である。上記(1)と(2)の変化は，アカウンタビリティーに対して，従来の「株主に対する報告責任」（受託責任）の思考を後退させ，「ステークホルダーに対する説明責任」（情報提供）の思考を前面に押し出している。

　このような経済社会のダイナミズムが会計制度を大きく揺るがせている。今日，会計制度の揺らぎは，次の2つの局面で顕在化している。
 (1) 第1の揺らぎは，会計制度の二分化である。具体的には，「上場企業（大企業）の会計制度」と「中小企業の会計制度」の二分化がこれである。このような会計制度の二分化は，世界的な傾向であり，わが国および諸外国では，国際会計基準（IFRS）の導入問題（IFRSとのコンバージェンス問題）を契機として，上場企業（大企業）の会計とともに，中小企業の会計のあり方が活発に議論されるようになってきた。
 (2) 第2の揺らぎは，各会計制度内部での会計基準の複線化である。現在，わが国の「大企業の会計制度」では，①日本基準（J-GAAP），②IFRS（完全版IFRS），③米国基準（US GAAP），④修正国際基準（JMIS）の4つの会計基準が併存している。他方，「中小企業の会計制度」については，2005年8月に「中小企業の会計に関する指針」（「中小指針」）が公表され，さらに，2012年2月に「中小企業の会計に関する基本要領」（「中小会計要領」）が公表された。その結果，わが国では，①中小指針と②中小会計要領の2つの会計基準が併存している。

　このように，今日のわが国の会計制度は，「上場企業（大企業）の会計制度」と「中小企業の会計制度」に二分化され，しかも，各会計制度において複数の会計基準が併存することによって，その制度的混迷がますます深まっている。
　以上のような会計制度の揺らぎが本書の研究課題の背景をなしている。

◆ 本書の構成

　本書は，5部21章から構成されている。各部および各章では，以下のようなテーマが議論されている。
 (1) 「第Ⅰ部　経済社会のダイナミズムと会計概念の検討」（第1章～第5章）

では，今日の経済社会の変化と会計概念の変容が浮き彫りにされており，具体的には，経済社会と会計理論の変化の諸相（第 1 章），会計基準の強制力と公正妥当性（第 2 章），会計基準における合理性の変容（第 3 章），蓋然性規準の動向と課題（第 4 章），利益の堅さと利益マネジメント（第 5 章）といったテーマが論じられている。

(2) 「第Ⅱ部　主要諸国における会計制度改革」（第 6 章〜第 12 章）では，欧米諸国をはじめとする主要諸国について，中小企業会計制度に焦点をあて，その現状が浮き彫りにされている。具体的には，EU（第 6 章），ドイツ（第 7 章），フランス（第 8 章），イギリス（第 9 章），韓国（第 10 章），国際的動向（第 11 章），日本（第 12 章）といった各国（地域）について，その制度的実態が浮き彫りにされている。

(3) 「第Ⅲ部　監査制度のパラダイム転換」（第 13 章〜第 15 章）では，監査制度の変容の特質が議論されており，具体的には，情報技術の進展と監査制度の標準化（第 13 章），XBRL と監査データ標準（第 14 章），米国における特別目的の財務諸表に対する監査（第 15 章）といったテーマが論じられている。

(4) 「第Ⅳ部　パラダイム転換期における企業の会計行動」（第 16 章〜第 19 章）では，わが国における企業の会計行動について，その変容が浮き彫りにされており，具体的には，会計利益と課税所得の一致性と利益の質（第 16 章），日本企業の租税回避行動の特徴とその決定因子（第 17 章），IFRS 適用是非の意思決定に与える影響（第 18 章），経済社会の変化と非 GAAP 利益の開示（第 19 章）といったテーマが論じられている。

(5) 「第Ⅴ部　総括と展望」（第 20 章・第 21 章）では，本書の議論を総括（第 20 章）するとともに，わが国の会計制度改革（パラダイム転換）のあり方を提言することによって，本書の研究課題が展望（第 21 章）されている。

◆ 本書の原型

本書の原型となったのは，日本会計研究学会・特別委員会「経済社会のダイナミズムと会計制度のパラダイム転換に関する総合研究」（2014 年度〜2015 年度），および日本学術振興会・科学研究費補助金基盤研究(B)「経済社会のダイ

ナミズムと会計制度のパラダイム転換に関する総合研究」(2015年度〜2017年度)である。これらの共同研究では，わが国を代表する気鋭の研究者が集結し，精力的な調査研究と活発な議論が展開された。それゆえ，本書は日本および諸外国の会計制度の現状と改革（パラダイム転換）に関する最新かつ体系的な研究成果であるといってよい。

◆ 謝　辞

　本書は，数多くの方々の温かいご指導とご支援によるものである。とりわけ，日本会計研究学会元会長・伊藤邦雄先生には，会計研究における本研究課題の重要性をいち早く見抜かれ，特別委員会の設置にご尽力を賜ったことに感謝申し上げたい。また，上野隆也先生（税理士・桃山学院大学非常勤講師）には，日本会計研究学会・特別委員会の幹事として，研究会開催の事務全般や本書の企画・編集などに献身的なご支援を賜った。

　なお，本書の出版にあたっては，公益財団法人租税資料館から研究出版助成のご支援をいただいた。記して感謝申し上げたい。

　最後に，本書の出版をご快諾頂くとともに多大なご支援をいただいた中央経済社代表取締役社長・山本継氏，および編集・校正に並々ならぬご尽力をいただいた同社学術書編集部編集長・田邉一正氏に対して，厚くお礼を申し上げたい。

2019年2月

編者　河﨑照行

目　　次

序　章
本書の問題意識と研究課題

Ⅰ　はじめに／1

Ⅱ　経済社会のダイナミズム／1

Ⅲ　会計理論のパラダイム転換／2
  1　会計理論のパラダイム転換の必要性／2
  2　会計ディスクロージャーのパラダイム転換の必要性／3

Ⅳ　会計制度のパラダイム転換／5

Ⅴ　本書の目的と研究課題／6

第Ⅰ部　経済社会のダイナミズムと会計概念の検討

第1章
経済社会と会計理論の変化の諸相

Ⅰ　はじめに／11

Ⅱ　企業環境の変化の諸相／12

Ⅲ　会計理論の変貌過程——3つの会計理論モデル／13

Ⅳ　会計ディスクロージャーの拡大化／16
  1　会計ディスクロージャーの変化の諸相／16
  2　伝統的な「財務報告」から「Webベース・ビジネスレポーティング」へ／18

Ⅴ　おわりに／19

第2章
会計基準の強制力と公正妥当性

- Ⅰ　はじめに／23
- Ⅱ　金融商品取引法領域における会計基準への言及／24
- Ⅲ　「強制」の意味／29
- Ⅳ　一般に公正妥当と認められる企業会計の基準としての判断と慣行性／31
    - 1　判断のレベル／31
    - 2　「公正妥当と認められる企業会計の基準」と慣行性／34
- Ⅴ　おわりに／35

第3章
会計基準における合理性の変容

- Ⅰ　はじめに／39
- Ⅱ　会計基準設定の経済的合理性／40
- Ⅲ　「ネットワーク外部性」に基づく国際会計基準の合理性／43
- Ⅳ　国際会計基準における合理性の変容／45
    - 1　「取引コスト」の縮小／45
    - 2　「ネットワーク外部性」の低下／46
- Ⅴ　会計基準の合理性に関する実証的な論点／48
    - 1　「修正国際基準」の現実的な機能／49
    - 2　IFRSに準拠した財務報告の質／50
    - 3　経営者の行動変化の検証／51
- Ⅵ　おわりに──今後の会計基準設定に対する含意／52

第4章
蓋然性規準の動向と課題

- Ⅰ　はじめに／57
- Ⅱ　会計基準における蓋然性／57
- Ⅲ　研究開発と蓋然性／58
  - 1　IFRSにおける研究開発／58
  - 2　日本基準における研究開発／61
  - 3　日本基準の動向と課題／62
- Ⅳ　おわりに／64

第5章
利益の堅さと利益マネジメント

- Ⅰ　はじめに／67
- Ⅱ　モデルの設定／69
- Ⅲ　株主の企業価値最大化問題／71
- Ⅳ　最適報酬契約／73
- Ⅴ　比較静学／76
  - 1　経営者努力コストの変化／76
  - 2　経営者のリスク回避度の変化／78
  - 3　事業リスクの変化／79
- Ⅵ　おわりに／80

第Ⅱ部 主要諸国における会計制度改革

第6章
EUにおける会計制度改革

- Ⅰ　はじめに／85
- Ⅱ　SMEをめぐる会計指令に関する文書／86
  - 1　SME関連文書／86
  - 2　会計指令関連文書／87
  - 3　マイクロ企業に関する法的提案／88
- Ⅲ　EFRAGによる中小企業版IFRSについての検討／89
  - 1　欧州委員会によるアンケート調査／89
  - 2　EFRAGによる中小企業版IFRSとEU会計指令との比較／90
- Ⅳ　指令2012/6/EUの概要／91
  - 1　マイクロ企業の範囲（第1条(1) 1.）／91
  - 2　免除項目（第1条(1) 2.）／91
  - 3　財務諸表の様式（第1条(1) 3.）／92
  - 4　公正価値評価（第1条(1) 4.）／92
  - 5　真実かつ公正な概観（第1条(1) 5.）／92
- Ⅴ　指令2013/34/EUの概要／92
  - 1　これまでの経緯／92
  - 2　基本的考え方／93
  - 3　企業とグループの範囲（第1章第1条）／94
  - 4　一般規定と一般原則（第2章）／95
  - 5　貸借対照表と損益計算書（第3章）／98
  - 6　連結財務諸表および報告書（第6章）／100
  - 7　除外に関する規定および除外の制限（第9章）／103
- Ⅵ　コミュニケーションCOM［2015］301の概要／104
- Ⅶ　EU加盟国におけるIFRS受け入れの現状／105
- Ⅷ　EFRAGの組織改革／106

Ⅸ　おわりに／107

第7章
ドイツにおける会計制度改革

　Ⅰ　はじめに／109

　Ⅱ　会計指針変換法（BilRUG）／110

　Ⅲ　ドイツにおける中小企業版 IFRS への対応の試み／114

　　1　「中小企業版 IFRS（公開草案）に関するドイツにおけるフィールドテスト報告」（DRSC［2008］）／114

　　2　ドイツ SME における中小企業版 IFRS（公開草案）に関する調査の最終報告（DRSC［2010a］）／115

　　3　ドイツ"小"公開企業における中小企業版 IFRS に関する調査の最終報告（DRSC［2010b］）／117

　Ⅳ　おわりに／118

第8章
フランスの会計基準設定主体『戦略プラン』における会計改革の方向性

　Ⅰ　はじめに／121

　Ⅱ　『戦略プラン』のコア・エレメント／124

　　1　中小会社の会計／124

　　2　研究者コミュニティとの連携／126

　　3　合議制と欧州の公益／127

　Ⅲ　『戦略プラン：2019 年への挑戦』にみるフランスの姿勢／127

　　1　フランス会計基準／128

　　2　会計コミュニティの強化／129

　Ⅳ　おわりに／130

第9章
イギリスにおける会計基準の改訂とその特徴

- Ⅰ　はじめに／135
- Ⅱ　会計基準改訂の経緯／136
- Ⅲ　会計基準の改訂過程／137
  - 1　会計基準の改訂過程／137
  - 2　新たなFRSの適用／142
  - 3　新たなFRSの法的裏付け／143
- Ⅳ　会社法上の規定との調和——FRS第102号を中心に／144
- Ⅴ　おわりに——わが国の会計制度に対する示唆／146

第10章
韓国における中小企業会計制度の普及・活用

- Ⅰ　はじめに／155
- Ⅱ　上場企業向けの会計制度／156
- Ⅲ　非上場企業向けの会計制度／157
  - 1　K-GAAPと中小企業版IFRS／157
  - 2　一般企業会計基準／159
  - 3　中小企業会計基準／160
- Ⅳ　韓国と日本における中小企業会計制度の比較検討／161
  - 1　中小企業会計制度の特徴／161
  - 2　中小企業会計制度の普及・活用と今後の課題／163
- Ⅴ　おわりに／167

第11章
中小企業版会計基準をめぐる国際的動向

- Ⅰ　はじめに／171
- Ⅱ　中小企業版IFRS公表までの国際的動向／172

Ⅲ　中小企業版 IFRS の公表と各国の対応／176
　Ⅳ　新興経済諸国の中小企業版 IFRS への対応に関する疑問／178
　Ⅴ　中小企業版会計基準の設定——マレーシアを事例として／180
　Ⅵ　中小企業版会計基準をめぐる疑問とその説明への新制度派社会学の援用／183
　　1　制度的ルールとそれがもたらす行為と行為者の循環性／184
　　2　資本主義社会における合理性の判断ツールとしての会計／184
　　3　グローバルに画一化される会計／186
　Ⅶ　おわりに／187

第12章
日本の中小企業における自発的開示
——テーマ分析による質的研究

　Ⅰ　はじめに／193
　Ⅱ　リサーチ・デザイン／195
　　1　テーマ分析を活用した探索的研究／195
　　2　被験者／195
　　3　データ分析／197
　Ⅲ　分析結果／197
　　1　分析結果の概要／197
　　2　会計を扱える能力／197
　　3　資金調達の目的／201
　　4　経営上のゴール／204
　Ⅳ　結果の解釈／207
　　1　専門家への依存と会計の自由度のトレード・オフ関係／207
　　2　発生主義会計と税務会計／208
　　3　チェックリスト制度／208
　　4　成長の意図と現状維持／209
　Ⅴ　おわりに／210

第Ⅲ部　監査制度のパラダイム転換

第13章
情報技術の進展と監査制度の標準化

- Ⅰ　はじめに／217
- Ⅱ　監査制度の標準化の流れ／218
  1. 監査基準の標準化／219
  2. 監査規制の標準化／219
  3. 監査データの標準化／220
- Ⅲ　情報技術が財務諸表監査に及ぼす影響／221
  1. 内部統制の調査と評価／221
  2. 監査証拠と監査手続／222
  3. コンピュータ利用監査技法／224
- Ⅳ　監査データ標準（ADS）／225
  1. 監査データ標準（ADS）とは／225
  2. ADS以外のデータ標準化の動向／226
  3. ISOのADS／228
- Ⅴ　監査データの標準化が監査にもたらす影響／229
  1. 監査データの標準化への動き／229
  2. 監査実務への影響／230
- Ⅵ　おわりに／234

第14章
XBRLと監査データ標準（ADS）

- Ⅰ　はじめに／241
- Ⅱ　監査とXBRLとの関わり／241
  1. XBRLデータを対象とする監査／242
  2. XBRLデータを使った監査／242
- Ⅲ　AICPAのADSの概要／244

1　AICPAによるADSへの取組み／244
　　2　基礎編の概要／245
　　3　総勘定元帳編の概要／247
　　4　受注現金回収補助元帳編・調達支払補助元帳編・在庫補助元帳編の概要／248
　　5　固定資産補助元帳編の概要／249
　Ⅳ　ADSの意義を理解するためのXBRL GLに関する知識／249
　　1　XBRL GLのエレメントとプロファイル／249
　　2　SRCD／250
　　3　テーブル・リンクベースとInline XBRL／252
　Ⅴ　おわりに／253

第15章
米国における特別目的の財務諸表に対する監査

　Ⅰ　はじめに／259
　Ⅱ　特別目的の財務諸表に対する監査手続／260
　　1　特別目的の財務諸表の意義／260
　　2　監査における特別考慮事項／263
　Ⅲ　日本の会計監査制度に関する検討／265
　Ⅳ　おわりに／269

第Ⅳ部　パラダイム転換期における企業の会計行動

第16章
会計利益と課税所得の一致性と利益の質

　Ⅰ　はじめに／277
　Ⅱ　先行研究／278
　Ⅲ　リサーチ・デザイン／280

            1 会計利益と課税所得の一致性に関する指標／280
            2 利益の質に関する指標／281
            3 回帰モデル／284
            4 サンプル選択／284
        Ⅳ 分析結果／285
            1 BTC指標の記述統計量／285
            2 利益の質に関する指標の記述統計量／287
            3 回帰分析／291
        Ⅴ おわりに／295

第17章
日本企業の租税回避行動の特徴とその決定因子

        Ⅰ はじめに／301
        Ⅱ 租税回避行動をめぐる先行研究／302
            1 国際比較に関する先行研究／302
            2 決定因子をめぐる先行研究／303
        Ⅲ 日本企業の租税回避行動の実態／305
            1 租税回避の程度の測定／305
            2 サンプル／306
            3 分析結果／307
        Ⅳ なぜ日本企業の租税回避行動に消極的か／314
        Ⅴ おわりに──会計基準の国際的統合化が税務に与えるインパクト／318

第18章
IFRS適用是非の意思決定に与える影響
── 経営者持株比率に焦点を当てて

        Ⅰ はじめに／323
        Ⅱ 先行研究と仮説構築／324

1　先行研究／324
　　2　経営者持株比率が意思決定に与える2つの効果／326
　　3　仮説構築／327
　Ⅲ　リサーチ・デザイン／328
　　1　検証モデル／328
　　2　従属変数／330
　　3　独立変数／331
　　4　サンプルの選択と基本統計量／331
　Ⅳ　分析結果／333
　Ⅴ　おわりに／335

第19章
経済社会の変化と非GAAP利益の開示

　Ⅰ　デジタル化と競争環境の変化／337
　Ⅱ　非GAAP利益の開示をめぐる論点／339
　Ⅲ　非GAAP利益の情報有用性に関する研究／340
　Ⅳ　わが国企業の非GAAP利益の特徴と情報効果／341
　　1　わが国企業の非GAAP利益開示の実態／341
　　2　非GAAP利益とGAAP利益の差異／346
　　3　非GAAP利益の情報効果／348
　Ⅴ　おわりに／349

第Ⅴ部　総括と展望

第20章
本書の総括

　Ⅰ　はじめに／355

Ⅱ　第Ⅰ部の論点と結論──経済社会のダイナミズムと会計概念の変容／356
　1　経済社会と会計理論の変化の諸相（第1章）／356
　2　会計基準の強制力と公正妥当性（第2章）／357
　3　会計基準における合理性の変容（第3章）／359
　4　蓋然性規準の動向と課題（第4章）／360
　5　利益の堅さと利益マネジメント（第5章）／361

Ⅲ　第Ⅱ部の論点と結論──主要諸国における会計制度改革／362
　1　EUにおける会計制度改革（第6章）／364
　2　ドイツにおける会計制度改革（第7章）／365
　3　フランスの会計基準設定主体『戦略プラン』における会計改革の方向性（第8章）／366
　4　イギリスにおける会計基準の改革とその特徴（第9章）／367
　5　韓国における中小企業会計制度の普及・活用（第10章）／369
　6　中小企業版会計基準をめぐる国際的動向（第11章）／370
　7　日本の中小企業における自発的開示－テーマ分析による質的研究（第12章）／371

Ⅳ　第Ⅲ部の論点と結論──監査制度のパラダイム転換／372
　1　情報技術の進展と監査制度の標準化（第13章）／373
　2　XBRLと監査データ標準（ADS）（第14章）／374
　3　米国における特別目的の財務諸表に対する監査（第15章）／375

Ⅴ　第Ⅳ部の本書の論点と結論──パラダイム転換期における企業の会計行動／376
　1　会計利益と課税所得の一致性と利益の質（第16章）／376
　2　日本企業の租税回避行動の特徴とその決定因子（第17章）／378
　3　IFRS適用是非の意思決定に与える影響──経営者持株比率に焦点を当てて（第18章）／379
　4　経済社会の変化と非GAAP利益の開示（第19章）／380

第21章
本書の展望
―― 会計制度の二分化と会計基準の複線化のゆくえ

- Ⅰ　はじめに／383
- Ⅱ　会計文化の「ローカル性」／384
  - 1　西洋文化と東洋文化の相違／384
  - 2　国際会計モデルと日本型会計モデル／385
- Ⅲ　会計基準設定の方法論的特質／388
- Ⅳ　わが国の会計制度の二分化とそのあり方／389
- Ⅴ　おわりに／392

索　引／395

序　章
本書の問題意識と研究課題

I　はじめに

　会計行為は，企業の経済活動を会計情報（会計報告書）として写像（測定）し，それを利害関係者に提供（伝達）する行為である。したがって，企業の経済活動の基盤となる経済社会（産業構造）が変化すれば，会計システム（会計理論と会計ディスクロージャー）も変化を余儀なくされる。本書の目的は，経済社会のダイナミックな変化（経済社会のダイナミズム）が，わが国および諸外国の会計制度をどのように変化させようとしているか（会計制度のパラダイム転換）について，理論，制度および実証の３つの側面から調査・研究することにある。本書では，わが国および主要諸国における国際会計基準（IFRS）の導入の実態に焦点をあて，わが国および主要諸国の会計理論と会計制度改革について，総合的かつ体系的に調査・研究することにより，わが国のあるべき会計制度を提言してみたい。

II　経済社会のダイナミズム

　会計行為は企業活動を忠実に写像する行為であり，会計理論は，企業環境の変化を反映する形で展開される必要がある。今日の企業環境のダイナミックな変化（経済社会のダイナミズム）については，少なくとも，次の３つの側面から，

その特徴を浮き彫りにすることができる（武田［2001］，4-10頁；武田［2008］，129-166頁；河﨑［2006］，119-120頁）。

(1) 第1は「経済基盤の変化」である。従来の企業活動は国内が中心であり，資金調達活動も国内資本市場を前提とするドメスティックな活動であった。これに対して，今日では，企業活動は国境を越えてグローバル化し，資金調達活動も世界的規模で拡大化している。

(2) 第2は「市場経済の変化」である。従来の経済社会は，有形財（製品プロダクト）を主軸とした「プロダクト型市場経済」であった。これに対して，今日では，金融財（デリバティブ等の金融商品）を主軸とした「ファイナンス型市場経済」へ重点が移動してきた。さらに，この重点移動は無形財（ブランドやノウハウ等の知的資産）を主軸とした「ナレッジ型市場経済」へ移行しつつある。

(3) 第3は「アカウンタビリティーに対する認識の変化」である。上記(1)と(2)の変化は，アカウンタビリティーに対して，従来の「株主に対する報告責任」（受託責任）の思考を後退させ，「ステークホルダーに対する説明責任」（情報提供）の思考を前面に押し出している。

会計理論のパラダイム転換

1 会計理論のパラダイム転換の必要性

このような経済社会のダイナミズム（企業環境の変化）は，必然的に，会計理論のあり方を変化させることになる。その変貌過程は，産業構造（市場経済）の変化に即して，「プロダクト型会計理論 → ファイナンス型会計理論 → ナレッジ型会計理論」として特徴づけることができる（武田［1992］，34-36頁；武田［2008］，154-156頁；河﨑［2007b］，2-5頁）。**図表序－1**は，これら3つの理論モデルの特質を要点的に示したものである。

かかる会計理論の変貌は，「会計の認識対象の拡大化」として顕在化することになり，伝統的会計の理論構造の変化（パラダイム転換）が求められることとなる。

図表序−1 3つの会計理論モデルの特質

特 質 \ 会計理論	プロダクト型会計理論	ファイナンス型会計理論	ナレッジ型会計理論
① 産業構造	・プロダクト型市場経済	・ファイナンス型市場経済	・ナレッジ型市場経済
(ア) 主たる財貨	・有形財	・金融財	・無形財（知的資産）
(イ) 市場特性	・安定性が高く流動性が相対的に低い市場	・変動性と流動性が相対的に高い市場	−
② 認識のパースペクティブ	・実現＝販売	・実現可能性 ・情報有用性	・情報有用性
(ア) 認識規準	・信頼性	・目的適合性	・目的適合性
(イ) 未履行契約・自己創設無形財	・認識不可	・未履行契約の認識可能性	・自己創設無形財の認識可能性
③ 評価基礎（測定）	・原価	・公正価値（売却時価）	・公正価値（割引現在価値）

2 会計ディスクロージャーのパラダイム転換の必要性

(1) 開示内容の拡大化

　他方，今日の企業環境の変化は，情報要求（開示内容）の拡大化と開示手段の電子化が相まって，会計ディスクロージャーのあり方を大きく変化させている。その変化の動向は，「従来の財務報告（紙ベースの財務報告）　→　Webベース・ビジネスレポーティング（電子ベースのビジネスレポーティング）」として特徴づけることができる（河﨑［2007a］，1-12頁）。

　このような動向の嚆矢となったのが，米国のジェンキンス報告書である（AICPA［1994］）。同報告書では，次の3つの視点から，従来の「財務報告」を外延的に拡大化させた「ビジネスレポーティング」の提供を提案していた。

(1) 第1の視点は，「未来化」である。これは，経営計画やリスク情報といった将来指向的情報を重視することをいう。
(2) 第2の視点は，「非財務情報の重視」である。これは，重要な事業の遂行プロセスなど，長期的な価値形成に焦点をあてた情報を重視することを

いう。

(3) 第3の視点は,「内部管理情報の外部化」である。これは,事業管理目的の情報を外部報告目的の情報として同列に取扱うことをいう。

このようなビジネスレポーティングのキー・ファクターは,ビジネスリスクに対する関心の高まりであり,リスクの予測情報(未来化)とともに,その補足情報(非財務情報の重視)および補完情報(内部管理情報の外部化)によって,情報要求(開示内容)の拡大化に応えようとするものである。このような開示動向は,今日,「統合報告」として活発に議論されている(古庄[2018], 39-53頁)。

かかる開示内容の拡大化は,開示手段としての電子メディアを前提としている。現在,Webサイト(ホームページ)に各種の会社情報を掲載する企業が急速な勢いで増加しており,このような会計ディスクロージャーの電子化(電子情報開示)は,従来の開示形式を,(a)「定期報告」から「即時的・継続的報告」へ,また,(b)「静的・一方的報告」から「動的・双方向的報告」へ変化させている。

(2) 会計ディスクロージャーの変貌過程

会計ディスクロージャーの変貌過程は,市場経済の変化(経済社会のダイナミズム)と無関係ではない。「プロダクト型市場経済」における会計ディスクロージャーは,「財務報告」(financial reporting)として特徴づけられ,過去の取引事実(「過去情報」)と貨幣情報(「財務情報」)が主要な情報内容を構成してきた。

これに対し,「ファイナンス型市場経済」における会計ディスクロージャーは,包括的な「事業報告」(business reporting)として特徴づけられ,「過去情報」に加えて現在の経済的実質(「現在情報」)や「財務情報」に加えて非貨幣情報(「非財務情報」)が開示内容に包摂されるに至った。

さらに,「ナレッジ型市場経済」における会計ディスクロージャーは,企業の経済的実態を適時かつ適切に提供できる必要がある。次世代の会計システムは,多様な情報要求に応えるため,財務的・定量的情報に非財務的・定性的情報を加味する形で開示内容を拡張し(「事業報告」または「統合報告」),Web等

の電子メディアを活用した即時的かつ連続的な情報提供（「即時報告」または「継続報告」）を可能にするものでなければならない。

会計制度のパラダイム転換

　このように，経済社会のダイナミズムはわが国および各国の会計制度を大きく揺るがせている。今日，会計制度の揺らぎは，次の2つの局面で顕在化している。

(1) 第1の揺らぎは，会計制度の二分化である（河﨑［2014］, 1-13頁）。具体的には，「上場企業（大企業）の会計制度」と「中小企業の会計制度」の二分化がこれである。このような会計制度の二分化は，世界的な傾向であり，わが国および諸外国では，国際会計基準（IFRS）の導入問題（遠藤他［2015］；杉本［2017］）（IFRSとのコンバージェンス問題）を契機として，上場企業（大企業）の会計とともに，中小企業の会計のあり方が活発に議論されるようになってきた（河﨑・万代［2012］；河﨑［2016］；Kawasaki & Sakamoto［2014］）。

(2) 第2の揺らぎは，各会計制度内部での会計基準の複線化である。わが国では，「上場企業（大企業）の会計制度」について，2013年6月に，企業会計審議会から「国際会計基準（IFRS）への対応のあり方に関する当面の方針」が公表された。この方針では，「IFRS（完全版IFRS）」の適用要件の緩和と「日本版IFRS」（修正国際基準）の策定が提案され，2015年5月には，修正国際基準が公表された。その結果，わが国では，①日本基準（J-GAAP），②IFRS，③米国基準（US GAAP），④修正国際基準（JMIS）の4つの会計基準が併存している[1]。

　他方，「中小企業の会計制度」については，IASB（国際会計基準審議会）が，2009年7月に，「SMEs（中小企業）のためのIFRS」（IFRS for Small and Medium-sized Entities；以下では，「中小企業版IFRS」という）を公表した（IASB［2009］；Mackenzie［2011］（河﨑［2011］））。この「中小企業版IFRS」は，完全版IFRS（full IFRS）を中小企業向けに簡素化した単独の基準書であり，その採用と適用企業は，各国（各地域）の判断に任されていることから，各国では，

その導入問題が活発に議論されている。また,わが国では,2005年8月に「中小企業の会計に関する指針」(「中小指針」) が公表され,さらに,2012年2月に「中小企業の会計に関する基本要領」(「中小会計要領」) が公表された。その結果,わが国では,①中小企業版IFRS,②中小指針,③中小会計要領の3つの会計基準が併存することになる (ただし,制度的に容認されているのは,中小指針と中小会計要領の2つである)。

このような会計制度の揺らぎは,わが国のみならず,諸外国でも同様である (河﨑 [2015])。諸外国における会計制度改革の全体的な動向 (中小企業版IFRSの導入実態) については,次の2点を指摘できる (河﨑 [2016], 281頁)。

① 中小企業版IFRSの導入に対する各国の対応は,上場企業に対するIFRSの導入に対する姿勢に応じて異なっていること
② 中小企業版IFRSの対応には,税制のあり方が強い影響を与えており,その受入態度も「分離方式」を採用しているか,「確定決算方式」を採用しているかで異なっていること

本書の目的と研究課題

このように,わが国および各国の会計制度は,「上場企業 (大企業) の会計制度」と「中小企業の会計制度」に二分化されており,とりわけ,諸外国では,「中小企業版IFRS」の導入問題が会計制度改革の重要な課題となっている。また,わが国では,各会計制度において複数の会計基準が併存することによって,その混迷がますます深まっていることから,その対応が喫緊の課題とされる。

かかる問題意識から,本書の目的は,会計の基礎理論,会計文化論,社会学,監査論,税制,実証研究といった多様な視点から,経済社会のダイナミズムに対応したわが国 (および諸外国) の会計制度のあり方 (会計制度のパラダイム転換) を,理論・制度・実証の3つの側面から総合的に研究するものである (Smith [2011] (平松 [2015]);徳賀・大日方 [2013])。

本書の研究課題は,具体的には,次の3点である。
(1) 経済社会のダイナミックな変化 (経済社会のダイナミズム) が,会計制度

のあり方にどのようなインパクトを与えているかについて，会計研究の多様な視点から，両者の関係を闡明にする。
(2) わが国および諸外国の会計制度の動向を踏まえ，会計制度の二分化と各会計制度内部における会計基準の複線化について，その現状を浮き彫りにする。
(3) 上記(1)と(2)の検討結果に基づき，わが国の会計制度はいかにあるべきか，あるいはどのように改善すべきかという視点から，わが国の会計制度の将来を展望してみたい。

●注
1 新聞報道によれば，2018年3月末で，IFRS採用企業（適用予定を含む）が189社，日本基準が3,376社，米国基準が10社未満，修正国際基準が0社とされる（日本経済新聞2018年4月14日朝刊）。

●参考文献
AICPA [1994], Special Committee on Financial Reporting, *Improving Business Reporting-A Customer Focus*, American Institute of Certified Public Accountants.
IASB [2009], *IFRS for SMEs*, International Accounting Standards Board.
Kawasaki, Teruyuki and Sakamoto, Takashi [2014], *General Accounting Standard for Small- and Mediu-Sized Entities in Japan*, Wiley, 2014.
Mackenzie, Bruce, et al. [2011], *Applying IFRS for SMEs*, John Wiley & Sons.（河﨑照行監訳 [2011]『シンプルIFRS』中央経済社）
Smith, Malcolm [2011], *Research Methods in Accounting*, 2nd ed., Sage, 2011.（平松一夫監訳 [2015]『会計学の研究方法』中央経済社）
遠藤博志・小宮山賢・逆瀬重郎・多賀谷充・橋本尚編著 [2015]『戦後企業会計史』中央経済社．
河﨑照行 [2006]「財務会計の研究動向と将来展望――会計ビッグバン後の財務会計」『會計』第170巻第6号，119-120頁．
―――編著 [2007a]『電子情報開示のフロンティア』中央経済社．
――― [2007b]「会計制度変革と会計理論の展開」『會計』第171巻第5号，2-5頁．
――― [2014]「会計制度の二分化と会計基準の複線化」『會計』第186巻第5号，1-13頁．

―――編著 [2015]『中小企業の会計制度――日本・欧米・アジア・オセアニアの分析』中央経済社。
―――[2016]『最新 中小企業会計論』中央経済社。
―――・万代勝信編著 [2012]『詳解 中小会社の会計要領』中央経済社。
杉本徳栄 [2017]『国際会計の実像――会計基準のコンバージェンスと IFRSs のアドプション』同文舘出版。
武田隆二 [1992]「オフバランス問題とディスクロージャー」『企業会計』第 44 巻第 1 号,34-36 頁。
―――[2001]「会計学認識の基点」『企業会計』第 53 巻第 1 号,4-10 頁。
―――[2008]『会計学一般教程(第 7 版)』中央経済社。
徳賀芳弘・大日方隆編著 [2013]『財務会計研究の回顧と展望』中央経済社。
古庄修編著 [2018]『国際統合報告論』同文舘出版。

(河﨑　照行)

第 I 部

経済社会のダイナミズムと会計概念の検討

第 1 章　経済社会と会計理論の変化の諸相
第 2 章　会計基準の強制力と公正妥当性
第 3 章　会計基準における合理性の変容
第 4 章　蓋然性規準の動向と課題
第 5 章　利益の堅さと利益マネジメント

第 1 章

経済社会と会計理論の変化の諸相

Ⅰ　はじめに

　今日の会計理論の変革は，企業環境のダイナミックな変化を背景としている。その変化は，次の2つの波として表現できる。
(1)　第1の波は，グローバリゼーションである。1990年代の急激な円高以来，わが国企業のグローバル化が促進され，今日，そのことが重要な経営課題として認識されてきた。
(2)　第2の波は，情報技術（IT）の発展とイノベーションである。企業の外部では，ITの発展がデリバティブ等の金融商品の開発を促す一方，企業の内部では，イノベーションやR&Dが活発に推進されてきた。

　このような変化の波は，会計理論に大きな変革をもたらすこととなった。近年の会計理論の変革は，会計の認識，測定および伝達の3つの側面から，次のように特徴づけることができる。
①　認識面：資産負債アプローチの台頭
②　測定面：公正価値会計の拡充
③　伝達面：Webベース・ビジネスレポーティングの展開

　このような会計理論の変革の基底にあるのが，産業構造（市場経済）の変化である。つまり，プロダクト（商製品）中心の市場経済（「プロダクト型市場経済」）からファイナンス（金融商品）中心の市場経済（「ファイナンス型市場経済」）

へ，さらにはナレッジ（知的資産）中心の市場経済（「ナレッジ型市場経済」）への推移がこれである。

かかる認識を踏まえ，本章の目的は，産業構造の変化を基底とする会計理論の変貌過程を浮き彫りにすることにある。

Ⅱ 企業環境の変化の諸相

会計理論は，企業環境の変化を反映する形で展開される。今日の企業環境の変化については，次の5つの側面から，その特徴を浮き彫りにすることができる（武田［2001］, 4-10頁；河﨑［2006］, 119-120頁；伊藤［2006］）。

(1) 第1は「経済基盤の変化」である。従来の企業活動は国内が中心であり，資金調達も国内資本市場を前提とするドメスティックな活動であったのに対して，今日では，企業活動は国境を越えてグローバル化し，資金調達も世界的規模で拡大化している。

(2) 第2は「市場経済の変化」である。従来の経済社会は，有形財（製品プロダクト）を主軸とした「プロダクト型市場経済」であったのに対して，今日では，金融財（デリバティブ等の金融商品）を主軸とした「ファイナンス型市場経済」へ重点が移動してきた。さらに，この重点移動は無形財（ブランドやノウハウ等の知的資産）を主軸とした「ナレッジ型市場経済」へ移行しつつある。

(3) 第3は「企業実体（エンティティ）の変化」である。従来の企業は「企業の継続性」が重視され，生産の持続的続行の観点から，社会性をもったエンティティとして存在していたのに対して，今日では，企業は「最大収益の獲得」のみを重視し，多数の「サイボーグ」（利潤追求という最大収益性をプログラムとしてビルトインされた事業単位）から形成される「サイボーグ・エンティティー」としての性格を有している。

(4) 第4は「企業責任の変化」である。従来の企業行動は投下資金の最大化が主たる目的であったのに対して，今日の企業行動は地球環境の深刻化等を背景として，企業の社会的責任が強く意識されるようになってきた。

(5) 第5は「アカウンタビリティーに対する認識の変化」である。上記(1)〜

(4)の変化の結果，アカウンタビリティーについては，従来の「株主に対する報告責任」(受託責任)の思考が後退し，「ステークホルダーに対する説明責任」(情報提供)の思考が前面に押し出されてきた。

以上の説明を要点的に示したのが**図表１－１**である。

図表１－１　企業環境の変化の諸相

諸　相	内　容	
	従　来	現　代
(1) 経済基盤の変化	・企業活動は国内が中心であり，資金調達も国内資本市場を前提とするドメスティックな活動	・企業活動は国境を越えてグローバル化し，資金調達も世界的規模で拡大
(2) 市場経済の変化	・有形財(製品プロダクト)を主軸とした「プロダクト型市場経済」	・金融財(金融商品)を主軸とした「ファイナンス型市場経済」→無形財(知的資産)を主軸とした「ナレッジ型市場経済」
(3) 企業実体(エンティティー)の変化	・「企業の継続性」が重視され，生産の持続的続行の観点から，社会性をもったエンティティーとしての存在	・「最大収益の獲得」のみを重視し，多数のサイボーグ(利潤追求という最大収益をプログラムとしてビルトインされた事業単位)から形成されるサイボーグ・エンティティー
(4) 企業責任(企業行動)の変化	・投下資金の最大化が主たる目的	・地球環境の深刻化等を背景として，企業の社会的責任を強く意識
(5) アカウンタビリティーに対する認識の変化	・株主に対する報告責任(受託責任)に焦点	・ステークホルダーに対する説明責任(情報提供)に焦点

会計理論の変貌過程──３つの会計理論モデル

このような企業環境の変化は，必然的に，会計理論のあり方を変化させることになる。その変貌過程は，産業構造(市場経済)の変化に即して，「プロダクト型会計理論→ファイナンス型会計理論→ナレッジ型会計理論」として特徴

づけることができる（武田［1992］，34-36頁；武田［2008］，154-156頁；河﨑［2007b］，2-5頁）。

図表１－２は，これら３つの会計理論モデルの特質を要点的に示したものである。

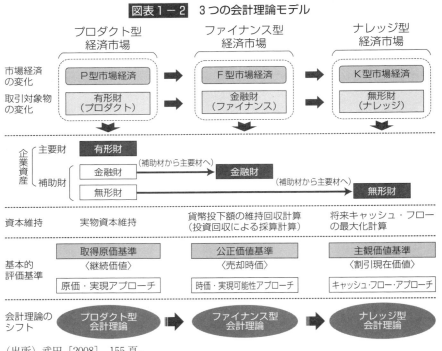

（出所）武田［2008］，155頁。

(1) 「プロダクト型市場経済」における会計理論（「プロダクト型会計理論」）は，「原価・実現アプローチ」を基軸とする理論体系として構成されてきた。その前提となる取引市場は，安定性が高く流動性が相対的に低い市場が想定されている。したがって，そこでの収益認識は，「販売＝実現」が原則とされる。また，かかる会計理論では，物財やリアル資産（「有形財」）を主たる認識対象とし，資産評価の確実性の視点（測定の「信頼性」）が重視される。さらに，利益計算については，受託責任の遂行・利害調整と操業の業績評価を主要な目的とすることから，分配可能利益または業績利益

(つまり，過去指向的計算）が課題とされる。その場合，利益決定アプローチとして，収益費用アプローチ（「取引」というフローを重視した計算）に焦点があてられ，資産の評価基準として，「取得原価」が適用されることとなる。

(2) これに対し，「ファイナンス型市場経済」における会計理論（「ファイナンス型会計理論」）は，「時価・実現可能性アプローチ」を基軸とする理論体系として構成される。その前提となる取引市場は，変動性（ボラティリティー）と流動性（現金化可能性：フィージビリティー）が相対的に高い市場が想定されている。したがって，そこでの収益認識は，「実現」にとらわれない「実現可能性」が採用される。また，かかる会計理論では，金融財やバーチャル資産を主たる認識対象とし，投資決定（情報提供機能）促進の視点（測定の「目的適合性」）が重視される。さらに，利益計算については，リスク管理と財務活動の業績評価を主要な目的とすることから，将来キャッシュ・フローの現在価値の期間比較という経済的利益（つまり，将来指向的計算）が課題とされる。その場合，利益決定アプローチとして，資産負債アプローチ（「価値評価」というストックを重視した計算）に焦点があてられ，資産の評価基準として，「公正価値」（売却時価）が適用されることとなる（FASB [2006], para.5；Nissim and Penman [2008], p. 3；古賀 [2000], 25-28頁；浦崎 [2002], 17-20頁；上野 [2005], 256-263頁）。

(3) 近年，ITの発展を背景に，企業価値創出のドライバーが人材・技術・ブランド等の無形財にあるとする認識が高まってきた。このような「ナレッジ型市場経済」における会計理論（「ナレッジ型会計理論」）は，ブランドやノウハウという「無形財」（知的資産）がもたらす超過収益力（「のれん価値」）をいかに評価するかが課題とされる。かかる会計理論では，ファイナンス型会計理論と同様に，投資決定（情報提供機能）促進の視点（測定の「目的適合性」）が重視され，利益決定アプローチとしては，資産負債アプローチ（「価値評価」というストックを重視した計算）に焦点があてられ，資産の評価基準として，「公正価値」（割引現在価値）が適用されることとなる。

以上の理解に基づき，測定対象の拡大と会計理論の変貌の方向性を示したの

が，**図表1-3**である。

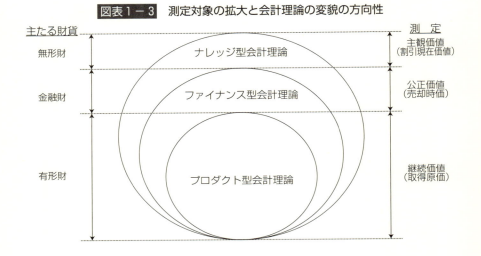

図表1-3　測定対象の拡大と会計理論の変貌の方向性

Ⅳ　会計ディスクロージャーの拡大化

1　会計ディスクロージャーの変化の諸相

　他方，今日の企業環境の変化は，情報要求（開示内容）の拡大化と開示手段の電子化が相まって，会計ディスクロージャーのあり方を大きく変化させている。

　そこで，**図表1-4**をみられたい。この図表は，会計ディスクロージャーの変化の諸相を浮き彫りにしたものである。この図表では，第Ⅱ節で論じたように，次のことが示されている。

(1)　会計ディスクロージャーの内容は，「企業環境」，「企業責任」および「アカウンタビリティー」に対する認識に依存して変化する。

(2)　「企業環境」については，次の2つの変化を指摘できる。

　①　第1は「経済基盤の変化」である。従来の企業活動は国内に限定され，資金調達も国内資本市場を前提とするドメスティックな活動であったの

第1章 経済社会と会計理論の変化の諸相 17

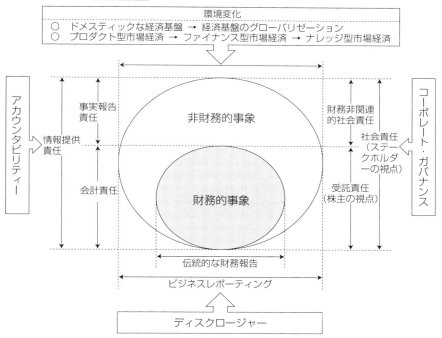

図表1-4 会計ディスクロージャーの変化の諸相

に対し，現在の企業活動はグローバル化し，資金調達も世界的規模で拡大化している。

② 第2は「産業構造の変化」である。従来の経済社会は，製造業または製品プロダクトを主軸とした「プロダクト型市場経済」であったのに対し，現在の経済社会は，金融サービス業または金融商品を主軸とした「ファイナンス型市場経済」へ重点が移動してきた。さらに，この変化は，無形財（ブランドやノウハウ等）を主軸とした「ナレッジ型市場経済」へ移行しつつある。

(3) 「企業責任」については，従来の企業責任は投下資金の最大化が主たる課題であったのに対し，現在の企業責任は企業環境の変化を背景として，企業の社会的役割が強く意識されるようになってきた。その結果，「コーポレート・ガバナンス」に対する認識も，「株主の視点」を重視した「受

託責任」から「ステークホルダーの視点」を重視した「社会責任」へ重点が移動している。
(4) 「アカウンタビリティー」については，従来の「株主に対する説明責任」（受託責任機能）の思考が後退し，「ステークホルダーに対する説明責任」（情報提供機能）の思考が前面に押し出されてきた。つまり，受託資本の管理・運用に係る事象の説明責任（「会計責任」）から，それに直接関係しない事象の説明責任（「事実報告責任」）を包摂した説明責任（「情報提供責任」）へ拡大している。
(5) 上記(2)〜(4)の変化が，開示内容を質的にも量的にも変化させており，伝統的な「財務報告」から包括的な「ビジネスレポーティング」（あるいは「統合報告」）への変化という形で，会計ディスクロージャーの外延的拡大化が図られている。

2　伝統的な「財務報告」から「Web ベース・ビジネスレポーティング」へ

会計ディスクロージャーの外延的拡大化は，情報技術の発展と相俟って，伝統的な「財務報告」を「Web ベース・ビジネスレポーティング」へ変貌させている。

図表1－5は，従来の財務報告との対比により，Web ベース・ビジネスレポーティングの特質を闡明にしたものである（河﨑[2007a]，11頁）。この図表では，次のことが示されている。
(1) 開示頻度については，従来の財務報告が，通常，年に1回または四半期に1回の割合で行われる「定期報告」であるのに対し，Web ベース・ビジネスレポーティングは，事象の発生と同時に即時的かつ継続的に行われる「継続報告」（continuous reporting）となる。
(2) 開示対象については，従来の財務報告が，過去指向的であり，過去の取引事実を中心とした「過去情報」を提供するのに対し，Web ベース・ビジネスレポーティングは，将来指向的であり，予測情報を含む「現在情報」および「将来情報」の提供が重視される。
(3) 情報の範囲については，従来の財務報告が，貨幣的評価に基づく「財務情報」が中心であるのに対し，Web ベース・ビジネスレポーティングは，

図表1−5　Webベース・ビジネスレポーティングの特質

比較事項 報告形態	従来の財務報告	Webベース・ビジネスレポーティング
① 開示頻度	・定期報告	・継続報告（即時的報告） ・オンデマンド報告
② 開示対象	・過去指向的（過去情報）	・現在・将来指向的（現在情報・将来情報）
③ 情報の範囲	・財務情報中心	・非財務情報重視
④ 開示形式	・財務諸表	・任意の報告（報告のカスタマイゼーション）
⑤ 開示手段	・紙媒体	・Web（技術手段としてのXBRL）

　財務情報のみならず「非財務情報」（例えば，環境情報や社会責任情報）を含む包括的な情報を提供する。

(4)　開示形式については，従来の財務報告が，定型的な様式（伝統的な財務諸表）であるのに対し，Webベース・ビジネスレポーティングは，情報利用者のニーズに合わせて任意の形式（カスタムレポート）で提供できる。

(5)　開示手段については，従来の財務報告が，紙媒体を前提としているのに対し，Webベース・ビジネスレポーティングは電子メディア（Webサイト）を前提とする。その技術手段を提供するのが，インターネット言語としてのXBRLである。

Ⅴ　おわりに

　本章の課題は，産業構造の変化を基底とする会計理論・会計ディスクロージャーの変貌過程を浮き彫りにすることであった。本章の議論を踏まえ，会計理論の将来は次のように展望できる（Upton［2001］；河﨑［2009］，13-14頁）。

(1)　第1に，会計の認識は，産業構造の変化に即応して，その経済的実質を反映するものでなければならない。つまり，新時代の会計理論は，プロダクト型市場経済からファイナンス型市場経済へ，さらにナレッジ型市場経済への移行を踏まえ，有形財，金融財および無形財の経済的実態を忠実に

写像する必要がある。
(2) 第2に，会計の測定は，測定対象の属性に即した測定ルールを適用するものでなければならない。つまり，有形財は生産的利用可能性という属性を有するのに対して，金融財は投資の回収可能性という属性を有する。また，無形財は企業の価値創出の知的利用可能性に本来的特性がある。したがって，新時代の会計理論は，有形財，金融財および無形財の測定属性に即した多元的測定を可能にする必要がある。ただし，新時代の企業モデルでは，知的資産たる無形財は，プロダクトやファイナンスの仕組みや設計に溶け込み，それらと融合した形で表現されることになる。
(3) 第3に，会計の伝達は，企業の経済的実態を適時かつ適切に提供するものでなければならない。つまり，新時代の会計ディスクロージャーは，従来の財務報告を，企業の価値創出能力の評価に役立つ非財務的・定性的情報を加味する形で拡張された事業報告（あるいは統合報告）であるとともに，Webなどの電子メディアを活用した即時的な情報提供を可能にする必要がある。

●参考文献

AICPA [1994], Special Committee on Financial Reporting, *Improving Business Reporting —— A Customer Focus*, American Institute of Certified Public Accountants.

Bergeron [2003], Bryan, *Essentials of XBRL —— Financial Reporting in the 21st Century*, John Wiley & Sons, Inc.（河﨑照行監訳 [2007]『21世紀の財務報告——XBRLの本質』同文舘出版）

FASB [2006], Statement of Financial Accounting Standards No.157, *Fair Value Measurements*, FASB.

Nissim [2008], D., and S. Penman, *Principles For The Application Of Fair Value Accounting*, Columbia Business School, Center for Excellence in Accounting and Security Analysis, White Paper Number Two.

Upton [2001], Jr., W. S., *Business and Financial Reporting ; Challenges from the New Economy*, Special Report, FASB.

伊藤邦雄編著 [2006]『無形資産の会計』中央経済社。

上野清貴 [2005]『公正価値会計と評価・測定——FCF会計，EVA会計，リアル・

オプション会計の特質と機能の究明』中央経済社。
浦崎直浩［2002］『公正価値会計』森山書店。
河﨑照行［2006］「財務会計の研究動向と将来展望――会計ビッグバン後の財務会計」『會計』第170巻第6号，119-128頁。
―――編著［2007a］『電子情報開示のフロンティア』中央経済社。
―――［2007b］「会計制度変革と会計理論の展開」『會計』第171巻第5号，1-15頁。
―――［2009］「第1章　産業構造の変化と公正価値会計の展開――プロダクト型経済からナレッジ型経済へ」古賀智敏編著『財務会計のイノベーション――公正価値・無形資産・会計の国際化による知の創造』中央経済社，3-15頁。
古賀智敏［2000］「金融商品と公正価値会計」『會計』第157巻第1号，18-36頁。
坂上学・白田佳子編［2003］『XBRLによる財務諸表作成マニュアル』日本経済新聞社。
武田隆二［1992］「オフバランス問題とディスクロージャー」『企業会計』第44巻第1号，30-37頁。
―――［2001］「会計学認識の基点」『企業会計』第53巻第1号，4-10頁。
―――［2007］「『産業構造の変化』に伴う『会計のあり方』－新会社法と会計のあり方（その二）」『會計』第171巻第2号，139-152頁。
―――［2008］『会計学一般教程（第7版）』中央経済社。

（河﨑　照行）

第 2 章
会計基準の強制力と公正妥当性

I はじめに

　上場会社等の金融商品取引法適用会社に限定しても，現在，日本基準，国際財務報告基準（IFRS），米国基準，および修正国際基準（JMIS）と連結財務諸表の作成基準は4つの会計基準からの選択が可能となる状況にある[1]。また，単体財務諸表は日本基準に従わなければならないが，そこには会計処理の方法等に関して選択の余地がある。

　このような状況を前提に，「会計基準の強制」を「特定の会計処理の原則および手続きならびに表示の方法（以下，「会計方針等」という）の使用を強いられること」，つまり，「他に選択の余地がない」と換言すれば，次のようないくつかの点が問題となる。

　まず，異なる会計方針等を強制している一組の会計基準群が複数あり，それらの中からの選択が可能であれば，それは強制と言えるのかという点である。たとえば，日本基準に準拠するのか，それともIFRSに準拠するのかという選択が認められている状況では，他に選択の余地がないということではないことになり，強制されているのかどうか，議論の余地があるように思われる。また，どれか1つの会計基準群に依拠すると決めた場合でも，そこでは特定の取引について複数の会計方針等からの選択が可能である場合，上記と同様の理由で，強制と言えるであろうか。これらは，強制の意味をどう捉えるかという問題で

ある。

　なお，複数の会計基準群のうち，1つの会計基準群に準拠したとしても，その中の一部分だけは別の会計基準群にある会計方針等を採用すること，つまり，一部だけの選択的準拠は可能かという問題もある。たとえば，日本基準に準拠しながら，一部の項目については，IFRSに定められた方法により会計処理等を行うことが可能かという問題である。いわば，部分的準拠である[2]。

　本章は，このような問題意識を前提としているが，会計基準と言っても，どのような状況を前提とするかで，金融商品取引法領域，会社法領域，あるいは税法領域といった領域が考えられる。ここでは，紙幅の都合から，金融商品取引法領域における会計基準に限定して議論を進めることとするが，この領域においては，「一般に公正妥当と認められる企業会計の基準」という概念が存在し，重要な位置づけが与えられている。したがって，本章では，特にその意味が問題となる。

II　金融商品取引法領域における会計基準への言及

　まず，金融商品取引法領域における会計基準への言及について確認しておこう。

　金融商品取引法には，「財務諸表の用語，様式及び作成方法」として，「第193条　この法律の規定により提出される貸借対照表，損益計算書その他の財務計算に関する書類は，内閣総理大臣が一般に公正妥当であると認められるところに従って内閣府令で定める用語，様式及び作成方法により，これを作成しなければならない。」との規定はある[3]が，会計基準に関しては，直接の言及はない。しかしながら，内閣府令である連結財務諸表規則等には，次のとおり，直接言及している規定がある。連結財務諸表規則をはじめとして，財務諸表等規則や四半期連結財務諸表規則などの規定はほぼ同様なので，さしあたり財務諸表等規則の規定を示しておこう。財務諸表等規則では，「適用の一般原則」として，次の規定がおかれている。

「第1条　金融商品取引法（昭和23年法律第25号。以下「法」という。）第5条，第7条第1項，第9条第1項，第10条第1項，第24条第1項若しくは第3項（略）又は同条第6項（略）の規定により提出される財務計算に関する書類（以下「財務書類」という。）のうち，財務諸表（貸借対照表，損益計算書，株主資本等変動計算書及びキャッシュ・フロー計算書（略）並びに附属明細表又は第129条第2項の規定により指定国際会計基準（連結財務諸表の用語，様式及び作成方法に関する規則（昭和51年大蔵省令第28号。以下「連結財務諸表規則」という。）第93条に規定する指定国際会計基準をいう。以下同じ。）により作成する場合において当該指定国際会計基準により作成が求められる貸借対照表，損益計算書，株主資本等変動計算書及びキャッシュ・フロー計算書に相当するものをいう。以下同じ。）の用語，様式及び作成方法は，第1条の3を除き，この章から第八章までの定めるところによるものとし，この規則において定めのない事項については，一般に公正妥当と認められる企業会計の基準に従うものとする。

2　金融庁組織令（平成10年政令第392号）第24条第1項に規定する企業会計審議会により公表された企業会計の基準は，前項に規定する一般に公正妥当と認められる企業会計の基準に該当するものとする。

3　企業会計の基準についての調査研究及び作成を業として行う団体であって次に掲げる要件のすべてを満たすものが作成及び公表を行った企業会計の基準のうち，公正かつ適正な手続の下に作成及び公表が行われたものと認められ，一般に公正妥当な企業会計の基準として認められることが見込まれるものとして金融庁長官が定めるものは，第一項に規定する一般に公正妥当と認められる企業会計の基準に該当するものとする。

　一　利害関係を有する者から独立した民間の団体であること。
　二　特定の者に偏ることなく多数の者から継続的に資金の提供を受けていること。
　三　高い専門的見地から企業会計の基準を作成する能力を有する者による合議制の機関（次号及び第五号において「基準委員会」という。）を設けていること。
　四　基準委員会が公正かつ誠実に業務を行うものであること。
　五　基準委員会が会社等（会社，指定法人，組合その他これらに準ずる事業体（外国におけるこれらに相当するものを含む。）をいう。以下同じ。）を

取り巻く経営環境及び会社等の実務の変化への適確な対応並びに国際的収れん（企業会計の基準について国際的に共通化を図ることをいう。）の観点から継続して検討を加えるものであること。

　4　（略）

（指定国際会計基準特定会社の特例）

第1条の2の2　法第2条第1項第5号又は第9号に掲げる有価証券の発行者（同条第5項に規定する発行者をいう。）のうち，次に掲げる要件の全てを満たす株式会社（以下「特定会社」という。）が提出する財務諸表の用語，様式及び作成方法は，連結財務諸表を作成していない場合に限り，第8章の定めるところによることができる。

一　法第5条第1項の規定に基づき提出する有価証券届出書又は法第24条第1項若しくは第3項の規定に基づき提出する有価証券報告書において，財務諸表の適正性を確保するための特段の取組みに係る記載を行っていること。

二　指定国際会計基準に関する十分な知識を有する役員又は使用人を置いており，指定国際会計基準に基づいて財務諸表を適正に作成することができる体制を整備していること。（以下，省略）」

第1条第1項で，「一般に公正妥当と認められる企業会計の基準」への言及があるが，ここでは内閣府令の規定をまず適用し，この内閣府令に定めのない事項については「一般に公正妥当と認められる企業会計の基準」に従うものとされている。そのうえで，同条第2項[4]で，企業会計審議会の公表した企業会計の基準がこの「一般に公正妥当と認められる企業会計の基準」に該当するものとしているのである。また，第1条第3項では，企業会計基準委員会（以下，「ASBJ」という。）を想定した「基準委員会」に条文上で言及している。さらに，第1条の2の2では，指定国際会計基準特定会社が連結財務諸表を作成していない場合に，日本基準による単体財務諸表に加えて，単体財務諸表を指定国際会計基準によって作成できるとしているが，これに関連して，財務諸表等規則にはさらに，「第8章　特定会社の財務諸表」に「指定国際会計基準特定会社の財務諸表の作成基準」として，次の規定をおいている。

「第129条　指定国際会計基準特定会社が提出する財務諸表の用語，様式および作成方法は，第1章から第6章までの規定による。
2　指定国際会計基準特定会社は，前項の規定により作成した財務諸表のほか，指定国際会計基準によって財務諸表を作成することができる。」

一方で，連結財務諸表規則には，第1条および第1条の2に上記の財務諸表等規則第1条及び第1条の2の2と同様の規定がおかれながら，「第7章　企業会計の基準の特例」に，「第1節　指定国際会計基準」として，指定国際会計基準特定会社が指定国際会計基準により連結財務諸表を作成することができるように，次の規定がある。

「第93条　指定国際会計基準特定会社が提出する連結財務諸表の用語，様式及び作成方法は，指定国際会計基準（国際会計基準（国際的に共通した企業会計の基準として使用されることを目的とした企業会計の基準についての調査研究及び作成を業として行う団体であって第1条第3項各号に掲げる要件の全てを満たすものが作成及び公表を行った企業会計の基準のうち，金融庁長官が定めるものをいう。次条において同じ。）のうち，公正かつ適正な手続の下に作成および公表が行われたものと認められ，公正妥当な企業会計の基準として認められることが見込まれるものとして金融庁長官が定めるものに限る。次条において同じ。）に従うことができる。」

また，連結財務諸表規則には，「第8章　雑則」に，次のとおり，米国会計基準による連結財務諸表の作成に関する規定がある。

「第95条　米国預託証券の発行等に関して要請されている用語，様式及び作成方法により作成した連結財務諸表（以下「米国式連結財務諸表」という。）を米国証券取引委員会に登録している連結財務諸表提出会社が当該米国式連結財務諸表を法の規定による連結財務諸表として提出することを，金融庁長官が公益又は投資者保護に欠けることがないものとして認める場合には，当該会社の提出する連結財務諸表の用語，様式及び作成方法は，金融庁長官が必要と認めて指示した事項を除き，米国預託証券の発行等に関して要請されている用語，様式及び作成方法によることができる。」

さらに，2015年9月4日の改正連結財務諸表規則では，改正前連結財務諸

表規則において指定国際会計基準による連結財務諸表の作成を許されていた「特定会社」を「指定国際会計基準特定会社」と名称変更した上で，それと同様の要件を満たす会社を「修正国際基準特定会社」として第1条の3および第94条において言及し，JMISによる連結財務諸表の作成ができるように次のとおり規定している。

> 「第1条の3　法第2条第1項第5号又は第9号に掲げる有価証券の発行者のうち，次に掲げる要件の全てを満たす株式会社（以下「修正国際基準特定会社」という。）が提出する連結財務諸表の用語，様式及び作成方法は，第7章第2節の定めるところによることができる。
> 　一　法第5条第1項の規定に基づき提出する有価証券届出書又は法第24条第1項若しくは第3項の規定に基づき提出する有価証券報告書において，連結財務諸表の適正性を確保するための特段の取組みに係る記載を行っていること。
> 　二　修正国際基準に関する十分な知識を有する役員又は使用人を置いており，修正国際基準に基づいて連結財務諸表を適正に作成することができる体制を整備していること。
>
> （中略）
>
> 第2節　修正国際基準（修正国際基準に係る特例）
>
> 第94条　修正国際基準特定会社が提出する連結財務諸表の用語，様式及び作成方法は，修正国際基準（特定団体において国際会計基準を修正することにより作成及び公表を行った企業会計の基準のうち，公正かつ適正な手続の下に作成及び公表が行われたものと認められ，公正妥当な企業会計の基準として認められることが見込まれるものとして金融庁長官が定めるものに限る。次条において同じ。）に従うことができる。」

ここで，日本基準（企業会計審議会とASBJの会計基準），国際財務報告基準（IFRS），米国基準，および修正国際基準（JMIS）のそれぞれについて，会計基準の公正妥当性に関する言及内容をまとめれば**図表2－1**のとおりである。

指定国際会計基準にしても，JMISにしても，「一般に公正妥当と認められる企業会計の基準」ではなく，「公正妥当と認められるものと見込まれるもの」

図表2－1 日本基準，IFRS，米国基準，JMISの会計基準の公正妥当性に関する言及内容

会計基準の種類	公正妥当性に関する言及	判断基準	一般に公正妥当な会計基準に該当するか	適用の強制・容認
企業会計審議会の会計基準	一般に認められている	内閣府令の規定	該当すると規定されている	強制
ASBJの会計基準	一般に認められるものと見込まれる	金融庁長官の判断	該当すると規定されている	強制
指定国際会計基準	認められるものと見込まれる	金融庁長官の判断	該当するとは規定されていない	容認
米国会計基準	（言及なし）＊	金融庁長官の判断	該当するとは規定されていない	容認
修正国際基準（JMIS）	認められるものと見込まれる	金融庁長官の判断	該当するとは規定されていない	容認

＊ 「金融庁長官が公益又は投資者保護に欠けることがないものとして認める場合」とされている。
(出所) 佐藤［2013］，63頁の表を一部修正したうえで，JMISに関する部分と米国会計基準に対する注を追加している。

となっている。この点については，JMISが「わが国で作成および公表された企業会計の基準ではあるものの，連結財務諸表等の作成するにあたり『適用の一般原則』となる『わが国において「一般に」公正妥当と認められる企業会計の基準』には該当せず，一定の要件を満たす株式会社が，『適用の特例』として任意に適用することができる企業会計の基準であることを踏まえて」（小倉他［2015］35頁）いるものであるとの指摘がある。

Ⅲ 「強制」の意味[5]

❶で述べたように，「会計基準の強制」を，ある取引事象が生起したときに，どのような会計方針等によるべきかが，報告企業の任意によって決定されるのではなく，特定の会計方針等の使用を強いられること，つまり，「他に選択の余地がない」とするならば，ある取引事象に関する会計方針等として単一のもののみが会計基準において認められている場合には，その取引事象の会計方針等に関して他に選択の余地はないのであるから，その会計方針等は完全に「強

制」されていると言いうるであろう。

　しかし，会計基準において，ある取引事象に関して会計方針等が複数認められ，その中から報告企業による選択がなされる状況はどのように考えたらよいのであろうか。選択肢が限定されているとは言いうるであろうが，「強制」されているといえるであろうか。このときの選択に関する議論は，場合分けがある場合の選択と場合分けがない場合の選択の2つに分けられる。前者は，大きな括りで1つのグループに分類された取引事象を，さらに何らかの基準で下位グループに再分類し，当該下位グループごとに1つの会計方針等を割り当てるケースである。これに対して，後者は，下位グループへの再分類を行うことなく，当該グループ全体について，複数の会計方針等からの選択を認めるというケースである[6]。

　前者であれば，単一の会計方針等のみが認められている状況と同様であり，強制されていると言いうるが，後者では，選択の余地があり，完全に強制されているとはいえず，ある意味で，不完全な強制と言わざるを得ないであろう。しかし，「会計基準の強制力」とは，それに違反すれば，あるいは，準拠していなければ，何らかの制裁を受ける結果を伴うことと考えるならば，後者の状況には別の評価が可能になる。つまり，たとえ会計方針等に関して選択の余地があったとしても，その会計基準の規定に違反していなければ，あるいは，準拠していれば，制裁を加えられることはないという，もう1つの「強制」の意味として捉えることも可能である。この場合には，報告企業による選択の余地があったとしても，当該会計基準に従っていることに変わりないと考えられるのである。

　以上の検討から，「強制」には，①ある取引事象に対して単一の会計方針等のみを適用せざるを得ず，報告企業による選択の余地がないという意味（以下，積極的強制と呼ぶ）と，②たとえ報告企業による選択の余地があったとしても，制裁を受けることを避けるためには，会計基準の認めた会計方針等の選択肢のなかから選択をせざるを得ないという意味（以下，消極的強制と呼ぶ）の2つがあること分かる。また，会計方針等レベルではなく，会計基準レベルでも，同様の意味で強制を捉えることもできる。単一の一組の会計基準群のみの適用が認められている場合と，いくつかある一組の会計基準群からの選択が認められ

ている場合であり，やはり，前者を積極的強制，後者を消極的強制と見ることができる。

Ⅳ 一般に公正妥当と認められる企業会計の基準としての判断と慣行性

1 判断のレベル

　上述のとおり，会計基準が一般に公正妥当と認められることについて[7]，金融商品取引法領域においては，日本基準（企業会計審議会とASBJの会計基準），IFRS，米国基準，およびJMISに関連して，さまざまな言及があった。しかし，そこでは，たとえば企業会計審議会が公表した会計基準，ASBJが公表した会計基準，IASBが公表した会計基準（つまり，IFRS）といった形で，一まとまりの会計基準群を前提に何らかの判断がなされたうえで，規定されているように見える。

　ところで，会計基準を構造的に捉えると，具体的な会計方針等から会計基準の個別規定が出来上がり，それらが特定の取引事象に関してまとめられることで，1つの会計基準となり，さらに，会計基準が一まとまりのものとして捉えられて，会計基準群となると考えることができる。たとえば，棚卸資産の原価配分方法として平均法や先入先出法などがあり，それらの選択適用を認めるとするASBJの企業会計基準第9号第6-2項ができ，次に，棚卸資産の評価に関連して企業会計基準第9号が全体としてできあがり，さらに，他の企業会計基準もまとめて，ASBJの会計基準群ができあがっている。このような構造は，企業会計審議会やIASBの会計基準でも同様である。この状況をイメージするための図を示せば，**図表2－2**のとおりである。

　部分的準拠について検討するためには，これらの各段階で公正妥当であるか否かの判断を行うことが可能であるか否か，あるいは行われているのか否かが問題となる。企業会計審議会が公表した会計基準については，包括的な形で一般に公正妥当な企業会計の基準とされているために，個別会計基準レベルや個別規定レベルでの判断はできないように思われる。しかし，ASBJが公表した

図表2-2 会計基準の構造

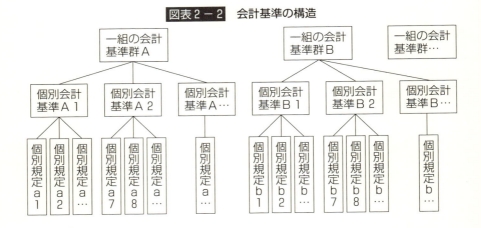

会計基準については、もともと個別的に別表に含めるか否かが判断されていると思われる。つまり、ある基準については一般に公正妥当と認められる企業会計の基準に該当するとする（別表に含める）一方で、別の基準を該当しないと判断する（別表に含めない）可能性がある。もちろん、別表に含めることは当然であって、内閣府令第1条第3項は手続きを確認したに過ぎないと考える余地はあるが、「金融庁長官が定めるものに限る」と規定している以上、ある基準を該当しないと判断する（別表に含めない）可能性は残されるのであるから、判断は各会計基準について行われる（少なくとも、その可能性がある）と考えても無理はない。この点は、IFRSについても同様である。

さらに、そもそもなぜその会計基準が公正妥当と判断されたかに注目したとき、その会計基準の定めの中に公正妥当でないものが含まれているならば、そのような会計基準を全体として公正妥当であると判断できるはずがないと考えられる。とするならば、それは、その会計基準における定めを個別に公正妥当か否かを判断した結果として、会計基準全体として公正妥当と判断されたからに他ならないと考えることができよう[8]。少なくとも、指定国際会計基準とJMISとの関連を見れば、「公正妥当と認められると見込まれる」か否かの判断は、個別の定めを前提に行われているとしか評価できない。

ところで、ここまでの議論では、明文化された会計基準を前提にしてきた。

「一般に公正妥当と認められる企業会計の基準」であるためには明文化される必要があると考えることもできるかもしれないが、それでは、法令の空白を埋めること、つまり法令に規定の存在しない場合の適用規範としての役割を持っている「一般に公正妥当と認められる企業会計の基準」という概念の存在意義を失わせることになる。なぜならば、明文化された会計基準の定めによってはどの会計処理等によるべきかが判然としない場合も想定されるからである。しかし、明文化されている会計基準以外にも、「一般に公正妥当と認められる企業会計の基準」は存在しうるという考え方を取るならば、そこでは、通常、具体的な会計処理や表示方法に関して個別的に公正妥当か否かの判断が行われることとならざるをえない。以上の検討をまとめると**図表2-3**のとおりとなる。

図表2-3 公正妥当性の判断レベル

明文化を前提	明文なし
一組の会計基準群全体	
1つの会計基準全体	
1つの会計基準の中の個別規定（特定の会計方針等の場合あり）	特定の会計方針等の方法

このように公正妥当性の判断は特定の会計方針等のレベルで行われているとすると、金融商品取引法上はもともと「一般に公正妥当と認められる企業会計の基準」は複数存在すると理解されているので、特定の会計基準群によりながら、一部の取引に関してのみ別の会計基準群にある取扱いによることもあながち否定できないと思われる[9]。たとえば、IFRSによりながらのれんとその他の包括利益に関してIFRSとは異なる取扱い（日本基準の取扱い）によっているJMISはこの例であるようにも思える。もちろん、「一般に公正妥当と認められる企業会計の基準」に該当する基準における取扱いを「一般に」の付されていない「公正妥当と認められる企業会計の基準として認められると見込まれる」基準に組み入れるわけであるから、これは問題がないが、その逆は問題があるとの見解もありえよう[10]。

2 「公正妥当と認められる企業会計の基準」と慣行性

　ところで，旧リース会計基準の下では，所有権移転外ファイナンス・リース取引に関して原則的処理である売買処理と例外処理といわれていた「一定の注記を条件にした賃貸借処理」とが選択できた。新リース会計基準が発効する以前のある期間について，リース事業協会の調査によると，所有権移転外ファイナンス・リース取引の会計処理方法を注記している1,000社を超える有価証券報告書提出会社のうち，原則的処理である売買処理によっていたのは2，3社であって[11]，実に99％以上の会社は例外処理によっていた。この状況では，有価証券報告書提出会社の範囲内であったとしても，所有権移転外ファイナンス・リース取引に関する会計慣行は例外処理であったということになりはしないであろうか。しかも，有価証券報告書提出会社以外に調査範囲を広げたとすれば，さらにその比率は下がることが予想される。つまり，旧リース会計基準において「一般に公正妥当と認められる企業会計の基準」とされていた所有権移転外ファイナンス・リース取引に関する売買処理は，会計慣行ではなかった可能性がある。

　このように，「一般に公正妥当と認められる企業会計の基準」になったとしても，それが会計慣行となるわけではないとすると，「一般に公正妥当と認められる企業会計の基準」ではあるが，「一般に公正妥当と認められる企業会計の慣行」には該当しない会計処理方法等が存在することになる。しかし，会社法上は，「一般に公正妥当と認められる企業会計の基準」は，「一般に公正妥当と認められる企業会計の慣行」に含まれると解釈するのが通常のようである[12]から，「一般に公正妥当と認められる企業会計の慣行」には該当しない「一般に公正妥当と認められる企業会計の基準」が金融商品取引法上存在することになれば，金融商品取引法上の「一般に公正妥当と認められる企業会計の基準」と，会社法上の「一般に公正妥当と認められる企業会計の基準」とは全く異なる意味を持つことを含意することになろう[13]。

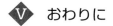 **おわりに**

　ここまで，金融商品取引法領域における会計基準に関しては，検討してきた。可能性を指摘するだけで，明確な結論はまったく得られなかったが，一方で，日本の会計基準にはさまざまな問題のあることが明らかになったと思う。

　さらなる問題として，会社法における「一般に公正妥当と認められる企業会計の慣行」や「一般に公正妥当と認められる企業会計の基準」および法人税法における「一般に公正妥当と認められる会計処理の基準」との関連などが存在しているが，それらの問題については，他日を期したい。

●注
1　正確に言えば，JMISは，IFRSのうち，のれんとその他の包括利益に関してのみIFRSとは異なる取扱いを「削除又は修正」という表現を用いて定めたものである。また，日本基準以外の基準によるには一定の要件を満たす必要があることは言うまでもない。
2　これを批判的に表現すれば，「好い所採り」となろう。
3　この規定が，「内閣総理大臣に『会計処理の方法および手続き』を定めることを委任していると解することができるか否かについては学説が別れている。」（弥永［2013］140頁）との指摘がある。
4　第2項の規定は1998年の改正以前の内閣府令には存在しなかったが，同改正で盛り込まれたものである。この経緯も含めて，内閣府令における会計基準に関する規定の変遷については，弥永［2013］第1部第5章や片木［2012］を参照。
5　この部分の記述は，佐藤［2013］を基にしている。
6　徳賀［1998］や徳賀［2000］参照。
7　本章では，「公正妥当性」の意味そのものの検討は行わない。
8　企業会計原則の定めが公正なる会計慣行に該当するか否かについて問題になったとき，過去の判例でも，すべての定めは無条件に公正なる会計慣行であるとは言えず，個別の定めごとに判断すべきものであるとの見解が示されている。もちろん，そこでは，企業会計原則が上場会社等を前提に作成されたもので，かつ教義も含んでいるとの理解から，有限会社に対して適用する場合を前提にしての判断であるが，このような考え方を展開するならば，一般に公正妥当と認められる企業会計の基準として準拠すべき定めが何であるかは，その定めの内容ごとに判断されるという見解もありうるように考えられる。
9　一見，いわゆる「離脱」のように思えるかもしれないが，そうではない。「離脱」

は通常,「一般に公正妥当と認められる」範囲外とされた取扱いを取り込むものであるが,この議論の前提は,あくまでも,エンドースメント手続きを経て,すでに「一般に公正妥当と認められた」かあるいは「公正妥当と認められることが見込まれる」とされた範囲内の取扱いを別の会計基準群から取り込むということであり,その意味はまったく異なると考えている。

10 なお,「一般に・・・認められる」が「『一般に受け入れられること』,すなわち,慣行となることを意味すると理解するのが自然である」とする見解もある（弥永［2013］,919 頁）。

11 リース事業協会税務会計委員会会計グループ［2002］参照。なお,これらの原則的処理である売買処理を行っていた会社は会計慣行に反する会計処理を行っていたということになるかもしれない。さらに言えば,それでも会計慣行には反しておらず,原則的処理も会計慣行であるとするならば,ごくごく少数の会社しか用いていない会計処理方法であったとしても,それを会計慣行と言いうることになり,会計における「慣行性」は非常に敷居が低いものになると言わざるを得ないであろう。もっとも,売買処理ではなく,例外処理を採用したからといって,特段,当事者の誰かに損害が生じたわけでもないから,当該違反は問題とされなかったと理解することもできる。

12 弥永［2013］,922 頁。

13 同上書,919 頁でも,金融商品取引法上の「一般に公正妥当と認められる企業会計の基準」という概念は会社法上の「一般に公正妥当と認められる企業会計の基準」という概念よりは狭いと推測されると指摘されている。

●参考文献──────
秋坂朝則［2009］「公正な会計慣行」『民事法情報』第 271 号,87-90 頁。
小倉貴幸・榎本洋介・浜田宰・中野寛之［2015］「修正国際基準の制度化に係る連結財務諸表規則等の改正について」『旬刊経理情報』第 1429 号,34-37 頁。
片木晴彦［2012］「公正妥当と認められる会計慣行および会計基準」『商事法務』第 1974 号,13-21 頁。
岸田雅雄［2010］「会計基準違反に対する刑事罰と公正会計慣行」『早稲田法学』第 85 巻第 3 号,207-238 頁。
久保大作［2008］「民事判例研究『公正な会計慣行』の立証責任,および会計基準の類推適用［大阪高裁平成 16.5.25 判決］」『法学新報』第 115 巻第 5・6 号,333-346 頁。
佐藤信彦［2008］「会計基準の権威」『會計』第 165 巻第 2 号,13 - 26 頁。
────［2010］「日本における国際的会計基準の適用」『税経通信』第 65 巻第 3 号,17-24 頁。

――――――［2013］「会計基準の設定権限と強制力」『企業会計』第65巻第1号，60-66頁。
徳賀芳弘［1993］「会計基準における2種類の『統一性』」『産業経理』第52巻第4号，92-100頁。
――――――［2000］『国際会計論：相違と調和』中央経済社。
弥永真生［2013］『会計基準と法』中央経済社。
リース事業協会税務会計委員会会計グループ［2002］「わが国リース取引の特徴と実態――リース会計基準の見直しに関連して」『リース』2002年9月号，2-19頁。

(佐藤　信彦)

第 3 章

会計基準における合理性の変容

 はじめに

　近年，会計基準の国際化をめぐる動きには変化が生じている。

　2000年の国際会計基準委員会（IASC）によるコア・スタンダードの完成とそれに対する証券監督者国際機構（IOSCO）による支持の表明以降，会計基準の国際化は国際会計基準審議会（IASB）が設定・公表している国際財務報告基準（IFRS）に各国の会計基準を収斂（コンバージェンス）させる方向で進められてきた。また，IFRS自体をそれぞれの国の会計基準として採用する（アドプション）動きも生じていた。しかしながら，2011年にはアメリカ・証券取引委員会（SEC）がアメリカにおけるIFRSの全面採用を当初の予定より先送りする方針を表明し（Securities and Exchange Commission [2011]），日本においても同じ年に，IFRSのアドプションを行う場合であっても，さらに5～7年の十分な準備期間を設けることが金融担当大臣の方針として表明された（http://www.fsa.go.jp/common/conference/minister/2011a/20110621-1.html）。また，日本においては2015年にIFRSとは別の「修正国際基準」の導入も行われている（企業会計基準委員会 [2015]）。これらの動きを見る限り，少なくともアドプションに向かう流れはその勢いを失っている。

　また，IFRSの内容自体にも変化が見られる。IASB設立当初に設定・公表されたIFRSの内容は既存の会計実務の内容を大きく変更しようとする傾向が

見出された。それに対して，最近の IASB による提案では，既存の会計基準と対立する内容の導入を回避しようとしているように見える。たとえば，IASB による収益認識基準の検討では，当初は契約時点での収益認識等の改革的な内容が提案されたものの（International Accounting Standards Board [2008]），最終的に設定された IFRS No.15 についても，適用を 2018 年まで延期することが認められた。

　本章では，これらのような国際会計基準における変化について，国際会計基準の合理性を支える論拠が変容している可能性があることを指摘し，その影響に関する考察を行う。なお，本章で検討しているのは，あくまで会計基準が設定されること自体の合理性である。IFRS に関して，現実にはそれを導入する企業と導入しない企業とが分かれているものの，それぞれの企業の行動が分かれる理由の検討は行っていない。本章で用いている「市場関係者」という用語は，あくまで総体としての企業や投資家のまとまりを意味している。

Ⅱ　会計基準設定の経済的合理性

　会計基準は，企業会計に対する規制であると捉えることができる。本来，経済的な活動は個々の企業・投資家の自由な活動が行われる中でその効率性が高まる。それに対して，個々の企業における会計という行為に社会全体として規制による枠を嵌め，それぞれの企業が選択できる行為の範囲を制限するには，相応の理由が必要である。

　会計基準の整備が進められることになった契機は，1929 年のウォール街における株価大暴落であり，1933 年証券法および 1934 年証券取引所法で整備された投資家保護を目的とするディスクロージャー制度で企業が投資家に提供すべき情報を具体化する必要があったためであった。それゆえ，初期の段階では会計基準の設定にあたって，「相当に権威ある支持（substantial authoritative support）」を有する会計処理や開示情報の内容を明確にすることが目指された（Securities and Exchange Commission [1938]）。資本市場での財務報告における不正を防止することが会計基準を設定することの大きな目的になっていたと考えることができる。

ただし，資本市場の整備・再建が進めば，状況に応じて新たな財務情報の開示が行われるべき必要性も増大する。また，1960年代以降の実証的な調査研究により，アメリカの資本市場が少なくとも公開された情報については効率的であり，投資家は企業が提供する情報の適否を判断する能力を有していると考えられるようになった。したがって，資本市場において企業が投資家に情報を提供する仕組みについても，企業と投資家との自由な活動に委ねる方向もあり得た。しかしながら，現実には，設定される会計基準は数的に増加し続けた。そのような動向は単に不正防止の仕組みとして会計基準を捉えたのでは説明できない。そこで，会計基準が設けられることの合理性を支える概念として注目されたのが資本市場における外部性であった（American Accounting Association [1977]）。そこでは，会計基準に対しては，資本市場に外部性が存在することが生じる「市場の失敗」を防止する役割が期待された。

　資本市場における「市場の失敗」を引き起こす外部性としてまず考える必要があるのは，資本市場での企業から投資家への情報提供を財務情報の取引とみなしたときに考慮すべき「取引コスト」である。資本市場が完全・完備であるならば，「取引コスト」は生じず，「市場の失敗」にも陥らない。しかし，現実の資本市場には企業と投資家との間に情報の非対称性が存在し，結果として投資家の意思決定における合理性は限定されたものになる。そしてその限定された合理性を利用しようとする機会主義に基づく行動がとられる。そのため資本市場における企業と投資家との間の財務情報の取引では資源のロスである「取引コスト」が発生し，市場全体としての効率性が低下する。そして，この「取引コスト」は企業と投資家との間の自由な活動に任せていたのでは節減できない。そこで，企業から投資家に提供される情報の内容についての裁定機関として会計基準設定機関を設けることで，企業と投資家との間の財務情報をめぐる「交渉コスト」や「再交渉コスト」の節減が図られる。経済や企業活動の拡大によって，現実の企業や投資家における価値観はますます多様化しており，利害の対立が生じる可能性も大きくなっている。それゆえ，資本市場において現実に会計基準が設定され続けることに合理性が与えられることになる。

　また，財務情報が公共財であることに伴う外部性も資本市場における「市場の失敗」を生じさせ得る。企業が資本市場におけるディスクロージャー制度で

提供（供給）する財務情報は，特定の投資家のみが消費できるものではなく（消費の非競合性），ある投資家が別の投資家が財務情報を利用することを阻止することもできない（排除不能性）という公共財としての特性を有する。そのため，資本市場においては財務情報に対する十分な対価が得られないため，供給される財務情報は適切な水準よりの少なくなる。また，財務情報が公共財であることから生じる「フリーライダー問題」もある。個々の企業の経営者が自らは情報を開示しなくても公共財である他社の財務情報を利用できるならば，財務情報が有用であると考えるときに，自らは財務情報を開示せずに他社の財務情報を利用しようとするインセンティブが生じる。このインセンティブはすべての経営者に生じるため，結局，有用であると考えられる財務情報が開示されないことになる。これは「囚人のジレンマ」が生じている状況の1つであり，経営者が自らの利益を優先して意思決定を行っている限り，状況は改善されない。資本市場が整備されても，財務情報が公共財としての性格を失うわけではなく，公共財である財務情報の供給を企業の自由な行動に委ねていたのでは適正な水準の情報は開示されないことになる。そこで，ディスクロージャー制度を通じて投資家に提供される財務情報の拡充を図るため会計基準の設定が行われることになる。この場合，そのままでは開示されない財務情報が会計基準の設定によって開示されるとき，会計基準には合理性が与えられる。

　さらに財務情報が資本市場以外の領域でも利用されることで生じる外部性もある。日本の会計制度に関しては，金融商品取引法だけではなく，会社法や税法の影響もあることが指摘されてきた。現実の会計基準の設定にあたっても，会社法や税法との関わりが検討されてきたのであり，その結果としての経路依存性が存在する。また，公共料金の算定や経済政策の立案・実施にも企業の財務情報は利用されている。さらに，業績連動報酬制度等を通じて，財務情報は労働市場にも影響を与え得る。それゆえ，資本市場における企業と投資家との関係だけでは社会全体としての望ましい財務報告の仕組みを整備することはできない。そこで，資本市場以外の要因も検討対象に含めることができる会計基準設定機関を設立し，資本市場以外の領域との間で生じる外部性も検討された会計基準を設定することに合理性が与えられることになる。

　以上のように，外部性への対応という視点を用いれば，会計基準が継続して

設定され続ける状況にも合理性がある。さまざまな外部性を内部化する手段として，規制である会計基準を設定するのであり，「市場の失敗」を防止することを目的としたガバナンスのための仕組みとして会計基準が位置づけられることになる。

「ネットワーク外部性」に基づく国際会計基準の合理性

前節において，会計基準を設定することの財務報告をめぐる外部性への対策としての合理性についての検討を行ったが，そこでは会計基準を企業会計実務に対する規制として位置づけていた。しかし，さまざまな市場の集合体であるグローバルな資本市場については，IFRS の設定・公表を行っている IASB が直接的な規制機関としての権限を有しているわけではない。そのため，従来からの外部性に関する考え方をそのまま IFRS の合理性を支える論拠とすることには問題もある。それゆえ，グローバルな市場市場に関しては，強制力を持つ規制の合理性とは別の考え方を用いる必要もある。そのとき新たな合理性の論拠となり得るのが，「ネットワーク外部性」である。

「ネットワーク外部性」とは，ある財のユーザが増えるほど個々のユーザがその財から受ける効用が増加する現象のことを指す。電子メールや PDF 形式の文書ファイルの普及を説明するうえでは，この「ネットワーク外部性」の考え方が用いられる。同種の財のユーザが多く，自らもその財のユーザとなることが自らにとって大きなベネフィットを生じさせるのであれば，その財の規格が国際的な標準となる。

会計基準の国際化が必要とされる最大の理由も，グローバルな資本市場において財務情報の比較可能性を確保することである。IFRS を採用する企業が多くなればなるほど，IFRS を採用している企業自体が資本市場において資金調達を行うことが容易になる。これは IFRS に「ネットワーク外部性」があることを意味している。

IFRS に準拠した財務報告が「ネットワーク外部性」を有する財であるならば，直接的な強制力を持たない IFRS を規制であるとはみなせないとしても，IFRS が採用されることに合理性が与えられる。すなわち，IFRS に「ネット

ワーク外部性」があるために，財務報告の関係者は自らの利益を得るための行動としてIFRSを採用し，結果として企業会計の国際化が進むことになる。このとき，IFRSは規制というよりも，各国が会計基準の統一を進めていくうえでの国際標準規格としての性格を有することになる。

　ただし，「ネットワーク外部性」が合理性の論拠である場合，2つの問題が発生する可能性がある。

　第1に，「ネットワーク外部性」に基づいて統一的な規格の普及が図られた場合には，社会全体としての画一性が高められ，単一の規格が「独り勝ち」の状況になる。結果として，統一的な規格以外の方式は社会の中で力を失い，小規模な変化が生じにくくなる。統一的な規格自体がその変化を求める要請に対して常にセンシティブであり，規格自体にイノベーションが取り込まれていくのであれば問題は生じない。しかし，統一的か規格が固定的なものになってしまった場合，イノベーションが抑制され，具体的な規格の内容自体が最も望ましいものではなくなる危険性がある。

　第2には，「ネットワーク外部性」に基づいて統一的な規格の普及が図られるとしても，単に「同じものが使われる」という点自体が重視されるため，普及している規格の内容が最善のものであることが保証されるわけではない。たとえ内容としては現実に普及している規格よりも優れたものがあったとしても，普及の度合いに差がついてしまえば，先行した規格の普及度は加速的に増加し，普及の度合いが低い規格は淘汰されてしまう。そのため，現実に普及している規格の内容には歪みが生じてしまいかねない。

　「ネットワーク外部性」に基づく関係者の行動と結果の問題点を示すモデルとして「男女の争い（battle of sexes）」がある。オペラよりもボクシングに行きたい男性と，ボクシングよりもオペラに行きたい女性がいるとする。ただし，どちらも1人で出かけることは望んでおらず，2人で同じ場所に出かけることを選好するのであれば，2人は揃ってオペラかボクシングに出かけることになる。ただし，出かける先がオペラになるかボクシングになるかは，このモデルでは決まらない。また，いずれが選ばれるとしても，プレーヤーのどちらかにとっては最前の解ではない。それにもかかわらず，望まない解であってもプレーヤーには解を変更しようとするインセンティブは生じない。

IFRSを巡って「男女の争い」の状況が生じているのであれば，IFRSが内容として最善の会計基準であるとは言えなくなる。それにもかかわらず，「ネットワーク外部性」があるために，IFRSは普及する。そして，ひとたびIFRSが国際標準としての地位を確立すれば，市場関係者にはそれを変更しようとするインセンティブは生じないことになる。

国際会計基準における合理性の変容

企業会計における国際化を巡っては，一時期は重視されたアダプションに向けた動きが勢いを失い，IFRSの内容自体も革新性が弱まっている。このような変化の背景には，本章で会計基準を設定することの根拠とした合理性の変容があると考えられる。具体的には，外部性を生じさせることになる「取引コスト」自体の縮小と，「ネットワーク外部性」の低下という2つの点が指摘できるだろう。

1 「取引コスト」の縮小

「取引コスト」が生じさせる外部性が会計基準を設定することの合理性の根拠となるのは，資本市場で関係者自身が相互に交渉してルールを決めるのでは，大きな「交渉コスト」や「再交渉コスト」が生じる場合である。「交渉コスト」や「再交渉コスト」を節減することに社会として大きなメリットがあるのであれば，市場関係者は裁定機関を設けて，その機関にルールの決定を委ねる。

「交渉・再交渉コスト」が大きなものとなる要因としては，市場関係者の間に情報の非対称性が存在し，それぞれの関係者が機会主義的な行動をとることがある。ただし，情報の非対称性が完全に解消されることはなく，市場関係者がそれぞれ自らの利益のために行動することは変わらないとしても，情報技術の発達により利害関係者相互の意見交換のコストが大幅に縮小しているのであれば，裁定機関にルール決定を委ねるべき必要性も低下する。

IASBによる基準設定の手続きでは，公開草案等の公表を通じて広い範囲の関係者から意見を集め，公開の議論を通じて最終的な基準の内容のとりまとめが行われる。そのプロセスではグローバルな資本市場において関係者相互によ

るさまざまな意見交換が繰り返し行われており，世界的な通信網が整備される中で，市場関係者が直接的に意見を交換する機会を得るとともに，意見交換を行うことのコストも低下している。また，関係者が相互に獲得できる他の関係者に関する情報も大幅に拡大している。そのため，市場関係者が他の関係者を出し抜く機会主義的な行動をとることは以前よりも難しい。結果として，市場関係者にとってはIASBという第三者の裁定機関が定めたルールであるIFRSの管理下に入るニーズが低下していると考えることができる。

「取引コスト」の低下が企業会計の国際化を巡る状況を変化させていることの傍証としては，わが国において「修正国際基準」の設定が行われたことを挙げることができるだろう。「修正国際基準」においては，単に日本国内での基準の整備を行うということだけでなく，IFRSに対してわが国の立場を発信することも大きな目的として掲げられている。これはわが国がIFRSに関する再交渉を試みていることに他ならない。「再交渉コスト」が許容される範囲にまで低下しているがゆえに「修正国際基準」が設けられたと解釈することができる。

国際会計基準を巡る「取引コスト」の縮小が，情報網や情報技術の発達に起因するのであれば，将来的に「取引コスト」が再度増加するとは考えにくい。したがって，IFRSのアダプションに向けた動きが勢いを失っていることの理由が「取引コスト」の縮小にあるのであれば，その流れが逆転する可能性も小さい。

2 「ネットワーク外部性」の低下

IFRSの導入に関して「ネットワーク外部性」が存在すれば，グローバルな資本市場における関係者が「男女の争い」の状況にあっても，国際的な標準規格としてのIFRSがグローバルな資本市場で普及していくことになる。ただし，この状況は成立するためには，グローバルな資本市場における関係者が「同一の会計基準を採用すること」に第1の選好順位を与えなければならない。もしグローバルな資本市場の関係者が他の関係者に異なる選択をすることを許容するのであれば，会計基準の国際化における「ネットワーク外部性」は低下し，IFRSの普及も鈍化する。

IFRS に関して「ネットワーク外部性」の低下が生じ得る要因としては，次の3つの点が考えられる。

第1に，グローバルな資本市場における関係者同士の利害対立が強まり，それらの関係者が同一の行動をとることによる効用が低下している可能性である。利害関係者間の対立を生じさせるものとしては，国ごとの会計基準が内包する経路依存性がある。IASB によって設定される会計基準は，国ごとの個別的な事情からは切り離されて決定されるが，現実の企業の会計実務は企業会計における国ごとの環境の相違から影響を受けざるを得ない。そのため，国際的な会計基準に対する関係者の合意を形成することが難しくなるだけでなく，特定の会計基準案に対する強い反対意見が表明されることがあり得る。

第2には，「ネットワーク外部性」に伴って生じる IFRS の独り勝ちの状況から生じる弊害が大きくなっている可能性である。「ネットワーク外部性」に基づいて単一の規格が世界的な標準となることで，その規格のユーザは大きな便益を得るが，その一方で，選ばれた規格以外の変化が排除されてしまうため，イノベーションが阻害される危険性がある。国際的な会計基準の設定においても，IFRS の「独り勝ち」となることで，望ましい将来の変化が阻害される危険性が指摘できる。また，「男女の争い」の状況が示しているように，「ネットワーク合理性」に基づいて成立した世界的な標準については，それが内容的にも最良のものであることが保障されるわけではない。IFRS の具体的な内容が定まっていく中で，グローバルな資本市場の関係者がそれぞれ最も望ましいと考える会計基準の内容と IFRS との乖離が許容できないほど大きくなれば，市場関係者が他の市場関係者と異なる行動をとることもあり得る。

そして第3には，IFRS が適用されて「ネットワーク外部性」が生じている範囲が現実には限定されているため，IFRS が世界的な規格となっても，グローバルな市場の関係者には十分なベネフィットが得られていない可能性がある。表面上は IFRS が導入されているとしても，実質的には内容のカーブアウトが行われている場合，グローバルな資本市場における財務情報の利用者は必ずしも同質の情報を得ることができるわけではない。また，IFRS の内容が純粋な形で導入されるとしても，資本市場以外の領域での財務情報の利用がカバーされているわけではない。

「ネットワーク外部性」が成立するのは，あくまで利用者が1つの集団を形成している場合である。財務情報の利用者が相互に独立した複数の集団に区分されているのであれば，それぞれの集団の中での「ネットワーク合理性」が成立すればよい。したがって，すべての関係者に統一的な規格を求めるのではなく，複数の規格が併存する状況が生じることも考えられる。上場企業の会計制度と中小企業の会計制度が二分化される状況も，それぞれで財務情報の利用者が異なり，「ネットワーク合理性」が成立する範囲も異なるのであれば，肯定的に捉えることが可能になる。

IFRSに関する「ネットワーク合理性」が低下しているのであれば，アメリカや日本の規制機関が早期のアダプションに対して消極的になっていることも説明できる。IFRSによる「ネットワーク外部性」が低下し，IFRSをそのまま自国の会計基準とすることから得られるベネフィットが縮小していることが，アダプションに対するインセンティブを失わせているのである。アメリカや日本における現在の方針が，政治的な圧力による歪みであるならば，その歪みが是正されることで将来的にはアダプションに向けた動きが再開される可能性がある。しかし，「ネットワーク合理性」の低下に起因しているのであれば，両国における会計制度の整備はアダプションとは異なる方向で進んでいく可能性が大きい。

会計基準の合理性に関する実証的な論点

本章で検討した国際会計基準における合理性の変容については，事実に基づく検証ができているわけではなく，現時点ではあくまで仮説であるに過ぎない。会計基準の合理性が変容しているという仮説は，国際会計基準を巡るこれまでの動向を1つの枠組みの中で位置づけるうえで有用であることは確認できた。しかしながら，本章での議論に正当性を与えるためには，議論の裏付けとなる実証的なエビデンスが必要となる。その際，特に注目される論点としては，以下の3つを挙げることができる。

1 「修正国際基準」の現実的な機能

「修正国際基準」は，わが国企業へのIFRS導入を進めるとともに，IASBに対してわが国の会計基準に対する考え方を明確にすることを目的として設定された。しかしながら，IFRSを導入している企業は増加している中で，「修正国際基準」を採用している企業は，2018年時点ではいまだない。それゆえ「修正国際基準」がIFRSの導入に向けた準備段階の会計基準として利用されているとは言えず，「取引コスト」を節減するための関係者に対する裁定としての機能を果たしているとも言えない。したがって，「修正国際基準」の現実的な機能としては，企業会計基準委員会（ASBJ）がIASBに対してIFRSの内容に対する再交渉を求める点に力点があると考えられる。

「修正国際基準」を通じてASBJが具体的に再交渉を求めているのは，のれんの償却とリサイクリングの実施である。したがって，今後のIFRSの具体的な内容としてのれんの償却やリサイクリングが認められるようになり，その過程で日本の主張が影響したことが指摘できるのであれば，「修正国際基準」が現実的な機能を果たしたことになる。

「修正国際基準」が現実的な機能を果たしたことが実際のIFRSの内容に基づいて論証できれば，会計基準設定における再交渉で生じる「取引コスト」が縮小していることの実証的なエビデンスとなる。そして，IASBを裁定機関としたガバナンスを確立するという意味でのアダプションが必ずしも最善の選択とはならず，限定された範囲での財務情報の提供者（経営者）と利用者（投資家）との間での合意として会計基準を設定することに合理性が与えられる。

ただし，「修正国際基準」の意義がIFRSに関する再交渉を行うことにあるならば，そのための具体的なアクションが必要である。単に「修正国際基準」が定められているだけでは意味はない。「修正国際基準」の設定者であるASBJがIASBに対して積極的な働きかけを行うことが必要となる。ASBJとIASCの相互の活動実績を解析することで，国際的な財務報告における「取引コスト」についての検証を行うことが求められる。

2 IFRSに準拠した財務報告の質

　IFRSの合理性の根拠を「ネットワーク外部性」に求める場合，世界的な統一規格としてのIFRSの存在意義は認められるものの，IFRSの内容における優位が保証されるわけではない。特に，IFRSの体系が全体として財務報告の質を高めているのかを実証的に検討する必要性がある。

　Barth et al. [2008] では，経営者による利益操作が行われておらず，損失が適時に認識されており，会計数値（利益，純資産）が高い価値関連性を有するのであれば会計の質が高いと定義したうえで，1994年から2003年に国際会計基準（IAS）を採用したアメリカ以外の21ヵ国を対象として，IASの導入によって会計の質は高まっているとする実証的な調査結果が示されている。ただし，IFRSの普及が進んだ2010年以降についての検証が十分に行われているわけではない。個別的なIFRSに基づく財務情報の価値関連性を調査するだけでなく，IFRSの体系全体が財務報告の質を向上させているか否かについての実証的な調査が行われなければならない。

　ただし，「財務報告の質」とは何かが改めて問われることには注意を要する。Barth et al. [2008] で「質が高い」とされていた状況は，言い換えれば，「利益の不規則な変動性が高まっている」という状況である。そのため，経営者による利益の平準化が行われている場合には，会計の質は低いと判定されることになる。しかし，利益の平準化が行われることで企業の業績の長期的な趨勢が明確になり，財務報告の質が高まると考えることも可能である。それゆえ，Barth et al. [2008] による調査結果が財務報告の質の向上を意味しているか否かについては，さらなる検討が必要になる。

　また，会計情報とキャッシュフロー情報との合致が高いほど財務報告の質が向上していると考えられている場合もある（Lambert et al. [2007]）。ただしこの考え方も，突き詰めれば，発生主義会計を否定することになりかねない。それゆえ財務報告の質に関する実証的な調査を行ううえで，「質が高い財務報告とは何か」という点についての規範的な検討が並行して進められなければならない。

3 経営者の行動変化の検証

　会計基準の設定にあたっては，財務報告を通じて，投資家の意思決定に資する情報が提供されることが重視されてきた。そして，情報を得た投資家の行動変化を市場データに基づいて捕捉する実証的な調査が重ねられてきた。しかしながら，外部性の存在に基づいた会計基準の合理性を考えるとき，投資家の行動変化だけでは会計基準における外部性を十分に把握することができない。情報の提供者である経営者と情報の利用者である投資家以外の関係者についての調査も必要であるが，情報の提供者である経営者自体も情報の利用者であり，財務報告を通じて提供される情報により経営者の行動が変化することが実証的に検討されなければならない。

　Chen et al. [2013] では，財務報告の波及効果として，経営者が財務報告を通じて入手できる他国の競合企業の総資本利益率を参照して自社の過剰投資もしくは過少投資を修正するという仮説の検証が行われている。そして，EU17ヵ国の企業を対象とした実証的な調査により，IFRSの強制適用によって波及効果が強化されており，IFRSが導入されることには意義があると論じられている。この調査では投資家の行動変化が取り上げられているわけではないが，IFRSの導入によって企業の活動の効率性が高まる点にIFRS導入の意義が求められており，財務報告における外部性が直接的に検証されている。

　またShroff [2016] では，経営上の契約に会計数値が組み入れられていることで会計基準の変化によって経営者の行動も変化するという仮説（契約仮説）とともに，新たな会計基準の導入によって経営者が利用できる新たな情報が作成されることで経営者の行動が変化するという仮説（情報仮説）も提示され，それらの仮説の検証が行われている。契約仮説の検証では，契約内容に基づいて情報変化と経営者の行動の変化とを対応させることができる。それに対して，情報仮説の検証では新たな財務情報と経営者の行動変化とのリンクについての検討が必要になる。その点で情報仮説の検証はまだ十分に行われているわけではないが，情報仮説が成り立つことを示す実証的な調査結果が積み上げられれば，外部性や「取引コスト」に基づく具体的な議論が会計基準の設定に関して展開されることが期待できる。

おわりに——今後の会計基準設定に対する含意

　これまでの会計基準の設定では，市場が効率的であることが前提とされてきた。だが，現実の資本市場は必ずしも効率的であるとは限らない。市場関係者の限定合理性を前提とするのであれば，外部性や「取引コスト」の概念を基礎とする会計基準の合理性に依拠して設定される会計基準に対する評価が行われなければならない。

　会計基準の合理性について本章で検討してきたような変容が生じているとしても，外部性や「取引コスト」に基づいた会計基準の評価を行うのであれば，経営者を情報の提供者とし，投資家を情報の利用者とする検討の枠組みを組み替える必要がある。経営者もまた財務情報の利用者であり，さらには，経営者や投資家以外の関係者も視野に入れた分析が行われなければならない。また，投資家を情報の利用者とする場合も，すべての投資家を同質のものとみなすのではなく，複数の性質が異なる投資家集団が存在することを前提とした検討を行うことも求められるだろう。

　アメリカの財務会計基準審議会は，会計基準の基礎となる概念フレームワークの中に盛り込まれた財務情報に求める質的特性について，「信頼性」を「忠実な表示」に置き換える変更を行った（Financial Accounting Standards Board [2010]）。「信頼性」は，外部の情報利用者である投資家の視点から財務情報に求められる質的特性であると考えられる。それが「忠実な表示」に置き換えられたことは，財務報告の内容に対する評価を外部の情報利用者という視点からだけでなく，より広い視点から行う枠組みが採用されたことを意味していると解釈できる。会計基準の設定に対する視点の変換が進められつつあると考えられる。

　なお，本章ではグローバルな資本市場の関係者をプレーヤーとみなしてきたが，国際会計基準における合理性の変容はプレーヤーとして国の行動も変化させると考えられる。

　国際的な規制と国際的な標準規格のいずれであるとしても，国際会計基準が企業会計制度に対する国際的なガバナンスの手段である点に違いはない。この

ようなガバナンスに対する現在の国レベルの行動を，Abbott et al. [2001] は，ある国の国内的な会計制度が他の国の会計制度に影響を与えることが生じる外部性に対して，各国が共同して対応する仕組みを設けて取引上の相互接続性 (transactional interconnectivity) を確保している状況であると位置づけている。ただし，各国の具体的な会計制度が変化していくのであれば，各国が共同して対応するという状況も変化する。そして各国が独自の行動をとることから生じる「囚人のジレンマ」を回避するための仕組みとして国際会計基準を設けることが重要となる。すなわち，各国が自国の利益のみを考えて法制度を整備することでグローバルな資本市場全体としての財務報告の機能が低下する「底辺への競争 (race to the bottom)」ことを防ぐ歯止めのための仕組みとして，国際会計基準が設定されることになる。

国際会計基準が「底辺への競争」に対する歯止めとして設定されるのであれば，国際会計基準の内容としては，会計実務を革新することよりも，望ましい水準の財務報告のレベルを確定することが重視されることになる。一方，国際会計基準が歯止めとして機能するためには，各国が表面上は国際会計基準を尊重しながら，実質的な国別の制度では国際会計基準とは異なるようなルールが設けられることがないような国際的な監視体制が整備されなければならない。この点で，IASB の役割にも変化が生じることになると考えられる。すなわちIASB は，国際的な裁定機関としての役割よりも，各国の会計制度の整備状況を監視し，過度のカーブアウトによる「底辺への競争」を阻止することが大きな役割となることが予想される。

会計基準設定における合理性の変容は，今後の会計基準設定活動が従来とは異なる方向に進んでいく可能性が高いことを示唆している。新たな方向性の1つが制度の二分化や複線化である場合も，それらの方向性に対して経済的な合理性が与えられ，肯定的に論じることも可能になる。

● 参考文献

Abbott, K.W., & Snidal, D. [2001], "International 'Standards' and international governance", *Journal of European Public Policy*, Vol.8, No.3, pp.345-370.

Admati, A.R., &Pfleidere, P. [2000], "Forcing Firms to Talk: Financial Disclosure Regulation and Externalities", *The Review of Financial Studies*, Vol.13, No.3, pp.479-519.

American Accounting Association [1977], *A Statement of Accounting Theory and Theory Acceptance*, AAA.（染谷恭次郎訳［1980］『アメリカ会計学会会計理論及び理論承認』国元書房）

Barth, M., Landsman, W.R., and Lang, M.H. [2007], "International Accounting Standards and Accounting Quality", *Journal of Accounting Research*, Vol.46 No.3, pp.467-498.

Beaver, W.H. [1998], *Financial Reporting: an accounting revolution* (3rd Ed.), Prentice-Hall.（伊藤邦雄訳［2010］『財務報告革命 第3版』白桃書房）

Chen, C., Young, D., & Zhuang, Z. [2013], "Externalities of Mandatory IFRS Adoption: Evidence from Cross-Border Spillover Effects of Financial Information on Investment Efficiency", *The Accounting Review*, Vol.88, No.3, pp.881-914.

Dye, R.A. [1990], "Mandatory Versus Voluntary Disclosure : The Cases of Financial and Real Externalities", *The Accounting Review*, Vol.65, No.1, pp.1-24.

Dye, R.A., & Sridhar, S.S. [2008], "A Positive Theory of Flexibility in Accounting Standards", *Journal of Accounting and Economics*, Vol.46, pp.312-333.

Financial Accounting Standards Board [2010], *Statement of Financial Accounting Concepts No.8, "Conceptual Framework for Financial Reporting"*.

Healy, P.M., & Palepu, K.G. [2001], "Information Asymmetry, Corporate Disclosure, and the Capital Markets: A Review of the Empirical Disclosure Literature", *Journal of Accounting and Economics*, Vol.31, pp.405-440.

Horton, J., Serafeim, G., &Serafeim, I [2013], "Does Mandatory IFRS Adoption Improve the Information Environment?", *Contemporary Accounting Research*, Vol.30, No.1, pp.388-423.

International Accounting Standards Board [2008], *Preliminary Views on Revenue Recognition in Contracts with Customers*.

────── [2015], *IFRS No.15: Revenue from Contracts with Customers*.

Lambert, R., Leuz, C., and Verrecchia, R.E. [2005], "Accounting Information, Disclosure, and the Cost of Capital", *Journal of Accounting Research*, Vol.45, No.2, pp.385-420.

Meeks, G., & Swann, G.M.P. [2009], "Accounting Standards and the Economics of Standards", *Accounting and Business Research*, Vol.39, No.3, pp.191-210.

Securities and Exchange Commission [1938], *Accounting Series Release No.4: Administrative Policy on Financial Statements*.

────── [2011], *Work Plan for the Consideration of Incorporating International*

Financial Reporting Standards into the Financial Reporting System for U.S. Issuers - Final Staff Report.

Shroff, N. [2016], "Corporate investment and changes in GAAP", *Review of Accounting Studies*, No.22, pp.1-63.

Williamson, O.E. [1986], *Economic Organization ? firms, markets and policy control*, Wheatsheaf Books. (井上薫・中田善啓監訳 [1989]『エコノミックオーガニゼーション——取引コストパラダイムの展開』晃洋書房)

大塚成男 [1990]「財務報告における外部性と会計基準」『千葉大学経済研究』第5巻第1号, 161-190頁。

─────[2010]「『取引コスト』概念と会計基準論における課題」『會計』第178巻第3号, 49-61頁。

企業会計基準委員会 [2015]「『修正国際基準（国際会計基準と企業会計基準委員会による修正会計基準によって構成される会計基準）』の公表にあたって」。

（大塚　成男）

第 4 章

蓋然性規準の動向と課題

I はじめに

　近年のIASBでは，蓋然性規準（probability criteria）の位置づけをめぐって活発な議論が展開されている。そもそもこの規準は，会計計算に不可避的に介入する不確実性（uncertainty）に対処する手段として機能してきた。しかし，引当金に関する公開草案（IASB [2005]）を端緒として，概念フレームワークに関する討議資料（IASB [2013]）や公開草案（IASB [2015]）では，蓋然性規準の廃止すらも主張されている。そこで本章では，財務諸表本体での認識（recognition）がたえず問われてきた研究開発（research and development）の会計を題材として，蓋然性規準をめぐるIFRSの動向と日本基準に与える影響を考察することにしたい。なお，邦語では，割合や比率としての数値表現が可能な場合を「確率」，必ずしも表現できない場合を「蓋然性」と訳し分けるのが一般的であるので（酒井 [2013]），会計基準における"probability"を議論する際には，「確率」ではなく「蓋然性」という訳語をあてることにする。

II 会計基準における蓋然性

　企業会計の前提である発生主義会計を前提とする限り，取引を単純に記帳するのみでは，期間損益計算は完結しない。耐用年数の設定や引当金の計上にみ

られるように，将来予測の反映が不可欠であるので，それに伴う不確実性にいかに対処するかが常に問題となってきた。後述するように，いくつかの手段が考えられるが，蓋然性規準では，財務諸表本体に記載する項目を確実性のあるものに限定するため，将来便益の発生可能性が低い項目を認識対象から外すこととしている。たとえばIAS37（IASC［1998］）や「企業会計原則」（企業会計審議会［1982］，注18）では，蓋然性規準を1つの指標として偶発債務と引当金を区別し，後者のみを本体計上とする。またIFRSでは，有形固定資産や無形資産等の認識についても，蓋然性に関する規定を設けている。さらに，概念フレームワーク（企業会計基準委員会［2006］，IASB［2010］）においても，蓋然性規準は明文で要求されてきた。

しかし，"probable"については複数の幅のある解釈が存在し，同じ英語表現でも類似のものが多数混在している[1]。たとえば，偶発事象の会計を規定したSFAS5（FASB［1975］）では，「可能性が高い」（probable）＞「ある程度の可能性」（reasonably possible）＞「可能性がほとんどない」（remote）といった高低に関する使い分けがある一方，IFRSでは「ほぼ確実」（virtually certain），「発生しない可能性よりも高い」（more likely than not）など異なる用語が使われている。また何％なら蓋然性をみたし得るのかという数値による閾値（threshold）に関しても，具体的な規定は皆無といってよい。さらに，蓋然性規準の運用を取り上げた先行研究（Doupnik and Richter［2003］，Doupnik and Richter［2004］）によると，"probability"の判断は，国ごとに異なり，翻訳の仕方によっても影響されることが示唆されている。こういった状況を前提として，不確実性が高いとされる研究開発の会計を検討するのが，次節以降の課題である。

研究開発と蓋然性

1　IFRSにおける研究開発

本節では，内部努力による研究開発と企業結合から生じる仕掛研究開発（in-process research & development, IPR&D）を題材として，IFRSの動向を検討す

る。まず，研究開発活動によって生じる経済的資源は無形資産として扱われるので，IAS38（IASB［2014］，para.21）では，蓋然性規準と測定の信頼性規準のいずれもみたす必要があるとする。そして，まだ基礎的な段階にある研究費の資産計上は禁止するものの，以下の6つの条件がすべてみたされる場合には，将来便益の蓋然性を立証できるので，開発費を資産として認識することを強制した（IAS38, paras.54-58）。

(a) 使用あるいは売却できるように無形資産を完成させることの技術上の実行可能性
(b) 無形資産を完成させて，使用あるいは売却するという意図
(c) 無形資産を使用あるいは売却できる能力
(d) 無形資産が蓋然性の高い将来の経済的便益をどのように創出するのか，特に，当該無形資産の産出物あるいは無形資産それ自体についての市場の存在や無形資産を内部で使用する予定である場合にはその有用性を，企業が立証できること
(e) 開発を完成させて，無形資産を使用あるいは売却するために必要となる，適切な技術上，財務上およびその他の資源の利用可能性

一方で，企業結合によっても，他企業の研究開発プロジェクトすなわち仕掛研究開発を取得できる。一般に，企業結合時に適用される買収法（acquisition method）では，耐用年数の設定などで勘定科目ごとの精緻な処理ができることから，可能な限り，特定の無形資産をのれん（識別不能無形資産）と区別して認識することが求められている。そこで最近の会計基準では，契約・法的権利と分離可能性のうちいずれかをみたすならば，当該項目は識別可能無形資産として処理される。前者は当該無形資産の価値が契約や法的権利によってもたらされること，後者は企業全体とは独立に当該無形資産を売却，譲渡，許諾，貸与あるいは交換ができることをいう。ここで問題となるのが，買収法で規定される公正価値測定と蓋然性規準との関係である。

まず，企業結合を買収法で処理した場合，識別可能無形資産は，複数の確率を用いた期待値で測定されるので，将来便益に関する不確実性は公正価値に反映させることができる（IAS38, para.35）。そこで，仕掛研究開発を含む識別可能無形資産については，蓋然性規準が当初認識時より自動的にみたされている

とした（IAS38, para.33）。したがって，仕掛研究開発が企業結合時に費用処理されるということはない。なお，下線部は引用者によるものであり，以下，特に断りのない限り同様の取扱いとする。

「<u>無形資産を企業結合で取得する場合には，…無形資産の公正価値は，当該資産に具現化された将来の経済的便益が企業に流入する可能性についての買収日現在での市場参加者の予想を反映する。</u>言い換えれば，たとえその流入の時期や金額に関して不確実性がある場合であっても，企業は経済的便益の流入があると期待している。したがって，…<u>蓋然性の認識規準は，企業結合で取得した無形資産については常にみたされている。</u>」

次に，近時の IASB における概念フレームワークの議論を吟味しよう。まず，将来の経済的便益が不確実であることは，あらゆる経済的資源に該当する。たとえば，研究開発プロジェクトが成功して現金を受け取るのかどうかが不確実であるのと同様に，棚卸資産が必ず販売できるどうかも実は確実ではない。さらに蓋然性規準の具体的な閾値を設定することも困難となると，最終的な便益の流入に関する不確実性だけで認識すべきかどうかを決定すべきではないという結論になる（IASB [2013], paras.2.32-2.36）。続いて公開草案（IASB [2015], paras.BC5.39-BC5.40）でも，発生の可能性の高低を基礎とした蓋然性規準は削除して，特定の項目の認識は，会計情報の質的特性に反するかどうかという視点から判断されるべきとした。したがって，蓋然性が低い項目の認識を完全に禁止するのではなく，認識した場合には目的適合性のある情報を提供しない可能性があるという言及にとどめられている[2]。

以上の議論をまとめてみると，IFRS の特徴として2つの点を指摘できる。1つは，現行の規定では，研究開発の段階や取得形態で蓋然性に関する規定が異なるという点である。内部努力の場合には研究費と開発費で蓋然性の立証可能性が異なるとされ，企業結合による場合には公正価値による測定で蓋然性規準がみたされるとされた。もう1つは，蓋然性に関する具体的な閾値の設定が断念されているうえに，蓋然性規準それ自体を削除するという提案がなされている点である。この点は，概念フレームワークのみならず，引当金や研究開発

といった個別基準にも影響してくる可能性がある。

2　日本基準における研究開発

　先に検討したとおり，IFRSにおける研究開発の処理は蓋然性規準を中心に議論されてきた。それでは，日本基準ではいかなる視点から議論してきたのであろうか。研究開発費（試験研究費・開発費）および企業結合における仕掛研究開発の規定を詳細に吟味することにしたい。

　まず従来の日本基準においては，試験研究費と開発費は繰延資産に含められ，均等額以上の償却が求められていた。その考え方を端的に示していたのが，「連続意見書第五」（企業会計審議会［1962］，第一・三・ヘ）である。

　　「試験研究が成功したときでも，試験研究費の未償却残高を資産とくに無形固定資産に振り替える必要はなく，逆に，失敗したときでも，これを全額償却して，その金額を営業外費用もしく繰越利益剰余金減少高（現行基準における特別損失：引用者）として処理しなくてもさしつかえない。けだし，<u>試験研究費を一定の期間にわたって規則的に償却することにより，毎期の損益計算の正常性が，完全に保てるからである。</u>」

　ここでは，蓋然性に関する記述がなく，規則的償却を続行することによる損益計算の正常性が強調されていた点に留意しよう。一方で，引当金の規定（「企業会計原則」注18）では，高度の発生可能性すなわち蓋然性が要求されていたので，当時の日本基準は，資産の計上をより厳格化する保守主義ではなく，むしろ経済事象による変動を抑制する利益計算の平準化という視点から不確実性に対処していたといえる。

　その後，「研究開発費等に係る会計基準」（企業会計審議会［1998］，設定前文，三・2）になって，不確実性に関する記述が行われるようになった。

　　「研究開発費は，発生時には将来の収益を獲得できるか否か不明であり，また，研究開発計画が進行し，<u>将来の収益の獲得期待が高まったとしても，依然としてその獲得が確実であるとはいえない。</u>そのため，研究開発費を資産として貸借対照表に計上することは適当でないと判断した。また，仮に，一定の要件を満たすものについて資産計上を強制する処理を採用する場合には，資産計上の要件を定

める必要がある。しかし、実務上客観的に判断可能な要件を規定することは困難であり…」

IAS38と比較すると、具体化の段階にある開発費でさえも、蓋然性の立証は困難としている点が特徴的である。結果として、それまでの「企業会計原則」と比べると保守的な規定となった。

これに対して、仕掛研究開発については、内部努力による研究開発費の処理との整合性が考慮され、「企業結合に係る会計基準」（企業会計審議会［2003］）では即時費用処理とされていた（**図表4-1**）。その後、コンバージェンス等を考慮した企業会計基準第21号（企業会計基準委員会［2008a］）及び企業会計基準第23号（企業会計基準委員会［2008b］）では、IAS38と同様の資産処理とした（図表4-1）。しかし、その結論の背景には、「企業結合により取得した他の資産との整合性」や「価値ある成果を取得したという実態の反映」といった記述があるのみで、公正価値測定や蓋然性規準に関する言及はなかった（企業会計基準委員会［2008a］, para.101）。

図表4-1 日本基準の動向

	1998	2003	2008
研究開発費	即時費用処理	同左	同左
仕掛研究開発	N/A	即時費用処理	資産処理

3 日本基準の動向と課題

IFRSへの対応として、近年注目されているのが、エンドースメントを目的とした「修正国際基準」の公表である。ここでエンドースメントとは、すべてのIFRSについて受け入れが可能か否かを判断したうえで、必要に応じて、一部の会計基準を「削除又は修正」して採択する仕組みをいう。その「削除又は修正」の判断に際しては、①会計基準に係る基本的な考え方、②実務上の困難さ、③周辺制度との関連を勘案といった指標が挙げられている。このうち、のれんの非償却と開発費の資産計上は①に該当するとされたが（企業会計基準委員会［2015a］, para.26）、「修正国際基準」では、前者のみ修正し（企業会計基準委員会［2015b］）、後者はIFRSの規定をそのまま受け入れることとなった。こ

の「修正国際基準」の結論については，以下のような検討を加えることができる。

まず日本経済団体連合会・IFRS 実務対応検討会（[2014]，41 頁）によると，ほとんどの企業は IFRS を適用しても開発費の資産計上はないと判断しているという。つまり，現行の実務に影響がないことが，「修正国際基準」で開発費の資産計上を削除しなかった理由の 1 つと考えられる。また同時に開発費の資産計上の歯止めになった条件として蓋然性規準が挙げられている。それゆえ，日本企業であっても，蓋然性規準がない IFRS を適用すれば開発費の資産計上があり得るので，即時費用処理を要求する現行の日本基準との相違が実務でも生じることになる。そこで改めて論点となるのが，IFRS の規定から蓋然性規準が削除された場合に，日本基準はいかに対応するのかという点である。

これまでの日本基準あるいは日本企業が採用してきた無形資産の処理をまとめると，**図表 4 − 2** のようになる。第 1 の即時費用処理（図表 4 − 2，①）は，最も保守的なものであり，1998 年以来，内部努力の研究開発費で求められてきたものである。第 2 の規則的償却の強制（図表 4 − 2，②）は，1949 年の「企業会計原則」以来のものであり，のれん（営業権）や試験研究費に対して規定されてきた。この合理性は，期間損益計算の平準化にあると解することができる。第 3 の資産計上項目に対する規則的償却の禁止（図表 4 − 2，③）は，米国基準や IFRS を適用する企業が買収のれんに対して適用してきたもので，業績の変動性（volatility）を拡大させる傾向がある。とすると，IFRS において蓋然性規準が削除された場合，日本の選択肢としては，保守主義という点を強調

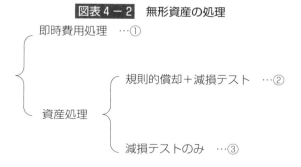

図表 4 − 2　無形資産の処理

して即時費用処理を主張するか，現行の「修正国際基準」における買収のれんとの整合性を重視して開発費についても規則的償却を主張することが考えられる。いずれを主張するにせよ，日本基準固有の考え方を再整理する必要があろう。

Ⅳ　おわりに

　本章では，IFRSと日本基準における研究開発の処理を題材としてきた。両基準では，研究開発における不確実性に対処する手段として，①資産・負債の認識における蓋然性規準，②資産の認識をより厳格にする保守主義，③経済事象による変動を抑制する利益計算の平準化が議論されてきた。

　まずIFRSでは，概念フレームワークの改訂作業を通じて，①の蓋然性規準を排除する方向にある。確かに，従来から蓋然性規準には閾値に関する統一的な規定がないなどの問題点が指摘されてきた。しかし，目的適合性など会計情報の質的特性によって認識の可否を判定することが可能かどうかについても検討の余地がある。その際には，蓋然性規準を含めた各判定指標の実務上の有効性を具体的に検証する作業が必要である。さしあたり，業種別，上場企業・非上場企業，大企業・中小企業などの属性分類を前提としたアンケート調査や公認会計士など実務家に対するインタビュー調査などが考えられる。今後の課題としたい。

　また，概念フレームワークにおいて蓋然性規準が削除された場合，早晩，個別基準にも影響することが予想される。特にIFRSと日本基準の相違が際立っている開発費の処理も変更される可能性がある。これに対して，日本基準における無形資産の規定は，もともと蓋然性というよりは，②の保守主義を重視した即時費用処理や③の平準化を志向した規則的償却の強制が主流であった。仮に，こうした処理をわが国固有のものとして主張する場合には，保守主義や平準化といった概念が，近年の概念フレームワークで中心となっている目的適合性等に比肩し得るものであることを論証する必要がある。「修正国際基準」の動向と相まって注目に値する論点といえよう。

第4章 蓋然性規準の動向と課題　65

●注

1　アメリカの動向など各国の変遷については Miller and Islam（[1988］, paras.4.12-4.24）を参照。また IASB（[2015］, paras. BC5.8-BC5.9）でも同様の点が指摘されている。
2　新たな認識規準については IASB（[2018］, paras.5.1-5.25）を参照されたい。

●参考文献

Doupnik, T. S. and M. Richter [2003], "Interpretation of Uncertainty Expressions: a Cross-national Study." *Accounting, Organizations and Society*, Vol.28, No.1, pp.15-35.
―――― [2004], "The Impact of Culture on the Interpretation of "InContext" Verbal Probability Expressions." *Journal of International Accounting Research*, Vol.3, No.1, pp.1-20.
FASB [1975], SFAS5, *Accounting for Contingencies*, Financial Accounting Standards Board.
―――― [1985], SFAC6, *Elements of Financial Statements*, Financial Accounting Standards Board.（平松一夫・広瀬義州訳 [2002]『FASB 財務会計の諸概念』中央経済社）
IASB [2005], *Exposure Draft Amendments to IAS 37 Provisions, Contingent Liabilities and Contingent Assets and IAS 19 Employee Benefits published*, International Accounting Standards Board.
―――― [2010], *The Conceptual Framework for Financial Reporting*, International Accounting Standards Board.（企業会計基準委員会訳 [2018]『IFRS 基準 2018』中央経済社）
―――― [2013], Discussion Paper, *A Review of the Conceptual Framework for Financial Reporting*, International Accounting Standards Board.
―――― [2014], IAS38, Intangible Assets, International Accounting Standards Board.（企業会計基準委員会訳 [2018]『IFRS 基準 2018』中央経済社）
―――― [2015], Exposure Draft, *Conceptual Framework for Financial Reporting*, International Accounting Standards Board.
―――― [2018], *Conceptual Framework for Financial Reporting*, International Accounting Standards Board.
IASC [1998], IAS37, *Provisions, Contingent Liabilities and Contingent Assets*, International Accounting Standards Committee.（企業会計基準委員会訳 [2018]『IFRS 基準 2018』中央経済社）
Miller, M.C. and M.A.Islam. [1988], Accounting Theory Monograph No.7, *The

Definition andRecognition of Assets, Australian Accounting Research Foundation. (太田正博・J. ロック訳［1992］『資産の定義と認識』中央経済社）
企業会計基準委員会［2006］「討議資料　財務会計の概念フレームワーク」企業会計基準委員会。
―――――［2007］「研究開発費に関する論点の整理」企業会計基準委員会。
―――――［2008］「社内発生開発費のIFRSのもとにおける開示の実態調査」企業会計基準委員会。
―――――［2008a］「企業会計基準第21号　企業結合に関する会計基準」企業会計基準委員会。
―――――［2008b］「企業会計基準第23号　『研究開発費等に係る会計基準』の一部改正」企業会計基準委員会。
―――――［2009］「引当金に関する論点の整理」企業会計基準委員会。
―――――［2015a］「『修正国際基準（国際会計基準と企業会計基準委員会による修正会計基準によって構成される会計基準)』の公表にあたって」企業会計基準委員会。
―――――［2015b］「企業会計基準委員会による修正会計基準第1号　のれんの会計処理」企業会計基準委員会。
企業会計審議会［1949］「企業会計原則」企業会計審議会。
―――――［1962］「企業会計原則と関係諸法令との調整に関する連続意見書第五　繰延資産について」企業会計審議会。
―――――［1982］「企業会計原則」企業会計審議会。
―――――［1998］「研究開発費等に係る会計基準」企業会計審議会。
―――――［2003］「企業結合に係る会計基準」企業会計審議会。
―――――［2013］「国際会計基準（IFRS）への対応のあり方に関する当面の方針」企業会計審議会。
酒井泰弘［2013］「ケインズの蓋然性論とナイトの不確実性論――奇跡の1921年を考える」『彦根論叢』第398号，pp.50-69。
日本経済団体連合会・IFRS実務対応検討会［2014］「IFRS任意適用に関する実務対応参考事例」日本経済団体連合会。

（梅原　秀継）

第 5 章

利益の堅さと利益マネジメント

I はじめに

　業績連動型報酬制度と利益マネジメントの関係は古くから問題とされてきた。強力なインセンティブ・スキームの下では，ほかの事情が同じなら利益マネジメントが大きくなるはずである。Ijiri（[1975], 36）は，比較的早くからこの問題を指摘し，ある指標の動かしにくさをその指標の「堅さ（hardness）」と呼んだ。いいかえると，ある指標を過大評価あるいは過小評価しようという意図を持った人が測定を試みるとき，その指標の堅さは，それがどれくらい操作しにくいかを表わしている。

　一般に，多くの測定者の見積もり値の分散が小さいとき，その測定は客観的であるという。客観的な指標には操作の余地がほとんどなく，結果としてその指標は堅い。また，ある指標が内部統制システムや監査人などによって容易に検証可能であれば，たとえその指標が操作されたとしても内部統制システムや監査人がその指標を検証したときに元の数字に戻されることになる。結果として，その指標も堅いと考えてよい。したがって，利益マネジメントしやすい柔らかい指標は主観的で検証が困難なものである（Glover et al. [2005], 4）。近年，固定資産の減損，繰延税金資産の減損，企業結合時の資産評価など，主観的な見積もりや検証が困難な数字に依存する会計処理が増えつつあり，利益の堅さは落ちてきているといえよう。

とくに利益の堅さが問題となるのは利益にもとづいてボーナスを支払う場合や利益が業績指標として利用される場合である。また，ストック・オプションなどの報酬制度がある場合なども，株価が利益情報に鋭く反応するかぎり，利益の堅さが問題となろう。

これは，Sarbanes-Oxley Act of 2002 の制定へとつながった Enron の粉飾決算においても注目された論点であった。よく知られているように，Enron は，伝統的な天然ガス供給ビジネスから天然ガスのトレーディングへ移行するにあたり，収益と費用の対応による伝統的な会計をやめて時価会計（mark-to-market accounting）を採用するようになっていた。時価会計の下では，一度，長期契約が締結されると，その契約の下における将来のキャッシュ・インフローの現在価値が収益として計上され，その契約を履行するにあたって必要と見込まれるコストの現在価値が費用として計上される。この長期契約の未実現の保有利得と損失は当期純利益の一部に計上されていたという。Enron は，このような柔らかい利益指標を採用しながら強力なインセンティブ・スキームを採用していた。ストック・オプションを利用した経営者報酬制度の下で投資家の期待につねに応えていく圧力が強かったものと考えられる（Healy and Palepu [2003]）。

また，2015 年以降，東芝の経営危機へとつながった会計不正においても，「チャレンジ」と呼ばれる強力な損益改善圧力の下，比較的柔らかな利益指標が悪用されていたことが知られている[1]。社会インフラ事業に対して工事進行基準を適用するにあたり，見積もり総工費の過少計上によって利益が過大計上されていた。また，部品の有償支給をしていたパーソナル・コンピュータの製造委託先に対して，四半期末に部品を押し込み販売することで，その部品売上げ相当額を製造原価のマイナスとしていた。このような柔らかい利益指標を予算統制などのマネジメント・コントロール・システムに採用する一方で，毎月の定例会議で予算未達の事業部門に対してトップの強い圧力があったとされている。結果として「不適切処理」が近年常態化していた。東芝の会計不正の問題も少なくとも部分的には利益の堅さと利益マネジメントの問題が関わっている。

本章では，絶対的リスク回避度一定の効用関数，アフィン報酬契約，正規確

率変数による撹乱項を仮定した標準的なモラル・ハザード・モデルにおいて，利益の堅さを，エージェントが利益マネジメントをするときの心理コストの高さとしてモデル化する。通常の経営努力と異なり，利益マネジメントは企業のキャッシュ・フローの増加にはつながらない活動である。しかし，利益マネジメントを抑制するのにはコストがかかり，利益の堅さを高めれば高めるほど，プリンシパルにコストがかかると仮定している。

　分析の結果，経営者の経営努力コストが大きくなると最適経営努力水準が下がり，より穏やかなインセンティブ・スキームとなる一方で，利益は柔らかくなるものの最適な利益マネジメントの水準も下がることがわかった。また，経営者のリスク回避度が高まったり企業の事業リスクが高まったりした場合には最適経営努力水準が下がり，より穏やかなインセンティブ・スキームが採用されるが，利益が柔らかくなって最適な利益マネジメントは増加する。

　とくに事業リスクについての比較静学の結果からは，Enronや東芝が柔らかい利益指標を用い，利益マネジメントの水準を高く維持したことには一定の合理性があった可能性が示唆される。不適正・違法とされるレベルの利益操作は許されないが，適正・合法の範囲内の利益マネジメントについては，その抑制にコストがかかるかぎり最適な水準というものがある。利益マネジメントの水準が高いこと自体は非難されることではなかろう。

II　モデルの設定

　リスク中立的な株主とリスク回避的な経営者を考える。経営者は，絶対的リスク回避度一定のフォン・ノイマン＝モルゲンシュテルン型効用関数，

$$U(w, \alpha, \beta) = -\exp\left(-\rho\left(w - \frac{c}{2}\alpha^2 - \frac{\theta}{2}\beta^2\right)\right), \tag{1}$$

を持つ。ここでρは絶対的リスク回避度，wは経営者報酬，αは経営者の経営努力水準，βは利益マネジメントの水準，cとθは努力水準や利益マネジメントのコストを表わす変数である。経営努力コスト$(c/2)\alpha^2$や利益マネジメントのコスト$(\theta/2)\beta^2$は貨幣的なものでなく心理的なものである[2]。ここで経営努力のコスト変数cは外生変数であるが利益マネジメントのコスト変数θは内生

変数である。この θ が利益のマネジメントのしにくさ,つまり,利益の堅さを表わしている。変数 θ が大きくなればなるほど利益操作に心理的コストがかかるようになり動かしにくくなると考えることができる。また,経営努力は実際のキャッシュ・フローを増加させるが,利益マネジメントは実際のキャッシュ・フローを増加させることなく利益の額だけを増加させるものとする。一般に,実際のキャッシュ・フローにつながる操作前利益を増やすほうが利益マネジメントにより利益を嵩上げするより難しいと考えるのが自然であろう。そこで,経営努力のコスト変数 c のほうが利益マネジメントのコスト変数 θ よりも大きいと仮定する。つまり,$c > \theta$ である。

経営者の直面する労働市場における次善の就業機会からの効用は,簡単化のため,$U(0, 0, 0) = -e^0 = -1$ としておこう。これが経営者の留保効用である。

経営者の経営努力水準 α と利益マネジメント水準 β を与件として企業の(経営者報酬控除前)利益 $\tilde{x}$ は次のように決まる。

$$\tilde{x} = \alpha + \beta + \tilde{\varepsilon}. \tag{2}$$

ここで,$\tilde{\varepsilon}$ は撹乱項であり,平均ゼロ,分散 σ^2 の正規分布にしたがうと仮定する。

そして,経営者報酬 w は利益の実現値 x の関数として次のように決定される。

$$w = \gamma + \delta x. \tag{3}$$

すなわち,経営者報酬は利益のアフィン関数である。したがって,確率変数としての経営者報酬 $\tilde{w}$ の期待値と分散は,

$$E[\tilde{w}] = \gamma + \delta(\alpha + \beta), \tag{4}$$
$$\mathrm{Var}[\tilde{w}] = \delta^2 \sigma^2, \tag{5}$$

となる。

株主に帰属するキャッシュ・フローを $\tilde{V}$ とする。ここで,経営者の利益マネジメントのコスト変数 θ を選択すると株主に帰属するキャッシュ・フローは θ だけ減じられる。これは利益マネジメント抑制コストである。つまり,株主に帰属するキャッシュ・フローは利益マネジメント前の利益から経営者報酬と利

益マネジメント抑制コストを引いたものに等しい。具体的には，

$$\tilde{V} = \alpha + \tilde{\varepsilon} - \tilde{w} - \theta, \quad (6)$$

$$= \alpha + \tilde{\varepsilon} - [\gamma + \delta(\alpha + \beta + \tilde{\varepsilon})] - \theta, \quad (7)$$

$$= (1-\delta)\alpha - \delta\beta + (1-\delta)\tilde{\varepsilon} - \gamma - \theta. \quad (8)$$

で決定される。ここで，リスク中立的な株主から見た企業価値は，

$$E[\tilde{V}] = (1-\delta)\alpha - \delta\beta - \gamma - \theta, \quad (9)$$

である。

このモデルのイベント・シークエンスは次のとおりである。最初に株主が利益マネジメントのコスト θ を選択するとともに，経営者報酬制度 $\langle \gamma, \delta \rangle$ を決定し経営者に契約を提示する。この契約は条件交渉を認めない一方的なもので，条件が合わなければ経営者は別の就業機会を探すことになる。経営者が契約を受け入れれば次に経営者は経営努力水準と利益マネジメント努力水準の組 $\langle \alpha, \beta \rangle$ を決定する。実現した利益 x に応じて経営者報酬 $w = \gamma + \delta x$ が支払われ，最終的な実現キャッシュ・フロー V が株主に帰属する。

III 株主の企業価値最大化問題

株主の企業価値最大化問題を考える前に，標準的な結果を1つ証明しておこう。これは，いわゆる LEN フレームワークにおける標準的な結果である。LEN フレームワークとは，モラル・ハザードのモデルで，成果指標に対して線形（Linear）の契約を考え[3]，絶対的リスク回避度一定の負の指数関数（Exponential function）を効用関数として持つエージェントを考え，撹乱項が正規分布（Normal distribution）にしたがう設定を使う分析的枠組みである。線形契約の L，指数関数の E，正規分布の N をとって，LEN フレームワーク，または，LEN スタイル，LEN モデル，LEN セットアップなどという。詳しくは，Lambert [2001] を見よ。なお，LEN フレームワークというのは，会計研究においては一般的な名称であるが，経済学では"CARA Gaussian Setup"という呼び方が一般的である。CARA（constant absolute risk aversion）は絶対的リ

スク回避度一定を意味する。ガウシアン分布は正規分布の別名である。

　LEN フレームワークがここまでポピュラーなのは，リスク回避的なエージェントの利得の確実性等価が，利得の期待値から利得の分散の半分に絶対的リスク回避度を掛けたものを引いた額になり，数学的に扱いやすいからである。この結果はあまりに基本的なので明示的に扱われることが少ない。しかし，この分野に詳しくない人が理解にあたってつまづくポイントの1つではあるので，ここでは明示的に説明しておこう。

　まず，経営者にとって，確率変数である報酬 $\tilde{w}$ が確実な報酬いくらと等しいかを考える。このように，ある確率的なキャッシュ・フローと等しい確実な金額を確実性等価（certainty equivalent）という。ここでは，経営者の心理コストも貨幣価値に換算して，確実性等価 CE に含めておく。確実性等価の定義より，$U(CE, 0, 0) = E[U(\tilde{w}, \alpha, \beta)]$ である。ここで，$U(CE, 0, 0) = -\exp(-\rho(CE))$ である。一方，$\tilde{w}$ が平均 $\gamma + \delta(\alpha+\beta)$，分散 $\delta^2\sigma^2$ の正規分布にしたがうことに注意すると，

$$
\begin{aligned}
&E[U(\tilde{w}, \alpha, \beta)] \\
&= \int_{-\infty}^{\infty} -\exp\left(-\rho\left(w - \frac{c}{2}\alpha^2 - \frac{\theta}{2}\beta^2\right)\right) \cdot \frac{1}{\delta\sigma\sqrt{2\pi}} \cdot \exp\left(-\frac{1}{2}\left\{\frac{w - [\gamma + \delta(\alpha+\beta)]}{\delta\sigma}\right\}^2\right) dw, \quad (10)\\
&= -\exp\left(-\rho\left[\gamma + \delta(\alpha+\beta) - \frac{c}{2}\alpha^2 - \frac{\theta}{2}\beta^2 - \frac{\rho}{2}\delta^2\sigma^2\right]\right)\\
&\quad \times \int_{-\infty}^{\infty} \frac{1}{\delta\sigma\sqrt{2\pi}} \cdot \exp\left(-\frac{1}{2}\left\{\frac{w - [\gamma + \delta(\alpha+\beta) - \rho\delta^2\sigma^2]}{\delta\sigma}\right\}^2\right) dw. \quad (11)
\end{aligned}
$$

この最後の項(11)の積分記号内の式は，平均 $\gamma + \delta(\alpha+\beta) - \rho\delta^2\sigma^2$，分散 $\delta^2\sigma^2$ の正規分布の密度関数である。したがって，

$$
\int_{-\infty}^{\infty} \frac{1}{\delta\sigma\sqrt{2\pi}} \cdot \exp\left(-\frac{1}{2}\left\{\frac{w - [\gamma + \delta(\alpha+\beta) - \rho\delta^2\sigma^2]}{\delta\sigma}\right\}^2\right) dw = 1, \quad (12)
$$

である。式(12)を式(11)に代入して，

$$
E[U(\tilde{w}, \alpha, \beta)] = -\exp\left(-\rho\left(\gamma + \delta(\alpha+\beta) - \frac{c}{2}\alpha^2 - \frac{\theta}{2}\beta^2 - \frac{\rho}{2}\delta^2\sigma^2\right)\right), \quad (13)
$$

を得る。ここで，$U(CE, 0, 0) = E[U(\tilde{w}, \alpha, \beta)]$ と $U(CE, 0, 0) = -\exp(-\rho(CE))$ と式(13)とから，

$$CE = \gamma + \delta(\alpha + \beta) - \frac{c}{2}\alpha^2 - \frac{\theta}{2}\beta^2 - \frac{\rho}{2}\delta^2\sigma^2, \tag{14}$$

となる。

この確実性等価を使うと，株主が θ を決定したあとのサブゲームは次のように定式化できる。

$$\max_{\langle \gamma, \delta \rangle} \quad E[\tilde{V}] = (1-\delta)\alpha - \delta\beta - \gamma - \theta \tag{15}$$

subject to $\langle \alpha, \beta \rangle \in \arg\max_{\langle \alpha', \beta' \rangle} \gamma + \delta(\alpha' + \beta') - \frac{c}{2}\alpha'^2 - \frac{\theta}{2}\beta'^2 - \frac{\rho}{2}\delta^2\sigma^2,$ (IC)

$$\gamma + \delta(\alpha + \beta) - \frac{c}{2}\alpha^2 - \frac{\theta}{2}\beta^2 - \frac{\rho}{2}\delta^2\sigma^2 \geq 0. \tag{PC}$$

これは，条件（IC），（PC）の下で，$\langle \gamma, \delta \rangle$ を操作して目的関数(15)を最大化せよということである。条件（IC）の中の arg max とは，"arguments of the maximum," すなわち，関数の最大値を与える独立変数の定義域を表わす。つまり，arg max 以下の関数を最大化するような変数の組 $\langle \alpha', \beta' \rangle$ 全体の中に $\langle \alpha, \beta \rangle$ が属していることが条件（IC）である。これは，経営者が合理的であるかぎり，自己の効用の確実性等価の最大化を図るという条件である。そして，自己の効用の確実性等価の最大化を図るということは，自己の期待効用の最大化を図ることと同値である。この条件（IC）をインセンティブ整合性制約（incentive compatibility constraint, IC）という。最後の条件（PC）は，経営者の契約参加の条件である。経営者は，少なくとも別の次善の就業機会から得られる期待効用に等しい期待効用が得られなければ契約を締結することはない。経営者の留保効用は $U(0, 0, 0) = -e^0 = -1$ なので，CE ≥ 0 が参加のための条件となる。これを参加制約（participation constratint, PC）という。

Ⅳ 最適報酬契約

株主にとっては，$\partial E[\tilde{V}]/\partial \gamma = -1 < 0$，$\partial E[\tilde{V}]/\partial \delta = -\alpha - \beta$ なので，$\alpha > 0$，$\beta > 0$ であるかぎり，株主は，条件（IC），（PC）を充たすような，できるだけ小さな γ，δ を望むはずである。

一方，$\partial CE/\partial \alpha = \delta - c\alpha$ なので，一階の条件 $\partial CE/\partial \alpha = 0$ より，$\alpha = \delta/c$ となる。同様に，$\partial CE/\partial \beta = 0$ より，$\beta = \delta/\theta$ を得る。二階の条件を確認するため，ヘッセ行列の首座小行列式を計算すると，

$$\frac{\partial^2 CE}{\partial \alpha^2} = -c < 0, \qquad \begin{vmatrix} \dfrac{\partial^2 CE}{\partial \alpha^2} & \dfrac{\partial^2 CE}{\partial \alpha \partial \beta} \\ \dfrac{\partial^2 CE}{\partial \beta \partial \alpha} & \dfrac{\partial^2 CE}{\partial \beta^2} \end{vmatrix} = c\theta > 0, \qquad (16)$$

であるから，この最適化問題のヘッセ行列は負値定符号である。したがって，一階の条件は最大値を与える。

そこで，$\alpha = \delta/c$，$\beta = \delta/\theta$ を $E[\tilde{V}]$ に代入してから δ についての一階と二階の偏導関数を求めると，

$$\frac{\partial}{\partial \delta}\left(E[\tilde{V}]\big|_{\alpha = \frac{\delta}{c},\,\beta = \frac{\delta}{\theta}}\right) = \frac{\theta - 2\delta(c+\theta)}{c\theta}, \qquad \frac{\partial^2}{\partial \delta^2}\left(E[\tilde{V}]\big|_{\alpha = \frac{\delta}{c},\,\beta = \frac{\delta}{\theta}}\right) = -\frac{2(c+\theta)}{c\theta} < 0, \quad (17)$$

となり，二階の導関数が負になることから一階の条件は最大値を与えることがわかる。一階の条件を解いて，$\delta = \delta^\star \equiv \theta/[2(c+\theta)]$ を得る。このとき，$\alpha = \alpha^\star \equiv \delta^\star/c = \theta/[2c(c+\theta)]$，$\beta = \beta^\star \equiv \delta^\star/\theta = 1/[2(c+\theta)]$ と定義する。

ここまで，γ は，最大化問題に何の役割も果たしてこなかった。条件（IC）を見ると，γ は，α' や β' の係数に含まれておらず，この条件に影響を与えないことがわかる。株主はできるだけ小さな γ を望んでいるので，条件（PC）はバインド（等号で成立）し，

$$\gamma = \gamma^\star \equiv -\left[\delta^\star(\alpha^\star + \beta^\star) - \frac{c}{2}\alpha^{\star 2} - \frac{\theta}{2}\beta^{\star 2} - \frac{\rho}{2}\delta^{\star 2}\sigma^2\right] = -\frac{\theta[\theta + c(1 - \theta\rho\sigma^2)]}{8c(c+\theta)^2}, \quad (18)$$

となる。

任意の θ に対して，それに対応した $\alpha^\star$，$\beta^\star$，$\gamma^\star$，$\delta^\star$ は，条件（IC），（PC）を充たす。したがって，目的関数 $E[\tilde{V}]$ にこれらを代入して，θ について最大化を図れば，最適な利益の堅さが計算できる。

$$\frac{\partial}{\partial \theta}\left(E[\tilde{V}]\big|_{\alpha = \alpha^\star,\,\beta = \beta^\star,\,\gamma = \gamma^\star,\,\delta = \delta^\star}\right) = \frac{F}{8(c+\theta)^3}, \qquad (19)$$

である。ここで，

$$F \equiv -8\theta^3 - 24c\theta^2 + (3 - 24c^2 - 2c\rho\sigma^2)\theta + 3c - 8c^3, \tag{20}$$

である。導関数 $\partial F/\partial\theta = 3 - 24(c+\theta)^2 - 2c\rho\sigma^2$ であるから，$C_1 \equiv 3 - 2c\rho\sigma^2 < 0$ が成り立っていれば，つねに $\partial F/\partial\theta < 0$ となり，二階の条件はつねに充たされる。以下，単純化のため，$C_1 < 0$ がつねに成り立っていると仮定する。

条件 $C_1 < 0$ が成立しているとき，F は θ に関して単調減少であり，三次の係数が負の三次関数であるから，$F = 0$ はユニークな実数解を持つ。実際，この解を具体的に計算することもできるが，数行にわたるかなり複雑な式でもあり，その具体的な代数表現を示してもあまり有意義とは考えられない。ここでは，$F = 0$ がユニークな実数解を持つことを指摘しておけば十分であろう。これを θ^* とおく。ここで，$\theta^* > 0$ であるためには，$\theta = 0$ において $F > 0$ であることが必要十分である。そこで，

$$F|_{\theta=0} = 3c - 8c^3 > 0, \tag{21}$$

すなわち，$C_2 \equiv 3 - 8c^2 > 0$ であればよい。

一方，$\theta^* < c$ であるためには，F が θ に関して単調減少なので，$\theta = c$ のとき，$F < 0$ であることが必要十分である。

$$F|_{\theta=c} = -2c(32c^2 + c\rho\sigma^2 - 3), \tag{22}$$

なので，$c > 0$ に注意すると，$C_3 \equiv 32c^2 + c\rho\sigma^2 - 3 > 0$ のとき，$\theta^* < c$ となる。

以上の条件をまとめて，$C_1 < 0$，$C_2 > 0$，$C_3 > 0$ が正則性条件となる。この正則性条件を充たす外生変数の集合は空ではない。たとえば，$\langle c, \rho, \sigma^2 \rangle = \langle 1/8, 21, 1\rangle$ は，この正則性条件を充たす。

ここで，$\theta = \theta^*$ のときの $\alpha^\star$，$\beta^\star$，$\gamma^\star$，$\delta^\star$ を，それぞれ，α^*，β^*，γ^*，δ^* とおく。また，企業価値 $E[\tilde{V}]$ に $\alpha = \alpha^*$，$\beta = \beta^*$，$\gamma = \gamma^*$，$\delta = \delta^*$ を代入すると，外生変数 c，ρ，σ^2 と最適な利益マネジメント抑制コスト θ^* によって，最適化された企業価値 V^* が表現できる。

以上の内容を命題のかたちにまとめておこう。

命題1. 正則性条件 $C_1<0$, $C_2>0$, $C_3>0$ を充たす外生変数の空でない順序対 $\langle c, \rho, \sigma^2 \rangle$ が存在し，これらの外生変数の順序対に対して，最適な利益の堅さ θ^*，最適な経営者報酬契約 $\langle \gamma^*, \delta^* \rangle$，最適な努力水準 $\langle \alpha^*, \beta^* \rangle$ が一義に決まり，次の条件を充たす。

$$\alpha^* \equiv \frac{\delta^*}{c} = \frac{\theta^*}{2c(c+\theta^*)}, \tag{23}$$

$$\beta^* \equiv \frac{\delta^*}{\theta^*} = \frac{1}{2(c+\theta^*)}, \tag{24}$$

$$\gamma^* \equiv -\frac{\theta^*[\theta^* + c(1-\theta^*\rho\sigma^2)]}{8c(c+\theta^*)^2}, \tag{25}$$

$$\delta^* \equiv \frac{\theta^*}{2(c+\theta^*)}, \tag{26}$$

$$F^* \equiv -8\theta^{*3} - 24c\theta^{*2} + (3 - 24c^2 - 2c\rho\sigma^2)\theta^* + 3c - 8c^3 = 0, \tag{27}$$

$$V^* \equiv \frac{\theta^*\left\{3\theta^* + c\left[3 - 8(c+\theta^*)^2 - \theta^*\rho\sigma^2\right]\right\}}{8c(c+\theta^*)^2}. \tag{28}$$

V 比較静学

1 経営者努力コストの変化

まずは，均衡条件 $F^*=0$ を使って最適な利益の堅さが外生変数によってどのように変化するのか分析する。式 F^* には変数 c, ρ, σ が含まれている。ここで，$C_1<0$ が $\partial F^*/\partial \theta^* <0$ を含意することを思い出しておこう。また，$F^*=0$，かつ，$2c - \theta^* > 0$ なので，

$$c \cdot \frac{\partial F^*}{\partial c} = c \cdot \frac{\partial F^*}{\partial c} - F^* = -3\theta^* - 8(2c - \theta^*)(c+\theta^*)^2 < 0, \tag{29}$$

となり，したがって，$\partial F^*=\partial \theta^* <0$ である。陰関数定理を適用し，

$$\frac{d\theta^*}{dc} = -\frac{\partial F^*/\partial c}{\partial F^*/\partial \theta^*} < 0, \tag{30}$$

となる。したがって，経営者の努力コスト変数 c が大きくなると最適な利益の堅さの水準 θ^* は小さくなる。

次に，α^* を c について微分する．

$$\frac{d\alpha^*}{dc} = \frac{d}{dc}\left(\frac{\theta^*}{2c(c+\theta^*)}\right) = \frac{1}{2c^2(c+\theta^*)^2}\left[c^2\frac{d\theta^*}{dc} - (2c+\theta^*)\theta^*\right] < 0. \tag{31}$$

経営努力コスト c が大きくなると，経営者の最適努力 α^* は，コストが上がって小さくなるという直接効果に加えて，最適な利益の堅さ θ^* が小さくなってインセンティブ係数 δ^* が小さくなるため，さらに最適努力 α^* が小さくなるという間接的な効果もある．最適な利益の堅さ θ^* が小さくなると，それに応じて最適インセンティブ係数 δ^* が小さくなるのは，株主（プリンシパル）と経営者（エージェント）のあいだの戦略的交渉（strategic interaction）の結果である．

続いて，β^* を c について微分する．

$$\begin{aligned}\frac{d\beta^*}{dc} &= \frac{d}{dc}\left(\frac{1}{2(c+\theta^*)}\right) = -\frac{1}{2(c+\theta^*)^2}\left(1+\frac{d\theta^*}{dc}\right) = -\frac{1}{2(c+\theta^*)^2}\left(1-\frac{\partial F^*/\partial c}{\partial F^*/\partial \theta^*}\right) \\ &= -\frac{1}{2(c+\theta^*)^2}\left(\frac{\partial F^*/\partial \theta^* - \partial F^*/\partial c}{\partial F^*/\partial \theta^*}\right) = -\frac{1}{2(c+\theta^*)^2}\left[\frac{-2(c-\theta^*)\rho\sigma^2}{\partial F^*/\partial \theta^*}\right] < 0. \end{aligned} \tag{32}$$

つまり，経営者の努力コスト c が上がることで最適な利益の堅さ θ^* が下がり，それによって最適な利益マネジメント β^* が増加するという直接的な効果と，経営者の努力コスト c が上がることで最適な利益の堅さ θ^* が下がり，それによって最適インセンティブ係数 δ^* が減少する影響で最適な利益マネジメント β^* が減少するという間接的な効果とがある．ここで，間接的な効果は直接的な効果を凌駕する．全体としては，経営者の努力コスト c が上がると最適利益マネジメント β^* は減少する．

さらに，δ^* を c について微分しよう．

$$\frac{d\delta^*}{dc} = \frac{d}{dc}\left(\frac{\theta^*}{2(c+\theta^*)}\right) = \frac{c \cdot d\theta^*/dc - \theta^*}{2(c+\theta^*)^2} < 0. \tag{33}$$

ここで，経営者の努力コスト c が上がると，最適インセンティブ係数 δ^* が減少するという直接的な効果と，経営者の努力コスト c が上がることで最適な利益の堅さ θ^* が下がり，それによって最適インセンティブ係数 δ^* が減少するという間接的な効果とがある．直接的な効果も間接的な効果も最適インセンティブ係数 δ^* を押し下げる方向に作用する．

以上をまとめると次の命題になる．

命題2. 経営努力コスト変数 c が変化するとき，内生変数の導関数は次のとおりである．

$$\frac{d\theta^*}{dc} < 0, \qquad \frac{d\alpha^*}{dc} < 0, \qquad \frac{d\beta^*}{dc} < 0, \qquad \frac{d\delta^*}{dc} < 0. \qquad (34)$$

2 経営者のリスク回避度の変化

今度は，経営者のリスク回避度が変化するとき，経営者や株主の戦略変数がどのように変化するのかを見ておこう．ここで，$\partial F^*/\partial \theta^* < 0$ に注意しながら，陰関数定理を適用して，

$$\frac{d\theta^*}{d\rho} = -\frac{\partial F^*/\partial \rho}{\partial F^*/\partial \theta^*} = \frac{2c\theta^*\sigma^2}{\partial F^*/\partial \theta^*} < 0, \qquad (35)$$

となる．したがって，経営者のリスク回避度 ρ が大きくなると，最適な利益の堅さの水準 θ^* は小さくなり，利益マネジメントが容易になる．企業価値 V^* にリスク回避度 ρ や事業リスク σ^2 が関わってくるのは最適な固定給 γ^* を通じてである．株主が経営者に支払うリスク・プレミアムが増加すると，増加したリスク・プレミアムを払うよりは，利益マネジメントをある程度認めることで経営者報酬の期待値を上げたほうが株主にとって安上がりであるということである．

次に，α^*, β^*, δ^* を ρ について微分する．

$$\frac{d\alpha^*}{d\rho} = \frac{d}{d\rho}\left(\frac{\theta^*}{2c(c+\theta^*)}\right) = \frac{1}{2(c+\theta^*)^2} \cdot \frac{d\theta^*}{d\rho} < 0, \qquad (36)$$

$$\frac{d\beta^*}{d\rho} = \frac{d}{d\rho}\left(\frac{1}{2(c+\theta^*)}\right) = -\frac{1}{2(c+\theta^*)^2} \cdot \frac{d\theta^*}{d\rho} > 0, \qquad (37)$$

$$\frac{d\delta^*}{d\rho} = \frac{d}{d\rho}\left(\frac{\theta^*}{2(c+\theta^*)}\right) = \frac{c}{2(c+\theta^*)^2} \cdot \frac{d\theta^*}{d\rho} < 0. \qquad (38)$$

利益が柔らかくなることによって最適なインセンティブ係数 δ^* が減少する．これは，インセンティブ係数をそのままにしておくと最適なレベルを超えて利益マネジメントが増加してしまうからである．つまり，株主と経営者の戦略的交渉の結果として最適インセンティブ係数 δ^* が減少するのである．その結果，最適な経営努力 α^* は減少する．最適な利益マネジメント β^* に与える影響には，

最適な利益の堅さ θ^* が減少するので利益マネジメントが増加するという効果と最適インセンティブ係数 δ^* が減少するので利益マネジメントが減少するという効果とがある。しかし，インセンティブ係数の減少は利益マネジメントがやりやすくなる効果を完全には相殺しない。結果として，最適利益マネジメント β^* は増加する。

以上をまとめると次の命題になる。

命題 3. 経営者のリスク回避度 ρ が変化するとき，内生変数の導関数は次のとおりである。

$$\frac{d\theta^*}{d\rho} < 0, \qquad \frac{d\alpha^*}{d\rho} < 0, \qquad \frac{d\beta^*}{d\rho} > 0, \qquad \frac{d\delta^*}{d\rho} < 0. \tag{39}$$

3 事業リスクの変化

最後に，企業の事業リスクが変化するとき，経営者や株主の戦略変数がどのように変化するのかを調べる。ここで，$\partial F^*/\partial \theta^* < 0$ に注意しながら陰関数定理を適用して，

$$\frac{d\theta^*}{d(\sigma^2)} = -\frac{\partial F^*/\partial(\sigma^2)}{\partial F^*/\partial \theta^*} = \frac{2c\theta^*\rho}{\partial F^*/\partial \theta^*} < 0, \tag{40}$$

となる。したがって，企業の事業リスク σ^2 が大きくなると最適な利益の堅さの水準 θ^* は小さくなる。すなわち，利益マネジメントが容易になる。

事業リスクが増加することがプレーヤーの戦略変数に与える影響は，経営者のリスク回避度が増大した場合とまったく同じである。これは，企業価値 V^* にリスク回避度 ρ や事業リスク σ^2 が関わってくるのは最適な基本給 γ^* を通じてのみだからである。株主が経営者に支払うリスク・プレミアムが増加すると，増加したリスク・プレミアムを払うよりは，利益マネジメントをある程度認めることで経営者報酬の期待値を上げたほうが株主にとって安上がりである。

次に，α^*, β^*, δ^* を σ^2 について微分する。

$$\frac{d\alpha^*}{d(\sigma^2)} = \frac{d}{d(\sigma^2)}\left(\frac{\theta^*}{2c(c+\theta^*)}\right) = \frac{1}{2(c+\theta^*)^2} \cdot \frac{d\theta^*}{d(\sigma^2)} < 0, \tag{41}$$

$$\frac{d\beta^*}{d(\sigma^2)} = \frac{d}{d(\sigma^2)}\left(\frac{1}{2(c+\theta^*)}\right) = -\frac{1}{2(c+\theta^*)^2} \cdot \frac{d\theta^*}{d(\sigma^2)} > 0, \qquad (42)$$

$$\frac{d\delta^*}{d(\sigma^2)} = \frac{d}{d(\sigma^2)}\left(\frac{\theta^*}{2(c+\theta^*)}\right) = \frac{c}{2(c+\theta^*)^2} \cdot \frac{d\theta^*}{d(\sigma^2)} < 0. \qquad (43)$$

事業リスクが高まった場合も，最適な利益の堅さ θ^* が小さくなるので，戦略に与える影響はまったく同じである。利益が柔らかくなるとき，インセンティブ係数をそのままにしておくと利益マネジメントが増加するので，それを抑制するように最適なインセンティブ係数 δ^* が減少する。最適なインセンティブ係数 δ^* が減少した結果として最適な経営努力 α^* は減少する。最適な利益マネジメント β^* に与える影響には最適な利益の堅さ θ^* の減少による増加効果と最適インセンティブ係数 δ^* の減少による減少効果とがあるが，インセンティブ係数の減少は利益マネジメントがやりやすくなる効果を完全には相殺しない。結果として，最適利益マネジメント β^* は増加するのである。

以上をまとめると次の命題になる。

命題 4. 事業リスク σ^2 が変化するとき，内生変数の導関数は次のとおりである。

$$\frac{d\theta^*}{d(\sigma^2)} < 0, \qquad \frac{d\alpha^*}{d(\sigma^2)} < 0, \qquad \frac{d\beta^*}{d(\sigma^2)} > 0, \qquad \frac{d\delta^*}{d(\sigma^2)} < 0. \qquad (44)$$

Ⅵ おわりに

経営努力コストが大きくなるとき，最適な利益の堅さは減少する。その結果として，最適なインセンティブ係数，最適な経営努力，最適な利益マネジメントのいずれも減少することになる。一方，経営者のリスク回避度や事業リスクが増加するときは，最適な利益の堅さ，最適なインセンティブ係数，最適な経営努力は減少するが，最適な利益マネジメントの水準は増加する。

経営者のリスク回避度が大きくなったり事業リスクが高まったりして，経営者に支払わなければならないリスク・プレミアムが増加すると，株主は，インセンティブ係数を下げて固定給を多く支払おうとする。このことによって，利益マネジメントはある程度抑制されるものの，利益が柔らかくなって利益マネ

ジメントしやすくなる効果を完全には相殺しない。

　この分析結果は，大きな事業リスクに直面した企業が柔らかい利益指標を採用してインセンティブを弱め，高水準の利益マネジメントを許容するという現象に対して経済合理性と整合する説明を提供している。

[付記]　本章は，太田［2015］の改訂版である。

● 注
1　株式会社東芝第三者委員会，調査報告書，2015年7月20日を見よ。
2　経営努力コストの係数を c ではなく，$c/2$ としたのは，a について微分したときに，a の係数が c となり，均衡解の係数が簡単になって見やすくなるからである。ここで，$c/2$ の代わりに c としても以下の議論は本質的には変わらない。この点は，θ についても同様である。
3　経営者報酬 $w=\gamma+\delta x$ のような関数をアメリカでは線形関数（linear function）ということが多い。しかし，厳密にいえば，これは線形関数に定数項の付いたアフィン関数（affine function）である。

● 参考文献
Glover, Jonathan, Yuji Ijiri, Carolyn Levine, and Pierre Liang [2005] "Verifiability, Hardness, and Information Asymmetries about Verifiability and Hardness." Working Paper, Carnegie Mellon University.
Healy, Paul M. and Krishna G. Palepu [2003] "The Fall of Enron," *The Journal of Economic Perspectives* Vol.17, No.2, pp.3–26.
Ijiri, Yuji [1975] *Theory of Accounting Measurement*, American Accounting Association.
Lambert, Richard A. [2001] "Contracting Theory and Accounting," *Journal of Accounting and Economics* Vol.32, No.1-3, pp.3–87.
太田康広［2015］「利益の堅さと利益マネジメント」『會計』第188巻第3号，310-324頁。

（太田　康広）

主要諸国における会計制度改革

第 6 章　EU における会計制度改革
第 7 章　ドイツにおける会計制度改革
第 8 章　フランスの会計基準設定主体
　　　　『戦略プラン』における会計改革の
　　　　方向性
第 9 章　イギリスにおける会計基準の改訂と
　　　　その特徴
第10章　韓国における中小企業会計制度の
　　　　普及・活用
第11章　中小企業版会計基準をめぐる
　　　　国際的動向
第12章　日本の中小企業における自発的開示
　　　　——テーマ分析による質的研究

第6章

EUにおける会計制度改革

I　はじめに

　EUは周知のように，EU［2002］により，2005年以降EUの規制市場に上場する企業の連結財務諸表について国際会計基準／国際財務報告基準（IAS/IFRS）[1]が義務づけられている。EUは1つの経済共同体として，1つの会計規制のルールを必要としていたが，これまでの個別財務諸表に関する第4号会社法指令および連結財務諸表に関する第7号会社法指令による調和化のプロセスではEU加盟国の国内の会計基準は調和化できず，また新しい会計基準設定主体を作るのは時間的・経済的に困難であり，EU加盟国が議論に参加できる既存の国際会計基準審議会（IASB）の作成する国際財務報告基準を上場企業の連結財務諸表に採用するに至った。しかし，EUは経済的には1つの主権国家のような存在であり，IASBが作成した会計基準をそのまま受け入れることはできず，EU内部の組織である会計規制委員会（Accounting Regulatory Committee；ARC）および外部の諮問機関であるヨーロッパ財務報告諮問グループ（European Financial Reporting Advisory Group；EFRAG）が国際会計基準を受け入れてもいいかどうかの諮問をしている。現在，IAS39号「金融商品」のうち公正価値オプションにかかる部分を一部カーブアウトしている。

　EUは，加盟国の企業が国際的競争において不利にならないようにする，ということが重要なテーマの1つであり，近年において中小企業（Small and Medium-sized Entities；SME）への負担の軽減ということが重要なテーマとなっている。このような問題の一環として，IASB の中小企業のための国際財務報告基準（IFRS for SMEs；以下では，中小企業版 IFRS という）を受け入れるかどうかも重要な問題であり，このような展開のなかで，2012年3月14日にマイクロ企業の範囲を定めた指令 2012/6/EU（下記Ⅱ3(3)）を公表し，さらに2013年6月26日に指令 2013/34/EU（下記Ⅱ1(9)）を公表し，これまでの第4号会社法指令および第7号会社法指令を削除し，両者を統合した新たな指令を公表している。本章では，SME をめぐる会計指令および EFRAG に関する文書，指令 2012/6/EU の概要，指令 2013/34/EU の概要，コミュニケーション COM［2015］301 の概要，および EU 加盟国における IFRS 受け入れの現状および EFRAG の組織改革について検討することにする。

Ⅱ SME をめぐる会計指令に関する文書

SME 会計およびその単純化をめぐる議論について，近年の公表文書は次の通りである。

1 SME 関連文書

(1) Commission Recommendation of 6 May 2003 concerning the definition of micro, small and medium-sized enterprises (Text with EEA relevance) (notified under document number C [2003] 1422) (2003/361/EC) (20.05.2003)
(2) Report on impacts of raised thresholds defining SMEs 2005 (12.2005)
(3) Study on administrative costs of the EU Company Law Acquis (07.2007)
(4) Evaluation of Thresholds for Micro-Entities (10.2008)
(5) Micro entities – Impact Assessment (02.2008)
(6) Study on administrative costs of the EU Accounting Law (11.2009)
(7) EFRAG Compatibility Analysis: IFRS for SMEs and the EU Accounting Directives (03.06.2010)
(8) Report: 4th Company Law Directive and IFRS for SMEs (10.2010)
(9) The new accounting directive (26.06.2013)

DIRECTIVE 2013/34/EU OF THE EUROPIAN PARLIAMENT AND OF THE COUNCIL of 26 June 2013 on the annual financial statements, consolidated financial statements and related reports of certain types of undertakings, amending Directive 2006/43/EC of the European Parliament and of the Council and repealingCouncil Directives 78/660/EEC and 83/349/EEC.

2 会計指令関連文書

(1) Communication on a simplified business environment for companies in the areas of company law, accounting and auditing (07.2007)
(2) Reactions to the Commission communication of 10 July 2007 (12.2007)
(3) Consultation paper on the Review of the Accounting Directive (02.2009)
(4) Responses to the public consultation (05.2009)
(5) Presentation of the results of the Consultation on the Review of the Accounting Directives (06.2009)
(6) The results of the 2009 Consultation on the Review of the Accounting Directives (10.2009)
(7) Modernisation and simplification of the 4th and the 7th Directives: Discussion Paper for Stakeholder meeting on Friday 12th June 2009 (06.2009)
(8) The minutes of the 12th June stakeholders meeting (09.2009)
(9) Update on the Review of the Fourth and Seventh Company Law Directives (07.2009)
(10) Consultation on the International Financial Reporting Standards for Small and Medium-sized Entities (17.11.2009)
(11) Responses to the public consultation (24.03.2010)
(12) The stakeholders meeting on the review of the Accounting Directives and the IFRS for SMEs took place on 25.05.2010 in Brussels (25.05.2010)
(13) Summary of the Consultation on IFRS for SMEs (31.05.2010)
(14) Report on a Study on Accounting requirements for SMEs by CnaInterpretas.r.l (30.06.2011)

⑮ Report on the Responses Received to the consultation of Accounting Regulatory Committee Members on the Use of Options within the Accounting Directives as at 1 July 2010（19.09.2011）

⑯ Commission proposes a Directive to replace and modernise the existing Accounting Directives. The proposal simplifies the Accounting requirements for small companies and improves the clarity and comparability of companies' financial statements within the Union.（25.10.2011）

3 マイクロ企業に関する法的提案

(1) COM［2009］/83 Proposal for a Directive of the European Parliament and of the Council amending Council Directive 78/660/EEC on the annual accounts of certain types of companies as regards micro-entities（26.02.2009）

(2) Directive 2009/49/EC of the European Parliament and of the Council of 18 June 2009 amending Council Directives 78/660/EEC and 83/349/EEC as regards certain disclosure requirements for medium-sized companies and the obligation to draw up consolidated accounts –<u>OJ L164</u>（26.06.2009）

(3) DIRECTIVE 2012/6/EU OF THE EUROPEAN PARLIAMENT AND OF THE COUNCIL of 14 March 2012 amending Council Directive 78/660/EEC on the annual accounts of certain types of companies as regards micro-entities – OJ L81（21.03.2012）

中小企業にどのような会計規制を行うかに関して，2003年以降上記のように数多くの公的文書が公表されている。本章では，中小企業版IFRSとEU会計指令とが相違するか否かを検討したEFRAGの文書（1(7)）および欧州委員会の文書（2(12)(13)），マイクロ企業の概念の導入を規定した文書（3(3)），これらの検討結果第4号会社法指令と第7号会社法指令を廃止し，新たな指令を規定した文書（1(9)）を紹介することとしたい[2]。

EFRAG による中小企業版 IFRS についての検討

1 欧州委員会によるアンケート調査

　上記❷の2(12)(13)の文書において，中小企業版 IFRS に対してどう考えているかについてアンケート調査を行った。210の回答者があり，その内訳は，作成者87名，会計士および監査人68名，公的機関および基準設定者29名，利用者26名であった。国別では，多数順でドイツ84名，EU機関23名，オーストリア10名，UK，イタリア，ベルギー9名が多いところであった。ここでは，興味深い質問1「あなたは，中小企業版 IFRS はヨーロッパにおける広範な利用に適していると思いますか？」という質問について取り上げることとしたい。

　国別では，多数が Yes の国が13ヵ国，多数が No の国が9ヵ国（オーストリア，ベルギー，ブルガリア，ドイツ，フィンランド，フランス，イタリア，スロバキア，スロベニア）であった。国別では Yes の国が多いが，No の国の方が回答者が多いため，個別の数（ロビイストを除く）では Yes の人は70名，No の人は127名ということで，No の人の方が多い。それぞれの理由を挙げると次のとおりである。

◆中小企業版 IFRS が適していると思う理由
- 次の理由で便益がある
  - 異なる加盟国に支店を持つ企業
  - 完全版 IFRS に従って多国籍報告を行う支店
  - 国際的な資金調達を求め，非規制市場に上場している
  - 国際的な拡張あるいは上場を計画している企業
  - 投資者，事業提携者，債権者のための比較可能性。資本コストの低下
- 次の理由で利用者に便益がある
  - 国際的比較可能性ができる
  - 1つの会計言語を用いる
- 連結財務諸表に用いるために支持する

◆中小企業版 IFRS に反対する議論

- 財務会計と課税と資本維持規則との連携があるので，個別財務諸表にこの基準を適用することは困難である（しかし，連結財務諸表のみに用いることは妥協する）
- もし税務報告が追加報告書を必要とするならば多くの加盟国に2重の負担となる
- 特に小企業にとって作成者と利用者ともにあまりに複雑である
- 地域で活動し，国際的な基準を利用しない企業にとって何の便益もない
- 利用者は，現在の会計規則に慣れている
- いくつかの産業／法的形態は，中小企業版 IFRS ではカバーされない
- 変更／承認メカニズムに伴う問題

　以上の議論はこれまでもよく指摘されてきた点である。本文書では，「回答者の多数は，会計指令は EU 会計フレームワークに決定的な役割を果たしてきたし，EU 全体にわたり適用可能な一組の一般的な会計原則を提供すべきである，という意見であった。回答者は，特に小企業にとって管理上の負担を減らす一方，指令を現代化し，簡素化する必要を強調している。指令の改訂はまた，SME 利害関係者の主要な情報ニーズを保証すべきである。」と述べて，今後展開される会計指令の改革への提言をしている。

2　EFRAG による中小企業版 IFRS と EU 会計指令との比較

　上記のアンケート調査と並行して，中小企業版 IFRS を EU の会計の中に受け入れるかどうかを議論する前提として，中小企業版 IFRS は，会計指令と矛盾しているところはないかを検討している。上記❶1(7)の文書の一環として公表された EFRAG［2010］をもとにその相違を検討することにする。結論として，つぎの6点の相異があるとしている。

(1)　**異常項目**（extraordinary items）
　包括利益計算書（あるいは損益計算書）あるいは注記において，いかなる収益および費用の項目も「異常項目」として表示することを禁止（IFRS for SMEs para.5.10)
(2)　**金融商品の公正価値での測定**
　中小企業版 IFRS のセクション12の範囲にある金融商品を公正価値で測定する要求（IFRS for SMEs para.12.7 and 12.8)

(3) のれんの償却年数

企業が耐用年数を信頼して見積もることができないならば，のれんの耐用年数は10年と仮定する要求（para.19.23）

(4) 負ののれんの認識

いかなる負ののれんも直ちに損益として認識する要求（para.19.24）

(5) 未払込資本の持分との相殺

企業が現金やその他の資源を受け取る前に発行した持分証券受取可能な金額を資産としてではなく，資本と相殺して表示する要求（para.22.7(a)）

(6) のれん減損損失の戻入れ

のれんについて認識された減損損失の戻入れの禁止（para.30-33）

これまでの議論のほんの一部であるが，これらの検討を踏まえ，つぎにみるようなEUの指令の改訂を伴う，EU独自の中小企業も含めた会計指令の改訂へと議論を進めていくことになる。

指令2012/6/EUの概要

1 マイクロ企業の範囲（第1条(1)1.）

以下の規準のうち2つを超えない企業

(1) 貸借対照表総額： 350,000EUR
(2) 純売上高： 700,000EUR
(3) 年度平均従業員数： 10人

2 免除項目（第1条(1)2.）

加盟国は一定の条件のもとで，下記の項目を免除することができる。

(1) 「前払および未払項目」および「見越および繰延項目」を表示する義務（ただし，原材料，消耗品，価値調整，給料および税金に関するコスト以外の項目）
(2) 貸借対照表情報が国内法に従って，少なくとも1つの指定された適格な当局に十分に整理保存され，その情報は商業登記所に転送され，その結果コピーが入手可能である場合に一般的開示要求

- (3) 財務諸表の注記を作成する義務
- (4) 年次報告書に記載される内容
- (5) 公表義務

3 財務諸表の様式（第1条(1)3.）

- (1) 要約貸借対照表を作成する
- (2) 以下の項目を含む要約損益計算書を作成する
  ①純売上高，②その他収益，③原材料と消耗品の原価，④給料，⑤価値調整，⑥その他費用，⑦税金，⑧損益

4 公正価値評価（第1条(1)4.）

公正価値評価を許容あるいは要求しない

5 真実かつ公正な概観（第1条(1)5.）

これらの規定に従って作成された財務諸表は真実かつ公正な概観を示すとみなされ，離脱規定は適用しない

指令2013/34/EUの概要

1 これまでの経緯

委員会コミュニケーション"Smart Regulation in the European Union"は，高品質な規制を計画し提供するが，規制緩和（権限移譲）と比例代表制を尊重し，管理上の負担は，それがもたらす便益に比例することを保証する。

2008年6月委員会コミュニケーション"Think Small First – Small Business Act for Europe" 2011年2月改訂は，EU経済におけるSMEが果たす中心的役割を認識し，全般に企業家へのアプローチを改善し，"Think Small First"原則を政策決定において規制から公共サービスへつなげることを目的とする。

2011年4月委員会コミュニケーション"Single Market Act"は，第4号指

令と第7号指令を財務情報義務に関して簡素化し，特にSMEの管理上の負担を軽減する。

洗練され，持続可能で，包括的な成長のための"The Europe 2020 Strategy"は，SMEにとって管理上の負担を軽減し，事業環境を改善し，国際化を促進する。

2011年5月24日25日の欧州評議会は，EU全体と国内レベルで特にSMEの規制負担を軽減し，たとえば官僚主義を排除し，SMEの規制の枠組みを改善するなど生産性を増大させることを示唆している（para.1）。

2008年12月18日，欧州議会は，SME，特にマイクロ企業についての負担軽減を立法によらない解決を採用した（para.2）。

2 基本的考え方

年次財務諸表や経営者報告の表示や内容に関する国内規定の調整，そこで用いられる測定基礎および何らかのタイプの有限責任会社に関する公表は，株主や利害関係者を保護するために特に重要である。いくつかの企業は1つ以上の加盟国で活動し，これらの企業は純資産以外に第三者に対して保護手段をもたないからである（para.3）。

年次財務諸表はさまざまな目的を追求し，単に資本市場における投資家に情報を提供するばかりでなく，過去の取引を記録し，コポレートガバナンスを高める。EUにおける会計法は，財務諸表に向けられた利害と報告要求が過度の負担にないという企業の利害との間の適当なバランスをとることが必要である（para.4）。

本指令の範囲は，公開会社並びに閉鎖的な有限責任会社などの何らかの有限責任会社を含む。合名会社も含むが，非営利企業は含まない（para.5）。

本指令は原則主義である（para.6）。

本指令の規定は，1つあるいは多くの加盟国の機関によって強制的に適用される他の立法に規定されている何らかのタイプの企業の財務報告に関する規定や企業資本の分配に関する規定に不整合でなく，矛盾しない範囲でのみ適用されるべきである（para.7）。

他社と競争関係にある企業により公的に入手可能である財務情報の範囲に関

して，EU レベルで最低限の同等な法的要求を確立することが必要である（para.8）。

年次財務諸表は，慎重性の基礎で作成されるべきであり，企業の資産と負債，および財政状態や損益に関して，真実かつ公正な概観を与えるべきである。特別な場合に，財務諸表が本指令の規定を適用することにより真実かつ公正な概観を与えない可能性がある。このような場合に，企業は真実かつ公正な概観を与えるために，この規定から離脱しなければならない。加盟国はこのような例外的なケースを特定することもできるし，このケースに適用されるべき適切な特別規定を規定してもよい（para.9）。

小企業に対する要求は，かなりの程度 EU 内で調和化されることを本指令は保証すべきである。本指令は"think small first"原則に基づいている。これらの企業に不釣合いな管理上の負担を避けるために，強制される注記に加えて注記による少数の開示を許容するべきである（para.10）。

たとえば，小企業に対して加盟国が追加的な要求を課している場合には，このことは，許容しているオプションよりも少ないものを要求することにより，このオプションの全体あるいは一部を用いることができることを意味している。同様に本指令は，たとえば小企業に関連して，例外を用いることを許容している場合には，このことは加盟国はこれらの企業に全体あるいは一部例外を認めることを意味している（para.11）。

3　企業とグループの範囲（第1章第1条）

(1)　企業の範囲

図表6－1の規準のうち，2つを超えない場合に該当する。したがって，中企業の規準を2つ以上超える場合は大企業となる。

図表6－1　企業の範囲（最新の数値に修正）

	"Micro"	"Small"	"Medium"
売上高	700,000EUR	12,000,000EUR	40,000,000EUR
資産合計	350,000EUR	6,000,000EUR	20,000,000EUR
従業員数	10人	50人	250人

(2) グループの範囲

グループは大中小の区分とし,規準は個別企業の規準と同様とする。

4 一般規定と一般原則 (第2章)

(1) 一般規定 (第4条)

年次財務諸表は,構成要素全体で構成され,最低限,貸借対照表,損益計算書および注記からなる。加盟国は,小企業以外に,上記以外の財務諸表を含めて要求することができる (1項)。

年次財務諸表は本指令の規定に従って明瞭に作成されなければならない (2項)。

年次財務諸表は,企業の資産,負債,財政状態および損益の真実かつ公正な概観を与えなければならない。本規定の適用が,企業の資産,負債,財政状態および損益の真実かつ公正な概観を十分に与えることができない場合には,本規定に準拠するために必要である追加情報が財務諸表に注記しなければならない (3項)。

例外的な場合に,本指令の規定の適用が3項に規定される義務と矛盾する場合には,本規定は,企業の資産,負債,財政状態および損益の真実かつ公正な概観を与えるために適用してはならない。このような規定の不適用は,その理由および企業の資産,負債,財政状態および損益への影響に関する説明とともに財務諸表の注記に開示しなければならない (4項)。

(2) 一般財務報告原則 (第6条)

個別財務諸表および連結財務諸表に表示される項目は,次の一般原則に準拠して認識,測定されなければならない (1項)。

(a) 企業は,その事業を継続企業に基づいて運営していると仮定しなければならない。

(b) 会計方針および測定基礎はある年度から次年度へ継続して適用しなければならない。

(c) 認識と測定は慎重な基礎に基づかなければならない。特に,

(i) 決算日に作られた利益のみが認識される,

(ii) 当該年度あるいは以前の年度経過において生じたすべての負債は，この負債が決算日と財務諸表作成日の間にのみ明らかになるとしても，認識しなければならない。

(iii) すべてのマイナスの価値調整は，会計年度の成果が利益になるか損失になるかにかかわらず認識しなければならない。

(d) 貸借対照表および損益計算書に認識された金額は，発生主義に基づいて計算されなければならない。

(e) 各会計年度の期首貸借対照表は，前会計年度の期末貸借対照表と一致しなければならない。

(f) 資産項目および負債項目の構成要素は，個別に評価されなければならない。

(g) いかなる資産・負債の相殺，収益・費用項目の相殺も禁止される。

(h) 損益計算書および貸借対照表における項目は，当該取引あるいは契約の経済的実質を考慮して表示しなければならない。

(i) 財務諸表において認識される項目は，購入価額あるいは生産原価の原則に従って測定されなければならない。

(j) 認識，測定，表示，開示および連結に関する本指令で規定された要求は，この規定に準拠することによる影響がわずかであるならば準拠する必要はない。

(3) 固定資産に関して再評価額による代替的測定（第7条）

取得原価評価規定からの離脱により，加盟国は，すべての企業あるいは何らかのクラスの企業に，固定資産を再評価価額で測定することを許容あるいは要求することができる（1項）。

上記第1項が適用される場合，購入価額あるいは生産原価に基づく測定と再評価基礎に基づく測定との差額は，「資本および積立金」（Capital and reserves）という名称で貸借対照表における再評価積立金に計上しなければならない。再評価積立金は，いつでも全額あるいは一部を資本とすることができる。再評価積立金は，この積立金に貸方計上された金額が再評価に基づく会計の実行のためにもはや必要がない場合には減額すべきである。再評価積立金のいかなる部

分も，利得として実際に実現したのでなければ，直接あるいは間接に分配してはならない（2項）。

（4） 公正価値による代替的測定基礎（第8条）
取得原価規定からの離脱により，そして本条における規定に従って，
(a) 加盟国は，すべての企業あるいは何らかのクラスの企業に，デリバティブ金融商品などに公正価値による測定を許容あるいは要求しなければならない；そして
(b) 加盟国は，すべての企業あるいは何らかのクラスの企業に，金融商品以外の特定のカテゴリーの資産に公正価値を参照して決定された金額で測定することを許容あるいは要求することができる。
　　このような許容あるいは要求は，連結財務諸表に制限することができる（1項）。

本条の意味における公正価値は，次の価値のうち1つを参照して決定されるべきである。
(a) 信頼できる市場が容易に確認できる金融商品の場合には市場価値。市場価値は金融商品にとって容易に確認できないがその構成要素について，あるいは同様の金融商品について確認できる場合には，市場価値はその構成要素あるいは同様の金融商品から導き出すことができる。
(b) 信頼できる市場が容易に確認できない金融商品の場合には，評価モデルや技術が市場価値の合理的な近似値を保証するならば，一般に認められた評価モデルあるいは技術から生じる価値。

上記のいかなる方法によっても容易に測定できない金融商品は，このような基礎による測定が可能であるかぎり，購入価額あるいは生産原価の原則に従って測定しなければならない（7項）。

慎重性の原則にもかかわらず，金融商品が公正価値で測定される場合には，これらの変動が公正価値積立金に直接算入されるべきである次の場合を除いて，価値変動は損益計算書に算入されるべきである。
(a) 考慮される金融商品は，価値変動のいくらかあるいはすべてを損益計算書に表示しないことを許容するヘッジ会計のシステムのもとでヘッジ金融

商品である；あるいは
(b) 在外エンティティへの企業の正味投資額の一部を形成する貨幣項目に関して生じる換算差額に関連する価値変動。

加盟国は，デリバティブ金融商品以外の売却可能金融商品に関する価値変動を直接公正価値積立金に算入することを許容あるいは要求することができる。公正価値積立金は，第1項(a)(b)を実行するために，そこで積み立てられた金額がもはや必要ではないときに調整されなければならない（8項）。

慎重性の原則にもかかわらず，すべての企業あるいは何らかのクラスの企業に，金融商品以外の資産が公正価値で測定されている場合に，価値変動を損益計算書に算入することを許容あるいは要求することができる（9項）。

5　貸借対照表と損益計算書（第3章）

(1)　貸借対照表と損益計算書に関する一般規定（第9条）

貸借対照表と損益計算書の形式は，ある年度から次の年度へ変更してはならない。しかし，この原則からの離脱は，例外的な場合に，企業の資産，負債，財政状態および損益に真実かつ公正な概観を与えるために認められる。これらの離脱およびその理由は，財務諸表の注記に開示されなければならない（1項）。

(2)　貸借対照表の表示（第10条，付録Ⅲ，Ⅳ）

付録Ⅲ　資産固定性配列・負債資本固定性配列法
付録Ⅳ　資産固定性配列・負債資本流動性配列法
上記表示法は選択可能である。

(3)　いくつかの貸借対照表項目に関する特別規定（第12条）

自己株式および関連会社株式は，その目的を記述した項目のもとで別に表示しなければならない（2項）。

経済的耐用年数のある固定資産の購入価額あるいは生産原価，あるいは第7条1項が適用された場合の再評価額は，その有用経済的耐用年数にわたって，組織的に当該資産の価値を減額するために計算された価値調整だけ減少しなければならない（5項）。

固定資産に対する価値調整は，次のように行わなければならない。

(a) 加盟国は，金融固定資産に関して行われる価値調整を許容あるいは要求することができ，その結果これらの資産は，貸借対照表日に低い数値で評価される。

(b) 有用な経済的耐用年数があるかないかにかかわらず，価値調整は固定資産に関して行われるべきである。その結果，もしその価値の減少が永久であると予期されるならば，これらの資産は貸借対照表日に低い数値で評価される。

(c) 上記(a)(b)で述べた価値調整は，損益計算書に計上され，もしこれらの項目が損益計算書に区別して表示されないならば，財務諸表の注記に区別して開示されなければならない。

(d) 上記(a)(b)で提供された低い価値での測定は，もし価値調整が行われた理由がなくなったならば，継続してはならない。この規定は，のれんに関して行われた価値調整には行うべきではない（6項）。

貸借対照表日に低い市場価値で，あるいは特別な状況では，その他の低い価値で流動資産を示すという観点のもとで，価値調整は，流動資産に関して行わなければならない。低い価値での測定は，価値調整が行われた理由がもはや適用できないならば，継続してはならない（7項）。

加盟国は，固定資産あるいは流動資産の生産のために借り入れた利子は，生産期間に関連する範囲で生産原価に算入することを許容あるいは要求することができる。この規定の適用は，財務諸表の注記に開示しなければならない（8項）。

加盟国は，同じ範疇の棚卸資産および投資などのすべての代替可能項目の購入価額あるいは生産原価は，加重平均法，先入先出法，後入先出法あるいは一般に認められた最も良い実務を反映する方法で計算されることを許容することができる（9項）。

無形資産は，有用な経済的耐用年数にわたって償却しなければならない。のれんや開発費の有用な耐用年数が信頼して見積もることができない例外的な場合に，これらの資産は，加盟国により設定される最長期間で償却しなければならない。この最長期間は，5年より短くてはならないし，10年より長くてもな

らない。のれんが償却される期間の説明は，財務諸表の注記に示さなくてはならない（11項）。

引当金は，明確に定義され，貸借対照表日に発生しそうである，あるいは発生する確率が高いがその金額および発生するであろう日が不確実である性質で負債に含まれる（12項）。

(4) 損益計算書の表示（第13条）
付録Ⅴ　性質別分類による損益計算書（総原価法による損益計算書）
付録Ⅵ　機能別分類による損益計算書（売上原価法による損益計算書）
上記表示法は選択可能である。

(5) 小企業および中企業に対する簡素化（第14条）
加盟国は，文字やローマ数字の前に，付録Ⅲ，Ⅳにおける項目のみを示す要約貸借対照表を，小企業が作成することを許容することができる。以下の項目を個別に開示する。
 (a) 付録Ⅲの「資産」のD(Ⅱ)の借方項目および「資本，積立金および負債」のCの貸方項目で要求される情報，しかし，それぞれ合計数値で；
 (b) 付録ⅣのD(Ⅱ)の借方項目で要求される情報（1項）。

加盟国は，次の範囲で要約損益計算書を作成することを，小企業および中企業に許容することができる。
 (a) 付録Ⅴの1～5（純売上高，製品と仕掛品の在庫変動額，企業自身のために資産化するために企業によって行われた作業，その他の営業利益，原材料と消耗品，その他外部費用）は，「総損益」とよばれる1つの項目に集約される，
 (b) 付録Ⅵの1，2，3と6（純利益，売上原価，総損益，その他の営業利益）は，「総損益」とよばれる1つの項目に集約される（2項）。

6　連結財務諸表および報告書（第6章）

(1) 連結財務諸表を作成するための要求（第22条）
加盟国は，国内法により管理している企業に，もし企業（親会社）が以下の状況であるならば，連結財務諸表および連結マネジメント・レポートを作成す

ることを要求しなければならない。
 (a) 他の企業（子会社）の株主あるいはメンバーの権利過半数を所有する
 (b) 他の企業（子会社）の管理，経営，監督委員会の過半数のメンバーを任命，解任する権利を持つ
 (c) この子会社を支配する法が，このような契約あるいは規程を認めるところでは，当該企業が結んでいる契約あるいは，会社の定款に従って，株主あるいはメンバーである企業（子会社）影響を及ぼす権利を持つ
 (d) 子会社の株主あるいはメンバーであり，かつ
  (i) 当該年度，前年度および連結財務諸表が作成される時まで事務所を持つ企業（子会社）の管理，経営，監督委員会のメンバーの過半数が，その投票権の行使の結果としてのみ任命されている；あるいは
  (ii) 当該企業（子会社）の他の株主あるいはメンバーとの協定に従って，当該企業に対する株主あるいはメンバーの投票権過半数を単独で支配する（1項）。

上記の場合に加えて，加盟国は，国内法により管理している企業に，以下の場合に連結財務諸表および連結マネジメント・レポートを作成することを要求することができる：
 (a) 企業（親会社）が，他の企業（子会社）に対して主要な影響力あるいは支配を行使する，実際に行使する力を持っている
 (b) 企業（親会社）および他の企業（子会社）が親会社により共通の基礎に基づいて運営されている（2項）。

(2) 連結除外（第23条）

該当する企業が公益企業である場合を除いて，小企業は連結財務諸表および連結マネジメント・レポートを作成する義務を免除すべきである（1項）。

加盟国は，該当する企業が公益企業である場合を除いて，中企業に連結財務諸表および連結マネジメント・レポートを作成する義務を免除することができる（2項）。

(3) 連結財務諸表の作成 (第24条)

　個別財務諸表と比べて連結財務諸表の独特の特徴から生じる本質的な調整を考慮に入れて，第2章と第3章の個別財務諸表に関する規定は連結財務諸表に適用される (1項)。

　連結に含まれる企業の資産と負債は，すべて連結財務諸表に算入されなければならない (2項)。

　連結に含まれる子会社の株式が，親会社以外の人が所有している場合には，これらの株式に帰属する金額は，連結財務諸表において非支配持分として区別して表示しなければならない (4項)。

　連結に含まれる企業の収益と費用は，すべて連結損益計算書に算入されなければならない (5項)。

　4項で述べた株式に帰属する損益の金額は，非支配持分損益として，連結損益計算書に区別して表示しなければならない (6項)。

　連結財務諸表は，連結に含まれる企業の資産，負債，財政状態，損益を，1つの企業であるかのように表示しなければならない。特に，次の項目は，連結財務諸表から削除される。

(a)　企業間の負債と請求権
(b)　企業間の取引に関連する収益と費用
(c)　資産の簿価で算入されている場合には，企業間の取引の結果生じる損益 (7項)。

　連結財務諸表は，親会社の個別財務諸表と同じ日に作成しなければならない (8項)。

(4) 比例連結 (第26条)

　連結に含まれる企業が，この連結に含まれない1つあるいはそれ以上の企業と共同での企業を運営している場合，加盟国は，連結に含まれる企業により所有されているその資本に対する権利の割合に応じてこの他の企業を連結財務諸表に算入することを許容あるいは要求することができる (1項)。

(5) 公表 (第30条)

加盟国は，正式に承認された財務諸表とマネジメント・レポートを法定監査人あるいは監査法人によって提出された意見とともに，決算日以降12ヵ月を超えない合理的な期間以内に企業が公表することを確実にしなければならない (1項)。

(6) 小企業および中企業に対する簡素化 (第31条)

加盟国は，小企業に損益計算書およびマネジメント・レポートを公表する義務を免除することができる (1項)。

加盟国は，中企業に貸借対照表とその注記の一部をまとめた要約貸借対照表を許容することができる (2項)。

7 除外に関する規定および除外の制限 (第9章)

マイクロ企業に対する免除 (第36条) は，本章❺で述べた指令2012/6/EUと同様の内容である。

以上のように，この新しい会計指令は，これまでの個別財務諸表に関する第4号指令と連結財務諸表に関する第7号指令を合体して1つの指令としたこと，および中規模以下の企業，特にマイクロ企業の範疇を作って財務諸表の作成および公表に関して簡素化していることが大きな特徴として挙げることができる。さらに評価，測定に関して，従来の会計指令とあまり大きな相違はないといえる。特に，貸借対照表の形式に固定性配列を重視していること（もちろん流動性配列も許容されているが雛型にはない），損益計算書の雛型に総原価法があること，固定資産の再評価を継続して認めていること，後入先出法を認めていること，のれんを5～10年で償却すること等日本の基準と異なる点として従来から変わっていないことが特徴として挙げられる。

コミュニケーション COM［2015］301 の概要

　この，EU議会とEU評議会への委員会報告「国際会計基準の適用に関する 2002年7月19日付の規則（EC）No 1606/2002 の評価」(COM［2015］301, EU［2015a］) が 2015年6月18日に公表された。これは規則 1606/2002（通常 IAS 規則とよばれる）により，EU 上場企業の連結財務諸表に IAS/IFRS を強制適用して 10 年近く経ち，その評価を行ったものである。さらに詳細な委員会スタッフによる作業文書（EU［2015b］）も公表されている。

　本節では，このCOM［2015］301（EU［2015a］）の調査結果を簡単に紹介したい。はじめに，IAS 規則の機能について次のように指摘している（pp.11-12）。

- 現行の規則の範囲，加盟国に与えられている選択権は適当であることを証拠は示している。
- 委員会は，IFRS をグローバル・スタンダードとして支持し，アメリカ SEC に国内企業が IFRS を利用することを強制するように要請していく。
- 規則の有効性と効率性は，規則の開発と承認をとおして，適切に評価し続けることにより基準それ自身の質に依存する。
- 委員会は加盟国にヨーロッパの証券および市場権威（European Securities and Markets Authorities；ESMA）の実施ガイドラインを適用することを推奨する。
- 法律制定と一体性の単純化を保証するために，いくつかの主要な未決定の基準を採用した後で，中期的に，IFRS を承認する立法の法典化の実行を考慮している。委員会は，特に翻訳局面で，IFRS 財団と協力を強めていく。

また，承認プロセスについて，次のように述べている（p.12）。

- 承認のアドバイスについて EFRAG への要求は，EFRAG の承認アドバイスが適切にこれらの問題に向けられるように，ケースバイケースで，公共財の問題のような特定の関心を含んでいることを，委員会は保証する。
- 委員会は，マクロ経済的な影響のような基準の影響を分析する点に関して，EFRAG にその能力を拡張するように推奨する。

さらに，適切な組織のためのガバナンス配置について次のように述べている (p.12)。

- 委員会は，IFRS 財団のガバナンスにおいて改善がみられることを知っている。
- 委員会は，基準を作成するときに，異なる投資時点で特定の利用者のニーズを考慮し，特に長期投資者にとって特定の解決を提供するように，IASB はその影響分析を強化することを要請する。
- 委員会は，概念フレームワークにおいて，慎重性の原則をふたたび取り入れるという，IASB の意向を歓迎する。
- 委員会は，2014 年の EFRAG のガバナンス改革の実行を承認し，監督する。

このように，これまでの EU の会計改革の方向を評価し，IFRS をグローバル・スタンダードとみて，アメリカを初め他の諸国が適用することを進めていくとしながら，あとでみるように，EFRAG の改革を進め，承認プロセスを強化するばかりでなく，基準設定にあたり，利用者として特に長期投資者の視点で影響分析を行い，また，概念フレームワークに慎重性の原則を取り入れることを推奨するように，自らの考えを積極的に IFRS に反映していこうとする EU 委員会の意向がよみとれる。

EU 加盟国における IFRS 受け入れの現状

EU 諸国は，上場企業の連結財務諸表に IFRS を強制しているが，その他の財務諸表，すなわち，上場企業の個別財務諸表，その他企業の連結財務諸表と個別財務諸表に IFRS を許容しているか強制しているかについて，EU の 2012 年 2 月 7 日付けの調査 EU［2012］によると**図表 6 － 2** のようになる[3]。

このように，上場企業の個別財務諸表にも IFRS を要求している国が多いことがわかる。またその他企業についても連結に関しては要求も許容もしていない国が 0 で何らかの形で連結財務諸表に IFRS を適用することができる。これに対して，個別財務諸表には上場企業でも 6 ヵ国（オーストリア，フランス，ドイツ，ハンガリー，スペイン，スウェーデン）が要求も許容もしていないというように，IFRS の影響を個別財務諸表に影響させない国も多い。

図表6-2 EUにおけるIFRS適用の状況

	上場企業の個別財務諸表	その他企業の連結財務諸表	その他企業の個別財務諸表
要求しているが許容していない	11	2	3
要求している企業と許容している企業がある	2	14	7
要求していないが許容している	8	11	9
要求も許容もしていない	6	0	8

Ⅷ EFRAGの組織改革

　これまで，IFRSの受け入れに関して積極的に活動してきたEFRAGであるが，2014年10月31日に改組された。ヨーロッパの利害関係組織および各国の基準設定主体が審議会メンバーとなり，ヨーロッパの意見を1つの声で発信しようという試みである。審議会の構成は，産業界2名，銀行2名，保険会社1名，会計専門職業人2名，利用者1名；そして各国基準設定機関8名からなる。

　EFRAG［2014］によりその目的をみると，第4.1条に次のように述べている。

「4.1　当組織は，国際的な非営利組織として，科学的で教育学的な活動を通して，ヨーロッパにおいてIFRSに関する知識，採用，実行を促進することを目的とし，特に次の事を行う：
- IASBの作業に関して事前活動による貢献を提供する；
- ヨーロッパ内の財務報告の分野におけるすべての利害関係者グループの専門意見を開発し，調整する；
- ヨーロッパにおけるIFRSの実行に貢献する。」

　このように，各利害関係者と各国の基準設定機関からなる，ある意味ではIASBと似たような組織であり，ヨーロッパの意見を集約し，ますますEUはIFRSに積極的に関与していく姿勢が明確になっていると思われる。

Ⅸ　おわりに

　これまでみてきたように，EUでは上場企業の連結財務諸表にはIFRSを採用したものの，それ以外の特に中小企業の会計問題にどう対応するかが大きな問題であった。中小企業版IFRSを導入するか否かも重要なテーマであった。結果的には，中小企業版IFRSを直接導入せず，中小企業の負担の軽減を織り込んだ，EU会計指令の大改正によって対応しようとしているということができる。また，EU［2015a］にみられるように，IFRSをグローバル・スタンダードとして採用し続けながらも，EFRAGの組織改革を支持し，承認プロセスを強化し，基準設定にあたり，特に長期投資者の視点で経済的影響分析を行うとか，慎重性の原則を概念フレームワークに取り入れることに積極的に意見発信しているように，影響力を強める方向も明らかである。これまでの考え方を守りながら国際的会計問題に対応するという方向は，日本にも参考になる点があると思われる。

● 注
1　ここではIASを含む現行の国際会計基準審議会が公表している基準をIFRSと表記する。
2　以下，各文書の紹介は必ずしも全訳ではなく部分訳である。
3　EU［2012］より筆者作成。また，それぞれの回答には一部企業にのみ認められている場合もあるが，ここでは考慮していない。

● 参考文献（❷で挙げたものを除く）
EFRAG［2010］, Advice on compatibility of the IFRS for SMEs and the EU Accounting Directives. 28 May 2010.
───［2014］, EFRAG International Non-Profit Association STATUTES.
EU［2002］, Regulation（EC）No 1606/2002 of the European Parliament and of the Council of 19 July 2002 on the application of international accounting standards.（OJ L243, 11.9.2002）

―――― [2012], Implementation of the IAS Regulation (1606/2002) in the EU and EEA.

―――― [2015a], Report from the Commission to the European Parliament and the Council. Evaluation of Regulation (EC) No 1606/2002 of 19 July on the Application of International Accounting Standards.{SWD [2015] 120 final}. Brussels, 18.6.2015. COM [2015] 301 final.

―――― [2015b], COMMISSION STAFF WORKING DOCUMENT, Evaluation of Regulation (EC) No 1606/2002 of 19 July 2002 on the application of International Accounting Standards. Brussels, 18.6.2015. SWD [2015] 120 final.

(倉田　幸路)

第 7 章

ドイツにおける会計制度改革

I はじめに

　先にみた EU の会計制度改革により，2013/34/EU（EU［2013］）を国内法にする義務があるため，連邦政府は，2015 年 1 月 7 日公開草案を公表し，1 月 23 日に連邦参議院により可決し，連邦政府法律草案「一定の法形態の企業の個別財務諸表，連結財務諸表およびこれと結びついた報告書について，2013 年 6 月 26 日の EU 議会および理事会の指針 2013/34/EU を変換し，EU 議会および理事会の指針 2006/43/EG を変更し，理事会の指針 78/660/EWG と 83/349/EWG を廃止するための法律草案（会計指針変換法‐BilRUG）」（BMJ［2015］）が公表された。ドイツは，この BilRUG に先立ち，2009 年に「会計法を現代化するための法律（会計法現代化法‐BilMoG）」（BMJ［2009］）により商法の大改正を行っている。したがって，この BilRUG による改正は，EU の指針を国内法化するための比較的小規模な修正となっている。本章では，この BilRUG の概要を紹介し，また，これまでドイツ会計基準委員会（DRSC）を中心に行われてきた，IFRS for SMEs（以下では，中小企業版 IFRS という）をドイツ中小企業に導入した際の影響を評価するためのフィールドテストおよびアンケート調査を簡単に紹介することにしたい。

Ⅱ 会計指針変換法（BilRUG）

　Oser et al. [2015] によれば，改正のポイントとして次の8つの点が挙げられるとしている (p.197)。
① 借方計上された自己創設無形固定資産および派生した営業あるいは企業価値について，その利用期間が例外的に信頼できるように評価できない場合に，10年の利用期間を確定（第253条）。
② 子会社の個別財務諸表の作成，監査，公表に際して，緩和の利用並びに商法第264a条による個人企業の免除についての前提の変更（第264条，264b条）。
③ 同じ時点で認識される持分収益について，いまだ流入せず分配への法的請求が存在しない段階での分配禁止（第272条5項）。
④ 固定資産明細表の形態の具体化（第284条）。
⑤ 多様な（連結）注記に関して，明瞭化，変更，補完（第285条，第314条）。
⑥ 連結財務諸表から第三国で監査された連結年次報告書を免除（第292条）。
⑦ 持分法（第312条）を利用する際に，税効果（第306条）を考慮する義務。
⑧ 高くなった財務上の閾値（第267条，第293条）および売上収益の新たな定義（第277条1項）を最初に用いる場合の選択権。

　これらの項目は，大規模会社およびその作成義務の点で②と⑧，個別財務諸表に関連する変更として①，③，④，⑤が挙げられ，連結財務諸表に関する変更として⑥と⑦が挙げられる。
　これらの変更点のうち，主なものを一欄表にすると**図表7－1**のとおりである。

図表7－1　ドイツ商法における変更の概観

商法規定	新規則の内容
第241a条：記帳並びに財産目録作成義務の免除	売上高および個別財務諸表の年度価値について財務上の閾値を明確にする
第253条：当初評価および継続評価	マイクロ企業による緩和措置を利用する際に，裏付けとなる財産の評価は継続しなければならない
	借方計上された自己創設無形固定資産および派生した営業あるいは企業価値について，その利用期間が例外的に信頼できるように評価できない場合に，10年の利用期間の導入
第255条：評価尺度	資産に個別に帰属しうるそれぞれの取得価格の減少を控除する場合の明確化
第264条：作成義務と免責	株式合資会社の形態において，マイクロ企業について自己株式に記載義務の廃止
	株式会社の主要データの一般的な記載について個別財務諸表の拡張
	親会社の個別財務諸表の作成，監査，公表の際に，緩和措置を利用する前提の変更
第264b条：第264a条の意味での人的商事会社の免責	第264条3項の緩和措置の前提を人的商事会社について参照
第265条：分類に関する一般原則	法律の分類表での小計は，その内容が該当項目を保証しない場合には，付加されなければならない
第267条：大規模会社の改訂	大規模企業の財務上の閾値の引き上げと貸借対照表総額のメルクマールの定義
	大規模企業について形態変更に従った2年度比較表の必要性の明確化
第267a条：マイクロ企業	マイクロ企業の領域から持分企業の除外
第268条：貸借対照表の個別項目についての規定	債務の分類，債務一覧表
	第251条に従った債務履行義務および申告義務の拡張
第271条：持分	持分推測の具体化
第272条：自己資本	同じ時点で認識される持分収益について，いまだ流入せず分配への法的請求が存在しない段階での分配禁止
第275条：損益計算書の分類	損益計算書において特別損益の表示の削除
第277条：損益計算書の個々の項目の規定	売上高の概念の内容的拡張
	第285条31，32における異常および期間外成果の移動
第278条：税金	陳腐化した規則の廃止

第284条:貸借対照表と損益計算書の注記	貸借対照表あるいは損益計算書のそれぞれの項目が示されているのと同じ順序で注記に決算項目の申告を分類することの明確化
	外貨換算に基づく区分した申告の廃止;適用した会計方法の範囲で表示
	注記に固定資産(固定資産明細表)の展開を表示し,形態を具体化する義務
第285条:注記におけるその他の義務	特に多様な注記の申告に関して,明確化,変更,補完
第286条:記載の中止	記載義務に対して存在していた例外の修正
第288条:規模による緩和措置	小規模な株式会社(基本的に,緩和可能性の拡張を行う)と中規模な株式会社(緩和可能性の制限)について緩和可能性の変更
第289条:年次報告書の内容	注記における追加説明の移動(第285条33)。すでに貸借対照表あるいは損益計算書で考慮された事象は,報告してはならない
	第289条2項に従って必要とされるリスク管理,リスク,研究開発,支店および報酬システム(上場企業の場合)についての記載を常に行う義務。年次報告書において株式法第160条1項2に従った自己持分の記載を指示する義務
第290条:作成義務	親会社に対する子会社の権利の合算に関する明瞭化
第291条:EU/ヨーロッパ経済圏の連結財務諸表の免責作用	免責された株式会社がEU-IFRSに従って作成する選択権の導入
第292条:第三国からの連結財務諸表の免責作用	第292条における連結財務諸表の免責命令の統合。監査済連結年次報告書必要であるという変更
第293条:連結会計義務の規模による免責	連結会計義務についての財務上の閾値の上昇
第294条:個人企業,提出義務と報告義務	子会社の法形態の記載義務
第296条:算入禁止	ただ「不適当な」遅延により連結注記/連結年次報告書に算入しないことの正当化の明確化
第297条:連結財務諸表の内容	一般的な記載から主要データへ資本会社の連結財務諸表の拡張(第264条1a項に従った個別財務諸表への新規則に対応して)
第298条:利用した軽減規定	第264c条も連結財務諸表に利用される
	第268条8項(配当禁止)が連結注記に用いられない

		ことの明確化
		すべての棚卸資産を1つの項目に集計する可能性の削除
第301条:資本連結		子会社の当初連結の際に,取得に続く営業年度において,当初連結を取得した時点で行わなければならない（行う）義務への回帰
第307条:他の社員の持分		他の社員の持分を連結貸借対照表と連結損益計算書にそれぞれ区別して,「非支配持分」という名称で表示する義務の導入
第309条:差額の処理		貸方差額について,概念的な貸借対照表表示の導入
第312条:資本参加の価値評価と差額の処理		第304-306条の持分法を採用する義務（情報を利用できる場合）；これは,税効果の考慮を含む（第306条）
第313条:連結貸借対照表と連結損益計算書の説明,参加持分の記載		連結注記における決算項目の記載は,それぞれの項目が連結貸借対照表あるいは連結損益計算書に貸方計上されるのと同じ順番で配列する
		外貨換算の基礎について,区別した記載の中止；用いた会計方法の範囲で表示
		個人的に責任のある社員並びに上位にある親会社の記載について,連結持分への記載の拡張
第314条:連結注記におけるその他の義務		異なる注記記載に関して,明瞭化,変更,補完
第315条:連結年次報告書の内容		第289a条に従った,追加報告,支店の記載並びに企業経営の説明に関する変更
第325条:開示		開示期間内に,確定したあるいは承認された決算書と監査証明をドイツ語で公表しなければならない。成果配分についての議決は,すでに注記に含まれている場合には区別して開示する必要はない
第326条:開示に関して規模による軽減措置		マイクロ資本会社による貸借対照表の供託の際に,連結財務諸表について現在の義務を行わないことの明確化
第328条:開示の際の資料の形式と内容		第325条1項における変更の結果の明瞭化
第340-341p条:一定の営業部門をもつ企業の補完規定		信用および金融機関並びに保険企業と年金ファンドについての新規定
第341q-341y条:原材料部門の一定の企業についての補完規定		(連結)収支報告書の導入（いわゆる国別報告書）

（出所） Oser et al.［2015］の表1（pp.204-205）をもとに,個別・連結財務諸表に関する規定を掲載。

ドイツにおける中小企業版 IFRS への対応の試み

中小企業版 IFRS の公開草案が公表されて以降,ドイツではドイツ会計基準審議会(DRSC)を中心に,中小企業にこの中小企業版 IFRS を適用する可能性についてフィールドテストやアンケート調査を行っている。本節では DRSC を中心として行われた3つの調査を取り上げることにしたい。

1 「中小企業版 IFRS(公開草案)に関するドイツにおけるフィールドテスト報告」(DRSC [2008])

このフィールドテストは,ドイツ産業連盟(BDI)およびプライスウォーターハウスクーパースの協力のもとに行われた。全体として15社がこのフィールドテストに参加し,この15社はドイツにおける中小企業の全体構成を代表しているわけではない。このフィールドテストに参加している中小企業の平均は,ドイツ全体の中小企業の平均より大きく,国際的に活動し,グループ企業の一部を構成している企業の割合が多い。例えば,売上高を見ると,1億ユーロ以上2社,5,100万〜1億ユーロ2社,3,300万〜5,000万ユーロ1社,800万〜3,200万ユーロ6社,800万ユーロ以下4社となっている (p.3)。

調査の結果,次のポイントが指摘できる (p.21)。

① 全体として,参加企業は中小企業版 IFRS(公開草案)を適用するために,中小規模の実務家(中小監査法人,税理士事務所等)あるいは追加の IFRS 文献を必要としていた。この理由としては,ドイツ会計の背景と異なること,IFRS 一般に経験がないこと,詳細にすべての会計問題を検討する時間がなかったことが挙げられる。

② ドイツにおける現在の会計環境と異なるために,中小企業版 IFRS(公開草案)を適用する前提条件(IT システムあるいは内部文書作成構造)が存在しない。したがって,中小企業版 IFRS(公開草案)の複雑性を別として,企業は公開草案に内在する問題ばかりでなく,ある会計システムから別の会計システムに移行する多くの問題に直面している。

③ 企業の多くは,取られたアプローチを支持し,基準内で与えられる説明

や例示により，要求は一般に十分理解でき，適用可能であると感じている。しかし，多くの参加者は，その要求の細部を詳細に検討すると，問題に遭遇すると指摘している。例えば，のれんの会計処理，税効果会計，退職給付会計について，多くの参加者は，中小企業版 IFRS の概念上のアプローチに賛成できない。

④　一般に規模により対応が分かれる。小規模な中小企業は，採用することに何ら追加的価値を見いだせない一方，大規模な中小企業は，IFRS 一般あるいは中小企業版 IFRS は中期的には彼らにとって適切であると信じている。

⑤　会計システムを進んで変更しようという企業はほとんどない。中小企業版 IFRS が受け入れには，その財務諸表を作成するための負担を軽減するために，中小企業版 IFRS の複雑性をさらに軽減することが必要である。EU による採用がなければ，コスト・ベネフィットを考慮して，任意に中小企業版 IFRS を採用することは考えられない。ある人は，中小企業版 IFRS が国際的に「2 等」とみられ，この基準を採用することが実行不可能になることを恐れている。

2　ドイツ SME における中小企業版 IFRS（公開草案）に関する調査の最終報告（DRSC [2010a]）

この調査は，ドイツ産業連盟（BDI）とドイツ商工会議所（DIHK）の協力のもと，ハーラー（Axel Haller）とエイエール（Brigitte Eierle）により行われた。調査方法として，4,000 の企業に郵送によるアンケート調査を行った。その目的として，a) 企業の構成は何か？　特定の企業構成や活動が国際的に比較可能な会計ルールに対して高い必要性があるという，IASB の仮定を確認できるか，b) どんな問題が SME に典型的に直面しているか？　どんな問題は比較的めったに起こらないか，従って一般に SME に適切とみなされないか，c) SME は中小企業版 IFRS（公開草案）の会計ルールの潜在的な便益とコストをいかに評価しているか，という問題点を明らかにすることを挙げている（pp.2-3）。

サンプルは，およそ 886,000 社のドイツ企業を含む MARKUS データバンク

から，IASB の SME の定義に該当しない会社および年間売上高が 8 百万ユーロ未満の会社を除く 20,704 社の中から，層化無作為抽出法により 4,000 社を選択した。このうち，428 社から回答があったが，上場企業 6 社，売上高 8 百万ユーロ以下 11 社，海外企業 1 社を除く 410 社を分析の対象とした。したがって，回収率は 10.3％であった（pp.3-4）。

このアンケート調査の結果，以下の点が指摘できる（pp.50-55）。

① IASB は顧客，仕入先，潜在的投資家を主要な情報利用者とみるが，ドイツ SME は所有者，銀行，企業の管理者，税当局を主要な情報利用者とみる。さらに，IASB は外部利用者のための一般目的財務諸表に焦点を当てるが，ドイツ SME は（所有者）経営者，課税所得の計算を財務諸表の主要な目的と考える。

② ドイツ SME が直面する会計問題として，工事契約，従業員報酬プラン，研究・開発プロジェクト，非公開企業への投資が挙げられる。これに対して，あまり関係がない項目として，貸し手としてのファイナンス・リース，株式報酬制度，投資不動産，廃止事業が挙げられる。また，ヘッジ金融商品は，外貨リスクヘッジとして用いられ，企業結合も SME で用いられ，企業結合やのれんの会計処理は SME にとってかなり重要である。

③ このアンケート調査の結果はあまりはっきりしていない。ある問題点が，ある SME には重要でも，他の SME にはほとんど関係ないことも多いからである。

④ 外部情報ニーズのための特定の会計ルールの有用性に関して，多数の SME が肯定的に答えたものとして，市場価値が入手可能である時の有形固定資産の再評価，売買目的資産の特別な処理，工事契約における工事進行基準，開発費の資産計上が挙げられる。しかし，同時にこれらのテーマの適用にコストがかかることも指摘される。

⑤ SME の過半数が多くの便益がなく，コストがかかると指摘した会計処理は，公開草案の修正が必要であると思われる。これらの項目として，無形資産の再評価，繰延税金資産・負債を認識する義務，年金債務のタイムリーな測定，債務を割り引く義務，市場価格が存在しなく，公正価値が見積もられない場合の有形固定資産の再評価が挙げられる。

⑥ オプションは，全体として，便益があるとみられる傾向にある。しかし，特に再評価オプションは，正確な市場価値が存在しない場合に魅力的とは評価されない。
⑦ 中小企業版 IFRS（公開草案）によって要求される開示に関して，回答者の意見ははっきりしない。IASB は，開示項目が SME とその利用者の特定の状況に適合するか否かについて再考察すべきである。
⑧ 将来法的に中小企業版 IFRS が適用可能になったとき，個別および連結財務諸表に適用することが魅力的か否かについて，16％が"yes"，83％が"no"という答えであった。このことは，ドイツ SME は，中小企業版 IFRS に対して気がすすまないことを示している。
⑨ この調査の結果は，その法的・社会的環境を考慮することなしに，中小企業版 IFRS の適切性について，非公開企業に対して世界中の規模で適切に役立つかどうか一般化することはできない。

3　ドイツ"小"公開企業における中小企業版 IFRS に関する調査の最終報告（DRSC［2010b］）

この調査は，中小企業版 IFRS が 2009 年 7 月に公表され，また，ドイツでは 2009 年「会計法現代化法」（BilMoG）（BMJ［2009］）が施行されて商法の大改正が行われたというタイミングで行われた。ここでは，ドイツ企業は中小企業版 IFRS を適用するニーズがあるか？　および BilMoG と比較して，中小企業版 IFRS の内容をどのように評価しているか？　について調査した。この調査は，ドイツ産業連盟の協力のもと，エイエールとハーラーにより行われた（p.2）。

この調査は，ドイツにおける小規模公開企業に 4 ページのアンケート調査により行われた。サンプルは，連邦財務監督機関（BaFin）により提供されたリストから売上高 1 億 3 千万ユーロ以下の企業から抽出された 342 社に送付され回収は 33 社で回収率は 9.6％であった（pp.3-4）。

この調査の簡単な結果は，以下のとおりである（pp.25-26）。
① "小"規模公開企業は，中小企業版 IFRS に注意を払っている。
② （完全版）IFRS と比較して，中小企業版 IFRS に組み込まれた単純化の

大部分は，回答した公開企業によると，コスト／ベネフィットの観点から積極的に評価される（セグメントを表示する誤った要求と関連会社やジョイント・ベンチャーへの投資に関した測定オプションを除く）。
③　回答企業の大多数は，もしそうするチャンスがあるならば，財務諸表に（完全版）IFRSの代わりに中小企業版IFRSの要求を適用することを選好する（関連会社やジョイント・ベンチャーへの投資に関した測定オプションを除く）。
④　中小企業版IFRSの特定の要求の有利さの評価は，公開企業と非公開企業とで異なる。
⑤　中小企業版IFRSに関する知識の水準は，非公開企業よりも公開企業において高いように思われる。
⑥　公開企業は，非公開企業よりも（完全版）IFRSから中小企業版IFRSへの変更をより積極的に評価しているように思われる。
⑦　中小企業版IFRSに関する回答者の知識の水準は，財務諸表を作成するために，（完全版）IFRSから中小企業版IFRSへ変更する有利さを回答者がいかに評価するかに関して影響はないと思われる。

Ⅳ　おわりに

　本章では，ドイツ会計制度の近年における展開についてBilGUG（BMJ[2015]）を中心に，IASBの中小企業版IFRSへの対応についてみてきた。すでにドイツは，2009年に会計法現代化法（BilMoG；BMJ[2009]）において1985年以来の商法大改正を行って，ドイツの会計基準を国際的な会計基準へ対応するために，ある意味ではEUの改革を先取りして会計改正を行い，企業の大，中，小，マイクロの区分の閾値の変更や多くの点で改正が行われた。これは，EUも，またドイツも中小企業版IFRSを中小企業に採用する予定はないため，EUおよびドイツを含むEU各国の会計規定の大改正を行ったとみることができる。
　また，この改正に先立ちドイツ会計基準審議会を中心に行われた3つの実態調査も興味深い。これらの調査研究から，公開企業と小規模企業では会計報告

（行為）目的に相違があること，あるシステムから他のシステムへ移行することは多くのコストがかかり，中小企業にとって強制されなければ他のシステムへの移行は困難であること，規模の大きい企業はIFRSに前向きであるが，規模の小さい企業は否定的である，というような点が明らかになったと思われる。これらの点は，理論的な分析を行ったSchildbach［2009］でも指摘されていた点である。

個別の論点においても中小企業にとって重要なテーマと比較的採用されることが少ないテーマも具体的に明らかになっている。たとえば，のれん，税効果，退職給付，貸し手のファイナンス・リース，株式報酬制度，投資不動産，廃止事業などはニーズの少ないテーマであるが，この規定を利用する企業がある限りなくす選択肢はなく，少なくとも大企業の情報提供を前提とした会計基準を簡素化するというようなトップ・ダウン型の基準では，中小企業向けの基準にはならないということが明らかになったと思われる。

これらの状況は，中小企業の会計基準の問題として，似た状況にある日本においても参考になると思われる。

●参考文献

BMJ［2009］, GesetzeszurModernisierung des Bilanz-rechts（Bilanzrechtsmodernisi erungsgesetz- BilMoG）26. Marz 2009.

―――［2015］, Gesetzentwurf der Bundesregierung. EntwurfeinesGesetzeszurU msetzung der Richtlinie 2013/34/EU des EuropaischenParlaments und des Rates vom 26 Juni 2013 uber den Jahresabschluss, den konsolidiertenAbschluss und damitverbundeneBerichte von Unternehmen, bestimmterRechtsformen und zurAnderung der Richtlinie 2006/43/EG des EuropaischenParlaments und des Rates und zurAufhebung der Richtlinie 78/660/EWG und 83/349/EWG des Rates（Bilanzrichtlinie-Umsetungsgesetz-BilRUG）23.Januar 2015.

DRSC［2008］, DeutschesRechnungslegungs Standards Committee in cooperation with BDI and PricewaterhouseCoopers: Report on the Field Tests in Germany regarding the ED-IFRS for SMEs.

―――［2010a］, DeutschesRechnungslegungs Standards Committee/Axel Haller/Brigitte Eierle: Final Report of the Survey on the ED-IFRS for SMEs among German SMEs.

―――― [2010b], DeutschesRechnungslegungs Standards Committee/Brigitte Eierle/Axel Haller: Final Report of the Survey on the IFRS for SMEs among German "small" publicly traded entities.

EU [2013], The new accounting directive (26.06.2013) .DIRECTIVE 2013/34/EU OF THE EUROPIAN PARLIAMENT AND OF THE COUNCIL of 26 June 2013 on the annual financial statements, consolidated financial statements and related reports of certain types of undertakings, amending Directive 2006/43/EC of the European Parliament and of the Council and repealingCouncil Directives 78/660/EEC and 83/349/EEC.

Oser et al. [2015], Oser, Peter/Christian Orth/Holger Wirtz: Neue Vorschriften zur Rechnungslegungund Prufungdurch das Bilanzrichlinie-Umsetungsgesetz, *Der Betrieb*, Nr.5, 30.01.2015.

Schildbach [2009], Schildbach, Thomas: Rechnungslegung nach IFRS und ihreBeurteilungausder Sicht der Anforderung von KMU und Handwerksbetrieben, in: Ausrichtung der Rechnungslegung fur KMU und Handwerksbetriebe, Kriterien, Gestaltungsmoglichkeiten und GrenzenihrerReguli erungimeuropaischenKontext, edited by Hinterdobler, toni/Hans-Ulrich Kupper, Munchen, pp.33-76.

(倉田　幸路)

第 8 章

フランスの会計基準設定主体
『戦略プラン』における会計改革の方向性

I　はじめに

　本章では，本書全体のテーマである会計制度の「パラダイム転換」ないしは「揺らぎ」に関連するリサーチクエスチョンのもとで，その具体的な対象としてフランスにおける変化を調査する。フランスの会計基準設定主体である国家会計基準局（Autorité des Norme Comptable, ANC）の視点から考察する。

　本書では，会計制度の揺らぎが次の2つの局面で顕在化している，と認識されている。（詳しくは，第1章）。すなわち，第1の揺らぎとは会計制度の二分化であり，具体的には，上場企業と中小企業の会計制度・会計基準の二分化である。第2の揺らぎとは，各会計制度内部での会計基準の複線化であり，わが国では上場企業の会計制度には，日本基準，IFRS，米国基準，修正国際基準（JMIS）の4つの会計基準が併存していること，中小企業の会計制度には，中小指針，中小会計要領の2つの会計基準が併存していること，そしてここに中小企業版IFRSが加われば3つの会計基準が併存するということである。

　本章では，日本と同じ状況が，フランスでも観察できるのかどうかを確かめることを含め，近年におけるフランスの会計制度改革の方向性を明らかにする。そこで，次の課題を設定する。

　① 経済社会のダイナミックな変化が，フランスの会計制度のあり方にどのようなインパクトを与えているか。

② わが国の会計制度の二分化と各会計制度内部における複線化との関連で，フランスにおいて同じ現象があるのか究明する。
③ ①と②の検討結果にもとづき，わが国の会計制度はいかにあるべきか，あるいはどのように改善すべきか，示唆を得る。

本章は，フランスという地域研究を扱いながら，①のような問題意識を所与として，②の会計制度の二分化に焦点をあてつつ，経済社会のダイナミックな変化をフランス国内ではどのように捉え，対処しようとしているのかを明らかにすることを通じて，わが国への示唆を得たい。

最初に，フランスを取り巻く背景を説明しておかねばならない。まずフランスは，EU構成国の一員である。そこで，近年生じたEUにおける衝撃として，英国のEU離脱（ブレグジット）について述べておく。デイビッド・キャメロン首相率いる保守党政権のもとで，2016年6月に国民投票が行われた結果，英国はEUを離脱することとなり，現在その手続きが進行中である。しかし，「もし明日，国民投票が行われたならば，結果は分からない」との認識もあるように，EU離脱の影響は，現在も不透明感が漂う。実際，エコノミスト[1]であるIrwin [2015] によれば，不確実性を強調したうえで，ブレグジットの影響は次のようなものと述べている。英国とEUとの新たな関係に大きく依存している，おそらく貿易と投資について英国は厳しい影響を受ける，英国以外のEU構成国はEU域内でのパワーバランスを通じて影響を受けるが，EU構成国のなかでは，オランダとアイルランドに影響が現れるだろう，ロンドンが金融センターとしての地位を奪われる可能性はほとんどない，というものである[2]。英国が，いつ，どのようなかたちで離脱後のEUの単一市場や資本市場同盟と関わるかは，現時点では不透明ながら，英国とEUの関係は，4つのオプション（単一市場への完全アクセス，EEA（欧州経済領域）型，スイス／カナダ型，WTOの一般原則に従い，域外国としてEU単一市場を利用）がオープンとなっている[3]。

ブレグジット国民投票後の大陸欧州の動きに目を向けると，フランスのマクロン政権は，英国に拠点を置き，単一免許（Single License）制度のもとでEU域内展開を行ってきた金融機関のパリ誘致に関心を寄せている。そして，EU在英専門機関の1つである欧州銀行監督局（European Banking Authority,

EBA）はパリに移転されることが決定した[4]。当面，EU 離脱は，フランスに対して何らかの悪い影響が直接あるとは，想定しにくい[5]。また長部［2017, 38-46 頁］によれば，マクロン経済改革の特徴は，財政規律遵守と労働市場改革にある。ゴーリズム[6]と決別し，欧州を視座に捉え直すが，ディリジスム（国家指導主義）の伝統は堅持する，という。このように，ブレグジットとマクロン新政権の政治理念を考慮すると，フランス会計制度への影響は，しばらく静観するしかない状況である。そこで，フランスの会計制度へは，英国のEU 離脱決定による影響は極めて軽微と前提したうえで本章の議論を進める。

次に，会計制度の特徴について確認しておく。フランスは EU 構成国として 28 ヵ国[7]の会社法規制に影響を与える欧州理事会指令（EU Directives）を受け入れている。近年では，とりわけ新会計指令[8]，公正価値指令および IAS 規則が重要であり，IFRS（EU 版 IFRS）を導入，適用している。しかし，会計指令における公正価値測定導入の経緯および法令上の位置付けについては，慎重な議論が展開された（小津［2014］（北村編著））。このように，経済社会（資本市場）のダイナミックな変化に対応して EU 域内に公正価値指令や IAS 規則が取り込まれたとしても，フランス国内における非上場企業に対する個別具体的な対応は独自の考えである制定法の制約と枠組みにもとづいている，と見ることができる。実際，規制市場[9]に上場する会社の連結財務諸表には EU の IAS 規則が適用されるが，EU で採用された IFRS は個別財務諸表には権威のある基準ではないので，プラン・コンタブル・ジェネラルが枠組みとして適用されている。

本章では，フランスの制度会計の枠組みを上述したように理解したうえで冒頭で列挙した課題を，国家会計基準局が 2011 年に公表した『戦略プラン』および，その後継の『戦略プラン：2019 年への挑戦』を題材として検討する。なぜならば，フランスにおける会計改革の現状と将来の方向性を理解するには，会計基準設定主体の問題意識と考え方を確認するのが重要な作業であり，2 つの『戦略プラン』は格好の素材だからである。

本章の構成は次の通りである。第Ⅱ節で，『戦略プラン』を概観し，フランスの会計基準設定主体の内部で認識されている課題について論じる。とくに，研究への重点移行を通じたコミュニティの形成を明らかにする。第Ⅲ節では，

『戦略プラン：2019年への挑戦』を取り上げて，フランスの会計基準設定の方向性と背後にある基本戦略を理解する。なお，以下では，2011年公表の『戦略プラン』をANC［2010］とし，後継の『戦略プラン：2019年への挑戦』をANC［2017］とする。

Ⅱ 『戦略プラン』のコア・エレメント

2011年6月，クリスティーヌ・ラガルド経済財政予算大臣（当時）のもと，ジェローム・アース議長が主導し，ANC［2010］が発表された。2010年から2011年にかけての戦略的な目標は，2つであった（ANC［2010］, p.5, p.15）。すなわち，中小会社の会計基準に着手すること，IFRSの作成手続きの一環として，フランスはIASBの基準設定に意見および見解を表明し積極的に関与することであった。

フランスにおける議論は，EUの会計フレームワークについて議論したなかで収斂した戦略的な課題である。中小会社に関しては，会計，法律，税制に関する現在の環境によって提供されている法的な枠組みを保持すること，中小会社に，複雑で不完全な国際的な基準を適用させない（ANC［2011］）ことが述べられている。

もう1つ，根本的な課題を指摘している。それは，ANCが行うプロジェクトの基礎には研究があり，会計基準の開発に関する理論ないし研究方法について整理統合を行わねばならないし，ANCは，フランスの会計基準を最新にするため，すべてのプロジェクトを引き受ける，というものである。これは中，長期的な視野に立った指摘である。しかも，ANCが研究者コミュニティとの連携を重要事項として認識しているということである[10]。

1 中小会社の会計

最初に，中小企業のための会計基準とIFRSを取り上げて，そこから得られる示唆を検討してみよう。

エブラート［2010］によれば，フランスにおける大きな問題は国民総生産の70%を占める中小会社に関するものである[11]。IFRSを中小会社に適用するこ

第8章　フランスの会計基準設定主体『戦略プラン』における会計改革の方向性　125

とは予定されておらず，IFRS は資本市場における良好な意思決定を促進するため，大会社が適用すべきものであると考えられてきた。

エブラート［2010］によれば，中小会社が IFRS を受け入れない理由は，主に2つあり，
① 個別財務諸表に対する IFRS 適用は財政法，商法，会社法，さらには民法といった関連法域の大幅改定を意味するため。
② IFRS 適用は，中小会社の経営システムを一変させるため。つまり，経理部門のみならず，購買部門から人事部門まで会社の全部門にコストを強いることになり，中小会社がその対価を支払うかどうかは定かではないから。

法域との調整の難しさと作成者コストがサンク・コストになるリスクを指摘している。エブラート［2010］は，会計基準設定主体が勘定組織案を徐々に改訂する方向を目指した，とも言及している。勘定組織案は1999年に改正されている。これについてのエブラート［2010］の観察は次の通りである。つまり，2004年に出版された中小会社の会計に関する文献[12]によれば，プラン・コンタブルは IFRS と整合的になったが，勘定組織案は削除されることなく残っている。勘定組織案とは，フランスの会計原則であるプラン・コンタブル・ジェネラルに組み込まれた勘定分類表であり，帳簿記入の基礎となっている部分である。つまり IFRS 適用は，帳簿記入システムには影響を及ぼしていないと解釈できる。さらに，勘定科目表と呼ばれる勘定のリストには用語解説が付されている[13]のだが，エブラート［2010］によれば，「資産，負債および減価償却といった用語解説の箇所は以前の定義に戻っている」という。

中小会社に対する IFRS 適用状況に関して，より最近の研究では，次の論文が参考になる。ガルシア［2015］は，中小企業版 IFRS が適用否認される背景について調査している。ガルシア［2015, 85頁］は，国家会計基準局の調査報告を踏まえて，中小企業版 IFRS を適用することで，1つの会計制度のなかに，3つあるいは4つの会計基準が共存することとなり，かえって利用者を混乱させる危険性がある，という。つまり，中小企業版 IFRS を適用すれば，複線化のリスクがあることが，国家会計基準局のなかでも認識されていたと指摘されている。さらに，どういった企業がどの基準を使うのかという議論もあり，適

用範囲に及んで議論が展開されていたことが窺える。

　中小企業版 IFRS 適用をめぐる議論は，結局のところ，IFRS 全体の特徴（たとえば，基準の不安定性，公正価値によるボラティリティの拡大，管理会計と財務会計の分離，法的環境との連携をもたないこと）に対する批判（ガルシア［2015, 90頁］）を反映しているとすれば，国家会計基準局がEU全体での議論に結び付けながら，会計基準設定へのプロアクティブな関与に舵を切った背景も自然なものと解釈できそうである。

2　研究者コミュニティとの連携 [14]

　ANC［2010, pp.29-38］は，もう1つ基本的な課題として，会計学研究について触れている。

　フランスにおける研究の位置づけ，ないしは特徴について，次のように述べている。「フランスの会計学研究は，比較的最近になって発展したが，とりわけアメリカやイギリスと比べるとさほど認められていない。会計学研究を行う研究者の数はいまなお少なく，研究方法に欠けている（p.29）」と自己分析している [15]。さらに，次のように続けている。「研究は，会計標準化に携わる者にとっては戦略的な活動といえる。事実，国際会計基準についての議論を経験して，国家会計基準局の立場は，高品質な研究によって支持される概念と議論にもとづく必要があることが判明した。」したがって，「研究は，国家会計基準局にとって，分野横断的な戦略的な基軸となるのであって，しばしば会計の役割や目的を展望した見解にもとづくべきである。研究は，国家会計基準局が任務を実現する枠組みにおいて用いられる道具であり，…（中略）…作業プログラムに関係する研究を指揮することによって，その手続きを決定することができる。」

　国家会計基準局は，フランスにおける主要な会計研究者を識別し，その多くと連絡をとった。彼らの研究内容を調査し，研究関心を分析し，どのような課題ならば彼らが無理なく成果を出せるかを明らかにした。かくして，高品質な会計研究を行う研究者のネットワークができ，緊密な関係を構築した。フランス国内のすべての研究者，とくに次世代まで取り込んだ構想となっている。国家会計基準局が指定する研究領域が公募されている [16]。さらに，フランス会計

第8章　フランスの会計基準設定主体『戦略プラン』における会計改革の方向性　127

研究の成果を広く公開し，普及させることも目標にあがっている。採択された研究課題は，プログレス・リポートとして，公表するよう要請されている。

3　合議制と欧州の公益

『戦略プラン』は，アース議長のもとで初めて作成されたものである。『戦略プラン』が策定された後の2016年に，いったん，総括されている。それまでの活動を『2014-2016年報告書：公共利益に資する現代的でバランスがとれた会計基準のために』として，公表している。

カンブルグ議長の巻頭言，故アース議長へのオマージュに続き，19名のANC関係者によるエッセーがフランス語と英語で掲載されている。本報告書の副題に現れているように，全体の論調は，欧州の公益を再確認し，フランスの合議制（collégialité）の枠組みのなかで会計基準設定を行うという内容となっている。内容は，**図表8－1**の通りである。

図表8－1　『2014-2016年報告書』の内容

ANC議長巻頭言
アース議長への賛辞
・会計における合議制：国家会計基準局の任務と決定機関
・現代的でアクセスしやすい安心なフランス会計基準をすべてのひとに提供するために
・バランスのとれた国際会計基準設定への貢献
・研究によるより目的適合的な会計基準設定に向けて
・ANCによる事前活動記録

（注）　原典に忠実に示している。

 『戦略プラン：2019年への挑戦』にみるフランスの姿勢

本節では，『戦略プラン』の後継である『戦略プラン：2019年への挑戦』（以下，ANC［2017］）を題材に，国家会計基準局の将来の方向性を推論する。❷で明らかにしたように，『戦略プラン』で描かれた，透明性高く会計基準設定するという方針は，新しい執行部[17]にも引き継がれた。

パトリック・ドゥ・カンブルグ議長は次のように言う。

「私は，会計標準化の一般的な利益のために，現代的でバランスがとれていることの重要性を強調したい。とりわけ，国際社会との対話の能力が不可欠である。開放的で複雑な世界では，ヨーロッパのディメンションは自然と拡張されており，よりグローバルな視点で広がっていく。国家会計基準局は，この方向性のもと『戦略プラン：2019年への挑戦』を作成した。」

まず，ANC［2017］は，2017年から2019年にかけて，3つのミッション—フランス基準の作成，国際会計基準への貢献，会計研究の活性化と促進—を掲げたうえで，4つの戦略軸を掲げている[18]。**図表8－2**に示す。

図表8－2　『戦略プラン：2019年への挑戦』における戦略

戦略1	現代の経済，すべての企業，さらには財務諸表を作成するすべてのエンティティの期待に応えつつ，フランスの会計基準が<u>採用</u>され（adapté），<u>執行</u>されるよう促進する。
戦略2	国際的な会計基準の枠組みの<u>妥当性</u>（pertinance）と<u>安定性</u>，さらに，その実践的な適用に貢献する。
戦略3	<u>事前的な</u>（proactive）研究活動を奨励する。
戦略4	国家会計基準局のチームと会計コミュニティ全体が相乗効果を得られるよう，<u>効果的</u>で<u>透明性</u>が高い方法で組織していく。

フランス会計基準を最重視しつつ（戦略1），国際会計基準への貢献をうたっている（戦略2）。戦略3と戦略4は，アース議長のもとで最初に作成された『戦略プラン』のなかで，研究への意識的な移行が会計コミュニティの強化へとかたちを変えて引き継がれている。そこで以下では，フランス基準の改訂方針を，次いで，研究戦略を確認する。

1　フランス会計基準

まず，ANC［2017］は，プラン・コンタブル・ジェネラルはフランス企業にとって唯一の基礎であると述べている。しかし，特定の業種については会計基準が構築されていない（ANC［2016, p.1］）ことも述べている。プラン・コンタブル・ジェネラルを維持しつつ，基本的な内容として，次のような改訂方針を掲げている（ANC［2017, pp.4-8, p.12.］）。

第1に，会計基準間の関係を再検討する。第2に，業種別指針については，

位置づけを明確にし[19]，今後は開発を継続しないものとする。第3に，勘定組織案は，今後も維持するが，若干の改訂をする。

国際会計基準の適用に関する事項としては，2019年を目標にして，銀行セクター（ANC第2014-07号），保険セクター（ANC第2015-11号），アセット・マネジメント，非営利組織（CRC第99-01号）の会計基準の改訂・開発に資源を投入するとの方向性が示されている。

2　会計コミュニティの強化

ANC［2017］では，戦略3に「会計コミュニティの動機づけと強化」を掲げている。国家会計基準局がエビデンス・ベースとの会計基準設定を志向し，研究者コミュニティとの緊密な関係の構築を目標としていたことは❶で明らかにしたが，ANC［2017］では，研究者のみならずより広く会計界のコミュニティを意識するという論調である。

ANC［2017］では，会計基準設定のサイクルが説明されている。「研究・概念」→「会計基準設定」→「会計基準の採用」→「会計基準の適用」の順にサイクルが描かれている。IASBのアジェンダのもとで，フランスの会計コミュニティの研究関心に合わせて，4段階で進行する。

総合すると，国家会計基準局を中心にした会計専門家層のネットワーク構築といえる。そして，その範囲はフランスやEUに限っていない。ANC［2017］から読み取れる，フランスの会計基準設定のなかには，「バランスのとれたガバナンスと国際関係の構築」も意識されている。

国際関係についても，具体的に述べられている。たとえば，国家会計基準局はEFRAGとのバランスを保ちつつ，欧州の公益が達成されるように支持する。そのために，国際的には2016年に行われたIASBの不完全なガバナンス改革について，国家会計基準局はEUの需要を満たすためにIFRS財団に対してより強く意見発信をすると同時に，国家会計基準局は欧州域内ならびに欧州域外の会計基準設定主体と共通する課題に向けて協力関係を構築する，と表明している（ANC［2017, p.28］）。

Ⅳ おわりに

　以上，本章では，IFRS の採用国の立場に焦点を当てるという立場から，一連の『戦略レポート』に着目して，フランスにおける現在の会計基準設定の状況と，将来の方向性を考察した。

　最後に，冒頭で掲げた問題意識に関連づけて，まとめておく。まず，会計制度のあり方について，中小企業版 IFRS を適用することには慎重な考えが示されていることが分かった。連結財務諸表に IFRS が浸透していても，中小企業版 IFRS の完全利用は考えにくい。会計制度の二分化を意識している。

　一方で，会計基準設定主体の戦略的な行動の源泉として学術的な研究成果の活用が意図されていることが明らかになった。その背景を掘り下げていくと，国家会計基準局がエビデンス・ベースとの会計基準設定を志向し，プロアクティブに国際会計基準の開発に関わろうとしていること，会計専門家層との緊密な関係性の構築を国家会計基準局が主導していることが浮かび上がってきた。会計コミュニティの広がりの到達点は定かではないものの，「欧州の公益」という欧州に共通の概念を中核に置いているところに新規性がある。就中，欧州における IFRS の採用状況は，上場企業の連結財務諸表においては均質化していると前提すれば，各国・地域における会計基準の多様性は，中小企業版 IFRS の採用状態とプロセスをめぐる議論が肝要であろう。「欧州の公益」が，会計基準設定主体が研究者層に公募する主要研究課題のなかに挙げられていることに注意を払うべきであろう。中小企業の会計にこそ，「欧州の公益」を担保すべきと捉えられているのであれば，自国基準の純粋化は，プラン・コンタブル・ジェネラルにおいて結実されていくかもしれない。

　ここで取り上げたフランスの方向性が，欧州域内でも先駆的な試みなのか，先行利得が発揮されるものなのか，いまは注視するしかない。今後，IFRS の採用状態や採用プロセスの研究に，フランスと法域を同じくする大陸法諸国の動向が加わって，フランスとの比較研究がされていくことを期待したい。フランスの『戦略プラン』の独自性，就中，成し遂げようとしていることの真価は，学術的な研究成果を会計基準設定主体の戦略的な行動の源泉としていることに

第8章　フランスの会計基準設定主体『戦略プラン』における会計改革の方向性　131

もあるのではなかろうか。引き続き，注目していきたい。

●注
1　Bank of England および英国財務省のエコノミスト。
2　会計に関連する指摘としては，国民投票後の為替変動や，会計プロフェッションは企業へのコンサルティング業務を通じて顧客への助言に留意することなどが述べられている。
3　岩田［2017］，32頁を参照。そして，2018年11月28日にイングランド銀行は，5通りの離脱合意案のもとでの英国経済分析の試算結果を公表した。マーク・カーニー総裁によれば，最も厳しい合意なしブレグジットの場合，8％経済が収縮し，不動産価格は30％下落し，インフレを抑制するために金利が上昇すると警告した。The Guardian, Thursday, 29 November 2018, を参照。
4　2017年11月に決定された。
5　EY［2017a］は，英国離脱のディスクロージャーへの影響について述べているが，英国企業向けであり，他のEU構成国に対する記述はない。また会計，税制を含んで幅広く概説したものに，EY［2017b］がある。
6　ド・ゴール主義（Gaullism）ともいう。フランスの保守派政治イデオロギーであり，主な主張は，外国の影響力から脱し，フランス独自性を追求することにある。
7　2018年3月末現在。
8　第4号指令と第7号指令が統合され，新会計指令は2013年に公布された。
9　規制市場とは，Euronext Paris MATIF，Eutonext Paris MONEP，Euronext Paris Powernext Derivatives である。IASB［2016］を参照した。
10　このような将来の方向性は，コミュニケ（ANC［2010］）においても一般に報道されている。
11　同様の指摘は，ベルナール・コラス（パリ・ドーフィーヌ大学）名誉教授もされている（日欧国際シンポジウム「会計基準統合のこれまでとこれから―欧州の経験と日本の課題―」，2015年4月25日，明治学院大学における口頭報告）。
12　エブラート［2010］注(9)ならびに参考文献には，Normes IFRS et PME, Dunod, 2004 とある。あくまでも，論文が執筆された2007年の時点での例であり，中小会社に対する啓蒙的な書物において，IFRSの定義が採用されていないことを説明している。
13　勘定組織案と勘定科目表は，1957年プラン・コンタブル以降，採用されている形式である。
14　このことは，小津［2017］において詳しく説明している。
15　フランスにおける会計学の研究方法は，理論研究・規範研究，事例研究，歴史研究が伝統的に多い。

16 小津［2017，130-131頁］に，2010年から2015年の研究テーマを紹介している。
17 新しい執行部（コレージュ）は，2016年12月に任命され，3年任期である。
18 下線部は，ANC［2017］に従う。また『戦略プラン：2019年への挑戦』は，フランス語と英語で公表されており，本章の執筆に当たっては，両方参照している。
19 プラン・コンタブル・ジェネラルへの統合も提案されている。

● 参考文献
ANC［2010］, *Plan Stratégique ANC 2010-2011.*
―――――［2010］, *Communiqué.*
―――――［2012］, *Plan Stratégique2011-2012.*
―――――［2016］, *Rapport 2014-2016: Des normes modernes et équilibrées au service de l'intérêt general.*
―――――［2016］, *Dispositions générales des Normes Comptables Françaises,* Règlement n°2014-03 relatif au Plan général comptable comptes annuels, Version en vigueur au 1er janvier 2016.（2018年3月15日確認：http://www.anc.gouv.fr/files/live/sites/anc/files/contributed/ANC/1.%20Normes%20fran%C3%A7aises/Recueils/Recueil%20comptable%20entreprises/Recueil%20normes%20comptables_janvier%202016.pdf）
―――――［2017］, *Plan Stratégique : Ambition 2019.*
EuronextParis,（2018年1月16日確認:https://www.euronext.com/markets/nyse-euronext/product-directory）
EY［2017a］, *The impact of Brexit on corporate reporting Considerations for preparers and audit committees,* July 2017.（2018年1月15日確認：http://www.ey.com/Publication/vwLUAssets/EY-the-impact-of-brexit-on-corporate-reporting/$FILE/EY-the-impact-of-brexit-on-corporate-reporting.pdf）
―――――［2017b］,「Brexit:不確実性への対応」（2018年1月15日確認:https://www.eyjapan.jp/services/specialty-services/brexit/pdf/brexit-brochure-2016.pdf）
Gregor Irwin［2015］, BREXIT: the impact on the UK and the EU, June 2015, Global Counsel.
IASB［2016］IFRS Application Around The World Jurisdictional Profile: France, Profile last updated: 18 July 2016.（2018年3月1日確認：http://www.ifrs.org/-/media/feature/around-the-world/jurisdiction-profiles/france-ifrs-profile.pdf）
The Guardian［2018］Warnings over economy deal blow to May's Brexit strategy, Thursday, 29 November 2018.
あらた監査法人［2014］平成25年度総合調査研究「企業会計とディスクロージャーの合理化に向けた調査研究」平成26年3月31日（経済産業省「企業開示制度の国

際動向等に関する研究会」委員長：弥永真生教授）。

岩田健治［2018］「EU 金融システムの現状と課題：イタリアの銀行破綻とブレグジットに挑む金融同盟」国際貿易投資研究所『世界経済評論』第 62 巻第 1 号，1-2 月号。

小津稚加子［2014a］「フランスの新しい会計基準設定機関（ANC）の設立の経緯─戦後から現代に至る制度的・組織的変容─」『経済学研究』九州大学経済学会，第 81 巻第 2・3 合併号。

─────［2014b］「フランスにおける展開」北村敬子編著『財務報告における公正価値測定』第 7 章所収，中央経済社。

─────［2014c］「EU における展開」北村敬子編著『財務報告における公正価値測定』第 5 章所収，中央経済社。

─────［2017］「会計基準設定主体の戦略と会計研究」小津稚加子編著『IFRS 適用のエフェクト研究』第 7 章所収，中央経済社。

河﨑照行編著［2015］『中小企業の会計制度──日本・欧米・アジア・オセアニアの分析』中央経済社。

ガルシア・クレマンス［2015］「フランス」河﨑照行編著『中小企業の会計制度──日本・欧米・アジア・オセアニアの分析』第 6 章所収，中央経済社。

佐藤誠二［2015］「IFRS の欧州化についての考察─欧州委員会「IAS 規則の評価」等を素材として─」『會計』第 188 巻第 4 号。

セルジュ・エブラート，ジャン・フランソワ・デ・ロベール［2010］，福島隆訳「フランスでの会計改革 ─フランス会社の IFRS の適用」（ジェーン・M・ゴドフレイ，ケルン・チャルマース編，古賀智敏監修，石井明，五十嵐則夫監訳『会計基準のグローバリゼーション』第 9 章所収，同文舘出版。原著は，Jayne M. Godfrey and Keryn Chalmers［2007］, *Globalisation of Accounting Standards*, Edward Elgar Publisher.)

内藤高雄［2012］「フランスにおける会計標準化の手段─IFRS とプラン・コンタブルを巡って─」『成城・経済研究』第 198 号。

長部重康［2018］「マクロン改革はフランスとヨーロッパを変えるか」国際貿易投資研究所『世界経済評論』第 62 巻第 1 号，1-2 月号。

山口奈美［2017］「フランス国家会計基準局（ANC）との二者間会合の概要」『季刊会計基準』第 57 号。

（小津　稚加子）

第 9 章

イギリスにおける会計基準の改訂とその特徴

I　はじめに

　わが国における「会計制度の揺らぎ」は，「会計の二元化」および「会計基準の複線化」として顕在しているとされるが[1]，その背景には，IASB による「中小企業のための財務報告基準」（IFRS for SMEs；以下，中小企業版 IFRS）の開発の影響が存在すると考えられる。IASB は，2003 年以来，中小企業会計基準の開発について議論を重ね，2009 年に中小企業版 IFRS を公表するに至っている。

　中小企業版 IFRS の開発は，新たな投資対象となり得る広範かつ多数の中小企業を裾野とした巨大な国際金融・資本市場の形成を想定しており（小栗［2014］, 273 頁），その背景には「『国際会計基準は，上場企業も非上場企業にも，大企業も中小企業にもすべての企業に適用可能なものであるものと IASB は確信する』という思考」（小栗［2014］, 273 頁）が存在している。

　しかし，中小企業版 IFRS は，その導入にあたって各国における独自の会計基準との軋轢を引き起こす危険を有している（小栗［2014］, 274 頁）。中小企業版 IFRS が投げかけている課題とは，中小企業版 IFRS それ自体の適用の是非ではなく，各国において中小企業会計は如何にあるべきか，中小企業会計を含む各国の会計制度が如何に設計されるべきかというそれであろう。わが国では，上場企業（大企業）の会計制度と中小企業の会計制度を区分する「会計の二元

化」が図られるとともに,中小企業を適用対象とする実務上の会計基準として『中小企業の会計に関する指針』(以下,中小指針)と『中小企業の会計に関する基本要領』(以下,中小会計要領)が並存する「会計基準の複線化」が進んできたとされるが[2],留意されるべきは,思考の異なる2つの中小会計基準が存在している点にある[3]。

上記の点を踏まえたうえで,本章では,わが国の会計制度に対する示唆を得るべく,イギリスにおいて近年推進されてきた一連の会計基準の改訂をとりあげることにする[4]。イギリスでは,わが国と対照的に,IFRSを基軸とした国内基準の整備が試みられている。当該事例は,わが国における制度設計のあり方を議論するに際し,重要な素材の1つとなり得るであろう。

 会計基準改訂の経緯

イギリスでは2002年に自国における「一般に認められた会計実務」(Generally Accepted Accounting Practices:以下,UK GAAP[5])とIFRSとのコンバージェンスを行う作業に着手したが,結局,UK GAAPをIFRSにコンバージェンスすることは最適な選択でないという結論に達している。その理由は,①UK GAAPに膨大な改訂を施す必要がある,②IFRSが適用対象としていない企業すなわち公的説明責任(public accountability)を負わない企業を焦点とした会計基準が必要である,などの課題が浮き彫りになったためである。

UK GAAPは,明確な定義はなされていないが,従来は次の規定および基準を包括するとされてきた[6]。
- 会社法における会計および開示規定
- 標準的会計実務書 (Statement of Standard Accounting Practices:SSAP)
- 財務報告基準書 (Financial Reporting Standards:FRS)
- 緊急問題専門委員会 (UITF) による意見書 (UITF Abstracts) (以下,UITF摘要書)
- 小規模企業のための財務報告基準 (Financial Reporting Standard for Smaller Entities:FRSSE)[7]
- 実務勧告書 (Statement of Recommended Practices:SORP)

しかし，2005年にIFRSがEUに採択されて以来，EU版IFRSとUK GAAPが共通のフレームワークをもたないまま混在していた。こうした状況を改善すべく，上記のSSAP，FRS，およびUITF摘要書を中心とした会計基準の改訂が行われることとなった。

当時，IFRSに依拠せずに会計基準を改訂するという選択肢をめぐって議論がなされていたが，結局却下されている[8]。当該選択には，①現行のFRSに精通していればIFRSに精通する必要がない，②会計基準がイギリスの法の枠組みのなかで設計されるという長所がある一方で，つぎの短所があると指摘されていたためであった（ASB［2012］，p.60）。

(a) 適用する基準をFRSとEU版IFRSとの間で切替えを行うことが困難になり，連結財務諸表を作成するうえで効率性が低下する。
(b) 職業会計士，監査人，および財務諸表利用者にとって，異なる2つの会計基準に精通し続けることは困難であり，コストがかかる。
(c) FRSがIFRSの影響を受けないまま存続することはあり得ない。
(d) FRSがEU版IFRSとともに存続し，発展するために追加的な資源が必要になる。

こうした議論を経て，新たな会計基準を作成するにあたっては，IFRSを基盤とすることとなった。

次節では，当該改訂の過程を概観する。なお，以下でIFRSに触れる場合，それがEU版IFRSでないことを明確にする必要がない限り，IFRSと称している。

Ⅲ 会計基準の改訂過程

1 会計基準の改訂過程

上述した新たな会計基準の草案は，「連合王国およびアイルランド共和国における財務報告の将来」（The Future of Financial Reporting in the UK and Republic Ireland）という包括的なタイトルのもと，公開草案第43号「財務報告基準の適用」（Application of Financial Reporting Standards）および同第44号

「中規模企業に対する財務報告基準」(Financial Reporting Standards for Medium-sized Entities：FRSME)として，2010年10月に公表された。中規模企業とは，次の規定すなわち①売上高22.8百万ポンド未満，②総資産11.4百万ポンド未満，および③従業員250名以下の3点のうち2点を満たす企業をいう(2006年会社法第465条(3))。

公開草案第43号では，上場企業のみならず中小企業を適用対象とした会計基準設定の改訂案が提示され，第44号においてFRSMEの草案が示された。FRSMEは，中小企業版IFRSを基礎にする一方で，一部の規定では会社法の会計規定や税務等との調整を図った内容となっていた。

その後，両草案は改訂され，2012年1月に公開草案第46号「財務報告上の要求事項の適用」(Application of Financial Reporting Requirement)，および同第48号「連合王国およびアイルランド共和国共和国において適用される財務報告基準」(The Financial Reporting Standard applicable in the UK and Republic of Ireland)が公表された。公開草案第48号は，同第44号と同様に，中小企業版IFRSを基盤とする一方で，これを完全に採択せず，会社法の会計規定や税務等との調整が図られていた。第44号と第48号の間では，詳細な規定をめぐって相違点が少なくないが，最大の違いは，第44号において導入された公的説明責任概念が，第48号では撤回された点にある。第44号では，公的説明責任の有無を基準として企業を三層に区分し，それぞれの企業ごとに適用すべき会計基準を示していた。しかし，公的説明責任の概念の定義が困難である等の理由により，当該提案は却下された。

また，これらの草案に関連して，公開草案第47号「開示減免の枠組み」(Reduced Disclosure Framework)があわせて公表された。

2012年11月には，公開草案第46号がFRS第100号「財務報告上の要求事項の適用」(Application of Financial Reporting Requirements)として確定されるとともに，第47号がFRS第101号「開示減免の枠組み」(Reduced Disclosure Framework)として公表された。また，公開草案第48号は，その改訂案が2012年に再公開草案として公表された後，2013年3月にFRS第102号「連合王国およびアイルランド共和国において適用される財務報告基準」(The Financial Reporting Standard applicable in the UK and Republic of Ireland)として確

図表9-1 改訂によるUK GAAPの変化

改訂前	改訂後
会社法上の会計および開示規定	会社法上の会計および開示規定
SSAP（第4, 5, 9, 13, 19, 20, 21, 25号）	FRS 第100号–第102号
FRS（第1–第30号）	
UITR摘要書（第4, 5, 9, 11, 15, 19, 21-29, 31, 32, 34-36, 38-48号）	
FRSSE	FRS 第105号
SORP	SORP

(出所) 関連資料に基づいて筆者作成。

定されるに至った。

　一方，従来の会計基準すなわちSSAP，FRS，およびUITF摘要書，ならびに審議途中にあった財務報告公開草案 (Financial Reporting Exposure Draft: FRED) は，FRS第100号から第102号の公表にともない，すべて撤廃された (FRC [2012b], paras.14 and 25)（図表9-1）。そのうえで，FRS第102号は，SSAP，FRS，およびUITF摘要書を単一基準に置き換えるべく，中小企業版IFRSに依拠して作成されており (FRC [2013], p.227)，両者の構成はほぼ同じである（図表9-2）。ただし，必要に応じて会社法等との調整が図られている。また，それまで概念フレームワークとして機能してきた「財務報告原則書」 (Statement of Principles for Financial Reporting) があわせて撤廃されている (FRC [2012b], para.15)[9]。財務報告原則書に代わる基礎概念の体系は，FRS第102号第2セクションにおいて「諸概念および全般的な原則」(Concepts and Pervasive Principles) として規定されている。これは，中小企業版IFRSをほぼそのまま踏襲している (FRC [2013], Appendix II, p.291)[10]。

　これに続いて，マイクロ企業を対象としたFRS第105号「マイクロ企業に適用可能な財務報告基準書」(The Financial Reporting Standard Applicable to the Micro-entities Regime) が2015年に公表されるにともない，FRSSEが撤廃されている（図表9-1）。マイクロ企業とは，①売上高632,000ポンド，②総資産312,000ポンド，③従業員10名の要件を満たす会社をいう（2006年会社法

図表 9 − 2　FRS 第 102 号の構成──中小企業版 IFRS との比較

FRS 第 102 号の構成	中小企業版 IFRS の構成
1　イギリスにおける規制の根拠	1　中小企業
2　諸概念および全般的な原則	2　諸概念および全般的な原則
3　財務諸表の表示	3　財務諸表の表示
4　財政状態計算書	4　財政状態計算書
5　包括利益計算書および損益計算書	5　包括利益計算書および損益計算書
6　持分変動計算書ならびに損益および剰余金計算書	6　持分変動計算書ならびに損益および剰余金計算書
7　キャッシュ・フロー計算書	7　キャッシュ・フロー計算書
8　財務諸表の注記	8　財務諸表の注記
9　連結財務諸表および個別財務諸表	9　連結財務諸表および個別財務諸表
10　会計方針，見積，および誤謬	10　会計方針，見積，および誤謬
11　基礎的金融商品	11　基礎的金融商品
12　その他の金融商品に関する事項	12　その他の金融商品に関する事項
13　棚卸資産	13　棚卸資産
14　関連会社への投資	14　関連会社への投資
15　ジョイントベンチャーへの投資	15　ジョイントベンチャーへの投資
16　投資不動産	16　投資不動産
17　有形固定資産	17　有形固定資産
18　のれん以外の無形資産	18　のれん以外の無形資産
19　企業結合およびのれん	19　企業結合およびのれん
20　リース	20　リース
21　引当金および偶発債務	21　引当金および偶発債務
22　負債および持分	22　負債および持分
23　収益	23　収益
24　国庫補助金	24　国庫補助金
25　借入費用	25　借入費用
26　株式報酬	26　株式報酬
27　資産の減損	27　資産の減損
28　退職給付	28　退職給付
29　法人税	29　法人税
30　外貨換算	30　外貨換算
31　超インフレーション	31　超インフレーション
32　後発事象	32　後発事象
33　関連当事者に関する開示	33　関連当事者に関する開示
34　専門的活動	34　専門的活動
35　FRS 第 102 号への移行	35　中小企業版 IFRS への移行

（出所）　FRC［2013］，IASB［2009］に基づいて筆者作成。

図表9-3 会計基準改訂の過程

年	協議または公表物
2002年	当時の通産省（DTI）がIAS規制（EU規制1606/2002）の採用を審議
2004年	討議資料「IFRSとのコンバージェンスのための戦略」
2005年	公開草案「方針書：ASBの役割」
2006年	公聴会およびコメントの募集，Press Noticeの公表
2007年	諮問資料「中小企業版IFRS案」
2009年	諮問資料「方針提案：イギリス会計基準の将来」
2010年	公開草案第43号「財務報告基準書の適用」 第44号「中規模企業に対する財務報告基準」（FRSME）
2012年	公開草案第46号「財務報告上の要求事項の適用」 第47号「開示減免の枠組み」 第48号「連合王国およびアイルランド共和国において適用される財務報告基準」
	FRS第100号「財務報告上の要求事項の適用」 第101号「開示減免の枠組み」
2013年	FRS第102号「連合王国およびアイルランド共和国において適用される財務報告基準」
2014年	FRS第103号「保険契約」
2015年	FRS第104号「中間財務報告」 FRS第105号「マイクロ企業に適用可能な財務報告基準書」

（出所）　FRC［2015b］, Appendix V, para.A5.1. 一部，筆者が加筆。

第384条A-第384条B)。

　さらに，SORPは，2009年に公表された諮問資料「方針提案：イギリス会計基準の将来」（Policy Proposal：The Future of UK GAAP）のなかで，UK GAAP改訂の一環として撤廃することが提案されていたが，当該提案に対して多くの疑問が寄せられ，結局，撤廃は見送られた（FRC［2012b］, Application Guidance, para.21)[11]。

　以上の一連の改訂過程を示せば，**図表9-3**のとおりである。なお，FRS第103号「保険契約（Insurance Contracts）」が2014年に，同第104号「中間財務報告（Interim Financial Reporting）」が2015年に公表されているが，本章では，これら2基準を除くFRSをとりあげる。

2 新たな FRS の適用

新たに設定された会計基準は，次のとおり適用される。

FRS 第 100 号は，連合王国およびアイルランド共和国共和国において適用される法令，規則，または会計基準に従って財務諸表を作成する企業に対し，適用可能な財務報告の枠組み全体を示しており（FRC［2012b］, para.1 and FRC［2015a］, para.2.3），財務諸表の作成に関する具体的な要求事項を定めた基準ではない。

FRS 第 101 号は，適格企業（qualifying entity）が EU 版 IFRS を適用する場合の開示減免規定である（FRC［2012c］, paras.1 and 2）。適格企業とは，真実かつ公正な概観を提供することを目的として公表される連結財務諸表に含まれている企業をいう（FRC［2012c］, AppendixⅠ, Glossary）。たとえば，S 社の会計情報がその親会社である P 社の連結財務諸表に含まれている場合，S 社は適格企業となる。この場合，P 社が EU 版 IFRS を適用するのであれば，S 社は，その個別財務諸表を会社法上の「企業グループ内の財務報告の一貫性」（Consistency of financial reporting within group）（2006 年会社法第 407 条）に従って EU 版 IFRS を適用して作成するが，適格企業であるため，FRS 第 101 号による開示減免規定を受けることが可能となる（KPMG／あずさ監査法人編［2014］, 99 頁）。

マイクロ企業に該当する企業には FRS 第 105 号が適用され，小規模企業には FRS 第 102 号セクション 1A「小規模企業」が適用される。小規模企業とは，①売上高 10.2 百万ポンド未満，②総資産 5.1 百万ポンド未満，③従業員 50 名以下のうち，最低 2 つの要件を満たす企業をいう（2006 年会社法第 382 条 – 第 384 条）。FRS 第 105 号と FRS 第 102 号セクション 1A「小規模企業」はいずれも，法的枠組みを基礎として，FRS 第 102 号を簡素化（simplified）して作成されている。

FRS 第 105 号，FRS 第 102 号セクション 1A「小規模企業」のいずれも適用されない企業に対して，FRS 第 102 号が適用される。言い換えれば，FRS 第 102 号は，小規模企業でもマイクロ企業でもなく，上場企業でもない企業，いわば中規模企業に適用される。ただし，適格企業が FRS 第 102 号を適用する

場合，FRS第102号にある開示減免規定（FRC［2015b］, paras.1.8-1.13）が適用される。適格企業とは上述したように，真実かつ公正な概観を提供することを目的として公表される連結財務諸表を作成する企業グループに含まれている企業をいう（FRC［2015b］, para.1.8）。

以上に示したFRSの関係を示せば，**図表9－4**のとおりである。

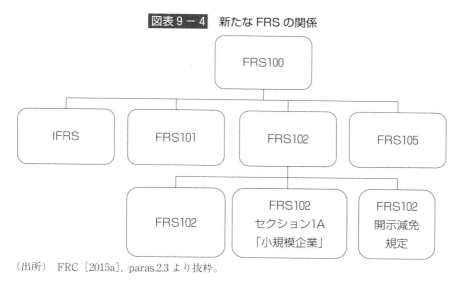

図表9－4　新たなFRSの関係

（出所）　FRC［2015a］, paras.2.3より抜粋。

3　新たなFRSの法的裏付け

では，これらの会計基準は会社法上，どのような地位を付与されているのであろうか。

イギリス会社法では，財務報告の枠組みとして，①IFRS，②UK GAAPの2点が認められており，上場企業は，連結財務諸表を作成する際にはIFRSを適用するよう要求されるが，親会社が単独の財務諸表を作成する場合には，IFRSとUK GAAPの選択適用が認められる。上場企業以外の企業は，IFRSとUK GAAPの選択適用が可能である。

すなわち，IFRSは，企業規模や登録市場にかかわらず，適用することが可能である。IFRSは会社法上，一定の親会社の連結財務諸表に適用されるが，

個別財務諸表の作成に際して適用することも可能である。イギリス会社法によれば，一定の親会社の連結財務諸表は，IAS 規制第 4 条（Article 4 of the IAS Regulation）[12] によって，国際会計基準（international accounting standards：IAS）すなわち IFRS に準拠して作成することが要求されている（2006 年会社法第 403 条(1)）[13]。

一方，個別財務諸表を作成するにあたっては，2006 年会社法第 396 条の規定と IAS すなわち IFRS の選択適用が認められている（2006 年会社法第 395 条(1)）[14]。前者の 2006 年会社法第 396 条の規定とは，「国務大臣によって作成される規定」（同法第 396 条(3)）であり，実質的には国務大臣から権限を委譲された者が設定する規定を意味している。これは，財務報告協議会（Financial Reporting Council：FRC）体制によって設定・公表される一連の FRS を指しており，会社法第 464 条に規定されている標準的会計実務（standard accounting practice）を意味する（FRC [2014], p.10）。

ここにいう標準的会計実務に該当する会計基準が，FRS 第 100 号をはじめとする新たな会計基準である。

Ⅳ 会社法上の規定との調和── FRS 第 102 号を中心に

前節において示したように，イギリスにおける会計基準の改訂は，一貫して IFRS を基軸としている点に特徴がある。中企業および小企業に対して適用される会計基準は，中小企業版 IFRS に基礎を置いて設定されている。さらに，当該基準に基づいて，マイクロ企業に対する会計基準が設定されている。

その一方で，会社法や税法の規定との調和が図られている点にも特徴がある。会計基準の改訂にあたって IFRS を基軸とするアプローチは，当初から賛同を得られたものの，当該アプローチを適用して作成された公開草案第 44 号に対しては，少なからぬ批判が寄せられ，FRS 第 102 号の草案（公開草案第 48 号の改訂草案）では，イギリス企業により一層適合する内容が示された（ASB [2012], p.61）。

FRS 第 102 号では実際，必要に応じて会社法および税法，ならびに EU 版 IFRS との調整が図られている箇所が少なくない。なかでも会社法との調整が

中心に行われている主要な項目として,「財政状態計算書」(Statement of Financial Position)(セクション4),「包括利益および損益計算書」(Statement of Comprehensive Income and Income Statement)(セクション5),「連結および個別財務諸表」(Consolidated and Separate Financial Statements)(セクション9),およびセクション19「企業結合およびのれん」(Business Combinations and Goodwill)などがあげられる。

イギリスでは,会社法の規定に基づいて作成される財務諸表は「会社法財務諸表」(Companies Act accounts)と称され,IFRSに準拠して作成される財務諸表すなわち「国際会計基準財務諸表」(IAS accounts)と区別される。FRS第102号に基づいて作成される財務諸表は,IFRSを選択しない企業に適用されることから,会社法財務諸表に該当する。それゆえ,「財政状態計算書」および「包括利益および損益計算書」の各セクションでは,その基礎となった中小企業版IFRSの規定の大半が会社法上の規定によって除外され,かつ置き換えられている (FRC [2013], Appendix Ⅱ, Significant Differences between FRS 102 and the IFRS for SMEs, p.291)。

また,「連結および個別財務諸表」においても,連結財務諸表に関する中小企業版IFRSの規定が会社法に基づいて改訂されている (FRC [2013], Appendix Ⅱ, Significant Differences between FRS 102 and the IFRS for SMEs, p.292)。さらに,のれんの償却について,中小企業版IFRSでは償却期限を10年と規定しているのに対し,FRS第102号では会社法との整合性を考慮し,原則として5年以内に償却するよう要求している (FRC [2013], para.19.23(a))。

たとえば,FRS第102号セクション4において,財政状態計算書については,次の規定のうちの1つに準拠して作成するよう要請されている (FRC [2013], para.4.2)。

(a) 「大規模および中規模会社ならびに企業グループに対する規則(財務諸表および報告書)」(The Large and Medium-sized Companies and Groups (Accounts and Reports) Regulations 2008 (SI 2008/410))の第1附則第1部「一般原則および様式」(金融機関および保険会社を除く会社の個別財務諸表)。なお,企業グループの連結財政状態計算書は,同規則第6附則における連結貸借対照表の要求事項に従って作成されねばならない[15]。

(b) 同上規則，第2附則第2部「一般原則および様式」（金融機関の個別財務諸表）
(c) 同上規則，第3附則第1部「一般原則および様式」（保険会社の個別財務諸表）
(d) 「大規模および中規模有限責任組合に対する規則（財務諸表）2008年」（The Large and Medium-sized Limited Liability Partnerships (Accounts) Regulations 2008 (SI 2008/1913)），第1附則第1部「一般原則および様式」。企業グループの連結財政状態計算書は，同規則第3附則における連結貸借対照表の要求事項に準拠して作成されねばならない。

これらのうち(a)および(d)はいずれも，会社法上財務諸表に適用される。また，包括利益および損益計算書についても，FRS第102号第5セクションに同様の規定がある（FRC［2013］, para.5.5）。

このように，FRS第102号は，その土台を中小企業版IFRSに依拠するとともに，会社法上の規定と必要な調整を図っている。

Ⅴ おわりに――わが国の会計制度に対する示唆

冒頭において，わが国の会計制度に見受けられる「会計の二元化」および「会計基準の複線化」に触れたが，留意されるべきとして，中小指針と中小会計要領という思考の異なる2つの中小会計基準が並存している点を指摘した。当該問題に対して，イギリスにおける会計基準の改訂は如何なる示唆を提供し得るであろうか。

結論からいえば，次の2つの点に示唆を見出し得る。

1つは，イギリスでは中企業，小企業，およびマイクロ企業の規模基準が明確であり，当該基準に応じた会計基準が設定されている点である。企業はその規模基準に適合するFRSを遵守するよう求められるが，自社より規模の大きい企業が準拠しているFRSを適用することが可能である一方で，より規模の小さい企業を対象としたFRSを適用することはできない。これによって，より簡便な基準を安易に選択できないようになっている。また，当該企業が，自社より規模の大きい企業が準拠しているFRSを適用する場合であっても，

FRS相互間に矛盾がないため,当該適用に大きな支障はないと考えられる。

わが国において中小指針と中小要領が並存する現状は,両基準の適用を中小企業に委ね,より品質の高い会計基準の利用に収斂することによって解消されることが期待される。しかし,整備された市場が存在しない中小企業には市場原理が働かないため,会計基準の選択を中小企業に委ねた場合,中小指針を適用することが適当な企業が,より簡便な中小会計要領に移行することが懸念されている(万代[2012],38頁)。

こうした状況に対して,イギリスの事例は,規模基準に応じた中小企業会計の棲分けのあり方を示しているといえる。

もう1つは,IFRSとの対応である。繰り返しになるが,イギリスでは無批判にIFRSを取り入れるのではなく,会社法等の規定と必要な調和が図られたうえで,FRS第102号をはじめとする会計基準がIFRSを共通の枠組みとするように設定されている。FRS第102号は,IFRSを簡略化した中小企業版IFRSに基づいて設定され,FRS第102号セクション1A「小規模企業」とFRS第105号は,FRS第102号を簡素化して作成されている。

さらに,イギリスでは,中小企業や新興企業を対象とした代替投資市場(Alternative Investment Market:AIM)の上場企業に対して,IFRSが適用される。ロンドン証券取引所(London Stock Exchange:LSE)には,FTSE100[16]に入る大企業が上場している主要市場(main market)のほかに,AIMがある[17]。EU域内の規制市場(regulated market)に該当する市場は,EU指令およびEU規制の影響を受けるため,たとえば主要市場に上場し,かつイギリス国籍である会社は,連結財務諸表の作成にあたってIFRSを適用することが強制される。しかし,主要市場でなくAIMの登録企業であっても,それがヨーロッパ経済領域(European Economic Area:EEA)の国において法人化された企業であれば,IFRSが適用される(ただし,この企業が,当該会計年度末において親会社でない場合,またはEEAの国で法人化されていない場合,IFRSと設立国の会計諸規定の選択適用が可能である)[18]。

2015年6月,FRCは,「小規模上場会社およびAIM上場会社による報告の質の改善」(Improving the Quality of Reporting by Smaller Listed and AIM Quoted Companies)と題する討議資料を公表した[19]。当該資料を通じて,FRCは,

小規模上場会社および AIM 上場会社による財務報告の質を高め，それによって当該会社による資金調達を改善する必要性を明らかにしている（FRC [2015c], p.10）。

留意されるべきは，AIM 上場会社にとっては UK GAAP ではなく，IFRS を適用することが推奨されている点にある。

討議資料において，FRC は，多くの作成者と投資家にとって，アニュアルレポートがあまりに長く，不必要なまでに複雑になっているとして，IFRS の詳細な要求事項が適用されれば，より有用性の低い情報を作成することにつながる可能性があると述べている（FRC [2015c], p. 17）。

その一方で，IFRS に代えて UK GAAP に基づく報告を AIM 上場会社に対して認めるよう要求されているかを調査した結果，それは比較可能性の低下をもたらし，潜在的な投資を減少させかねず，適切ではないとする回答が投資家，監査人，および財務諸表作成者の大多数から寄せられたとしている（FRC [2015c], p.18）。財務諸表作成者および監査人によれば，IFRS はいまや浸透しており，上場を意図している会社にとって IFRS の適用が適切なハードルであることは受け入れられているとされる（FRC [2015c], p.18）。また，IFRS が AIM 上場会社を含むすべての上場会社に対する財務報告の枠組みであるべきであるとする強いコンセンサスが存在するとしている（FRC [2015c], p.22）。

そのうえで，FRC は，IFRS が基準の改訂頻度を減らすという意味で安定すること，小規模な上場会社に対して開示を軽減することが望ましいとして（FRC [2015c], p.23），基準の改訂頻度が小規模上場会社を含むすべての会社に見合うものとなるように，IASB およびその他の基準設定団体に対して影響を与え続けるとしている（FRC [2015c], p.23）。

こうした制度設計は，「国際会計基準の影響を受けないものとする」（中小企業の会計に関する検討会 [2012]，第 6 項）わが国の中小会計要領と対照的である。中小会計要領とは逆に，中小指針は，取引の経済実態が同じであれば会計処理も同じになるように，企業規模に関係なく会計基準が適用されるべきであるという考え方に基づいている以上（日本公認会計士協会他 [2016]，第 6 項），会計基準を介して IFRS の影響を受ける可能性があるといえる。中小企業による新たな資金調達や海外進出が推進されるなど，中小企業をとりまく環境が大きく

変化しつつある今日,中小指針と中小会計要領の並存を解消するにあたって[20],IFRSに如何に対応するかは,今後避けられない論点の1つになるであろう。その際,イギリスにおける事例は少なからぬ示唆を提供し得ると思われる。

●注
1 わが国における「会計制度の揺らぎ」については,本書第21章を参照されたい。
2 「会計の二元化」,「会計基準の複線化」については,本書第21章を参照されたい。
3 この問題点は,拙稿［2017］,49頁において,すでに指摘している。
4 本章は,拙稿［2014］および［2015］に依拠しつつ,必要な加筆および修正を加えている。
5 FRC［2015a］では,UK and Ireland GAAPと称しているが,本章では,UK GAAPとしている。
6 UK GAAPの意味については,Deloitte LLP［2013］,p.3を参照されたい。
7 FRSSEについては,河﨑［2001a］,［2001b］,および［2001c］を参照されたい。
8 会計基準の改訂にあたって,3つの選択肢が議論されている。1つは,改訂を行わないという選択であるが,「会計基準は企業の発展とともに変化する必要がある」（ASB［2012］,p.59）として,却下されている。2つめが,本文に記しているように,IFRSに依拠せずに改訂を行うという選択肢である。これは,会計基準はIFRSを基礎とし,改訂は最小限度にとどめるという方法であったが,結果として,3つめが選択されている。ただし,本文において触れているように,3つめの方法を実際に適用した際,多くの提案に対して反対が寄せられたとされている。ASB［2012］,pp.59-61.
9 財務報告原則書の構成は,次のとおりであった。
　　第1章　財務諸表の目的
　　第2章　報告実体
　　第3章　財務情報の質的特性
　　第4章　財務諸表の構成要素
　　第5章　財務諸表における認識
　　第6章　財務諸表における測定
　　第7章　財務情報の表示
　　第8章　他の実体における持分の会計
なかでも第6章では,取得原価と現在価値（current value）の混合測定システムが提唱され（ASB［1999］, Chapter 6, Principles）,現在価値の決定にあたって「企業にとっての価値」（value to the business）基準が示されており（ASB［1999］, para. 6.6）,イギリス固有の内容となっていた。

また，「財務報告原則書」には，公益企業を対象とした「財務報告原則書──公益企業を対象とした解釈」(Statement of Principles for Financial Reporting-Interpretation for public benefit entities)，および「報告に関する基準書：退職給付‐開示」(Reporting Statement：Retirement Benefits-Disclosures) があるが，これらもあわせて撤廃された（FRC [2012b], para.15）。

10　FRS 第 102 号セクション 2 における基礎概念は，1989 年に当時の国際会計基準委員会（International Accounting Standard Committee：IASC）によって公表された「財務諸表の作成と表示のためのフレームワーク」(Framework for the Preparation and Presentation of Financial Statements) と共通する点が少なくないが，これは，中小企業版 IFRS の基礎概念が当該フレームワークに依拠して作成されているためである。

11　会計基準審議会（Accounting Standard Board：ASB）の後身である会計審議会（Accounting Council）は，SORP を FRS 第 102 号に基づいて更新するよう提案を行った（FRC [2012b], Application Guidance, para.22）。その後，FRC によって，「実務勧告書に関する財務報告協議会の方針および規範」(Policy and Code of Practice of the FRC on SORPs) が公表され，2013 年 8 月 1 日に発効している。なお，イギリスにおける会計基準設定体制は度重なる組織改革を経て，現在は FRC が中核を担っており，会計基準のみならず，コーポレートガバナンス・コード，スチュワードシップ・コードを設定している。

12　ここにいう IAS 規制とは，EU 規制（EU Regulation）1606/2002 をさす。

13　親会社以外の会社の連結財務諸表は，2006 年会社法第 404 条または国際会計基準に準拠して作成することが可能である（2006 年会社法第 403 条(2)）。なお，連結財務諸表では，資産，負債，財政状態，および損益について真実かつ公正な概観（true and fair view）を示すことが要求される（同法第 393 条(2)）。

14　なお，個別財務諸表に対しても，その資産，負債，財政状態，および損益について真実かつ公正な概観を示すことが要求される（同法第 393 条(1)）。

15　財政状態計算書は会計基準において用いられる用語であり，イギリス会社法では貸借対照表に該当する。規制の根拠が異なるため，両者は統一されていない。本章では，原文に従って訳出している。

16　FTSE100 とは，LSE に上場する銘柄のうち時価総額の上位 100 銘柄によって構成される株価指数をいう。FTSE に関する詳細は，http://www.ftse.com/index.jsp を参照。

17　中小会社向けの証券市場には，AIM のほかに，ICAP Securities and Derivatives Exchange（ISDX）があり，EU 版 IFRS または UK GAAP の選択適用等が認められている（KPMG/あずさ監査法人編 [2014]，18-19 頁）。ISDX については，http://www.isdx.com/default.aspx を参照されたい。

18　EEA において法人化されていない会社は，①国際会計基準（EU 版 IFRS をさす），② US GAAP，③カナダにおける GAAP，④オーストラリア版 IFRS（オー

ストラリア会計基準審議会が公表)、または⑤日本におけるGAAPのいずれかを適用しなければならない(LSE [2016], para.19)。
19 この点は、弥永 [2016], 104-105頁を参考にした。なお、この討議資料は、上記の提案が概ね受け入れられたとして、2016年6月に更新されている。詳細は、FRC [2016] を参照されたい。
20 中小指針と中小会計要領の並存を如何に解消するかについては、拙稿 [2017] において、本章と異なる観点から考察している。

●参考文献

ASB [2009], Consultation Paper, *Policy Proposal: The Future of UK GAAP*, ASB.

——— [2010a], FRED, *The Future of Financial Reporting in the UK and Republic of Ireland, 43 Application of Financial Reporting Standards, 44 Financial Reporting Standards for Medium-sized Entities, Part One: Explanation*, October 2010, ASB.

——— [2010b], FRED, *The Future of Financial Reporting in the UK and Republic of Ireland, 43 Application of Financial Reporting Standards, 44 Financial Reporting Standards for Medium-sized Entities, Part Two: Draft Financial Reporting Standards*, October 2010, ASB.

——— [2010c], *The Future of Financial Reporting in the United Kingdom and Republic of Ireland ; The Key Facts*, October 2010, FRC.

——— [2010d], *The Future of UK Financial Reporting Standards (power point)*, November 2010, ASB.

——— [2012], FRED, *The Future of Financial Reporting in the UK and Republic of Ireland, Part Three, Development of the Revised Financial Reporting Exposure Drafts and Impact Assessment*, January

BIS [2011], *Proposals to Reform the Financial Reporting Council, Impact Assessment (IA)*, BIS 0323, BIS.

Deloitte LLP [2013], *GAAP 2014, UK Reporting-FRS 102-*, Volume B, LexisNexis.

FRC [2005], *The Implications of New Accounting and Auditing Standards for The 'True and Fair View' and Auditors' Responsibilities*, FRC.

——— [2012a], *Proposals to Reform the Financial Reporting Council:a Joint Government and FRC Response*, FRC.

——— [2012b], FRS 100, *Application of Financial Reporting Requirement*, FRC.

——— [2012c], FRS 101, *Reduced Disclosure Framework*, FRC.

——— [2013], FRS 102, T*he Financial Reporting Standard applicable in the UK*

and Republic of Ireland, FRC.
―――[2014a], FRS 103, *Insurance Contracts*, FRC.
―――[2014b], *The FRC and its Regulatory Approach*, FRC.
―――[2015a], *Over View of the Financial Reporting Framework*.
―――[2015b], FRS102, *The Financial Reporting Standard applicable in the UK and Republic of Ireland* (amended in September 2015).
―――[2015c], *Improving the Quality of Reporting by Smaller Listed and AIM Quoted Companies*.
―――[2016], *Update on the Discussion Paper:Improving the Quality of Reporting by Smaller Listed and AIM Quoted Companies*.
LSE [2010], *A Guide to Listing on the London Stock Exchange*, LSE, http://www.londonstockexchange.com/companies-and-advisors/main-market/documents/brochures/gudetolisting.pdf.（直近アクセス：2018年3月19日）
―――[2016], *AIM Rules for Companies*, LSE, http://www.londonstockexchange.com/companies-and-advisors/aim/advisers/aim-notices/aimrulescompaniesmay2016.pdf.（直近アクセス：2018年3月19日）
PWC [2013], *Similarities and differences -A comparison of current UK GAAP, new UK GAAP (FRS 102) and IFS*, Bloomsbury Professional.
小栗崇資［2014］『株式会社会計の基本構造』中央経済社.
河﨑照行［2001a］「英国における中小会社の会計基準（FRSSE）――その全体像と簡素化のプロセス(1)」『税経通信』第56巻第8号，9-11頁.
―――［2001b］「英国における中小会社の会計基準（FRSSE）――その全体像と簡素化のプロセス(2)」『税経通信』第56巻第10号，17-30頁.
―――［2001c］「英国における中小会社の会計基準（FRSSE）――その全体像と簡素化のプロセス(3)」『税経通信』第56巻第11号，35-42頁.
―――［2011］「英国の会計制度改革と中小企業版IFRS」『会計・監査ジャーナル』第23巻第4号，137-142頁.
―――監訳［2011］『シンプルIFRS』中央経済社.
―――編著［2015］『中小企業の会計制度――日本・欧米・アジア・オセアニアの分析』中央経済社.
―――［2016］『最新中小企業会計論』中央経済社.
櫛部幸子［2016］『中小企業会計基準の課題と展望』同文舘出版.
KPMG／あずさ監査法人編著［2014］『英国の新会計制度』中央経済社.
齊野純子［2006］『イギリス会計基準設定の研究』同文舘出版.
―――［2011］「「イギリスにおける中規模企業に対する財務報告基準」国際会計研究学会・研究グループ（主査：河﨑照行）『各国の中小企業版IFRSの導入実態と課題』最終報告書（2011年9月），第14章，143-149頁.
―――［2014］「IFRSを基軸とするイギリス会計規制の概観」『関西大学商学論集』

第 59 巻第 3 号,41-55 頁。
―――――［2015］「イギリス」河﨑照行編著［2015］『中小企業の会計制度――日本・欧米・アジア・オセアニアの分析』中央経済社,第 7 章所収,93-113 頁。
―――――［2017］「中小企業をとりまく環境変化と会計基準」『経営分析研究』第 33 号,49-52 頁。
坂本雅士・藤井誠［2008］「主要国の会計と税務に関する実態調査（その 1）～イギリスとアメリカ～」『季刊会計基準』第 22 号,185-196 頁。
佐藤信彦［2012］「中小企業会計基本要領と中小会計指針との異動点とその関係」『ZEIKEN 税研』第 28 巻第 3 号（第 163 号）,33-38 頁。
日本公認会計士協会・日本税理士会連合会・日本商工会議所・企業会計基準委員会［2016］『中小企業の会計に関する指針』（最終改正平成 28 年 1 月 26 日）。
万代勝信［2012］「『中小要領』と『中小指針』の棲み分けの必要性」『企業会計』第 64 巻第 10 号,32-39 頁。
弥永真生［2016］「財務報告の負担軽減へ連合王国（UK）の中小企業会計の動向」『企業会計』第 68 巻第 2 号,102-106 頁。

（齊野　純子）

第|10|章

韓国における中小企業会計制度の普及・活用

I　はじめに

　韓国の会計制度は，歴史的には日本の会計制度を受け継いでいたが（李・李［2010］，121頁），2007年，「韓国採択国際会計基準」（以下，K-IFRSと略称する）が公表され，現在，上場企業に強制適用されている。他方，日本では，大企業（上場企業）に対して「国際財務報告基準」（以下，IFRSと略称する）の強制適用が議論されたが，現在，その導入には至っていない。

　これに対して，中小企業向けの会計制度については，日本が2012年に「中小企業の会計に関する基本要領」（以下，中小会計要領と略称する）を公表し，その翌年の2013年に韓国が「中小企業会計基準」を公表しており，両国の動向は類似している。

　中小企業の会計制度には，本来，大企業と中小企業では企業属性が異なることから，大企業と同一の会計基準を適用するよりも，中小企業の属性に見合った会計基準を制度化する方が，計算書類の社会的信頼性は高まるとする認識が，その基底にある。

　かかる認識に基づき，本章の目的は，韓国において会計制度が二分化し，さらに中小企業の会計制度において会計基準が複線化した経緯を明らかにするとともに，日韓両国において中小企業会計制度を普及・活用させるための課題を浮き彫りにすることにある。本章の具体的課題は，次のとおりである。

① 韓国の会計制度が「上場企業向け」と「非上場企業向け」に二分化し，さらに非上場企業向けの会計制度が「一般企業会計基準」と「中小企業会計基準」に複線化した経緯を明らかにすること
② 韓国と日本における中小企業会計制度の特徴を比較検討すること
③ 韓国と日本における中小企業会計制度の普及・活用に対する取組みを概観するとともに，今後の課題を浮き彫りにすること

上場企業向けの会計制度

韓国は，上場企業にIFRSを導入するため，2006年2月，「国際会計基準導入準備チーム」を結成している。韓国におけるIFRS導入の方法は，段階的に収斂する「フェーズイン・アプローチ（Phase-in Approach）」ではなく，IFRS全体を一時に採択する「ビッグバン・アプローチ（Big Bang Approach）」を採ることとされ，2007年3月，ビッグバン・アプローチに基づくロードマップが公表された（徐［2008］，81頁）。

このロードマップに基づき，2007年12月，韓国会計基準院・韓国会計基準委員会（以下，KAI/KASBと略称する）は，K-IFRSを公表した。K-IFRSは，2008年，欧州証券規制当局委員会（CESR）によって，IFRSとの同等性が認められている。

韓国の上場企業は，K-IFRSが公表されるまで，自国の「韓国企業会計基準」（以下，K-GAAPと略称する）を適用していたが，2009年1月からK-IFRSの早期適用が開始されている。その後，K-IFRSは，会計事務の負担能力等を考慮して，資産2兆ウォン（約2千億円；1ウォン＝0.1円で換算，以下同様）以上の上場企業は2011年1月から，資産2兆ウォン未満の上場企業は2013年1月から，順次，強制適用されている。**図表10－1**は，上場企業における会計基準適用の変遷を示したものである。

韓国では，K-IFRSの全面適用にあたり，短期間に多くの基準書を量産し，社会的な意見収斂の過程を充分に経なかったため（李・馬場［2007］，4頁），韓国の実情に合わないK-IFRSの強要が企業の負担になりかねないとの批判もあった。しかし，国際会計基準審議会（IASB）からの積極的な支援を受け，

図表10-1 上場企業における会計基準適用の変遷

企業区分 \ 適用年	2009年～2010年	2011年～2012年	2013年～
早期適用企業	K-IFRS	K-IFRS	K-IFRS
資産2兆ウォン以上	K-GAAP	K-IFRS	K-IFRS
資産2兆ウォン未満	K-GAAP	K-GAAP	K-IFRS

社会的合意を導出するための多くの公開セミナー等を開催し，社会的共感を形成したことが，K-IFRSの全面導入に大きく寄与したとされる（徐［2008］，82頁）。また，2009年からK-IFRSを早期適用した企業に対する調査によれば，新会計システムの導入，従業員教育の促進，経営者の積極的支援といった要因により，K-IFRSの導入は成功したとされている（金［2013］，37頁）。

K-IFRSの適用対象は，原則として上場企業であるが，非上場企業も適用することが可能である。しかし，上場企業の中でも規模の小さい企業の場合，外国人投資家の関心が小さい反面，会計の負担が増大するといった理由で，K-IFRSの導入に反対する声が多かった。そのため，非上場企業には，別途，簡素化した会計基準書の設定が検討されることとなった（徐［2008］，81-82頁）。

非上場企業向けの会計制度

1　K-GAAPと中小企業版IFRS

上場企業向けの会計基準としてK-IFRSが公表される中，KAI/KASBは，非上場企業向けの会計基準についても検討を行い，2008年5月，その内容を公表している。当時の韓国においては，非上場企業向けの会計基準として，「K-GAAPに一定の修正を加えて採用するか」あるいは「IFRS for SMEs（以下，中小企業版IFRSと略称する）をそのまま採用するか」という選択が検討課題であった（KAI/KASB［2008］，p.25）。

図表10－2は，KAI/KASBが，2008年時点のK-GAAPと2007年2月に公表された中小企業版IFRSの公開草案について，その特質を比較したものである。

図表 10 − 2 K-GAAP と中小企業版 IFRS に関する特質の比較

会計基準 特　質	K-GAAP	中小企業版 IFRS
① 会計の負担軽減	○	―
② 国際基準とのコンバージェンス	―	○
③ 新たな要請を習得することの簡易性	○	―
④ 韓国における特殊事情の反映	○	―

（出所）　KAI/KASB［2008］, p.20 に加筆・修正。

　KAI/KASB の検討では，非上場企業向けの会計基準として最も重要な特質と考えられる「①会計の負担軽減」については，K-GAAP が優位であると評価されている。また，「③新たな要請を習得することの簡易性」および「④韓国における特殊事情の反映」といった「改訂への対応」や「独自性」に関する特質についても，K-GAAP が優位であるとされている。これに対して，中小企業版 IFRS は，「国際基準とのコンバージェンス」という特質のみ優位であると評価されている。

　さらに，KAI/KASB の検討では，中小企業版 IFRS の採用に関して，次のような推進論と反対論が挙げられている（KAI/KASB［2008］, p.26）。

中小企業版 IFRS の採用について
　推進論：
　・IFRS に沿った会計基準である。
　・国際的な信頼性と一定のグローバルな比較可能性を確保できる。
　反対論：
　・非上場企業も K-IFRS を選択することができる。
　・中小企業にとって中小企業版 IFRS は複雑である。
　・国際的な信頼性やグローバルな比較可能性は，中小企業には重要なことではない。
　・会計基準の修正や改訂が必要な場合（特に緊急の場合）に対応することが容易でない。

　KAI/KASB の検討によれば，グローバルに投資家を募るような非上場企業は K-IFRS を適用すればよいのであり，国際的な信頼性や比較可能性を必要としない非上場企業にまで中小企業版 IFRS を強制適用すべきではないとされる。

最終的に，KAI/KASB は，非上場企業に適した会計基準を確立するためには，「K-GAAP に一定の修正を加えて採用する」（以下，修正 K-GAAP と略称する）ことが望ましいとしている（KAI/KASB [2008], p.28）。

2 一般企業会計基準

非上場企業向けの会計基準として修正 K-GAAP が望ましいと結論づけた KAI/KASB は，2009 年 11 月，「一般企業会計基準」を公表した。一般企業会計基準は，K-GAAP を簡素化した会計基準であり，2011 年 1 月から，資産 100 億ウォン（約 10 億円）以上の外部監査対象の非上場企業に適用されている。

非上場企業は，「K-IFRS」および「一般企業会計基準」の適用について選択権があるが，一度，K-IFRS を適用すれば，一般企業会計基準の適用に戻すことはできない。KAI/KASB は，一般企業会計基準を長期的に中小企業版 IFRS にコンバージェンスしていく予定であるとしている（Deloitte [2011]）。

図表 10 − 3 は，一般企業会計基準の主な特徴を示したものである。

図表 10 − 3　一般企業会計基準の特徴

①　K-IFRS を適用しない非上場企業の会計負担を緩和させるため，別途策定した簡素な会計基準である。
②　国際会計基準に近い K-GAAP の維持を最優先とするものの，企業の会計負担の緩和および国際的な適合性維持を考慮している。
③　会計主題別の基準書形態として散在していた K-GAAP を 1 つにし，便覧式にまとめて利用者の便宜を高めている。
④　一般企業会計基準の適用時に，K-GAAP と異なる事項は遡及適用せず，非遡及的に処理することにより企業の負担を緩和するようにしている。

（出所）　非上場会社の会計基準に関する懇談会 [2010], 参考資料 10 頁に加筆・修正。

一般企業会計基準は，K-GAAP の維持を最優先としながら，非上場企業の会計負担を緩和するため，K-GAAP を簡素化した会計基準である。したがって，一般企業会計基準の基準設定アプローチは，「トップダウン・アプローチ」であるといえる。

しかし，一般企業会計基準は，「中小企業」に適用する適切な会計基準とは言い難く（新日本有限責任監査法人 [2013], 29 頁），中小企業が一般企業会計基準を採用することは大きな負担となっており，中小企業の会計は，事実上，税

金納付のための税務会計に留まっているとされる（朴［2014］, 3頁）。

3 中小企業会計基準

中小企業の会計が空白の状態とも言える中（新日本有限責任監査法人［2013］, 29頁），2013年2月,「中小企業会計基準」が公表された。中小企業会計基準は，外部監査の必要の無い資産100億ウォン未満の中小企業に適用され[1]，2014年1月から施行されている。

韓国の中小企業会計基準の策定に携わったKAI/KASBは，当該基準について「中小企業に多く発生する取引を中心として一般企業会計基準を単純化して構成した」とコメントしている（Samjong KPMG［2014］）。すなわち，中小企業会計基準は，一般企業会計基準を簡素化した会計基準であり[2]，したがって，基準設定アプローチは「トップダウン・アプローチ」であるといえる。

中小企業会計基準の策定にあたっては，次のような賛否の意見が挙がったとされる（朴［2014］, 6頁）。

中小企業会計基準の採用について
　反対論：
　・企業間の比較可能性が喪失する。
　・簡易な会計原則の明文化によって会計の透明性が損なわれる。
　・中小企業の長期的・国際的成長が阻害される。
　推進論：
　・中小企業の会計は内部会計もしくは税務会計を目的とする。
　・中小企業は会計処理能力が低く，人手が足りない。
　・中小企業の取引は単純であり，高度な情報の分析は必要ない。

このような議論の結果，推進論が反対論を上回り，中小企業会計基準が制度化されることとなった。

図表10－4は，中小企業会計基準の主な特徴を示したものである。ここで示すように，韓国の中小企業会計基準は，中小企業が，会計専門家のサポートが無くとも，自らが会計処理を行えるように配慮された会計基準となっている。

図表10－5は，韓国において会計制度が二分化し，会計基準が複線化した経緯について，企業規模と関連させて示したものである。

図表10－4 中小企業会計基準の特徴

①	一般企業会計基準が31章で構成されているのに対し，中小企業会計基準は10章である。
②	一般企業会計基準と比べて会計処理方法を単純化している。
③	法人税法規定の適用も一部許容している。
④	原則として資産の評価は取得原価で行う。
⑤	財務諸表様式が簡素化されている。
⑥	キャッシュ・フロー計算書が要請されていない。

図表10－5 企業規模別の採用すべき会計基準

※ただし，どの規模の企業もK-IFRSを採用することができる。

Ⅳ 韓国と日本における中小企業会計制度の比較検討

1 中小企業会計制度の特徴

図表10－6は，韓国と日本における中小企業会計制度の特徴を比較したものである。

図表10－6　韓国と日本における中小企業会計制度の特徴

項　目	会計基準	韓国「中小企業会計基準」	日本「中小会計要領」
(1)	基準制定年月	2013年2月	2012年2月
(2)	基準制定機関	法務部	中小企業の会計に関する検討会（事務局：中小企業庁および金融庁）
(3)	法的根拠	商法	会社法
(4)	適用対象会社	外部監査会社および公企業を除く株式会社	金融商品取引法の規制の適用会社および会社法上の会計監査人設置会社を除く会社
(5)	選択可能な他の国内会計基準	K-IFRS 一般企業会計基準	修正国際基準 企業会計基準 中小企業会計に関する指針（中小指針）
(6)	基準制定の理由	一般企業会計基準を適用することの過重負担に対応するため	中小指針等を適用することの過重負担に対応するため
(7)	基準制定のアプローチ	トップダウン・アプローチ	ボトムアップ・アプローチ

(出所)　上野［2014］，171頁。

　この図表から，両国の類似点は，次の2点に要約できる（上野［2014］，170頁）。
① 「適用対象会社」が，両国ともに外部監査適用外の企業であること
② 「基準制定の理由」が，従来の会計基準が複雑であり，その負担軽減にあったこと
　また，両国の相違点は，次の3点に要約できる（上野［2014］，170頁）。
① 「基準制定年月」は日本が先であること。日本が中小会計要領を制定した丁度1年後に韓国で中小企業会計基準が制定されている。
② 「基準制定機関」が異なること。日本はプライベート・セクターとしての「中小企業の会計に関する検討会」が制定機関であるのに対し，韓国はパブリック・セクターとしての「法務部」が制定機関である。
③ 「基準設定アプローチ」が異なること。日本はボトムアップ・アプロー

チ(会計慣行をルール化するアプローチ)を採用しているのに対し,韓国はトップダウン・アプローチ(大企業会計基準を簡素化するアプローチ)を採用している。

2 中小企業会計制度の普及・活用と今後の課題

(1) 韓国

韓国では,中小企業会計基準の公表に伴って,さまざまな普及・活用策を打ち出している。以下は,主な取組内容である(朴[2014], 27-31頁)。

① 解説書の整備

中小企業会計基準の策定機関である法務部は,2013年3月,KAI/KASBと共同で「中小企業会計基準の解説書」を公表した。本解説書は,中小企業の会計担当者が理解しやすいように解説の分量を最低限にして,豊富な事例で構成されており,公認会計士会および税務士会の意見を反映した内容となっている。本解説書を通して,中小企業の会計処理の便宜性が増すことによって,中小企業会計基準の拡大に寄与することが期待されている。

② 支援センターの設立

韓国では,中小企業会計基準公表後の2013年5月,中小企業中央会内に「中小企業会計基準支援センター」を設立した。支援センターの主な業務は,次の通りである。
- ホームページの構築および運営(http://smac.kbiz.or.kr)
- 中小企業会計基準の説明会および職務教育の実施
- 案内書『一般企業会計基準よりわかりやすく簡便な中小企業会計基準』の発刊

③ 中小企業会計基準事務局の設置

韓国では,「中小企業会計基準事務局」が組織されており,その主な業務は以下のとおりである。
- 中小企業会計基準に関する改正の検討および建議

164　第Ⅱ部　主要諸国における会計制度改革

- 中小企業会計基準の利用者からの質問に対する公式文書およびＥメールによる返信，電話相談等
- 中小企業会計基準の解説の継続的な補完業務
- 中小企業会計基準の内容，実務指針，事例などに関する教育およびセミナーの開催
- 中小企業を取り巻く環境や特殊性等を考慮した会計基準の改善項目や政策提案

④　今後の課題

韓国における中小企業会計基準の今後の課題としては，次の3つが挙げられている。

- 基準改正時，利害関係者との十分な協議と合意が必要となる（特に，公認会計士会および税務士会との意見調整）。
- 基準導入企業に対する「インセンティブ」を提供する必要がある。具体的には，融資審査時の加算点付与，金利の優遇，保証料の引下げ，税務申告手続きの簡素化，政府政策資金の優遇等。
- 「会計担当者の教育」および中小企業会計プログラムを用意する必要がある。

(2)　日本

日本の中小会計要領は，「中小企業の会計に関する検討会」によって策定された基準であるが，当該検討会のワーキンググループが，2014年3月，関連機関・団体の中小会計要領への取組状況等についてフォローアップを行っている[3]。**図表10－7**は，その結果を表形式で示したものである（中小企業の会計に関する検討会ワーキンググループ［2014］，3-49頁）。

図表10－7では，関連機関・団体名と取組内容を示し，取組みを行った項目には「○」を，取り組んでいない項目には「―」を付している。取組みの具体的内容は，以下のとおりである。

第10章 韓国における中小企業会計制度の普及・活用　165

図表10－7　日本における中小会計要領普及・活用に対する取組状況

機関・団体名	① 広報	② セミナー	③ 作成支援	④ 活用
(1)　日本商工会議所	○	○	○	—
(2)　全国商工会連合会	○	○	○	—
(3)　全国中小企業団体中央会	○	○	○	—
(4)　全国商店街振興組合連合会	○	—	—	—
(5)　中小企業家同友会全国協議会	○	—	—	—
(6)　全国銀行協会	○	○	—	○
(7)　全国信用金庫協会	○	○	—	—
(8)　全国信用組合中央協会	—	○	—	—
(9)　商工組合中央金庫	○	○	—	○
(10)　日本政策金融公庫	○	○	—	○
(11)　全国信用保証協会連合会	○	—	—	—
(12)　日本税理士会連合会	○	○	○	—
(13)　日本公認会計士協会	○	○	○	—
(14)　中小企業診断協会	○	○	—	—
(15)　企業会計基準委員会	○	—	—	—
(16)　中小企業基盤整備機構	○	—	—	—
(17)　金融庁	○	—	—	—
(18)　中小企業庁	○	—	○	○
合　計	17件	12件	6件	6件

① 広報

　本項目は，「中小会計要領の広報・普及」に関する取組みである。具体的には，パンフレット等の配布，会合での会員等への紹介，ホームページや機関誌，メールマガジン等による広報・普及を示している。

② セミナー

　本項目は，「中小会計要領に関するセミナー・研修」についての取組みである。具体的には，中小企業，会計専門家，指導員等を対象としたセミナー・研修等を示している。

③ 作成支援

本項目は,「中小会計要領に従った計算書類等の作成支援」に関する取組みである。具体的には,中小企業を対象にした記帳指導等を示している。

④ 活用

本項目は,「中小会計要領の活用」に関する取組みである。具体的には,金融機関では,顧客企業に対する助言にあたっての中小会計要領の活用,中小会計要領の適用企業に対する金利の引下げや保証料の割引を示している。また,中小企業庁においては,中小会計要領の適用企業に対する補助金といった取組み等を示している。

⑤ 今後の課題

図表10－7で示すように,「①広報」や「②セミナー」といった取組みは,18件中広報が17件（94.4％）,セミナーが12件（66.6％）と多くの関連組織・団体で実施されている。しかし,「③作成支援」や「④活用」といった取組みは,ともに18件中6件（33.3％）で,やや消極的であることがわかる。本フォローアップでは,中小企業の支援にかかわる全ての関係者による「個々の中小企業の実態に応じた指導・助言」が特に重要であることが確認されている（中小企業の会計に関する検討会ワーキンググループ［2014］,1-2頁）。

前述したとおり,韓国では,中小企業会計基準を普及させるための今後の課題として,「会計担当者の教育」や「基準導入企業に対するインセンティブ」等が挙げられている。日本においても,「③作成支援」（記帳指導）や「④活用」（金利の引下げ等）といった個々の中小企業の実態に応じた取組みの充実が必要とされる。したがって,中小企業会計制度の普及・活用に関しては,両国ともに同様の課題を抱えているということができる。

2014年に公表された中小企業基本実態調査によれば,日本における中小会計要領の普及率は約1割で,中小会計要領を「知っている」中小企業は約2割となっている[4]（中小企業の会計に関する検討会ワーキンググループ［2015］,1-2頁）。このような状況の中で中小会計要領を普及・活用させるには,「産」（中小企業団体・金融機関）・「官」（中小企業庁・金融庁）・「学」（中小企業会計学会）・

「士」(会計専門職)が一丸となった協力体制の構築,とりわけ,「会計専門職」と「金融機関」との緊密なコラボレーションが必要であるとされる(河﨑[2017],252頁)。

Ⅴ　おわりに

　本章の目的は,韓国において会計制度が二分化し,さらに中小企業の会計制度において会計基準が複線化した経緯を明らかにするとともに,日韓両国において中小企業会計制度を普及・活用させるための課題を浮き彫りにすることにあった。

　韓国では,上場企業向けに「K-IFRS」を強制適用し,非上場企業向けには「一般企業会計基準」を適用する「二元的な会計制度」を目指しながら(杉本・趙編著[2011],15頁),さらに中小企業に対する会計負担軽減の必要性から「中小企業会計基準」が公表され,非上場企業向けの会計基準は複線化の状況にある。

　これは,一般企業会計基準が,中小企業にとって適切な会計基準とは言い難く,一般企業会計基準を採用することは,中小企業にとって大きな負担となっていたことに起因している。韓国では,中小企業の会計は,事実上,税金納付のための税務会計に留まっているのが現状とされるが,このような状況は,諸外国でも同様であると推察される。

　しかし,本来,中小企業においても,「税務会計」に留まることなく,「自社の経営状況の把握に役立つ会計」が実践されるべきであり,多くの中小企業経営者もそれを望んでいるはずである。このような経営者の期待に応えるために,中小企業向けの会計基準は,その属性に応じて,経営者が理解しやすいよう簡潔かつ平易に表現されるべきであり,これを実現したのが中小企業会計制度である。

　韓国では,中小企業会計基準を普及させるための課題として,「教育」と「インセンティブ」が挙げられている。日本においても,中小会計要領の「作成支援」(指導)や「活用」(インセンティブ)といった取組みに消極的であることが明らかとなっており,個々の中小企業の実態に応じた「指導・助言」の

充実が課題とされている。

　これらの課題を踏まえ，日韓両国において中小企業会計制度を普及・活用させるには，会計専門職と金融機関とが緊密にコラボレーションし，「指導・助言」と「活用・インセンティブ」に積極的に取り組むべきであろう。すなわち，会計専門職による中小企業会計の「指導・助言」により，信頼性が担保された決算書を提供することができる中小企業には，金融機関は，より積極的なインセンティブを提供することが必要であると考える。

●注

1　2010年の韓国法人統計によると，全法人数440,023社のうち，中小企業会計基準を適用できる法人数は435,627社とされ（朴［2014］，4頁），全法人の99.0％となっている。

2　中小企業会計基準は，58条（56条および附則2条）で構成されており，一般企業会計基準の約1/10の分量となっている（朴［2014］，11頁）。

3　日本の取組みとしては，この他にも，中小企業の抱える諸課題に対し，中小会計要領を活用して経営を良くした企業65社の具体的な成功事例を，ベストプラクティスとして取りまとめた冊子の公表等も挙げられる（中小企業庁［2014］，はじめに）。

4　なお，中小会計要領を「知らない」企業のうち，その導入効果・メリットを知り，「導入したい」と考えている企業は，約3割であった。導入効果は，「内部向け」と「外部向け」に分けられ，内部向け効果としては，「原価管理によるコスト削減」や「従業員のコスト削減意識の向上」等が，外部向け効果としては，「金融機関の信頼性の向上」等が挙げられている（中小企業の会計に関する検討会ワーキンググループ［2015］，7頁）。

●参考文献

Deloitte［2011］, *January 2011 Update*, http://www.iasplus.com/country/korea.htm.

KAI/KASB［2008］, *Developing Accounting Standards for Non-Public Entities in Korea*, Korea Accounting Standards Board.（http://www.kasb.or.kr）

Samjong KPMG［2014］, *3 February 2014 Update*, http://jpn.kr.kpmg.com/jp/jwn％20140203-tx.htm.（Japanese practice Weekly Newsletter，ファイナンシャルニュース：2014年1月26日）

上野隆也［2014］「日本と韓国における中小企業会計の比較」『税経通信』第 69 巻第 13 号．
─────［2015］「第 14 章　韓国」河﨑照行『中小企業の会計制度──日本・欧米・アジア・オセアニアの分析』中央経済社．
河﨑照行［2010］「『中小企業版 IFRS』の特質と導入の現状」『會計』第 178 巻第 6 号．
─────［2013］「米国における中小企業会計の新たな動向」『税経通信』第 68 巻第 10 号．
─────［2017］「「中小会計要領」の普及・活用の現状と課題」『會計』第 192 巻第 3 号．
─────監訳［2011］『シンプル IFRS』中央経済社．
─────・万代勝信編著［2012］『詳解　中小会社の会計要領』中央経済社．
韓国法務部法務室商事法務課［2013］『中小企業会計基準』．
金妊玫［2013］「韓国会計実務における国際会計基準導入の影響」『甲南会計研究』第 7 号．
徐正雨［2008］「韓国の国際会計基準の採択事例」『企業会計』第 60 巻第 3 号．
新日本有限責任監査法人［2013］『平成 24 年度諸外国における中小企業の会計制度に関する調査研究事業調査報告書』．
杉本徳栄・趙盛豹編著［2011］『事例分析　韓国企業の IFRS 導入』中央経済社．
武田隆二編著［2003］『中小会社の会計──中小企業庁「中小企業の会計に関する研究会報告書」の解説』中央経済社．
中小企業庁［2014］『中小会計要領に取り組む事例 65 選』．
中小企業庁事業環境部財政課［2010］『会計基準の国際化を巡る現状について・資料 7』．
中小企業の会計に関する検討会ワーキンググループ［2014］『「中小会計要領」に係る普及・活用に向けた取組みのフォローアップについて』．
─────［2015］『中小会計要領の集中普及期間の成果と今後のアクションプラン』．
朴俊歌［2014］「韓国における『中小企業会計基準』──主な特徴および内容を中心に」中小企業会計学会第 2 回全国大会「特別講演」資料（2014 年 8 月 28 日）．
非上場会社の会計基準に関する懇談会［2010］『非上場会社の会計基準に関する懇談会報告書』．
李相和・李善複［2010］「日韓における IFRS 適用とその影響」『埼玉学園大学紀要（経営学部篇）』第 10 号．
李悠・馬場芳［2007］「企業会計基準のグローバル化に関する考察 ─標準化スキームを使って─」『地域学論集』第 4 巻第 1 号．

（上野　隆也）

第 11 章

中小企業版会計基準をめぐる国際的動向

Ⅰ　はじめに

　本書のテーマは「経済社会のダイナミズムと会計制度のパラダイム変換に関する総合研究」である。そこで取り組まれる課題の1つは「諸外国の会計制度の動向を踏まえ，わが国の会計制度の二分化と各会計制度内部における会計基準の複線化について，その原因を究明する」ことである。この「会計制度の二分化」が意味する所は，大企業と中小企業にそれぞれ別個の会計基準を設定する動きである。本章が取り組むのもこのサブ・テーマである。具体的には，中小企業向けの会計基準（以下，中小企業版会計基準）設定をめぐる動向を国際的な視座から考察する。

　中小企業版会計基準の設定は90年代初頭からいくつかの国々で試みられるようになり，現在では『小中規模企業のための国際財務報告基準（International Financial Reporting Standard for Small and Medium-sized Entities）』（以下，中小企業版IFRS）の採用という形で多くの国に中小企業版会計基準が存在している。ところが，この90年代以降の歴史を辿っていくと，各国（とりわけ新興経済国）における中小企業版IFRSの採用は，ある意味で不合理な現象と言わざるを得ない。なぜ中小企業版IFRSが採用されるのか。本章ではその疑問を新制度派社会学の理論を援用することで明らかにしてみたい。こうした説明は，中小企業版IFRSの採用に関する疑問のみならず，会計基準の国際的収斂の本質を明

らかにすることにも通じる。

中小企業版 IFRS 公表までの国際的動向

　中小企業版会計基準の設定に各国基準設定主体が取組むようになったのは，比較的近年のことである。Susela [2003] によれば，中小企業会計について最初に言及した基準設定主体はオーストラリア会計研究財団（Australian Accounting Research Foundation；AARF）である。AARF が 1990 年に公表した『会計諸概念ステートメント第 1 号』は，非公開企業には，一般目的財務諸表の作成を必ずしも義務付ける必要のないことを指摘している（AARF [1990], para.37）。非公開企業に対し，いくつかの基準の適用を免除し，通常の一般目的財務諸表とは別個の財務報告を認める概念を，同ステートメントでは「ディファレンシャル・リポーティング（differential reporting；DR）」と呼んでいる（AARF [1990], para.34）。

　その後，ニュージーランド（1994 年），マレーシア（2000 年），さらにカナダや香港（2002 年）の基準設定主体や会計士協会が DR の制度化を検討するための文書を公表した（Susela [2003], pp.29-33）。このことは，当初，中小企業会計が基本的には大企業・上場企業に対する基準の枠組みの中で構想されていたことを意味する。

　1997 年，英国の会計基準審議会（Accounting Standards Board；ASB）が『小規模企業のための財務報告基準（Financial Reporting Standard for Smaller Entities）』を公表した。これは，中小企業を適用対象とした別個の 1 組の会計基準を設定する初の試みであり，その意味で，中小企業会計制度のあり方に大きな転換をもたらした出来事と言える。その後，スリランカ（2003 年），香港（2005 年），マレーシア（2006 年），カナダ（2009 年）の基準設定主体や会計士協会も，それぞれ独自の中小企業版会計基準を公表し，英国のアプローチを踏襲した（Susela [2003], pp.29-33）。さらには国際連合貿易開発会議における会計と報告の国際基準に関する政府間専門作業部会（Intergovernmental Working Group of Experts on International Standards of Accounting and Reporting；ISAR）も，2003 年に『中小企業のための会計および財務報告ガイドライン（Accounting

第 11 章　中小企業版会計基準をめぐる国際的動向　173

図表 11 − 1　主要な中小企業版会計基準の概念フレームワークと測定基礎

基準名（国名）	概念フレームワーク	概念フレームワークにおける測定基礎
FRSSE（英国）	概念フレームワークに該当するものが存在しない	―
SLASS（スリランカ）	概念フレームワークに該当するものが存在しない	―
SMEGA Level 2 (ISAR)	Introduction	歴史的原価（para.14）
SMEFR framework &FRS（香港）	Small and Medium-sized Entity Financial Reporting Framework (pp.1-4)	歴史的原価；ただし特定の項目については他の測定基礎を併用（para.14）
IAS25 as PERS（マレーシア）	A Proposed Framework for Preparation and Presentation of Financial Statements（MASB [1998]）	(a) 歴史的原価 (b) 現在価値 (c) 実現可能価額 (d) 現在価値（将来キャッシュ・フローの割引額）（para.136）
個人企業のための会計基準（カナダ）	Financial Statement Concepts, Section 1000	歴史的原価（para.53） 特定の状況で以下の測定基礎も併用 (a) 取替原価 (b) 実現可能価額 (c) 現在価値（para.54）

（出所）　Accounting Standards Board of Canada（AcSB）[2009], ASB [2008], Hong Kong Institute of Certified Public Accountants（HKICPA）[2005], Institute of Chartered Accountants of Sri Lanka（ICASL）[2003], ISAR [2003], Malaysian Accounting Standards Board（MASB）[2006a] をもとに筆者が作成。

and Financial Reporting Guidelines for Small and Medium Sized Enterprises）；SMEGA』を策定した（なお，SMEGA は Level 2 と Level 3 という 2 つの文書から構成され，前者は中規模企業，後者は小規模・零細企業を対象としている）。

　以上が中小企業版 IFRS 公表前の，中小企業版会計基準設定の国際的動向である。この時代に設定された中小企業版会計基準は，いずれも歴史的原価主義会計に基づく内容であった。**図表 11 − 1** は各基準の概念フレームワークに該当する部分に示された測定の基礎を要約したものである。マレーシア基準を除き，いずれも主要な測定の基礎を歴史的原価としていることが分かる。

　一方，英国およびスリランカ基準には，概念フレームワークに該当する部分が存在しない。そこでそれらの基準における金融商品に関する評価規定に注目

してみたい（**図表 11 － 2** 参照）。英国基準では長期投資については原価を，短期投資については低価法を原則としている。原価（以下）評価は，未実現利益を排除するという点で，取得原価主義会計（歴史的原価主義会計）の特徴に関連している（広瀬［1997］，41 頁）。今日では時価あるいは公正価値による測定が一般的である金融商品において，このような評価規定が見られるという点に鑑みれば，英国基準も歴史的原価ベースの基準であると考えて差し支えないであろう。

またスリランカや，複数の測定基礎を認めているマレーシアの基準についても，長期投資には原価，短期投資には低価法を容認している点で，その枠組みは歴史的原価主義会計といって良いように思われる。またカナダ基準では，市場性のある持分証券投資については公正価値を唯一の測定基礎としているが，筆者が 2015 年 3 月にカナダにおいて現地の公認会計士を相手に行ったミーティングでは，カナダの中小企業会計基準は，金融商品の会計を除き，原則として歴史的原価主義会計であるとの説明を受けた。以上の点から，中小企業版 IFRS 公表の前に設定された各国中小企業版会計基準は，いずれも歴史的原価主義会計を枠組みとしたものであると判断できる。

もう 1 つ注目されるのは，DR を含め，この時代に中小企業のための会計制度の構築を試みた国および法域は，いずれも英国を旧宗主国としている点で共通している。さらに，これらの国・法域では，いずれも英国のそれを模した会社法を備えており，そこでは，原則として非公開企業に対しても財務諸表の作成，ならびに財務諸表監査が義務づけられている（平賀［2011a］，60-61 頁）。これらの国・法域には，おそらく次の問題が存在したに違いない。すなわち，会計基準の複雑化が進み，これを中小企業にも一律に適用すれば，中小企業に財務諸表作成上過度の負担が生じる。一方で，財務諸表監査にあたっては，会計基準への準拠性が当該財務諸表の適正性の判断において重要となる。この 2 つの問題を解決する方法としては，中小企業のための会計基準を別途確立することが合理的であろう。

以上の考察から，中小企業版 IFRS 登場前の状況は次のように整理できよう。中小企業版会計基準の設定は英国流の会社法を備えた国・法域に特有の課題であり，そこでは，歴史的原価主義会計が中小企業の会計・財務報告に適した枠

図表 11－2　各中小企業版会計基準における金融商品の会計基準

基準名（国名）	会計処理	
	分類	測定方法
FRSSE（英国）	固定資産投資（paras.6.30-6.31）	(a) 原価 (b) 市場価値（ただし原価または原価との差額を貸借対照表または注記において表示）
	流動資産投資（para.8.1）	低価法（原価と正味実現可能価額）
SLASS（スリランカ）	長期投資（para.8.7）	(a) 原価 (b) 再評価額 (c) 市場性のある有価証券の場合低価法
	短期投資（para.8.5）	(a) 市場価値 (b) 低価法
SMEGA Level 2 (ISAR)	金融資産についての基準が存在しない	
SMEFR framework &FRS（香港）	長期投資（para.6.7）	減損累計額控除後の原価
	短期投資（para.6.7）	低価法（原価と正味実現可能価額）
PERS（マレーシア）	長期投資（para.46）	(a) 原価 (b) 再評価額 (c) 市場性のある有価証券の場合低価法
	短期投資（para.47）	(a) 市場価値 (b) 低価法
非公開企業会計基準（カナダ）	Section3856 para.12に定める以外のすべての金融商品（Section3856 para.11）	(a) 原価または償却原価 (b) ただし，公正価値による測定も容認されている（Section3856 para.13）
	活発な市場に上場された持分証券投資（Section3856 para.12） パラグラフ3856-12(b)に定める以外のデリバティブ契約（Section3856 para.12）	公正価値

（出所）　AcSB［2009］，ASB［2008］，HKICPA［2005］，ICASL［2003］，ISAR［2003］，MASB［2006a］をもとに筆者が作成。

組みとして認識されていた。

中小企業版 IFRS の公表と各国の対応

　そうした状況の中，2009 年に IASB から中小企業版 IFRS が公表された（その後 2012 年からの作業を経て 2015 年に改訂版が公表された）。中小企業版 IFRS では，公開草案の段階から，現行（当時）の IASB の概念フレームワークおよび既存の IFRS から基礎概念を抽出し，それらに基づき基準設定を行う方針（IASB [2007b]，para.BC66(a)）が示されていた。この方針は最終版においても変更されていない（IASB [2009b]，para.BC95）。

　同基準は，端的に言えば，公正価値測定を大幅に取り入れている点で，従来見られた中小企業版会計基準とは異質なものと言える。中小企業版 IFRS は 35 のセクションから構成されているが，そのうちセクション 2 が同基準の概念フレームワークに該当する。セクション 2 では，測定の基礎として歴史的原価と公正価値の 2 つを挙げている（IASB [2009a]，para.2.34）。さらにセクション 11 で定義する「基本的な金融商品」は，公開取引されている持分証券については公正価値，それ以外のものについては減損を除した償却原価（IASB [2009a]，para.2.47），セクション 12 に定める「その他の金融商品」は公正価値によって測定を行う（IASB [2009a]，para.2.48）ことを示している。一方，非金融資産は，当初認識後は歴史的原価で測定され，それ以降の測定については，各資産の測定規定に従い（IASB [2009a]，para.2.49），中でも関連会社およびジョイントベンチャーへの投資，投資不動産，ならびに農産物については公正価値測定が適用される（IASB [2009a]，para.2.50）。従来の基準と比べた場合，概念フレームワークにおいて公正価値概念が頻出する点だけをもってしても，中小企業版 IFRS の異質性がうかがえよう。

　IASB（www.ifrs.org/use-around-the-world/use-of-ifrs-standards-by-jurisdiction/#analysis）によれば，2017 年 12 月現在で中小企業版 IFRS の適用を強制または容認している国・法域は 85 に及んでいる。このうち「高所得経済（High-income Economies）」（一人当たり国民総所得が 12,236 米ドル以上）（World Bank 公式ウェブサイト参照）に属する国・法域は 18 であり，さらに経済協力開

発機構（Organization for Economic Co-operation and Development；OECD）のメンバーは5ヵ国（チリ，アイルランド，イスラエル，スイス，英国）にとどまっている。つまり，中小企業版 IFRS 採用国の多くは，いわゆる新興経済国と言える。

　その一方，先進諸国は中小企業版 IFRS に対して，むしろこれを拒む姿勢を見せている。とくに注目されるのは日米の動向である。特に日本は，中小企業版 IFRS 公表後，同基準を拒否する姿勢を明確に打ち出したといって良い。中小企業庁と金融庁によって設置された「中小企業の会計に関する検討会」から，2012年に『中小企業の会計に関する基本要領』が公表された。中小会計要領は「取得原価主義をベースに，『法人税法』や『企業会計原則』を尊重した会計ルール」（河﨑［2012］，7頁）であり，中小企業版 IFRS とは異なる特徴を持つ。また，企業会計審議会は，同年発表した『国際会計基準（IFRS）への対応のあり方についてのこれまでの議論（中間的論点整理）』において「中小企業等の会計については，IFRS の影響を受けないようにする」（企業会計審議会［2012］，9頁）方針を示し，さらに翌年に公表された『国際会計基準（IFRS）への対応のあり方に関する当面の方針』においても，『中間整理』における中小企業会計に関する方針について「引き続きこれを維持すべき」（企業会計審議会［2013］，4頁）とした（河﨑［2015］，262頁）。

　また米国では，アメリカ公認会計士協会（American Institute of Certified Public Accountants；AICPA）が 2013 年に『中小企業のための財務報告フレームワーク』なる文書を公表した。その特徴として，収益費用アプローチに基づき（河﨑［2014］，24頁；朱［2014］，98頁），歴史的原価測定を原則としている（朱［2014］，98頁）点が指摘されている。その意味で，米国も中小企業版 IFRS は受け入れない姿勢を示すと同時に，代替案として従前から各国で見られた中小企業会計の枠組みを選んだことになる。また欧州連合（European Union；EU）も，公開草案の段階から，中小企業版 IFRS に対し批判的な見解を示している（本田［2015］，58-59頁）。

　以上，中小企業版 IFRS については，新興経済諸国と先進諸国でその対応が大きく異なる。前者は同基準を全面的に受け入れる姿勢を示す国が多い一方，後者はこれを拒み，独自の基準・指針の設定を選択する傾向にあると言える。

新興経済諸国の中小企業版 IFRS への対応に関する疑問

　ところが，上述のような新興経済諸国の対応はいささか不可解なものと言える。というのは，中小企業版 IFRS の公開草案の段階で，新興経済諸国からのコメントの多くは批判的な内容であったからである。特筆すべきは，それらのコメントの 6 割超が，公正価値測定の導入に懸念を表明していた（平賀 [2009]，50 頁）ことである。

　これらの公正価値測定導入に関する批判は，次の 3 点に集約される（平賀 [2009], p.17）。

① 公正価値測定には多くの見積が必要であり，新興経済諸国はそうした見積を可能にする技術や知識に乏しい。公正価値測定を求める基準は新興経済諸国にとっては複雑すぎる。

② 新興経済諸国では，先進諸国に比べ市場が脆弱であり，信頼性のある公正価値を入手することが困難である。

③ 中小企業はほとんどが非公開企業であるため，その持分証券の所有は一部の者に限定され，売買される機会も少ない。ゆえに公正価値測定によってもたらされる情報の有用性は，公開企業と比べて非常に小さい。

2009 年に公表された最終版においても，公正価値が主要な測定基礎とされ，複数種の資産に公正価値測定が求められているのは前述の通りである。したがって，新興経済諸国からのコメントが最終版に反映されたとは言い難い。ところが，同基準が正式に公表されると，それを積極的に受け入れたのは，新興経済諸国であった。

　さらに不可解なのは，2012 年から開始された中小企業版 IFRS の改訂作業において，その内容を完全版 IFRS に接近させるような提案に，新興経済諸国からほとんど批判的な見解が示されなかったことである。IASB は，改訂作業の開始にあたり『情報の要請―中小企業版 IFRS の包括的レビュー (Request for Information –Comprehensive Review of the IFRS for SMEs)』を公表した。この文書には中小企業版 IFRS に対するコメントを募るための質問が示されているが，その前半（A パート）は，2009 年以降に行われた完全版 IFRS の改訂お

よび公表された新基準の内容を反映すべく，中小企業版 IFRS の改訂を行う必要の是非を問う選択回答式の質問から構成されている。後半（B パート）では，中小企業版 IFRS 全般に関しての自由回答式を含む質問が示されている。

平賀［2015］によれば，『情報の要請』のA パートの質問には，中小企業版 IFRS における公正価値測定適用の範囲の拡大に関する質問が4つ含まれている（平賀［2015］，21 頁）。そのうち，IFRS13 号『公正価値測定』の内容を，中小企業版 IFRS の金融資産・負債測定にも反映させることの是非を問う質問に対しては，賛否ほぼ五分に分かれたものの，有形固定資産や企業結合，およびその他の資産への公正価値測定の適用拡大に関しては，賛成が大勢を占めた（平賀［2015］，23 頁）。一方，パート B における質問のうち，中小企業版 IFRS の当該国内での適用上の問題点を問う質問の回答には，市場性のない資産および不活発な市場における公正価値決定の困難性，基準適用に当たっての専門知識の欠如や基準自体の複雑性，さらには中小企業版 IFRS の導入によって生じる，中小企業が伝統的に行ってきた会計からの転換に対する抵抗の存在を指摘するコメントが散見された（平賀［2015］，26 頁）。

こうしたコメントに鑑みれば，中小企業版 IFRS の適用上の問題（技術・知識の欠如や市場の脆弱性）は解決されていないにもかかわらず，同基準の採用だけが先行している状況が，新興経済諸国に見て取れる。すなわち，基準設定主体や会計規制団体は中小企業版 IFRS の採用を望む一方で，財務諸表の中小企業自体は，その採用に積極的ではない，もしくは伝統的な会計の維持を望む状況があるようにも考えられる。

このことを明らかにするため，次節においてマレーシアにおける中小企業版会計基準設定の経緯を取り上げる。マレーシアでは，その設定にあたり，これまで各国で観察されてきたすべてのタイプの基準が代替案として検討され，最終的に中小企業版 IFRS が採用されたという経緯がある。その議論の変遷を追うことは，新興経済国における各利害関係者の見解を探る上で，有効であると思われる。

中小企業版会計基準の設定―マレーシアを事例として

マレーシア会計基準審議会（MASB）は，2014年2月に『マレーシア非公開企業報告基準（Malaysian Private Entities Reporting Standards；MPERS）』を，いわゆる中小企業版会計基準として公表した。MASBによる中小企業会計基準の設定作業は，2006年に開始されて以来，完結に8年間を要した。その主な経緯を示したのが**図表11－3**である。

図表11－3 MASBによる中小企業会計基準設定の経緯

西暦	中小企業会計基準設定に関する動き
2005年以前	特定の要件を満たしたいわゆる中小企業に対し，一部会計基準の免除を認める
2006年2月	1965年会社法における非公開会を対象とした非公開会社報告基準（PERS）公表
2006年6月	PERS改訂のための公開草案52号（ED52）が公表される
2010年3月	PERS改訂のための公開草案72号（ED72）が公表される
2011年1月	公開草案74号（ED74）が公表される
2012年2月	『見解の募集』の公表により，中小企業会計基準のあり方についての見解が一般から募集される
2012年10月	MASBが中小企業会計基準についての審議継続を決定する
2013年3月	『非公開企業財務報告フレームワークのためのロードマップ』が公表される
2013年8月	公開草案77号（ED77）が公表される
2014年2月	ED77号が正式に『マレーシア非公開企業報告基準』（MPERS）として承認される

（出所）　MASB［2006b, 2010, 2011, 2013, 2014］をもとに筆者が作成。

MASBは2006年，1965年会社法の定める「非公開会社（Private Company）」を対象とした暫定基準として非公開企業報告基準（Private Entity Reporting Standards；PERS）を公表した。PERSは，端的に言えば，80・90年代に公表された"旧・国際会計基準（International Accounting Standards；IAS）"である。マレーシアでは70年代の終わりからIASを自国基準として承認し，適用してきた歴史がある。ゆえにPERSは中小企業を含む全企業にとって馴染み深い

基準であった。さらに旧 IAS は，原則として歴史的原価主義をベースとし，現行 IFRS に比べればその内容はシンプルである。この2点を理由に，MASB は旧 IAS を暫定的な中小企業版会計基準として選んだ（平賀［2007］，69頁）。

この4ヵ月後には新基準設定のために公開草案第52号（Exposure Draft No.52：ED52）が公表されたが，これも PERS 同様の歴史的原価主義会計をベースとした基準であり，中小企業が通常直面することの多い取引の処理を中心に編纂されている（平賀［2011b］，87-89頁）。

2007年，IASB から中小企業版 IFRS の草案が公表された。MASB は ED52 を承認する予定でいたが，中小企業版 IFRS のマレーシアへの適合性を検討するため，ED52 の承認を棚上げした（MASB［2012］，Appendix para.6）。一方で MASB は IASB に対しコメント・レターを送り，公正価値測定の範囲の限定や各種処理の簡素化を訴えている。またマレーシア会計士協会（Malaysian Institute of Accountants：MIA）も MASB と同様のコメント・レターを送付している。これらの内容は平賀［2011a］を参照されたいが，両者はいずれも歴史的原価主義に基づいた，シンプルな基準を中小企業会計基準として望んでいたことは間違いない。

2009年に中小企業版 IFRS が公表されたが，MASB や MIA がコメント・レターで要求した修正がその内容に反映されていたとは言い難い（平賀［2011b］，89頁）。それにもかかわらず，MASB は同基準をそのまま公開草案第72号（ED72）として公表し，その承認に向けたキャンペーンを展開した。このキャンペーンとは，MASB と MIA との共同開催による「非公開企業のための財務報告基準フォーラム」を指す。2010年4月21日にクアラルンプールで開催されたフォーラムに筆者も参加する機会を得た。そこでは，現行 PERS，ED52，ED72 のうち，いずれが最適の基準であるか，参加者の挙手による意見聴取が行われたが，多くの参加者が現行 PERS を支持し，ED52 は数名，ED72 を支持する者は皆無であった。

ED52 と 72 が併存する中，2011年1月に MASB は公開草案第74号（ED74）を公表した。ED74 は，いわゆる DR としての財務報告を一部の中小企業に容認することを提案する内容のドラフトである。ED52・72 に加え ED74 を公表したことは，MASB が，これまで中小企業会計に対して各国が試みたすべて

の代替案を，議論の俎上に載せたことを意味する。

2012年3月，MASBは『見解の募集（Request for Views）』を公表した。この文書は，これまで公表してきた公開草案について，再度コメントを募るための文書であった。その意味では，同文書の公表をもって基準設定の仕切り直しが図られたと言える。ただ，ED72の公表以来，MASBの基本的な姿勢は，中小企業版IFRS採用を志向するものであった。2013年には『非公開企業財務報告フレームワークのためのロードマップ（Roadmap for Private Entities Financial Reporting Framework）』が公表された。これは中小企業の財務報告のあり方についてコメントを求めるための文書であったが，その冒頭でMASBがED72の採用を予定していることが示された（MASB［2013］, para.2）。

さらに『ロードマップ』では，非公開企業を定量的な基準（年間売上高など）で中規模と小規模に分け，前者にはED72，後者にはPERSを適用する案を示しながらも，中規模・小規模のボーダー上の企業にとっては，業績によって適用基準が随時変わる可能性のある点で，同案が現実的ではないことを指摘している（MASB［2013］, pp.13-14）。このことは，英国が採用しているようなトリプル・スタンダード制の採用をMASBが暗に拒否したものであったとも言える。2013年8月には，ED72に4点の修正を加えた公開草案第77号（ED77）が公表され，翌年2月に承認された。ED77は最終的にMPERSとして，2016年度から非公開企業に対し適用される。

MASBは公開草案に対するコメントを一般に公表していないため，その内容を知ることはできない。とはいえ，基準公表に至るまでの経緯から次のことが指摘できよう。

① 人々は，当初暫定的に設定されたPERSを非公開企業に最適な基準と考えていた。

② MASBも歴史的原価主義に基づくシンプルな会計基準設定を当初は考えていた。

③ 中小企業版IFRSには，完全版IFRSが証券監督者国際機構（International al Organization of Securities Commissions ; IOSCO）やEUから与えられているようなバックグラウンドがなく，その採用を促す外的圧力は基本的に存在しない。にもかかわらず，中小企業版IFRSの公表を境に，MASB

の姿勢が急変し，その採用に固執した。

　以上の点は，前節で検討した，中小企業版 IFRS に対する新興経済諸国の一般的な反応・対応とほぼ一致している。その意味で，新興経済諸国における中小企業版 IFRS 採用の意義を考えるうえで，マレーシアは貴重な事例と言えよう。

中小企業版会計基準をめぐる疑問とその説明への新制度派社会学の援用

　以上，中小企業版会計基準の設定をめぐる国際的動向を概観してきたが，ここで2つの疑問が生じてくる。第1には，中小企業会計基準については，歴史的原価主義ベースでの設定が試みられてきた歴史があり，今日でも先進諸国はその方向を支持しているにも関わらず，なぜ IASB は完全版 IFRS と同じ枠組みを中小企業版会計基準にも適用するアプローチに固執するのかという疑問である。第2には，新興経済国ではその適用上の問題が指摘されるにも関わらず，なぜ中小企業版 IFRS を積極的に採用するのか，という疑問である。

　これらの疑問について，本章では新制度派社会学を枠組みとして説明を試みたい。新制度派社会学では，たとえば Tolbert and Zucker [1983] や Meyer et al. [1992] のように，ある制度が，後発の地域社会や国ほど，当該制度の必要性や制度成立のための環境条件に関わりなく，急速に普及していく様子が説明される。会計学の領域においても，Larson [1993]，Larson and Kenny [1995]，あるいは Chand [2005] など，新興経済諸国における IFRS の採用を，社会学的制度論の立場から説明する研究が発表されている。その意味で，新興経済圏における会計問題を論じる上で，新制度派社会学は有意義な枠組みを提供してくれる。中でも制度を国際的に論じるのに有効なのは Meyer が示す独自の世界観であろう。以下，その世界観を端的に論じた Meyer et al. [1987] を出発点とし，中小企業版 IFRS をめぐる上記の疑問を解明するのに必要な，新制度派社会学の理論や概念を論じる。

1 制度的ルールとそれがもたらす行為と行為者の循環性

Meyer et al. [1987] は，現代社会を，キリスト教に由来する西欧的な秩序が席巻し，それに基づく世界的な制度的神話に拘束されている世界として描写している。制度的神話とは，新制度派社会学の端緒となった Meyer and Rowan [1977] において早くも登場する概念であり，社会において自明の理として受け入れられているある種の信念と言える。他の文献では制度的ルール（institutional rules）と称されることも多い。Meyer et al. [1987] において，西洋社会の秩序の中核的な概念として論じられているのが，マックス・ヴェーバーが資本主義成立の源泉的要素として指摘する「合理化（rationalization）」である。

紙幅の都合上詳述は避けるが，制度的神話（あるいは制度的ルール）が人々（個人または集合体のいずれも）の行う行為を規定するだけでなく，行為を行う人々（行為者）のあり方も規定するという点に Meyer の理論の特徴が指摘できる。これを「個人（individual）」とその行為に当てはめれば説明すれば次の通りである。

ヴェーバーは『プロテスタンティズムの倫理と資本主義の精神』に代表される著作の中で，プロテスタンティズムに見られる個人主義に基づき，各個人が合理的な行動を取るようになったことが資本主義とその発展をもたらしたことを論じたが，Meyer はこれを片手落ちの説明として批判する（Meyer et al. [1987], p.26）。すなわち，個人は目的達成のために効率的な選択（合理的行動）を行う。すると，個人とは効率的選択者であるという認識が広まる。これは「個人＝効率的選択者」という制度的ルールが社会において成立することを意味する。ゆえに各個人はこの制度的ルールを取り入れ，自ら効率的選択を試みるようになる。そこには個人は合理的行動を取る存在であり，個人によって取られる行動が合理的行動であるという，ある種の循環論またはトートロジーが成立することになる。

2 資本主義社会における合理性の判断ツールとしての会計

Meyer が論じる制度の姿を先駆的に捉えたのが『プロテスタンティズムの

倫理と資本主義の精神』であった（上西［2014］, p.5）との指摘があるように，新制度派社会学のルーツはヴェーバーの社会学に求めることができよう。そのヴェーバーや同時代に活躍したヴェルナー・ゾンバルトの著作において興味深いのが，簿記の技術が合理化，ひいては資本主義の発展に大いに寄与したという指摘（ヴェーバー［1972］, p.19；木村［1949］, p.152）である。ゾンバルトの言葉を借りれば，簿記によって「明確な利潤が観念できるようになり，抽象的な利潤の観念は資本概念をはじめて可能ならしめ（中略）固定資本とか生産費の概念が生まれ，企業の合理化の道を準備した」（木村［1949］, p.152）と簿記の意義を評価する。

またゾンバルトは，資本主義社会において会計の役割を考える上で非常に興味深い示唆を残している。少々長くなるが，以下その部分を引用したい。

「資本主義は，そのもっとも内的な本質からすれば，抽象的である。なぜなら，そのなかでは，すべての質的なるものが，純粋に量的な交換価値との関係に基づいて消滅してしまうからである。それに資本主義のなかでは，多くの生彩のある技巧的な活動の代わりに，ただ一個の商人的な活動が登場し，多くの色彩に富む枝葉に分かれた関係が，ただ1つの純粋な業務関係によって置きかえられるからである。その後資本主義が，いかにすべての文化現象からその具体性をはぎとるべく努めているか，さらに資本主義が，いかに風俗，習慣の多様な状態や，すべての民族の色彩の豊かさを排除し，その代わりに，唯一の平均化されたコスモポリタン的都市組織をつくったかはよく知られている。」（ゾンバルト［1994］, p.428, 傍点は筆者による）」

上記の引用からは次の2点が指摘できる。1つには資本主義社会においては貨幣的価値がすべての判断基準となることであり，また1つにはその判断基準はあらゆる社会に（いわばグローバルに）画一的に普及していくことである。こうした考えは新制度派社会学にも受け継がれていると考えてよい。Meyer［1987］は，西洋化した今日の社会では，あらゆる行為の成功の度合いは貨幣的な価値の尺度によって評価可能であること（Meyer［1987］, pp.303-31）を指摘している。またその行為者（個人であれ，会社や国などの集合体であれ）の存在意義は，合理的な行動が価値の増大をもたらすという規範の中に内包される

(Meyer [1987], p.30) と述べている。

　貨幣的価値が唯一の尺度だとすれば，その価値を記録・計算するためのツールである簿記・会計は，ヴェーバーやゾンバルトが主張するように，資本主義成立・発展に不可欠の要因と言えよう。Meyer [1987] もまた，近代社会において「財務的・官僚的な記録（会計）」が継続的に行われ，それが膨大な量に及んでいることは，西洋化（すなわち合理化）のもたらした結果の1つである（Meyer [1987], p.30）と述べている点は注目に値する。

　以上の点に鑑みれば，現代社会とは，会計を判断ツールとして用いることで合理的な行動が可能となるという制度的ルールが確立され，それがグローバルに普及した社会と言えよう。

3　グローバルに画一化される会計

　さらに新制度派社会学が描く「社会の画一化」を敷衍して考えれば，会計もまた画一化の道を辿るであろうことは想像に難くない。しかも90年代以降，資本主義が市場志向のいっそう強いものに変容・画一化してきた経緯を考えれば，ツールたる会計にも同様の変化が生じよう。事実，今日の企業会計はIFRSというグローバルな1組の会計基準に依拠して行われる会計へと変貌しつつある。さらにIFRSの内容は，投資意思決定有用性目的に基づく公正価値測定という，いわば市場志向の会計に傾倒してきた。つまり，今日のグローバルな資本主義社会においては，市場志向のグローバルな単一基準たるIFRSに基づいて行われる会計が，人々に合理的行動をもたらすという制度的ルールが確立されていると考えることができる。

　個人や集合体が制度的ルールを取り入れることによって生じる画一化を，新制度派社会学では「同型化（isomorphism）」と呼ぶ。同型化は，すでにMeyer and Rowan [1977] において登場する，新制度派社会学理論における中核的な概念である。制度的ルールに従うことは，その者が社会において正統性（legitimacy）を持った存在として認識されるようになるということを意味する。ゆえに，人々は積極的に制度的ルールを自らの組織構造や行動原理に取り込んでいく。その結果すべての組織構造や行動は画一化していく。これが同型化である（Meyer and Rowan [1977], pp.347-352）。同型化を通じ，正統性を備えたと

認められた組織は，当該社会においてその存続に必要な資源を安定的に確保できるようになる（Meyer and Rowan [1977]，p.352）。

同型化の概念は，その後さまざまな論者によって精緻化されていくが，中でも DiMaggio and Powell [1983] は，同型化が生じる経路によって同型化を3タイプに類型化した点で特筆される。その1つが強制的同型化（coercive isomorphism）と呼ばれるもので，短言すれば，上位の組織や政府などの公的機関が行使する公式・非公式の圧力を受けた者が，それを受け入れた結果生じる同型化である（DiMaggio and Rowan [1983]，pp.151-152）。

強制的同型化は，本章がテーマとする新興経済国における IFRS 採用の問題を考える際には極めて重要な概念となる。新興経済国にとっては経済発展・成長が重要な課題であるが，これを達成する上で重要な手段の1つとなるのが，世界銀行による資金的・技術的援助であろう。世界銀行は，80 年代の終わりから，経済開発において民間部門開発を重視しており，特に金融部門の民営化・自由化にあたっては，会計基準と開示基準の適切性を重要な要素と位置づけている（世界銀行 [1992]，65-66 頁）。事実，世界銀行は融資の条件として IFRS の採用を借入国に求め，当該国がそれに応じる場合がある（Irvine [2008]，pp.132-133）。このような世界銀行の要請は，新興経済国にとっては圧力の一種であり，それを受け入れて各国が IFRS を採用し，各国基準が IFRS に収斂していけば，それは強制的同型化の一例として説明されよう。

また，この制度的ルールは個人のレベルでも作用すると考えられる。会計の行為者たる会計プロフェッションもまた制度的ルールに拘束され，IFRS に準拠した会計を自ら志向し，実践することになる。事実，Perera et al. [2003] や Irvine [2008] は，大手会計事務所をはじめとする会計プロフェッションが，クライアントに IFRS の適用を推奨している事実を指摘している。

Ⅶ　おわりに

前節で紹介した新制度派社会学の理論や概念を援用すれば，中小企業版 IFRS の採用をめぐる新興経済諸国の動向は次のように説明されよう。資本主義社会では，その発展に伴い会計というツールを用いることが合理的行動を可

能ならしめるという制度的ルールが確立されてきた。それをすべての社会が受け入れた結果，どの国や法域においても個人は会計という行為を行い，また国や法域も会計に関する制度を整備していった。

資本主義は元来，その中の機構や行動規範などが画一化していく性格を帯びており，会計という行為の内容にも画一化が生じていった。資本主義が新自由主義的な資本主義に移行していく中で，会計基準もその方向で画一化した。それは単一のグローバル基準であり，かつ市場志向型会計基準である IFRS として具現化する。IFRS が登場すると，IFRS に準拠して行われる会計が合理的行動をもたらすという制度的ルールが国際社会で確立されるようになった。その結果，国・法域のレベルでも，あるいは個人レベルでも IFRS が志向されるようになる。具体的には，多くの国が IFRS を採用し，会計プロフェッションは IFRS に準拠した実務を実施するようになっていった。

やがて中小企業を対象とした会計基準が別途模索されるようになれば，この制度的ルールは中小企業版会計基準にも取り入れられていく。基準設定に携わる会計プロフェッションは，中小企業に関する会計基準にも，投資意思決定有用性志向や公正価値測定といった特徴を取り込もうとする。その結果が完全版 IFRS であると考えれば，多くの反対にもかかわらず，IASB が完全版 IFRS と同じ概念的枠組みに準拠し中小企業版 IFRS を設定したことも説明がつく。

新興経済諸国において IFRS の採用は，自国の会計基準として IFRS を備えることが国際的金融機関からの開発融資を受けるに値する国としての正統性をもたらしてくれる。それゆえに，完全版 IFRS のみならず中小企業版 IFRS をも積極的に採用していく傾向が先進国に比べ強まっていく。かくして新興経済圏ほど，中小企業版 IFRS の採用が顕著となる。このような解釈によれば，これらの国々が，中小企業版 IFRS が公表後，それまでの態度を一変させ次々と採用に踏み切ったことも不思議ではない。

IFRS に向けた会計基準の国際的収斂あるいは IFRS の採用については，経済的効率性の観点からのみでは説明できない部分も多い。新興経済圏における中小企業版 IFRS の採用は，そのことを象徴するような問題と言える。会計の国際的な問題について考える際には，これを単にテクニカルな問題として捉えるのではなく，長期的な視点から世界の経済社会の変動を見据え，その中に会

計問題を位置づけるというスタンスが必要となるのではないだろうか。

本章では新制度派社会学の視座から中小企業会計に関する制度の説明を試みたが，他にもさまざまなアプローチによる説明が可能であろう。複雑化した現代社会において制度を論じるにあたっては，河野［2002］が指摘するように，その接近法についてオープンマインドな姿勢を持つこと（河野［2002］，28頁）が一層求められよう。

●参考文献

AARF［1990］, *Statement of Accounting Concepts SAC1 Definition of the Reporting Entity*, AARF.

ASB［2008］, *Financial Reporting Standard for Smaller Entities (Effective April 2008)*, ASB.

AcSB［2009］, *Accounting Standards for Private Enterprises*, AcSB, Canadian Instituite of Chartered Accountants, Toronto.

Chand, Parmod［2005］, "Convergence of Accounting Standards in the South Pacific Island Nations," *The journal of Pacific Studies*, Vol.28, No.2.

DiMaggio, P. J., & W. W. Powell［1983］, "The iron cage revisited: Institutional isomorphism and collective rationality in organizational fields," *American Sociological Review* Vol.48.

HKICPA［2005］, *Small and Medium-sized Entity Financial Reporting Framework and Financial Reporting Standard*, HKICPA.

IASB［2004］, *Discussion Paper Preliminary Views on Accounting Standards for Small and Medium-sized Entities*, IASB.

────［2007a］, *Exposure Draft of a Proposed IFRS for Small and Medium-sized Entities*, IASB.

────［2007b］, *Basis for Conclusions on Exposure Draft IFRS for Small and Medium-sized Entities*, IASB.

────［2009a］, *IFRS for Small and Medium-sized Entities*, IASB.

────［2009b］, *Basis for Conclusions IFRS for Small and Medium-sized Entities*, IASB.

────［2012］, Request for Information -Comprehensive Review of the IFRS for SMEs, IASB.

ICASL［2003］, *Sri Lanka Accounting Standard for Smaller Enterprises*, ICASL.

IFRS Foundation［2000］, *Constitution*, IASB.

Irvine, Helen [2008], "The Global Institutionalization of Financial Reporting: The Case of the United Arab Emirates," *Accounting Forum*, Vol.32, pp.125-142.

ISAR [2003], *Accounting and Financial Reporting Guidelines for Small and Medium-Sized Enterprises Level 2 Guidance*, United Nations Publication, Blue Ridge Summit.

Larson, Robert K. [1993], "International Accounting Standards and Economic Growth -An Empirical Investigation of their Relationship in Africa," *Research in Third World Accounting*, Vol.2.

Larson, Robert K. and Sara York Kenny [1995], "An Empirical Analysis of International Accounting Standards, Equity Market, and Economic Growth in Developing Countries," *Journal of International Financial Management and Accounting*, Vol.6, No.2.

MASB [1998], Discussion Paper No.1 A proposed Framework for Preparation and Presentation of Financial Statements, MASB, Kuala Lumpur.

―――― [2006a], *International Accounting Standard No.25 as Private Entities Reporting Standard*, MASB, Kuala Lumpur.

―――― [2006b], *Exposure Draft 52 Private Entity Reporting Standards*, MASB, Kuala Lumpur.

―――― [2010], *Exposure Draft 72 Financial Reporting Standard for Small and Medium-sized Entities*, MASB, Kuala Lumpur.

―――― [2011], *Exposure Draft 74 Amendments to Financial Reporting Standards arising from Reduced Disclosure Requirements*, MASB, Kuala Lumpur.

―――― [2012], *Request for Views*, MASB, Kuala Lumpur.

―――― [2013], *Roadmap for Private Entities Financial Reporting Framework*, MASB, Kuala Lumpur.

―――― [2014], *Malaysian Private Entities Reporting Standards*, MASB, Kuala Lumpur.

Meyer, J. W. and B. Rowan [1977], "Institutionalized organizations: Formal structure as myth and ceremony," *American Journal of Sociology*, Vol.83, No.2.

Meyer, John W., John Boli, and George M. Thomas [1987], "Ontology and Rationalization in the Western Cultural Account," *Institutional Structure - Constituting State, Society, and the Individual*, Sage Publications, Inc.

Meyer, John. W., Francisco O. Ramirez, and Yasemin N. Soysal [1992], "World Expansion of Mass Education, 1870-1980," *Sociology of Education*, Vol.65 (April).

Perera, Hector B., Asheq R. Rahman1 and Steven F. Cahan1 [2003], "Globalisation and the Major Accounting Firms," *Australian Accounting Review* Volume 13 Issue 29, pp.27-37.

Susela, Devi [2003], *A Framework for Differential Reporting*, Confederation of

Asian and Pacific Accountants, Kuala Lumpur.

Tolbert, P. S. and I. G. Zucker [1983], "Institutional Sources of Change in the Formal Structure of Organizations: The Diffusion of Civil Service Reform 1880-1935," *Administrative Science Quarterly.*

上西聡子［2014］「合理性の根拠としての制度——新制度派の礎となった業績に関する一考察」『経営学論集（九州産業大学）』第 24 巻第 3 号．

河﨑照行［2012］「日本における中小企業会計の現状と課題」『甲南会計研究』第 6 巻．

─────［2014］「米国 AICPA が，日本の「中小会計要領」に類似した会計ルールを公表─米国「中小企業のための財務報告フレームワーク」（FRF for SMEs）の概要」『TKC 会報』平成 26 年 1 月号．

─────［2015］「第 19 章　中小企業版 IFRS に対する日本の対応」河﨑照行編著『中小企業の会計制度──日本・欧米・アジア・オセアニアの分析』中央経済社．

企業会計審議会［2012］『国際会計基準（IFRS）への対応のあり方についてのこれまでの議論（中間的論点整理）』金融庁．

─────［2013］『国際会計基準（IFRS）への対応のあり方に関する当面の方針』金融庁．

木村元一［1949］『ゾムバルト「近代資本主義」』春秋社．

河野勝［2002］『社会科学の理論とモデル 12 制度』東京大学出版会．

朱愷雯［2014］「アメリカにおける中小企業会計のフレームワークに関する研究──AICPA の見解を中心として」『国際会計研究学会年報 2013 年度』第 1 号．

世界銀行［1992］『年次報告 1992』世界銀行．

ゾンバルト（岡崎次郎訳）［1942］『近世資本主義第一巻第一冊』生活社．

─────（岡崎次郎訳）［1943］『近世資本主義第一巻第二冊』生活社．

─────（金森誠也監修・訳・安藤勉訳）［1994］『ユダヤ人と経済生活』荒地出版社．

平賀正剛［2007］「マレーシアにみる発展途上国における会計基準の発展(2)」『経営学研究』第 16 巻第 3・4 号合併号．

─────［2009］「中小企業のための IFRS に関する一考察(2)──発展途上国からのコメント・レターの分析を中心に」『経営管理研究所紀要（愛知学院大学）』第 16 号．

─────［2011a］「マレーシアにおける中小企業版会計基準をめぐる動向」『国際会計研究学会「研究グループ報告」＜最終報告＞各国の中小企業版 IFRS の導入実態と課題』．

─────［2011b］「中小企業版会計基準設定をめぐる現状分析──国際的視点から」『経営学研究』第 21 巻第 1 号．

─────［2015］「中小企業版 IFRS に対する発展途上国の見解」『中小企業季報』2015 No.1．

広瀬義州［1997］「取得原価主義会計の存立基盤」『早稲田商学』第 373 号．

本田良巳［2015］「第 4 章　EU」河﨑照行編著『中小企業の会計制度──日本・欧米・アジア・オセアニアの分析』中央経済社．

マックス・ヴェーバー（大塚久雄・生松敬三訳）[1972]『宗教社会学論選』みすず書房。
――――（大塚久雄訳）[1989]『プロテスタンティズムの倫理と資本主義の精神』岩波書店。

(平賀　正剛)

第12章

日本の中小企業における自発的開示
―― テーマ分析による質的研究

I はじめに

　近年,世界の諸地域の会計基準設定主体において中小企業会計基準の設定や導入に関する議論が高まっている。例えば国際会計基準審議会(IASB)は中小企業版 IFRS (IFRS for SMEs)を公表しているが(IASB [2009]),ヨーロッパ諸国では多くの先行研究において導入のコスト・ベネフィットが活発に議論されている(Ceustermans and Breesch [2017]; Eierle and Helduser [2013]; Litjens et al. [2012]; Eierle and Haller [2009])。これらの研究の焦点は,中小企業による自発的な財務諸表の開示が,情報の非対称性を減少させ,資本コストの低減につながるか否かにある。しかし先行研究では未だ見解の一致がみられない状況である(Eierle and Helduser [2013]; Eierle and Haller [2009])。

　日本においても,同様の中小企業に関する自発的開示の問題が議論されている(櫛部 [2015]; 万代 [2012])。当該研究における問題の起点は,財務報告制度に関して,日本の中小企業には多くの選択肢が存在することにある。例えば,中小企業のために公表された会計基準が2つ存在する。「中小企業の会計に関する指針(中小指針)」と,「中小企業の会計に関する基本要領(中小会計要領)」である。株式市場に上場していない中小企業は,どちらかの会計基準を採用できる(Kawasaki et al. [2014])。中小指針は IFRS の概念フレーム・ワークに影響を受けて改正されるので財務報告には国際的比較可能性が反映されるのに対

して，中小会計要領を採用する企業はIFRSの影響を完全に遮断した財務諸表を作成できると言われている（河﨑 [2012]）。また中小企業であっても，上場企業が準拠を求められる企業会計基準（J-GAAP）や国際財務報告基準（IFRS）なども採用することが可能であると考えられる。更には，中小企業は上記した会計基準の遵守が必ずしも求められている訳ではないので，法的に求められる税務申告に必要な会計のみを選択適用することもできる。したがって，中小企業は財務諸表の作成に際して複数の会計基準から自発的に選択するという裁量を有しているといえる。

ところが先行研究では，日本の中小企業がどの会計基準を選択し，その選択にはどのような要因が影響を及ぼしているのかについて，限られた研究しか存在しない。諸外国も含め先行研究をみれば，それらのほぼ全てが特定要因の影響を統計的に調査した研究に過ぎない（Hope et al. [2017]；Fujibayashi et al. [2015]；Torchia and Calabro [2016]；Agyei-Mensha [2016]；Ho and Taylor [2013]）。例えばFujibayashi et al. [2015] は，日本の中小企業153社を調査し，会計上高い業績をあげた企業ほど課税所得を減らす目的で裁量的発生高を調整しやすい会計基準を採用する傾向にあることを突き止めた。この研究は日本の中小企業の自発的開示目的の会計基準選択をテーマとした最初の研究であったが，利益調整目的が中小企業の会計基準選択行動と相関関係にある点を統計的に論じたに過ぎず，多くの要因を包括的に扱ってはいなかった。

また菅原・姫 [2016] では，日本の税理士を対象として中小企業会計の選択適用に関する意見や意識を量的データと質的データの両側面から収集し当該問題を多面的に分析することを試みた。結果は，被験者の多数派は中小指針と中小会計要領を共存させるべきと主張し，その棲み分けの方法としては，上場意図の有無，企業規模，資金調達における優遇制度に対するニーズ，などの規準で区分するなどが示された。本研究は量的研究よりも多面的な分析結果を提供したが，中小指針と中小会計要領のみに対象を絞り，しかも税理士のみを被験者とした研究であったため，研究成果としては限定的であった。

上記の点を踏まえ，本研究では，中小企業が自発的な財務報告に際して採用する会計基準選択に影響を与える要因について，より包括的に調査することを目的とした。特に，会計基準の対象は2つの中小企業会計基準に加え，他の選

択肢も範囲に含めた。またデータ収集も税理士のみならず中小企業経営者も含めることにした。

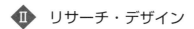 リサーチ・デザイン

1 テーマ分析を活用した探索的研究

本研究では，中小企業が財務諸表を自発的に開示する際の会計基準選択に影響を与える要因を分析するため，テーマ分析を用いた探索的研究を実施した。テーマ分析とはデータに潜むパターンをテーマとして特定，分析，報告する方法である（Braun & Clarke, 2006）。特に本研究では，特定の仮説を事前に用意せず，得られたデータの中から何らかの規則的関係や新たな研究仮説を発見するという方法を用いた（King &Horrocks［2010］；Braun and Clarke［2006］）。データ収集については，質的な半構造化インタビューにより探索的かつ自由記述型の質問を訪ねた。インタビュー・ガイドは，中小企業が会計基準を選択するときの詳細なプロセスを聞くための質問を中心にして作成し，インタビューの現場に持参した。対面式のインタビューは，税理士の被験者に対して約20－50分，また中小企業経営者の被験者には 40-60 分程度実施した（**図表 12 － 1**）。S1 と S4 を除いたインタビューでは会話を録音しトランクリプト化した。音声データを録音する許可が下りなかった S1 と S4 では，インタビューの最中および終了後に内容に関する詳細な記述をノートに記録した。

2 被験者

本研究の被験者は，日本の中小企業の最高経営責任者，会計・財務を主に担当する最高財務責任者と上級経営者，および，税務やコンサルティングに携わる税理士であった。税理士を被験者に含めた理由は，帝国データバンク［2013］の質問票調査によれば，中小企業の経営者の 65.8％がどのような会計基準を採用しているかを知らず，顧問税理士に多くを依存しているという結果を考慮したことによる。被験者のうち経営者は，業界，組織構造，企業規模，資金調達の必要性の有無などさまざまな企業環境の経営者の見解を把握するため，有意

図表12-1 被験者の人口統計量

Panel A：税理士

インタビューID	TA1	TA2	TA3	TA4	TA5
実施日時	2015年7月13日	2015年9月1日	2015年9月1日	2015年9月1日	2015年8月4日
インタビュー時間	28分	20分	43分	29分	48分
ポジション	所長(A)	従業員(B)	所長(C)	所長(D)	所長(E)
性別	男性	女性	男性	女性	男性
年齢	40代	30代	40代	40代	60代
クライアント数	50-100社	500-1000社	100-150社	50-100社	50-200社
業務経験	17年	10年	15年	19年	27年
規模（従業員数）	1-5	20-50	1-5	5-10	5-10
トランスクリプション有無	可	可	可	可	可
コードの数	56	38	51	58	47

Panel B：中小企業の経営者ほか

インタビューID	S1	S2	S3	S4	S5	S6	S7
被験者	最高経営責任者(F) 総務部長(G)	最高経営責任者(H) 顧問会計士(I)**	最高財務責任者(J) 財務部長(K)	最高経営責任者(L)	最高経営責任者(M) 財務部従業員(N)	最高経営責任者(O)	経営幹部(P)
実施日時	2016年9月3日	2016年2月18日	2016年8月8日	2016年8月9日	2016年8月8日	2016年8月9日	2016年8月9日
インタビュー時間	60分	47分	60分	40分	55分	50分	60分
業種	製造業	製造業	製造業	製造業	不動産業	広告事業	酒造業
企業構造	同族支配	同族支配	100％子会社	経営者支配	経営者支配	経営者支配	経営者支配
規模	大	小	大	中	中	零細	小
年間売上高（円/2015年）	330億	3.32億	176億	19億	6億	2.7億	3.5億
従業員数（2015年）	847	8	948	78	85	17	23
会計基準	税務申告のための会計	企業会計基準	企業会計基準	中小要領	中小要領	中小要領	税務申告のための会計
トランスクリプション有無	不可	可	可	不可	可	可	可
コードの数	10*	53	41	10*	45	10*	43

* インタビューの録音が許されなかったため，インタビュー中およびインタビュー後に記載したノートを元にコーディングを行なった。
** 被験者Iは日本公認会計士協会の会員（公認会計士）であった。

抽出法により選別した。税理士の被験者は，ポジション，職務経験の長さ，顧客数，年齢，性別，事務所規模，従業員数などを勘案して選んだ（図表12－1）。合計12のインタビューのうち，5つは税理士（TA1, TA2, TA3, TA4, TA5）で3人は最高財務経営者（S4, S6, S7）であり，インタビューは個人との対面形式で実施した。また，他の4つのインタビューは最高経営責任者，最高財務責任者，および他の従業員や顧問税理士を含めたグループ・インタビュー形式で実施した。

3 データ分析

データ分析の方法は King & Horrocks［2010］の方法を採用した。第1にインタビューのトランスクリプションを読み，各行ごとにコメントを付す記述コーディングを行った。次に記述コードをクラスター化し，クラスターの意味を解釈していく解釈コーディングを行った。最後に最終的に到達するテーマを定義づけた。最終的なテーマは解釈コードを構造的に組み立てていくことで特定した。上段の構造に進むほど抽象化する階層構造を解釈コード，サブ・テーマおよびテーマで構築し，最終的に主要なテーマと関連づけた。分析には Atlas.ti のソフトウエアを利用してコーディングを実施した。

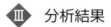

Ⅲ 分析結果

1 分析結果の概要

分析の結果，3つのテーマ（影響要因）が特定された。結果は**図表12－2**のとおりである。それらは，1) 会計を扱える能力，2) 資金調達の目的，3) 経営上の目的，であった。図表12－2には各テーマに集約された記述コード数も示した。

2 会計を扱える能力

当該要因は，外部の会計専門家から完全に独立的立場を維持する中小企業と専門家に依存する企業の2種類に区別される（**図表12－3**）。

図表12−2 中小企業の自発的開示のための会計基準選択への影響要因

図表12−3 会計を扱える能力の階層構造

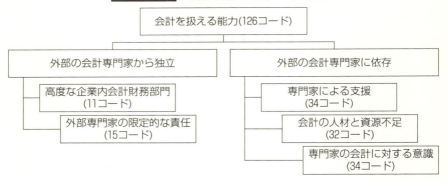

(1) 外部会計専門家から独立的な会計実務

　本研究の被験者によれば，外部会計専門家の影響を全く受けない企業は会計基準を自由に選択していると述べている。この種の会計の自由度はS1やS3のような規模の大きい中小企業に典型的にみられる。当該会社では財務や経理を担当する部署に会計能力の高い人材を擁していることが多い。財務諸表を作成できる人材を企業内に確保しているため，外部の会計専門家のアドバイスを実質的に受ける必要がない。この点についてはS3のKが以下のように述べている。

「…当社の場合は，税務申告も全てこちらで対応している。その最終的な確認ということで（見てもらうのが）税理士さん。個別の何か案件が出てきた時以外は，ほぼ独力でやっています。」

同様のコメントは他の被験者にもみられる（C, D, E）。したがって中小企業が会計基準選択の自由度を有するか否かは，まずは会計能力の高い正規従業員が企業内に存在するか否かに大きく依存している。

対照的に，高度な会計スキルを有した人材が存在しない中小企業でも，会計基準選択の裁量を確保することは可能である。例えば，情報技術（IT）を効果的に導入した会計システムを採用することで当該状況を実現しているケースが，インタビューした企業に観察できた。本研究におけるS5は，会社の会計部門に専属の常勤従業員を採用しておらず，代わりに3人のパート・スタッフしかいない。しかしIT化したシステムの活用で全社の会計取引を自動的に集約し，3人のパート・スタッフが定期的にデータを会計ソフトに入力することで財務諸表を完成させている。S5の代表取締役Mは次のように説明する。

「私たちの会社では，経理に手がかからないシステムの構築を目指しています。どの社員でも会計を担当できるシステムです。会計を担当する正社員をお金をかけて雇いたくはないし，税理士さんや専門家を外から雇い入れることもしてません…」

当該企業では規模が小さく会計に関わる経営資源が乏しいが，情報技術を導入し外部の会計専門家の支援が無くても高度な企業内会計部門を構築することができている。結果として，この企業は会計の裁量を維持できていると考えることができる。

(2) **外部会計専門家に依存した会計実務**

外部会計専門家に頼らない企業に比べ，専門家に大きく依存している企業は，会計基準の選択について異なる企業行動を採っている。インタビューによれば，この違いは主として経営者が会計の知識やスキルに対して自信がないことに起因することが示されていた。さらにこの類型に属する企業は，会計スキルを有する人材に乏しいうえに，企業内で育成する余裕もない。このため会計基準の

選択に関して特に外部会計専門家(顧問税理士など)に強く依存することになる。被験者 H はこの点について以下のように述べている。

> 「…会計士,税理士に,その…我が社に適した基準でやっていただいている。それ(採用している会計基準)が,なんであるかっていうことまでは,説明を求めたことがないのと,じゃ,違うのでやったらどうなりますかっていう,そういう切り口を持ったことがないですね。」

本来,会計基準の選択は中小企業の経営者らが行わねばならないが,インタビューでは,会計専門家が企業の顧問としてその選択に指示を出したり直接的に影響を及ぼす余地があることが明らかとなった。

本サブ・テーマに関わる最後の要因は,会計に対する会計専門家の意識である(図表12-3)。この要因は,中小企業の顧問の専門家には異なる2つのタイプがいるというものである。まず,発生主義会計は中小企業にとって相応しい会計であると信じるグループがいる。当該グループでは顧問の専門家が中小指針か中小会計要領のどちらかの適用を勧める。これに対して別のグループは,中小企業にとって発生主義会計は望ましくないと考えている。当該グループは,財務諸表が税務申告のための副産物であると信じており,彼らは中小企業に対して上記の2つの中小企業会計基準の適用を勧めるよりも,税務申告のための会計を選択すべきと提案する傾向にある。この対照的な見解について被験者のインタビューをみると,まず前者グループの見解としては,被験者Cのコメントがある。

> 「…車でも償却していく,その減価のスピードかどうかについては別にしてね,決められているルールによって償却でこう決算して,年々費用化していくということはやっていかないといけない。だから,税法に依拠しない形の新鮮な姿を改めて見ていこうと,経営者に対して寄っていく。そこらは1つのステップかなと。(中小会計要領が)指南するためのツールとして,非常に有効に,うちの事務所で今しているような形にするようにしてね。」

被験者の多くが同じような文脈の見解をインタビューでは述べていたが,逆に何人かの税理士は発生主義会計の効果に懐疑的であった。例えば被験者 E

の見解では，次のような発生主義会計に対する消極的な見解が述べられていた。

> 「…僕だったら，税法が中心なんで，あのう，税法にふれない範囲の中では，利益を操作します。頼んでくるわけですから，だから，そこそこ利益が出ているパターンが一番いいふうに考えているわけですよね。中小企業経営者で，税金を払い，そこそこの利益が出ているというパターンになっていくように，いろんなことを調整しながら，たとえば，2ヵ月ぐらい前から，調整してから入るという話で，だから，その，あまりこう正確な企業の業績を表すということには視点はいってない…」

このような会計に対する専門家の意識の違いは，中小企業会計に関する個人的な経験や知識などによって本質的に異なってくる。中小企業における発生主義会計を積極的に評価する被験者は，ある職業会計士団体の会員であり，当該団体の活動において中小会計要領を学ぶ機会が多く提供されていたようであった。これに対して別のグループでは，中小指針と中小会計要領を独立した会計基準として把握することすらできていない被験者なども見られた。結果として当該要因については，会計基準の選択は顧問である専門家の会計に対する態度や意識により影響を受けることが明らかとなった。換言すれば，会社が誰を会計専門家に選ぶかによって，会計基準の選択が決まることになるといえる。

3　資金調達の目的

(1)　資金調達が必要な企業

更にインタビュー・データの分析により，中小企業の資金調達の必要性が会計基準選択を左右する要因であることが明確となった（**図表12－4**）。

第1に，銀行から借入したい中小企業は，適正な損益計算の結果を示すことが借入可能性を高めると信じているので，いずれかの会計基準に準拠しなければいけないという強い動機を有していた（H, L, O）。この場合経営者は，税務申告のための会計よりも発生主義会計を採用し，財務報告の適正性をアピールするように努力する。課税所得を減らすように損益を操作するよりは，財務会計の視点から業績の適切な姿を表すというインセンティブが働く。このような見解は顧問税理士である被験者Aに見られた。

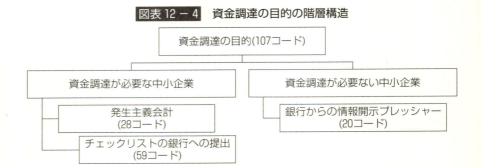

図表12－4　資金調達の目的の階層構造

「…銀行と中小企業の関係を考えると，自分のクライアントには税金を支払うように勧めるし特に留保利益を増やすようにしろと言っています。銀行は中小企業が申請すればいつもローンをさせてくれるかというとそうではありません。他の税理士がなんと言っているかわかりませんが，自分の顧客には毎年ちゃんと税金を払えと言っています。だって，会社は5年や10年と長期にわたって銀行と良い関係を持たないといけないので，そのためにもという感じです…」

 第2に，中小企業の会計基準選択には，チェックリスト制度の影響がある。チェックリストとは「中小企業の会計に関する指針の適用に関するチェックリスト」および「中小企業の会計に関する基本要領の適用に関するチェックリスト」の2つを意味する。前者は，日本税理士会連合会が中小企業の計算書類について，中小指針の適用状況を確認するための書類として作成したものである。特徴的な点は，チェックリストを利用して財務諸表が中小指針に準拠していることを中小企業が確認し銀行にチェックしたリストを提出した場合，口座手数料の割引や借入時の優遇金利の設定など，特別な便益を得られるというものである。また日本税理士会連合会は同様に「中小企業会計の適用に関するチェックリスト」を作成して公表している。これについては，金融庁および中小企業庁が，中小会計要領の利用を普及・促進する目的で，チェックリストの提出を条件に，銀行借入時の信用保証料を一定率割引する制度を行ってきた。2017年度からは各々の信用保証協会の独自の判断で実施することとなったが，現在でも多数の制度が実施されている。
 資金調達が必要な中小企業においては，これらのチェックリスト制度により

得られる便益を前提とした会計基準の選択が行われていることが明らかとなった。より正確に言えば，会計専門家がこの中小企業の判断に関して，会計顧問として深く関わっていることが示された。例えば被験者Bはこの点について以下のように述べている。

　「…融資の時に，保証協会（と契約）する時に，そのチェックリストを出すと，0.1％保証料が下がるので，そういう意味では，協会の融資の時は出している感じです。融資に関わって，大体初めての融資，協会付きの融資，ほとんど出している。やっぱりそれを出さなかったら金利が変わるだけなんで，という感じです。出した方が良いというところと，銀行から中小会計要領と中小指針と指定があったときに出しています。」

また，チェックリスト制度と会計基準の選択に関して，本研究のすべての税理士の被験者が，チェックリスト提出についての銀行の不適切な提出要求が，本来の会計基準選択を歪めているという意見を述べていた。例えば顧問会計士であるHは以下のとおり述べている。

　「…もともと会計士なので，適切な会計をやろうと思っているんですね。基本的には，いわゆる一般会計を適用しているつもりでいるんですが，ただそれ（銀行）が（チェックリスト提出要求を）出すんですね，当然中小会計要領とかですね。元からずっと上の基準で提供する気でいるのに，金融機関の方が，これ（中小会計要領のチェックリスト）を書いてくださいっていうわけですね。それで，じゃ，ま，近いところっていうと，（中小）指針ですかなっていうと，（銀行が）知らなくて，（中小会計）要領（のチェックリスト）をかいてもらわないと審査が通らないですって…。ええっ，一番低いレベル（じゃないかと驚いて。）…でも，とりあえず書いてくださいということになっちゃうんです。ま，当然（企業の会計は中小会計要領を）満たしているので書きますよ。実はそういうところなんですね。変な話で，彼らはそういう社内の制度が銀行協会との間で合意があるので，その（中小会計要領に基づく）言葉があれば，なんか通るからといって通っちゃうわけですね。…」

上記見解と同様に，何人かの被験者が中小企業会計に関する中小企業の理解度に問題があることを危惧していた。彼らは更に，チェックリスト制度によって影響を受けた誤った会計基準の選択により，企業の財政状態や経営成績の情

報の質が劣ってしまうと指摘していた。

(2) 資金調達の必要ない企業

逆に，資金調達の必要ない中小企業では，財務情報開示のプレッシャーはない。このような企業では財務諸表を作成するか否かは自由となる。というのも，当該企業は税務申告のための会計に準拠することだけが法的に求められるが，金融市場での資金調達を行なっていなければ財務報告は強制されない。これらの企業はいずれも限定された株主（同族や経営者）によって会社が所有されており，健全な財務体質により金融機関からの会計報告に対するプレッシャーは全くない状況であった。

4 経営上のゴール

本研究の分析では，中小企業の経営上のゴールというテーマが抽出され，そのテーマの下に，2つのサブ・テーマが構成された。2つのサブ・テーマは，1）企業成長の意図，および2）多様な利害関係者，であった（**図表12－5**）。

(1) 企業成長の意図

当該サブ・テーマに階層づけられる要因はさらに3つ抽出された（図表12－5）。第1に，海外での資金調達と活動が抽出された。一般的にビジネス活動の国際的展開は，海外の金融市場や金融機関から資金調達をすることで促進されると考えられる。また海外企業との取引を活発化するのもビジネスの国際的展開につながる。しかし被験者Dは，日本の中小企業において海外での活動拡大や資金調達実施の難しさを次のように説明している。

> 「今まで中国とかにちょっと前まで工場出しているとか，中国に出すことが結構あったんで，向こうにあわせて（財務諸表を）作り変えたりしました。(中略)…中国語がわからない（なりに），領収書なんですけど，それ大体合うようにして，…中国にいる日本の監査法人があるんですね。そういうところに助けてもらいながら，なんとかこう提示して，交渉する，とりあえず入り込むということ，保証することをやりましたけど，融資を受けるなんて，とんでもない話ですし」

図表12−5 経営上のゴールの階層構造

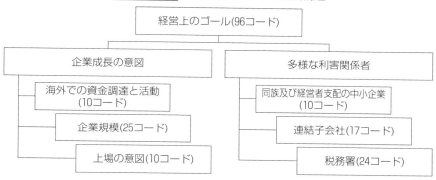

　本研究の多くの被験者が上記と同様に，海外子会社や海外支店の開設は日本からの直接投資（日本からの送金）で十分であると述べていた（被験者F，I，K，L，P）。したがってビジネスを国際的に積極展開したいという企業の意図により，特定の会計基準の選択につながるというような関連性は見出されなかった。

　第2の要因は中小企業の規模であった。当該要因に関しては，税理士の被験者は，中小企業の規模はその採用する会計基準の選択と強い関連性があると主張していた。彼らは，大きな企業ほど，より複雑な会計基準を採用する傾向にあると述べていた。これに対して，経営者の被験者は企業規模と会計基準の選択には相関関係がないと主張していた。規模の大きな中小企業であっても中小指針や中小会計要領を採用せず，税務申告のための会計のみを採用する企業が存在していたり（S1），規模が小さかったり零細企業であっても，上場企業が準拠を求められる企業会計基準に厳密に準拠している企業（S6）も存在した。これらのケースからも企業規模は会計基準の選択には関連性がないと解釈できた。

　第3の要因は株式上場の意図であった。この点についても税理士の被験者は，上場の意図のある中小企業は，将来の準備として，中小指針や企業会計基準などの複雑な会計基準を採用する傾向にあると考えているのに対して，経営者としては，ほとんどの企業が公開会社になりたいとそれほど思っていないことが明らかとなった。これは経営者が，上場を目指すと企業構造が複雑になることや，経営の自由度や裁量を失うことに恐れを抱いているからであった。被験者

のDはこれについて次のように述べている。

　「資金調達は中小企業の場合ですね。上場するところは，滅多にないですね。逆に上場できそうな勢いなのにされない。…（中略）だったら，私だけではなく，公認会計士もつけないといけないしという話をするんですけどそれはできればしたくないので，と言われるほうが多いので，みんなやっぱり（会計基準の選択は）お金というか資金調達なのかなというふうには，今のところ思っているんですけど。」

(2)　多様な利害関係者

　中小企業の経営上のゴールに関連するもう1つの重要なサブ・テーマとして多様な利害関係者の存在が抽出された（図表12－5）。例えば，中小企業でも大企業の連結子会社である場合，採用する会計基準には，親会社の影響が強く反映する。本研究においても，東京証券取引所第1部市場上場会社の100％完全子会社であるS3では，中小企業であっても親会社との会計上の一体性を重視して，企業会計基準を原則として採用しており，更にはIFRSへの移行準備を進めていると説明された。また経営者や同族によって支配された中小企業では，所有と経営の分離がなく，その結果，特定の会計基準に基づいた財務報告書が作成される必要性が存在しない。このような場合，中小企業では中小指針や中小会計要領は採用され難くなる。この点はEが以下のように述べている。

　「適正決算でないことは，もちろんわかるけど，適正決算って誰がどう見ている？見せる相手がいないですよ。適正決算だから，例えば中小企業だったら，投資家に適正決算を見せないといけない。投資家ってそんな（自社の株を社長である）自分が持っているわけじゃないですか。…（中略）…赤字の決算の場合は，企業は一番銀行向きます。税務署怖くないですから。プラスの決算のとき，反対になります。プラスの決算の時，税務署が怖い…。」

　中小企業が銀行から借入していた場合，銀行が主要な利害関係者となり，会計基準の選択に圧力が加わることになる。逆に借入していない場合には，企業の他の事情により自由に会計基準を選べる。S1は銀行借入がない上に同族企業のため他に影響力のある株主もいないので，規模の大きな企業にも関わらず

単に税務申告のための会計を採用し財務諸表は自主開示していなかった。他の企業には税務署が会計基準を選択する上で影響力のある利害関係者であると考えているところもあった（S2, S6, S7）。このような意見は特に経営者の被験者に多く，なぜなら彼らは効果的な会計戦略を適用することで節税効果を高めることができると考えていたからである。本研究では，すべての税理士の被験者は脱税については認めていないものの，何人かは節税効果を高める利益調整は認められると考えていた。

これまで見てきたように，企業には多様な利害関係者が存在し，会社ごとに誰のどんな利害関係の影響を大きく受けるのかが異なっていた。特に，各企業の資金調達のニーズと税務のバランスの中で具体的な会計基準が選択されているということが明らかとなった。

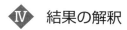 結果の解釈

1　専門家への依存と会計の自由度のトレード・オフ関係

これまで見てきたとおり，中小企業において会計実務を外部会計専門家に依存するか否かという点が，会計基準選択に影響を与える1つの大きな要因であることが明らかとなった。この結果は，企業内に専門能力を扱える人材や資源が乏しい場合に外部の専門家にアドバイスを求める傾向にあるという中小企業の先行研究に一致する（Bennett and Robson［2005］；Chrisman and McMullan［2004］；Robson and Bennett［2000］）。逆に，外部の会計専門家に頼らない企業は会計実務に自信を持つ会社である。また，小規模で資源や人材に乏しい中小企業でも，例えばクラウド技術を会計に応用し，高度な会計システムを構築するという現象が実務にも見られるようになってきている。先行研究では，クラウドの技術は少ない投資でライセンスや設備に関して大きな効果を得られるため，中小企業と大企業間のギャップを埋めることができると言われている（Quinn et al.［2014］；Ionescu and Prichici［2013］）。本研究は，このような先行研究の結果に関しても，実証的証拠を示したことになる。

2 発生主義会計と税務会計

本研究のデータ分析において，発生主義会計と税務会計の選択という論点が何度か取り上げられた。この2つの会計概念の対立がデータの中から抽出された理由は，日本の中小企業において財務会計と税務会計の間に内在する確定決算主義の逆基準性問題に，その原因があると解釈できる。先行研究では，経営者が支配する会社ではこの逆基準性により節税効果が高い会計基準を適用する傾向があることが示されてきた（Holthausen and Leftwich [1983]；Watts and Zimmerman [1986]）。しかし，近年の先行研究である Fujibayashi et al. [2015] によれば，日本の同族的中小企業を対象として実証研究を行った結果，高い業績をあげた中小企業は節税効果が高くなるように利益調整を行う傾向があるが，利益調整により銀行など資金の貸手との信頼関係を失ってしまいそうであれば利益調整しない傾向があることを発見した。本研究は，この Fujibayashi et al. [2015] の結果に整合しており，中小企業が発生主義会計と税務に親和性のある会計のどちらを採用するかは，資金調達の必要性の有無および主要な利害関係者が銀行か税務署かという点にあるということを明らかとした。

更に本研究では，顧問として経営に関わる会計専門家が，会計に対して如何なる意識や態度を有しているかという点も，会計基準の選択に大きく影響を与えることが明らかとなった。中小企業における会計基準の選択は，資本コストを低減させるという大企業に見られるような理由からではなく，顧問の会計士や税理士がどのようにアドバイスしたかという点が大きく影響を与えることが明らかとなった。

3 チェックリスト制度

チェックリスト制度も，会計基準選択に影響を与える重要な要因の1つであることが明らかとなった。特にこの要因の影響力は，企業が外部から資金調達をしている場合には顕著であった。この類型に属する企業は中小指針か中小会計要領を採用し，資金調達時の経済的便益を高める目的で行うケースが多かった。しかしこの行動は，いわゆるエージェンシー理論に裏付けられたものではなく，単にチェックリスト制度に基づいた優遇制度の影響による現象であった。

チェックリストの提出により情報の非対称性を解消するかもしれないが，制度が効果的に機能しているとは限らない。インタビューでは，銀行員は十分なスキームの知識を有しているとは言えず，会計基準の選択という観点からは混乱を引き起こしていると解釈できた。

4 成長の意図と現状維持

先行研究によれば，中小企業における国際比較可能性ある財務諸表を作成するための会計基準の選択は，海外の投資家や金融機関からの資金調達などの国境を越える活動（Eierle and Helduser［2013］；André et al.［2011］や海外への輸出活動（Kılıç et al.［2014］；Uyar and Güngörmüs［2013］；Eierle and Schultze［2013］）と相関関係があると言われてきた。しかし，本研究ではそのような国際的な活動による成長を望む日本の中小企業はほぼ存在しないことが明らかとなった。日本では中小指針が，IFRS の概念を組み込み，国際的比較可能性を財務諸表に付与するための会計基準であると考えられているが（河﨑［2012］），本研究の経営者の見解によれば，日本企業が海外の金融機関や金融市場から資金調達するニーズは限られており，海外での取引開始のために相手に財務諸表を使って信用保証する必要性もないことが明らかとなった。

また，会社の規模については，税理士の被験者は大きい中小企業ほど複雑な会計基準を採用すると考えていたが，中小企業経営者の被験者はこの関係は存在しないと考えていた。これまで多くの先行研究が企業規模と自発的開示の会計基準選択との関係を実証研究してきたが（Eierle and Helduser［2013］Albu et al.［2013］；André et al.［2012］；Litjents et al.［2012］；Eierle and Haller［2009］），結果は研究それぞれで異なり，統一した結論は出ていなかった。そのような中で本研究の結果は Eierle and Haller［2009］と整合しており，企業の規模は財務報告書の自発的開示の意図とは関係がないことがわかった。

成長の意図には，企業が非公開会社から公開会社へ移行するという会社の展望も含まれている。先行研究では，国際基準としての自発的開示基準への積極的な準拠は新興国でしばしば見られ，多くの中小企業が近い将来の上場を見据えて，一般企業が準拠するより複雑な会計基準や中小企業版 IFRS を採用する企業が存在することが示されている（Kılıç et al.［2014］；Uyar and Güngörmüs

[2013]）。本研究においても税理士の被験者は、将来に上場することを目論む日本の中小企業も、将来を見据えて、中小指針や企業会計基準など、より複雑な基準を採用すると予想するが、中小企業の経営者の被験者は、たとえ上場できる会社であっても経営の自由度を失う恐れがあるので現状維持したいという見解が多く、先行研究で報告されているような上場企業への移行を目的とした会計基準選択も見られなかった。

Ⅴ おわりに

　本研究では、中小企業が財務報告を自発的に行うに際して採用する会計基準の選択に影響を与える要因について、包括的に調査することを目的とした。結果として、先行研究では示されることがなかった主要な要因を特定することができた。中小企業は、1つの要因に大きく影響を受けて会計基準を選択しているというよりも、各企業が置かれた環境の中で複数の要因の影響を同時に受けながら最適解を選択していることが明らかとなった。

　本研究のインプリケーションは以下のとおりである。第1に、日本の中小企業にはグローバル・スタンダードとしての中小企業会計に対するニーズがほとんど存在しないことが判明した。したがって、IFRSの影響を受ける中小指針や中小企業版 IFRS は中小企業にとっては採用し難いものであると解釈できる。そうなると逆に中小会計要領は、中小企業のための会計として今後大きな役割を期待されると考えられる。第2に、先行研究には企業規模や企業成長の意図により適用する会計基準の棲み分けを図ろうとする見解がみられたが（Albu et al. [2013]；Hierle&Helduser [2013]；菅原・姫 [2016]）、本研究の被験者は、それらの棲み分け規準は中小企業にとって会計基準選択の影響要因とは考えられていなかったため、先行研究とは整合しない結果が示された。したがって本研究では、当該規準による会計基準選択の棲み分けは妥当でないと考える。

　本研究の限界としては、今回のサンプルの中に中小指針を採用している企業からのデータが含まれていなかったことが挙げられる。本研究では、税理士の被験者が中小指針を採用する企業をクライアントとしており、インタビューではその内容が反映されていたが、この点は本研究の限界である。この点を含む

問題点は将来の研究に反映させたい。

●参考文献

Agyei-Mensah, B. K. [2016], "Internal control information disclosure and corporate governance: evidence from an emerging market", *Corporate Governance*, Vol.16, No.1, pp.79-95.

Albu, C. N., N. Albbu and M. M. Gîrbina̅ [2013], "Accounting for SMEs – How Important is Size in Choosing between Global and Local Standards?" *International Journal of Social, Behavioral, Educational, Economic and Management Engineering*, Vol.7, No.4, pp.441-445.

André, P., P.J. Walton, and D. Yang [2012], "Voluntary adoption of IFRS: A study of determinants for UK unlisted firms". *Available at SSRN 1978986*.

Bennett R. J. and P. J. A. Robson [2015] "The Advisor-SME Client Relationship: Impact, Satisfaction and Commitment," *Small Business Economics*, Vol.25, No.1, pp.255-271.

Braun, V. and V. Clarke [2006], "Using thematic analysis in psychology," *Qualitative Research in Psychology*, Vol.3, No.2, pp.77-101.

Ceustermans, S. and D. Breesch [2017], "Determinants of Voluntary Disclosure of Sales in Small Private Companies in Belgium," *Journal of International Financial Management and Accounting*, Vol.28, No.2, pp.172-204.

Chrisman, J. J., E. MaMullan and J. Hall [2005], "The influence of guided preparation on the long-term performance of new ventures," *Journal of Business Venturing*, Vol.20, No.6, pp.769-791.

Eierle, B. and A. Haller [2009], "Does Size Influence the Suitability of the IFRS for Small and Medium-Sized Entities? – Empirical Evidence from Germany," *Accounting in Europe*, Vol.6, No.2, pp.195-230.

Eierle, B., and Helduser, C. [2013], "What drives SMEs need to provide internationally comparable accounting information? Empirical evidence from Germany" working paper.

Eierle, B., and Schultze, W. [2013], "The role of management as a user of accounting information: implications for standard setting," *Journal of Accounting and management Information Systems Forthcoming* (Available at SSRN: https://ssrn.com/abstract=1130162).

Fujibayashi, M., H. Kojima and M. Tsuji [2015], "Financial Reporting Quality of Family-Controlled Small and Medium-Sized Entities: A Japanese Case Study," *Academy of Accounting and Financial Studies Journal*, Vol.19, No.3, pp.87-102.

Ho, P. L. and G. Taylor [2013], "Corporate governance and different types of voluntary disclosure: evidence from Malaysian listed firms," *Pacific Accounting Review*, Vol.25, No.1, pp.4-29.

Holthausen, R. W. and R. W. Leftwich [1983], "The economic consequences of accounting choice: Implications of costly contracting and monitoring," *Journal of Accounting and Economics*, Vol.5, No.2, pp.77-117.

Hope, O.K., W. B. Thomas and D. Vyas [2017], "Stakeholder Demand for Accounting Quality and Economic Usefulness of Accounting in U.S. Private Firms," *Journal of Accounting and Public Policy*, Vol.36, No.1, pp.1-13.

International Accounting Standard Board [2009], *International Financial Reporting Standard for Small and Medium-Sized Entities*, London: IASB.

Ionescu, B. S. and C. Prichici [2013], "Potential Beneficiaries of Cloud Accounting Technology: Small or Large Companies?" *Change and Leadership*, No.17, pp.282-292.

Kawasaki T., T. Sakamoto and O. Chubb [2014], *General Accounting Standard for Small- and Medium- Sized Entities in Japan*, Tokyo: Wiley Publishing Japan K.K.

Kilic, M., A. Uyar and B. Ataman [2014], "Preparedness for and perception of IFRS for SMEs: evidence from Turkey," *Accounting and Management Information Systems*, Vol.13, No.3, pp.492-519.

King N. and C. Horrocks, [2010], *Interviews in Qualitative Research*, London: Sage Publications Ltd.

Kushibe, S. [2015], "Usability and future applicability of The Basic Guidance of Accounting for SMEs in Japan," *Journal of Accounting Research for Small- and Medium-sized Entities (SMEs)*, Vol.1, No.1, pp.16-27.

Litjens, R., S. Bissessur, H. Langendijk and R. Vergoossen [2012], "How Do Preparers Perceive Costs and Benefits of IFRS for SMEs?" Empirical Evidence from the Netherlands, *Accounting in Europe*, No.9, pp.227-250.

Quinn, M., E. Strauβ, and G. Kristandl [2014], "The effects of cloud technology on management accounting and decision-making," *Financial Management*, August, pp.54-55.

Robson, P. J. A. and R. J. Bennett [2001], "SME Growth: The Relationship with Business Advice and External Collaboration," *Small Business Economics*, Vol.15, No.3, pp.193-208.

Torchia, M. and A. Calabro [2016], "Board of directors and financial transparency and disclosure: Evidence from Italy," *Corporate Governance*, Vol.16, No.3, pp.593-608.

Uyar A. and A. H. Güngörmüs [2013], "Receptions and knowledge of accounting professionals on IFRS for SMEs: Evidence from Turkey," *Research in Accounting*

Regulation, Vol.25, No.1, pp.77-87.
Watts, R. L. and J. L. Zimmerman [1986], *Positive accounting theory*, Englewood Cliffs, NJ: Prentice-Hall.
河﨑照行 [2012]「日本における中小企業会計の現状と課題」『甲南会計研究』第 6 巻, 1-10 頁。
櫛部幸子 [2015]「我が国における「中小会計要領」の有用性と今後の適用可能性」『中小企業会計研究』第 1 巻, 16-27 頁。
菅原智・姫艷彦 [2016]「日本の中小企業会計の選択適用に関する税理士の意識調査」『會計』第 190 巻第 2 号, 222-110 頁。
帝国データバンク [2013]『平成 24 年度中小企業における会計の実態調査事業報告書』中小企業庁。
万代勝信 [2012]「中小会計要領」と「中小会計指針」の棲み分けの必要性」『企業会計』第 64 巻第 10 号, 32-39 頁。

(菅原　智・角ヶ谷　典幸)

監査制度のパラダイム転換

第13章　情報技術の進展と監査制度の標準化
第14章　XBRLと監査データ標準（ADS）
第15章　米国における特別目的の財務諸表に
　　　　対する監査

第 13 章

情報技術の進展と監査制度の標準化

 はじめに

　近年,財務諸表監査(会計監査)制度の変化にはめまぐるしいものがある。監査制度の変化は,監査基準の国際標準化および監査規制の国際標準化として整理できる。その背景には,監査をめぐる次のような環境変化が指摘できる。1つは,本書の基本認識である経済社会のダイナミズム,すなわち(1)経済基盤の変化(企業活動・資金調達活動のグローバル化),(2)市場経済の変化(ファイナンス型市場経済への重点移動とナレッジ型市場経済への移行),および(3)アカウンタビリティーに対する認識の変化(ステークホルダーに対する説明責任の強調)である。もう1つは,国内外の粉飾決算事件を契機とする開示情報の信頼性確保に対する社会からの期待または圧力の高まりである。このような監査をめぐる制度・環境のダイナミズムに対応したパラダイム転換を踏まえて,本章では,監査基準の国際標準化,監査規制の国際標準化に続く第3の標準化の可能性として,情報技術(以下 IT)を利用した会計情報システムの発展と普及を背景とした監査制度の標準化,とりわけ監査データの標準化の意義について考察する。

　日本でもすでに,企業情報開示の電子化,標準化は相当に進展している。2004年6月より各財務局に提出される報告書は原則として「金融商品取引法に基づく有価証券報告書等の開示書類に関する電子開示システム (Electronic Disclosure for Investor's Network; 以下 EDINET, http://disclosure.edinet-fsa.go.

jp/）による電子提出が義務づけられ，紙面による提出はもはやできなくなった。2008年4月以後開始する事業年度からは，EDINETにおけるXBRL（eXtensible Business Reporting Language）での提出も開始された。米国証券取引委員会（Securities and Exchange Commission）の運営するEDGAR（Electronic Data Gathering, Analysis, and Retrieval）システムにおいても提出書類のフォーマットがXBRL化されており，会計システムのアウトプットとしての財務諸表データについては，XBRLというコンピュータ言語を軸に世界規模での標準化が進みつつある。

　一方で，監査手続の有効性と効率性を高めるためコンピュータ利用監査技法（Computer Assisted Audit Techniques；以下CAAT）が，情報技術の進展とともに発達してきた。それを実際に行うためのデータ監査ツールについては，ACL AnalyticsやIDEAなどのソフトウェアが独占的に普及し，デファクトスタンダードとしてある程度の共通化は進んでいたといえる。しかしながら，ツールに読み込む際の会計データのフォーマットについては，厳密な定義はなされてはおらず，実際にデータ監査ツールに会計データを取り込むには，それなりのノウハウが必要であり，監査用の会計データのフォーマットの統一化・標準化が求められていた。

　このような中で，2013年8月に米国公認会計士協会（American Institute of Certified Public Accountants；以下AICPA）の保証業務執行委員会（Assurance Service Executive Committee；以下ASEC）より，監査データ標準（Audit Data Standards；以下ADS）が公表されたことにより，監査制度の標準化の流れは監査データの標準化という新たなフェーズに入ったことになる。

　本章では，監査制度の標準化という流れの中で，監査データの標準化がなぜ必要とされたのか，いかなる意義を持つのか，監査実務に対していかなる影響があるのか等について，歴史的な背景を含めながら考察することにしたい。

監査制度の標準化の流れ

　冒頭でも述べたように，監査制度の国際的な標準化には，これまで監査基準の国際標準化と監査規制の国際標準化の2つの流れを識別することができる。

また第3の流れとして，監査データの標準化が識別されるようになっている。以下，これら3つの監査制度の標準化の流れの概要を整理することとしたい。

1　監査基準の標準化

　監査基準の国際標準化については，わが国を例にとれば，国際監査基準（International Standards on Auditing；以下 ISA）とわが国の監査規範との調整作業が大きく進展している。主に，2002年以降は，企業会計審議会が公表する「監査基準」の改訂に当たって，ISA の改正動向が大きなウェイトを占めるようになってきている。また，日本公認会計士協会（以下，会計士協会）は，国際監査・保証基準審議会（International Auditing and Assurance Standards Board；以下 IAASB）が公表する監査基準委員会報告書は，ISA の翻訳を一部修正したものとなっている。

　最近でも，IAASB とアメリカ公開会社監督機関（Public Company Accounting Oversight Board；PCAOB）によって，財務諸表利用者の情報ニーズに応えるために監査報告書を拡張する検討が行われ[1]，わが国でも，2018年7月に「監査基準」が改正された。

2　監査規制の標準化

　監査規制の国際標準化については，わが国では，2003年の公認会計士法改正により，2004年4月から，監査人の独立性に関する規制が強化されるとともに，従来から自主規制として実施されていた会計士協会による品質管理レビューが法定化されるとともに，同改正によって新設された公認会計士・監査審査会による審査・検査が開始され，監査事務所に対する監視・監督体制が整備された。これらの制度改正は，アメリカのいわゆるサーベンス・オクスリー法の影響を強く受けており，具体的には，監査担当パートナーの定期的交代，特定の非監査業務につき監査業務との同時提供の禁止，監査監督機関の設置，等の対応がなされてきた。

　また，EU は，リーマン・ショックの発生を契機として EU 監査市場の改革に着手し，数年にわたる議論を経て，2014年に法定監査指令（EU［2014a］）と法定監査規則（EU［2014b］）を成立させた。この結果として，社会的に影響度

の高い事業体（Public Interest Entities）の監査人について，業務報酬の制限，非監査業務の制限，監査事務所の強制的ローテーション制度の導入，欧州監査人監督機関委員会の創設などの改革が実施された。

また，グローバルにも，2006年に独立監査監督機関国際フォーラム（International Forum of Independent Audit Regulators：IFIAR）が設立され，2012年度からは加盟国・地域の監査監督機関による検査結果を分析した報告書を公表してきている。同フォーラムは，2018年4月からは東京に常設事務局を設置し，監査規制のグローバルな調整および協働を図ることが目途とされているのである。

このように，2000年代に入って，従来，それぞれの国や地域によってバラバラであった監査規制についても，標準化が一気に進められてきている。

3 監査データの標準化

近年，監査においては，内部統制の整備・運用状況の把握，リスク評価手続，およびリスク対応手続において，分析的手続の重要性が増しており，会計システムのアウトプットである財務諸表データ以上に，インプットである仕訳データあるいはその結果としての総勘定元帳データを扱わなければならない状況が増しているといえる。

これらのデータは，いわゆるデータ監査ツールと呼ばれるソフトウェアに読み込まれるが，会計情報システムのデータは各システム独自のバイナリ形式のデータであり，直接それらのデータを扱うことは極めて困難である。そのため会計データを抽出する際には，CSVのようなテキスト形式のデータに変換する必要があったが，項目名の不統一などにより扱いづらい部分が多々あり，会計データのハンドリングについてはいわば特殊なスキルが必要な状態であった。またCSV形式は扱いが楽な反面，データのインテグリティ（完全性）の点からは極めて不完全なものであり，データ中に不用意にカンマが混入するだけでデータの整合性はあっという間に崩れてしまうという脆弱な一面も持っている。このため，必ずしもコンピュータに精通していなくても安全で確実に会計データをハンドルできるようなデータ形式の標準化が課題となっていた。

AICPAのASECは，2013年8月にADSに関する3つのステートメントを

立て続けに公表し、この問題への積極的な対応を行っている（AICPA [2013a, b, c]）。この ADS は 2015 年 7 月に改訂版として 4 つのステートメントが公表されており（AICPA [2015a, b, c, d]）、今後はこの ADS に準拠したデータ形式で会計情報システムからはき出されるデータの標準化が進むものと思われる。

　以上のように監査制度の標準化について、監査基準、監査規制、そして監査データという 3 つの流れについて概観したが、最後の監査データの標準化がなぜ必要とされるに至ったのかを理解するためには、情報技術が財務諸表監査に及ぼしてきた影響について検討する必要があるだろう。そこで次節において、この問題を概観することにしたい。

情報技術が財務諸表監査に及ぼす影響

　AICPA が 1966 年に設置した電子データ処理（Electronic Data Processing；以下 EDP）監査専門部会の研究成果である Davis [1968, p.2] によれば、アメリカにおいて採算的に利用可能なコンピュータがビジネス用に最初に設置されたのは 1954 年であり、広く利用され始めたのは 1960 年代初め頃からである。同書では、IT が監査に及ぼす影響として、(1) EDP システムの内部統制の評価と (2) EDP システムによって生成された記録の信頼性が指摘されている。また、Boutell [1965, chapter 5] によれば、1950 年代後半から、会計処理への EDP システムの利用が監査に及ぼす影響が考察されるようになり、主要な論点として、(1)監査証跡の確保、(2) EDP システムの内部統制、および(3)コンピュータを利用した監査が指摘されている。

　IT が財務諸表監査に及ぼす影響に関するこれらの指摘はきわめて本質的なものであり、以下では、IT の影響を、(1)内部統制の調査と評価、(2)監査手続と監査証拠、および(3)コンピュータ利用監査技法の観点から整理する。

1　内部統制の調査と評価

　IT の影響に初めて言及したアメリカの監査基準は、AICPA が 1972 年に公表した監査手続書（Statement on Auditing Procedure；以下 SAP）第 54 号「監査人による内部統制の調査と評価」（AICPA [1972a]）である。SAP 第 54 号は、

監査人が調査・評価しなければならない会計統制（accounting control）の定義とそれに関連する基礎概念は，用いられるデータ処理の方法とは無関係であるが，会計統制の目的を達成するために必要な組織と手続は，手作業によるシステム，機械式システム，およびEDPシステムなどのデータ処理の方法に影響されることがある（para.33）と説明し[2]，データ処理方法が内部統制に及ぼす影響を認識している。この説明は，監査基準書（Statement on Auditing Standards；以下SAS）第1号（AICPA [1972b]）にそのまま引き継がれた[3]。

次に，1974年に公表されたSAS第3号「監査人による内部統制の調査と評価に対するEDPの影響」（AICPA [1974]）は，上述のSAP第54号（すなわちSAS第1号）の規定を受けて，EDPが内部会計統制に及ぼす影響と内部統制の調査と評価に及ぼす影響を考慮した指針を示している。1977年には，AICPAのコンピュータ・サービス執行委員会より「監査人によるEDPシステム内部統制の調査と評価」（AICPA [1977]）が公表された。同書は，コンピュータ環境下における内部統制の調査と評価について論じた重要な実務指針と位置づけられる。

さらに，1992年には，SAS第70号「サービス機関による取引処理に関する報告」（AICPA 1992）が公表され，外部のサービス機関が提供する業務とそれらに対する内部統制が，被監査会社の会計情報システムの一部を構成している場合の考慮事項を示した。SAS第70号は，1999年にSAS第88号（AICPA [1999]）により改訂されている。

現在では，SAS第109号「企業および企業環境の理解ならびに重要な虚偽表示リスクの識別と評価」（AICPA [2006b], paras.57-63）において，ITが内部統制に及ぼす影響が説明されている。上場会社の監査については[4]，PCAOB監査基準第5号「財務諸表監査と統合的に実施される財務報告内部統制の監査」（PCAOB [2007]）および同第12号「重要な虚偽表示リスクの識別と評価」（PCAOB [2010], APPENDIX B）に同様の言及がある。

2　監査証拠と監査手続

1984年にSAS第48号「コンピュータ処理が財務諸表の監査に及ぼす影響」（AICPA [1984]）が公表された。同SASは，コンピュータ処理が財務諸表監査

に及ぼす影響に関連する指針を従来から存在する他の指針と統合することを意図しており，SAS第3号は廃止された。つまり，この時点で，コンピュータによるデータ処理は，財務諸表監査における特別な考慮事項ではなく，一般的な考慮事項として位置づけられることとなった。

　例えば，監査計画については，「監査人は，監査の計画にあたって，被監査会社が会計情報の処理に用いる方法を検討すべきである。会計情報の処理に用いる方法は，会計システムの仕様と内部会計統制手続の性質に影響する。重要な会計適用業務（accounting application）にコンピュータ処理が用いられる程度は，その処理の複雑性とともに，監査手続の種類，時期，および範囲に影響することがある。」（AU Section 311.09）と指摘されている。また，監査手続については，「監査人の特定の監査要点は，会計データが手作業によって処理されているか，コンピュータによって処理されているかによっては変化しない。しかし，監査証拠を収集するための監査手続の適用方法は，データ処理の方法に影響される。監査人は，十分かつ適切な証拠資料を入手するために，手作業による監査手続，コンピュータ利用監査技法，または両者の組み合わせを用いることができる。」（Au Section 326.12）と指摘されている。

　また監査証拠に関しては，1996年に，SAS第80号「SAS第31号監査証拠の改訂」（AICPA［1996］）が公表されている。この改訂により，会計データはしばしば電子的形式をとること（para.16），確証的証拠は文書情報と電子的情報の両方を含むこと（para.17），企業によっては，会計データおよび確証的証拠は電子的形式でのみ入手可能であること（para.18）が明確に指摘された。このことは近年，電子的監査証拠（Electronic Audit Evidence）の問題として議論されている[5]。また，コンピュータやその他のITの利用が増加しており，多くの企業では重要な情報を電子的に処理していることから，監査人がITを利用せずに監査手続を実施することは難しいか不可能であると指摘している（para.12）。さらに，重要な情報が電子的に伝達，処理，維持，またはアクセスされる会社では，監査人は，1つまたは複数の経営者の主張について実証テストのみを実施することにより発見リスクを許容水準まで減少させることは，現実的ではないか不可能であると判断することもあると指摘している（para.14）。

　現在では，例えばSAS第109号（AICPA［2006b］）において，被監査会社

がITを利用して高度に自動化された事業活動を行っており，取引に関する書類が作成されていないか，ITシステム外では保持されていない場合，関連するアサーションについて十分かつ適切な監査証拠を入手するための有効な実証手続を計画することができない場合があると指摘されている（paras. 119 and 120）。なお，上場会社の監査に適用されるPCAOB監査基準のうち，監査計画（第9号），監査証拠（第15号）あるいはリスク対応手続（第13号）には，ITが監査に及ぼす影響についての特段の言及はない。

3 コンピュータ利用監査技法

　会計データの処理にEDPシステムが採用され，EDPシステム特有の内部統制が整備・運用されている場合には，監査手続の実施にあたって監査人自身がコンピュータを利用することが必要不可欠となる場合がある。コンピュータを利用した監査手続については，先述のBoutell［1965］やDavis［1968］のようなEDP監査に関する初期の文献においても言及されているが，コンピュータ利用監査技法（Computer Assisted Auditing Techniques；以下CAAT）[6]に焦点を合わせて体系的に論じた最初の文献は，1979年にAICPAから監査・会計実務指針として公表された「コンピュータ利用監査技法」（AICPA［1979］）であろう。同書では，被監査会社が会計データの処理にEDPシステムを採用している場合に監査人が利用可能な監査技術として，汎用監査ソフトウェア，テスト・データ法，総合テスト法，プログラム・コード・レビュー法などが解説されている。

　現在では，SAS第106号「監査証拠」（AICPA［2006a］）において，「情報が電子的形式をとっている場合，監査人は，再計算，リパフォーマンス，分析的手続のような監査手続をCAATによって実施することがある。」（para. 26）と記述され，また，SAS第110号「評価したリスクに対応する監査手続の実施と収集した監査証拠の評価」（AICPA［2006c］）の付録において，実証手続への適用が具体的に例示されている。上場会社の監査に適用されるPCAOB監査基準では，第13号「重要な虚偽表示のリスクへの監査人の対応」（PCAOB［2010］, para.14）において，不正リスクへの対応の方策としての利用が述べられている。

ITシステムで生成，処理，保存されるデータを監査人がコンピュータを利用して読み込み，分析するCAATは，企業におけるITの利用の変化やITの進展に応じて発達してきた。アメリカにおける代表的な監査論テキストの1つであるArens *et al.*[2012, Chapter 12]では，以下のCAATおよびその適用が説明されている。

- テスト・データ法
- 並行シミュレーション法
- 組み込み監査モジュール法
- 汎用監査ソフトウェアを用いた監査証拠の収集
- 実証的分析的手続による監査証拠の収集

本章の執筆にあたり，CAATに関するさまざまな文献を確認したが，近年のCAATに関する議論は，内部監査への活用と不正発見に対する有効性（精査の実施可能性）が強調されている点に特徴がある。これ以降の議論は，主にCAATに関連するものである。

監査データ標準（ADS）

1 監査データ標準（ADS）とは

ADSは，コンピュータを利用した監査の効率化，監査証拠としてのデータの質保証をめざして策定されたもので，2013年8月にAICPAより公表され，その後改訂版が2015年7月にされている[7]。AICPAとは別に，ISOにおいてISO/TS/P 237Audit Data Serviceというプロジェクトが進められており，こちらもADSと略称されている。実に紛らわしいことに，名称が似ているだけでなく，扱う内容も酷似しているため混同しがちであるが，両者は基本的に別のものとして扱う必要がある。本章では特に断りがない限り，ADSといった場合はAICPAが策定したAudit Data Standardを指すものとする。

ADSで勧告されたデータのフォーマットは2つある。1つはPSV（Pipe Separated Value）形式であり，もう1つはXBRL GL形式である。OECD[2005]でも「XBRL GLはデータロスがなく技術的にも優れている」とされているよ

うに，ADSにおいても技術的な観点からPSVではなくXBRL GLの採用が有力視されている。

2 ADS以外のデータ標準化の動向

AICPAの動向とは別に，別の目的をもって，同様の監査データ標準化の試みも行われている。その1つが，経済協力開発機構（Organisation for Economic Co-operation and Development；OECD）において進められている税務用標準監査ファイル（Standard Audit File for Tax；SAF-T）である。

SAF-Tは，2005年5月に，ソフトウェア・ベンダー向けに，各国の歳入庁に対して正確な税務データを提出することを容易にするデータ形式として，SAF-T1.0を推奨したことに始まる。同時に公表された「ガイダンス・ノート—事業および会計ソフトウェアのための税務コンプライアンスにかかるガイダンス」（Guidance Note – Guidance on Tax Compliance for Business and Accounting Software；GTCBAS）において，SAF-Tが推奨されたことから，実務上も導入気運が一気に高まった。

EUにおいて，かかる標準化が必要とされたのは，前年の2004年5月にEUが10ヵ国の加盟により25ヵ国に大きく拡大したことがある。それによって，自由貿易圏が広がり，各国の企業活動が広範囲なものとなる一方で，各国固有の徴税管轄権による税務申告が複雑化したのである。その前提としては，EUにおいては，広く付加価値税が導入されており，その方式がInvoice方式であったことも背景となっている。EU拡大によって新たな加盟国となった国々においては，必ずしも会計システムの整備が浸透していない事業環境の国々も多く，そうした環境では，手書き方式のInvoiceのやり取りのみでは，十分に税務を捕捉することができなかったともいえよう。

2005年のSAF-T 1.0では，SAF-Tの利用方法や既存のメインフレームとなる会計システムとの接続可能性についての説明が中心であり，SAF-Tの適用に関して，形式および基幹となる項目（highlights）については弾力的な対応を認めていた。

その後，2010年4月には，SAF-T 2.0（Guidance Note - Guidance for the Standard Audit File-Tax, version 2.0）が公表され，その際には，SAF-Tによるデー

タ様式（Schema for the SAF-T version 2.0）と，「ガイダンス・ノート—事業および会計ソフトウェアのための税務コンプライアンスにかかるガイダンスおよび細則」（Guidance Note - Guidance and Specifications for Tax Compliance of Business and Accounting Software；GASBAS）が公表されるとともに，監査実務に関しても，「ガイダンス・ノート—税務監査業務にかかる検証手続についてのガイダンス」（Guidance Note - Guidance on Test Procedures for Tax Audit Assurance）が公表され，実務への導入に必要なツールが一通り備えられたのである。

とくに，SAF-T 2.0 では，棚卸資産管理の要素が含められ，1.0 における固定資産にかかる様式が拡張されたのである。SAF-T 2.0 は，棚卸資産に関する部分について，上記の監査プログラムを連携させて提唱し，各国において，SAF-T による様式と XBRL による様式との両者を利用してみてフィードバック・コメントを寄せるよう求めている。

しかしながら，その後，OECD における SAF-T の動向には新たな進展が見られない。現在までのところ，EU においても，オーストリア（2009 年，1.0 導入），ルクセンブルク（2013 年，2.0 導入），ポルトガル（2013 年，1.0 導入）およびフランス（2014 年，2.0 導入）がそれぞれ導入したのみである。

こうした状況は，2010 年の 2.0 公表後に，ベンダーにおけるソフトウェア開発，並びに，各国の歳入庁における検討およびシステム対応に時間が必要であったこと，さらには，2008 年の金融危機以降，その影響の中で新たなシステム投資がなかなか進まなかったという背景も指摘できるため，今後，徐々に導入が進んでいくことも考えられる。

しかしながら，データの標準化は，システム間競争の様相を呈するものであることから，後述する ADS が早い段階で XBRL 対応を果たし，すでに棚卸資産だけではなく複数の勘定科目にかかるデータ標準を提示していること，かつ，グローバルに業務を展開する 4 つないし 6 つの大規模会計事務所がアメリカおよび英国に基礎をおいているために ADS の開発に深く関与していることが想定されることにより，OECD における SAF-T の開発が停滞してしまったのではないか，とも想像できるのである。

3 ISO の ADS

前述したとおり AICPA の ADS と混同されやすいが，国際標準化機構（International Organization for Standardization；ISO）から公表されている監査データサービス（Audit Data Service）の基準書がある。こちらも略称が ADS なので非常に紛らわしいが，内容的にも AICPA の ADS と良く似たものとなっている。本章を執筆している時点において，世界各国の関係当局からコメントを集めている状況であるが，いち早くポジティブな意思表明をしたのは中国である。また，韓国とベルギーが採用を表明したとの情報もある。

名称が紛らわしかったせいか，このプロジェクトは現時点では ISO/PC 295 Audit Data Collection に取って代わられており，いったん仕切り直しの形で議論が進められている。

XBRL GL の生みの親でもある Eric Cohen 氏が 2013 年 11 月 19 日に開催された XBRL Japan の XBRL GL サブワーキンググループでのワークショップで語ったところによれば，日本では日本銀行が窓口となって対応しているはずであるが，日本の金融庁や会計士協会はその時点でこれらの動向を把握していないとのことであった。また具体的な国名は述べなかったものの，アジアのある国では XBRL GL データと XBRL FR データとを照合することで，財務データの信頼性の検証をおこなうという試みを検討しているという。さらに，ブラジルの財務省[8]，オーストラリアの SBR（Standard Business Reporting）プロジェクト[9]でも，同様の試みが検討されているとのことであった。

このような動きに鑑みると，日本の対応状況はやや出遅れている感が否めない。本書においてこの ADS を取り上げる理由も，行政や職業団体の動きが鈍い中，せめてアカデミックの領域においてこの問題にキャッチアップしていく必要があると思われるからである。

監査データの標準化が監査にもたらす影響

1 監査データの標準化への動き

　このような監査データないしは企業の経理データの標準化は，単に安全確実に監査ツールにデータを読み込めるようになるだけでなく，各方面において，さまざまな影響を及ぼすことが想定されている（木村［2015］）。

　たとえば，まず，ERPを開発・提供するベンダー企業に対しては，ADSに準じたERPを販売する機会を提供することとなる。すなわち，AICPAが公表するADS，またはそれを基にして各国の権威ある機関において修正されたデータ様式を，そのまま自社の開発するERPのシステムに取り入れることができる。従来のように，会計基準や標準的な勘定科目の理解とシステムへの導入に時間および労力のコストを割く程度も低くなると考えられる。

　次に，企業の経理実務においては，まず，当初から標準化されたデータ様式によるシステム体系が導入されることで，これまでERPシステムの導入の程度や，導入時期，または導入元のベンダー企業によって大きく異なるシステムが混在し，システム間の整合性や互換性が損なわれてきた状況が大きく改善するものと考えられる。また，監査のための標準化が図られているデータ様式であることから，企業内における管理会計目的の分析や内部監査部門によるデータ分析等にも有用となるであろう。

　行政機関や市場監督者にとっても，影響がある。第1に，先に述べたSAF-Tのように，税務当局にとっては，税務申告や税務調査，さらには，電子データによる申告の場面で，従来以上に効率化が期待される。日本においても，消費税の軽減税率の導入や，非課税業者の見直しの議論が進められているが，そうした側面でも，EU同様に取組みが期待されるであろう。第2には，市場監督等の側面において，これまで以上に，効果的かつ効率的になることが期待される。現在も有価証券報告書等に関してXBRLによるデータでの開示が認められているが，企業におけるデータ入力の様式が標準化されるのであれば，開示の形式はもとより，より透明性のある，標準化された開示モデルを構

想することができるであろう[10]。

このように，ADSが，ERP等を通じて，企業の経理実務に採用されていくことにより，さまざまなメリットが生じてくることが考えられるが，なかでも最も恩恵を被るのは，AICPAが主導する背景でもあるように，外部監査および内部監査であろう（Verver [2014]）[11]。以下では，外部監査の問題に関して，現在の監査実務との対比を含めて，検討してみたい。

2 監査実務への影響

(1) 分析的手続

外部監査における最大のメリットは，監査人が企業からデータを入手する際の効率化が図られるという点であろう。従来の監査実務においては，監査手続に入る前の段階で，企業の経理システムから1次データを監査人のPCに取り込み，それを監査人たる会計事務所の監査マニュアルに応じたデータ形式に変換することが必要であった。こうした作業は，監査の実施プロセスに至る前の，いわゆる「下作業」であり，リスク評価以前の問題ではあるが，現在のIT化された監査実務においては欠くことのできない作業なのである。ADSの浸透が進めば，こうした作業に費やしていた時間や労力が大幅に減ることとなる。ITやその他のデータ保有者に対して，いかなるデータが必要でいかなる形式で提供すべきかを正確に要請することができ，ITによって誤ったデータまたは不完全なデータが提供されるリスクが低減され，ITの専門家の関与の必要性が減ることとなるからである。

このことは，単にデータ入手の局面だけの問題ではない。監査手続においても，ADSによって，特定の領域におけるデータセットに対して，標準的な監査手続の実施およびリスク分析が利用可能となる。

現代の監査においては，監査の効率化を図るため，分析的手続の適用可能性を拡大してきたといえよう。かつては，単にリスク評価の場面において，過年度業績との比較や同業他社との比較といったいわゆる財務分析的な手法として位置づけられてきた分析的手続であるが，現代では，リスク評価の場面だけではなく，リスク対応手続の実施の場面においても，リスクが低く，日常的に大量の取引が行われるようなケースにおいては，分析的手続をもって実証手続の

一種，すなわち分析的実証手続として位置づけ，主に「網羅性」のアサーションに関して，異常な数値や想定されない事項が検出されない限り，当該監査要点を立証できたものとするのである。また，監査の終了段階においても，再度，分析的手続を実施することによって，未修正の虚偽表示等を含めて，監査上の重要性を超える事項が生じていないかどうかを検証することとなっている。さらには，四半期レビューにおいては，主たる四半期レビュー手続は質問と分析的手続の2つとされており，企業のデータの検証に関わるのは，分析的手続のみなのである。

このように現代の監査において広範囲に適用され，重要な手続と位置付けられている分析的手続であるが，ADSが広く導入された企業環境においては，その適用範囲が大きく広がることが予想される。

まず，ADSによって，広く企業社会におけるデータ様式が統一されるとするならば，監査人が，同業他社のデータまたは広く他の業界からのデータも含めて，収集し蓄積してきたデータを基に，標準化されて広く利用可能なデータベースを構築することが可能であろう。すなわち，いわゆるビッグデータを利用した監査として提唱されている問題である。監査人が有する大量の被監査企業のデータを基にしたデータベース，または日本公認会計士協会等に蓄積される準公的なデータベースを利用して，被監査企業の当期のデータに分析的手続を適用すれば，監査人は，これまで以上に，リスク評価を有効かつ効率的に行うことができるであろう。また，リスク対応手続においても，分析的実証手続の精度が高まることが予想されることから，実証手続の適用可能性が広がることが予想される。

こうした分析的手続の適用範囲の拡大は，ひいては，人工知能（Artificial Intelligence；以下AI）の下で実施可能とされてきた，不正リスクシナリオに基づく虚偽の表示の検出を広く一般化するものともいえるであろう。監査人は，被監査企業の取引データをダウンロードし，それに対して，AIの支援の下，被監査企業の業態・業容に適した不正リスクシナリオを基に，全データを網羅的に検証することで，不正の徴候と考えられる取引を広く検出することができる。すなわち，不正の発見に対して，AIを活用する可能性を開くという意味においても，ADSによって効果的かつ効率的な監査の実施が期待できるのである。

(2) 試査・期末監査

　ADS が企業の取引データのほぼ全体をカバーするのであれば，現代の監査の前提となっている試査や期末監査という考え方にも影響を及ぼす可能性がある。

　20 世紀初頭以降の監査は，企業の取引の総量の拡大と期末に実施される監査のコストベネフィットの観点から，試査によって行われてきた。しかしながら，以前から，CAAT 利用下の監査については，試査ではなく精査の活用が検討されている。たとえば，日本公認会計士協会の IT 委員会研究報告第 48 号『IT を利用した監査の展望～未来の監査へのアプローチ～』では，精査によれば，試査に伴うサンプリングリスクを回避することができるとして，精査のメリットについて述べている。実際にすべての監査範囲に精査が適用できるわけではないが，少なくとも ADS によって入力されている経理データに関しては，精査の対象となるであろう。

　かつて英国で 19 世紀に成立した精細監査は，期中において，経理担当者が行ったすべての取引を対象として，仕訳から帳簿記入までを検証する監査手続が実施されていた。ADS と CAAT の組合せによれば，監査対象期間の全仕訳を対象とした仕訳テストが可能となるし，少なくとも，記録されたデータのほとんどについては精査が可能となる。

　一般にサンプリングにおいては，信頼度を 95％としてサンプリングが行われるが，精査であれば，サンプリングリスクを回避した形で検証手続が実施される。また，内部統制の運用テストに至っては，作業負荷が高いことから，3 年に 1 度の実施が求められているだけであるが，サンプリングの対象となるようなデータベース上の運用テストであれば，毎年実施することができるであろう。

　さらに，ADS によってデータが標準化されるのであれば，監査は必ずしも期末に行われる必要はない。期末に 1 次処理を行ってから監査手続を実施するのではなく，期中において，定期的に一定期間分の取引を対象に監査を実施することや，企業のシステムに監査人が一定のセキュリティ保護の下で常時，全取引を監視するようなシステムを組み込むことも可能である。いわゆる「継続監査」（Continuing Audit）の実施である。

企業の全取引，および経理担当者のすべての処理を対象に，期中においても常時モニタリングするような継続監査が実施できるのであれば，監査の手法や焦点は多く変貌することとなる。

　第1に，監査人は，常時，全取引を対象に不正の徴候に気づく可能性が格段に高まるであろうし，監査人の監査手続の中心は，そうした徴候が発見された後に，それが虚偽表示に繋がるものであるのかどうかを検証するという点となるであろう。精査は，その監査対象に対する網羅性を確保することとなるが，検出された事項については，さらなる監査手続が必要となるのであって，監査の重点は，CAAT等による当初の手続によって入手された監査証拠に対して，さらなる監査手続を適用して，監査証拠の整合性や重要な虚偽表示の有無を実際に確かめること，ひいては監査人として，適正と判断できるかどうかの心証形成に置かれることとなるのである。

　第2に，継続監査においては，焦点は，すべてのデータが不当なアクセスや情報の改変を経ていないかどうかという，企業の経理システムおよび継続監査システムに関する全般統制のテストにあるといえよう。同時に，ADSによって提供される新たな情報に対する検証手続の開発の必要性も生じてくる。従来の監査手法においては，監査人がデータとして取り込むことができなかったデータ，たとえば，業務処理担当者が誰かといったデータについても，データ化され，監査の対象とすることができる。こうしたデータを利用して，新たなリスク評価やリスク対応の手続をいかに開発するかという課題が提起されるのである。このように，ADSによって，監査人の監査手法だけではなく，監査の実効性を確保するため，あるいは，新たな監査対象に対応するために，ITにかかる理解および手続が非常に重要視されることとなるであろう。

　第3に，継続監査がもたらす牽制効果も指摘できるであろう。継続監査は，常時モニタリングされているという点で，企業内において，内部監査と同様の牽制効果をもたらすことが期待される。とくに，内部統制の観点では，企業の経営者層における内部統制の不当な逸脱を牽制する効果があるであろう。これによって，間接的ながら，重要な虚偽表示のリスクが抑制されるとも考えられるのである。

(3) その他

以上のような点の他に，新たに公表された 2015 年 7 月改訂版の ADS の 4 つのステートメント，「基礎編」（AICPA [2015a]），「総勘定元帳編」（AICPA [2015b]），「受注現金回収補助元帳編」（AICPA [2015c]），「調達支払補助元帳編」（AICPA [2015d]）は，2013 年 8 月版で公表されていた「売掛金補助元帳編」（AICPA [2013c]）とともに，外部監査における「立会」や「確認」の主たる対象であることに加え，仕入および売上にかかる記録の「閲覧」として実施されるサンプリングの主たる対象でもある。外部監査においては，これらの領域における監査手続の工数および時間が最も労働集約的な作業であり，これらにかかる監査手続の効率化が図られることによって，他の重要な点に監査の時間を振り向けることができるものと期待できる。

また，ADS が取り組んでいる領域は，たとえばわが国でいえば，内部統制報告制度において，経営者が評価対象とする「企業の事業目的に大きく関わる勘定科目に至るプロセス」，すなわち，売上，売掛金および棚卸資産に至る業務プロセスと重なるものである。したがって，これらの領域におけるデータが標準化されることは，内部統制の評価手法にも大きな影響が及ぼされるものと想定される。

 おわりに

本章では，監査制度の標準化が進むなかで，監査基準の国際標準化と監査規制の国際標準化の 2 つの流れに加え，第 3 の流れとして監査データの標準化の問題を取りあげた。監査データの標準化が問題となる背景としては IT の財務諸表監査への影響があり，内部統制の調査と評価には IT がもはや欠かせないものとなっていること，監査手続と監査証拠については，会計システムがコンピュータ上に構築されるようになり，帳簿突合などの実証的手続ができなくなっていること，そしてそれを克服するためにさまざまなコンピュータ利用監査技法が開発され，実際の監査の場面で使われていること，等を挙げることができる。

このような IT が監査という行為に大きな影響を与えるにつれ，情報システ

ム間の会計データの互換性の問題が浮上するようになり，監査をおこなうための会計データ取得において標準化が求められるようになっていった。

EUにおける付加価値税の申告業務のため，OECDによって税務調査用のデータ標準としてSAF-Tが策定されるなどの動きがみられたものの，十分な成果が得られないままプロジェクトが終了してしまっていた。しかしながらここに来てAICPAよりADSが公表されたことにより，監査のための仕訳や元帳レベルの会計データについて，一気に標準化が進むものと予感させる状況となっている。

監査データの標準化が進むことにより，かつては実証的手続を阻む要因であったITの進展であるが，大幅な適用範囲の拡大をもたらすことになり，かつ効率性も大きく改善することになるだろう。また試査ではなく精査を前提とした監査の実現可能性も見えてくるなど大きな変化をもたらす要因ともなっている。また継続監査の質的な変化をもたらし内部統制の評価に対しても大きな影響を与えることになるだろう。

本章では，監査データの標準化の具体事例でもあるADSについては軽く触れるにとどめているが，当然ながらADSについての理解がなければ，監査データの標準化がもたらす影響の真の姿をとらえることはできない。そこで次章において，AICPAから公表されたADSについて検討することにしよう。

●注
1 監査報告書改革の背景，議論の経緯，新しい監査報告書の概要については，松本・町田・関口［2014-2015］を参照されたい。
2 第33項に対する注記において，EDPシステムに関する特別な考慮事項についてはDavis［1968］の第8章を参照するように指示されている。
3 日本では，アメリカから少し遅れて，ほぼ同様の議論が展開されてきたと理解される。ここでは，紙幅の制約上，会計士協会による主な関連文献のみ紹介する。
「EDPシステムの監査基準および監査手続試案」（日本公認会計士協会［1976］）
「EDPシステムの内部統制の基本的理解」（日本公認会計士協会［1978］）
「EDPシステムの内部統制質問書」（日本公認会計士協会［1980］）
「EDPシステムの内部統制」（日本公認会計士協会［1981］）
「コンピュータ利用監査技法」（日本公認会計士協会［1983］）

「EDPシステムの監査―業務処理統制の監査―」(日本公認会計士協会 [1985])現在では，IT委員会がさまざまな研究報告，報告，実務指針などを公表している。

4 サーベンス・オクスリー法により，公開会社の財務諸表監査は登録公開会計事務所 (registered public accounting firms) でなければ実施できず，登録公開会計事務所は，業務の実施にあたって，PCAOBが設定した監査および関連業務に関する基準に準拠しなければならない。

5 ITの利用が監査手続と監査証拠に及ぼす影響を含む電子的監査証拠に関する包括的な研究として，CICA [2003] がある。

6 "Computer Aided Audit Tools" または "Computer Assisted Audit Tools and Techniques (CAATT)" と表記されることもある。

7 AICPAのADSと言えば，従来はAccounting Doctoral Scholar Programを指していたが，本章で扱うADSとは全く関係のないプロジェクトなので注意が必要である。

8 このブラジルの取り組みについて明確な言及はなかったが，おそらくSICONFI (Sistema de Informações Contábeis e Fiscais) プロジェクトを指しているものであろう。このSICONFIプロジェクトについては，Rocha [2013] を参照されたい。

9 オーストラリアのSBRについては，http://www.sbr.gov.au/ より情報を入手することができる。

10 たとえば，AICPA [2012] では，SECに対して，財務報告に関してより透明性ある開示システムを将来的に導入するために，ADS等のITに関連する問題に取り組むよう求めている。

11 たとえば，以下の記事を参照されたい。

John Verver, "Audit Data Standards - an important initiative of the AICPA," January 21, 2014. (http://www.acl.com/2014/01/21/audit-data-standards-an-important-initiative-of-the-aicpa/)

●参考文献

The American Institute of Certified Public Accountants (AICPA) [1972a], Statement on Auditing Procedure No. 54, *The Auditor's Study and Evaluation of Internal Control*, AICPA.

―――― [1972b], Statement on Auditing Standards (SAS) No.1, *Codification of Auditing Standards and Procedures*, AICPA.

―――― [1974], SAS No. 3, *The Effects of EDP on the Auditor's Study and Evaluation of Internal Control*, AICPA.

―――― [1977], Computer Services Executive Committee, *The Auditor's study*

第 13 章　情報技術の進展と監査制度の標準化　237

and evaluation of internal control in EDP systems, AICPA.（石原俊彦・林隆敏訳［1994］, アメリカ公認会計士協会・コンピュータ・サービス執行委員会『コンピュータ環境下の内部統制監査』晃洋書房）
―――――［1979］, Computer Services Executive Committee, *Audit and Accounting Guide, Computer-Assisted Audit Techniques*, AICPA.
―――――［1984］, SAS No. 48, *The Effects of Computer Processing on the Examination of Financial Statements*, AICPA.
―――――［1992］, SAS No. 70, *Reports on the Processing of Transactions by Service Organizations*, AICPA.
―――――［1996］, SAS No.80, *Amendment to Statement on Auditing Standards No. 31, Evidential Matter*, AICPA.
―――――［1999］, SAS No.88, *Service Organizations and Reporting on Consistency*, AICPA.
―――――［2006a］, SAS No. 106, *Audit Evidence*, AICPA.
―――――［2006b］, SAS No.109, *Understanding the Entity and Its Environment and Assessing the Risks of Material Misstatement*, AICPA.
―――――［2006c］, SAS No. 110, *Performing Audit Procedures in Response to Assessed Risks and Evaluating the Audit Evidence Obtained*, AICPA.
―――――［2012］, Assurance Services Executive Committee (ASEC), Emerging Assurance Technologies Task Force, *Evolution of Auditing: From the Traditional Approach to the Future Audit*, AICPA.（http://www.aicpa.org/interestareas/frc/assuranceadvisoryservices/downloadabledocuments/whitepaper_evolution-of-auditing.pdf）（2018 年 2 月 18 日確認）
―――――［2013a］, ASEC, Emerging Assurance Technologies Task Force, *AuditDataStandards.Base.August2013*（*Base Standard*）, AICPA.（http://www.aicpa.org/InterestAreas/FRC/AssuranceAdvisoryServices/DownloadableDocuments/AuditDataStandards％20Base％20August2013.pdf）（2018 年 2 月 18 日確認）
―――――［2013b］, ASEC, Emerging Assurance Technologies Task Force, *AuditDataStandards.GL.August2013*（*General Ledger Standard*）, AICPA.（http://www.aicpa.org/InterestAreas/FRC/AssuranceAdvisoryServices/DownloadableDocuments/AuditDataStandards％20GL％20August2013.pdf）（2018 年 2 月 18 日確認）
―――――［2013c］, ASEC, Emerging Assurance Technologies Task Force, *AuditDataStandards.AR.August2013*（*Accounts Receivable Subledger Standard*）, AICPA.（http://www.aicpa.org/InterestAreas/FRC/AssuranceAdvisoryServices/DownloadableDocuments/AuditDataStandards％20AR％20August2013.pdf）（2018 年 2 月 18 日確認）
―――――［2015a］, ASEC, Emerging Assurance Technologies Task Force, *Audi

Data Standards.Base.July2015(*Base Standard*), AICPA. (http://www.aicpa.org/InterestAreas/FRC/AssuranceAdvisoryServices/DownloadableDocuments/AuditDataStandards/AuditDataStandards.BASE.July2015.pdf)（2018年2月18日確認）

─────── [2015b], ASEC, Emerging Assurance Technologies Task Force, *AuditDataStandards.GL.July2015*(*General Ledger Standard*), AICPA. (http://www.aicpa.org/InterestAreas/FRC/AssuranceAdvisoryServices/DownloadableDocuments/AuditDataStandards/AuditDataStandards.GL.July2015.pdf)（2018年2月18日確認）

─────── [2015c], ASEC, Emerging Assurance Technologies Task Force, *AuditDataStandards.O2C.July2015*(*Order to Cash Subledger Standard*), AICPA. (http://www.aicpa.org/InterestAreas/FRC/AssuranceAdvisoryServices/DownloadableDocuments/AuditDataStandards/AuditDataStandards.O2C.July2015.pdf)（2018年2月18日確認）

─────── [2015d], ASEC, Emerging Assurance Technologies Task Force, *AuditDataStandards.P2P.July2015*(*Procure to Pay Subledger Standard*), AICPA. (http://www.aicpa.org/InterestAreas/FRC/AssuranceAdvisoryServices/DownloadableDocuments/AuditDataStandards/AuditDataStandards.P2P.July2015.pdf)（2018年2月18日確認）

Arens, Alvin A., Randal J. Elder, Mark S. Beasley [2012], *Auditing and Assurance Service: An Integrated Approach*, 14th ed., Pearson Education, Inc.

Boutel, Wayne S. [1965], *Auditing with the Computer*, University of California Press.（江村稔監修，今井敬二・吉村成弘・大橋周治訳 [1967], 『監査業務とEDP』日本経営出版会）

Canadian Institute of Chartered Accountants（CICA）[2003], Electronic Audit Evidence, CICA.（日本公認会計士協会訳 [2007] 『電子的監査証拠』第一法規）

Davis, Gordon B., [1968], *Auditing & EDP*, AICPA.（染谷恭次郎訳 [1970] 『会計監査とコンピュータ』日本生産性本部）

Ellerman, D. [1985], The Mathematics of Double Entry Bookkeeping, *Mathematics Magazine*, Vol. 50 No. 4, September, pp. 226-233.

The European Parliament and the Council of the European Union [EU] [2014a], "Directive 2014/56/EUof The European Parliament and of The Council of 16 April 2014 amending Directive 2006/43/EC on statutory audits of annual accounts and consolidated accounts," *Official Journal of the European Union*, L 158, 27.5.2014, pp.196-226.

─────── [2014b], "Regulation（EU）No 537/2014 of The European Parliament and of The Council of 16 April 2014 on specific requirements regarding statutory audit of public-interest entities and repealing Commission Decision 2005/909/EC,"

Official Journal of the European Union, L 158, 27.5.2014, pp.77-112.

Organisation for Economic Co-operation and Development (OECD) [2005], *Forum on Tax Administration, Guidance Note – Guidance for the Standard Audit File-Tax (SAF-T)*, OECD.

────── [2010], *Forum on Tax Administration, Guidance Note – Guidance for the Standard Audit File-Tax (SAF-T), version 2.0*, OECD.

Public Company Accounting Oversight Board (PCAOB) [2007], Auditing Standard No. 5, *An Audit of Internal Control Over Financial Reporting That Is Integrated with An Audit of Financial Statements*, PCAOB.

────── [2010], Auditing Standard No. 12, *Identifying and Assessing Risks of Material Misstatement*, PCAOB.

────── [2010], Auditing Standard No. 13, *The Auditor's Responses to the Risks of Material Misstatement*, PCAOB.

Rocha, B. [2013], *Using XBRL for Government Reporting - The SICONFI Project in Brazil, Presentation at the 28th World Continuous Auditing & Reporting Symposium on 9th November at Rutgers Business School*. (URL: http://raw.rutgers.edu/docs/wcars/28wcars/28wcars%20presentations/28WCARS%20SICONFI%202013.11.09.pdf)（2018年2月18日確認）

Verver, J. [2014], Audit Data Standards - an important initiative of the AICPA, January 21, 2014.（http://www.acl.com/2014/01/21/audit-data-standards-an-important-initiative-of-the-aicpa/）（2018年2月18日確認）

木村章展［2015］「先読み会計・監査トレンド1 米国発『Audit Data Standards』とは」『週刊経営財務』3204号，42-45頁。

坂上学［2015］「監査データ標準（ADS）をめぐる動向について―XBRL GL技術の監査への応用―」『会計・監査ジャーナル』No.716，117-124頁。

日本公認会計士協会［1976］電子計算機会計委員会『EDPシステムの監査基準および監査手続試案』日本公認会計士協会。

────── ［1978］電子計算機会計委員会『EDPシステムの内部統制の基本的理解』日本公認会計士協会。

────── ［1980］『EDPシステムの内部統制質問書』日本公認会計士協会。

────── ［1981］『EDPシステムの内部統制』日本公認会計士協会。

────── ［1983］電子計算機会計委員会，電子計算機会計委員会公開草案第2号『コンピュータ利用監査技法』日本公認会計士協会。

────── ［1985］電子計算機会計委員会，電子計算機委員会研究報告第1号『EDPシステムの監査―業務処理統制の監査―』日本公認会計士協会。

────── ［2001］情報システム委員会研究報告第21号『電子化された会計帳簿の監査対応』日本公認会計士協会，2001年3月21日公表。（以下のURLよりPDF版を入手できる。http://www.hp.jicpa.or.jp/specialized_field/post_192.html）（2018年

2月18日確認)

―――――[2013] IT委員会研究報告第43号『電子的監査証拠〜入手・利用・保存等に係る現状の留意点と展望〜』日本公認会計士協会，2013年7月30日公表。(以下のURLよりPDF版を入手できる。http://www.hp.jicpa.or.jp/specialized_field/main/43.html)(2018年2月18日確認)

―――――[2014] IT委員会研究報告第44号『新EDINETの概要とXBRLデータに関する監査人の留意事項』日本公認会計士協会，2014年4月15日公表。(以下のURLよりPDF版を入手できる。http://www.hp.jicpa.or.jp/specialized_field/files/2-10-44-2-20140418.pdf)

―――――[2016] IT委員会研究報告第研究報告第48号『ITを利用した監査の展望〜未来の監査へのアプローチ〜』2016年3月28日公表。(以下のURLよりPDF版を入手できる。http://www.hp.jicpa.or.jp/specialized_field/main/20160328vav.html)(2018年2月18日確認)

松本祥尚・町田祥弘・関口智和[2014-2015]「監査報告書の改革(第1回〜最終回)」『企業会計』第66巻第9号(2014年9月)〜第67巻第3号(2015年2月号)。

(坂上　学・林　隆敏・町田　祥弘)

第│14│章

XBRLと監査データ標準（ADS）

I はじめに

　前章では監査制度の標準化という流れの中で，監査データの標準化の意義，その背景と監査実務への影響について検討し，その中で，アメリカ公認会計士協会（American Institute of Certified Public Accountants；以下 AICPA）から公表された監査データ標準（Audit Data Standard；以下 ADS）について取り上げたが，本章ではこの ADS について詳細に検討する。

　ADS はまた，XBRL GL と呼ばれるコンピュータ言語とも関連が深く，それゆえ XBRL のもつベネフィットの多くを享受している一方で，XBRL 自身のもつデメリットも引き継いでいる。このため XBRL についての理解も，この ADS を考察するうえでは欠かすことができない。このため，本章ではまず XBRL と監査との関わりについて整理し，続いて AICPA の公表した ADS の概要について解説をおこなう。また ADS を理解するうえで欠かすことのできない XBRL の知識についても紹介したうえで，この ADS が持つ可能性と限界を明らかにしたい。

II 監査と XBRL との関わり

　監査と XBRL の関係には，大きく2つのものが識別できる。1つは，「XBRL

データを対象とする監査（保証も含む）」という関係であり，もう1つは「XBRLデータを使った監査」という関係である。

1　XBRLデータを対象とする監査

まず，「XBRLデータを対象とする監査」であるが，これは財務諸表のXBRL化にともなう監査対象の拡大であり，XBRL技術としてはXBRL FRの領域を対象とする問題として理解される。我が国では，金融商品取引法のもとで開示が義務づけられている有価証券報告書や有価証券届出書を，EDINETに提出する際，一部の免除措置を除いて，XBRLデータの提出も義務づけられている。規定上はXBRLデータも監査の対象のように読み取れる部分がある一方で，実務ではXBRLデータは監査の対象外と見なされており，提出された有価証券報告書とそのXBRLデータとの間に整合性が保たれているかを保証する仕組みは一般に講じられてはいない[1]。

EDINETにおけるXBRLデータの提出の実際を見てみると，財務データを格納するXBRLデータ（EDINETではこれを「報告インスタンス」と呼んでいる）だけでなく，企業別拡張層タクソノミの提出が義務づけられているという日本固有の状況がある。企業別拡張層タクソノミがしっかりと作成されているかという点は，実際のXBRLデータを扱う上で重要な問題であり，XBRLデータの提出に絡んで発生する問題の多くは，この企業別拡張層が適切に作成されていないことによるものである。もしこの企業別拡張層タクソノミを含め，企業が提出したXBRLデータを監査対象にするとなると，監査人は「XBRLタクソノミの拡張」に関する一定の知識と理解が求められることになる。しかしながら，現状において，XBRL技術に精通し，そのような監査に対応できる監査人は十分に確保されていない。

2　XBRLデータを使った監査

また，「XBRLデータを使った監査」については，監査手続の拡張と監査証拠の質保証の問題に関連し，XBRL技術としてはXBRL GLの領域を対象とするものとして理解される。

まず，監査手続の拡張について確認しよう。現代企業の会計システムはコン

ピュータ上に構築されているので，証憑突合，帳簿突合，計算突合，通査，比較・比率分析，勘定分析といった監査技術を適用するにあたっては，企業の会計情報システムより電子データをダウンロードして利用しなければならない（日本公認会計士協会［2001］）。このような CAAT を利用するような場面において，現時点では ACL や IDEA といった汎用的なデータ監査ツールを利用したり，Excel のような表計算ソフトを利用したりすることが多い。

　この場合の CAAT は，いわゆる「再計算」と呼ばれる一般監査技術に関連している。再計算は，記録や文書の計算の正確性を監査人自らが計算し確かめる手法であり，例えば，企業から電子ファイルを入手し，その集計の正確性について CAAT によって照合する等，IT を利用することにより実施する。これは，サンプリングのための母集団の網羅性の確認には欠かせない手法ともなる。なぜなら，サンプルを抽出する母集団が，真の母集団の一部にしか過ぎない（意図的な取引の除外がある）ことを防ぐのに，サンプルを選ぶもととなる帳簿の合計金額，合計件数を計算するのが一番確実な方法だからである。また，電子データへの CAAT の適用は，リスク評価手続および実証手続としての分析的手続の精緻化，さまざまなビッグデータの監査業務への利用など，監査の有効性と効率性を高める可能性を秘めているといえよう。ここで問題となるのはデータ形式の標準化である。

　多くの場合，会計情報システムよりダウンロードしたデータは，CSV（Comma-Separated Value）形式であるという。この形式は取り扱いが易しく，あらゆるツールで汎用的に利用できるという点で優れているが，データのインテグリティ（データの完全性が保証されている状態）という側面からは必ずしも十分ではなく，取扱いを 1 つ間違えれば，まったく意味のないデータとなってしまうおそれがある。たとえばデリミタ（delimiter：データ要素の区切りとなる記号や文字等のこと）として用いる文字が「カンマ」の場合，文字データの中にカンマが含まれているだけで，そのデータの属性と値との関連が一気に崩壊してしまう。CSV 形式データの場合，属性（項目名）の出現する順序がきわめて重要であり，属性と値との関連は出現順序のみで実現されている。この点はデータの独立性を大きく損ねており，監査人が場当たり的な対応を迫られることにもつながっている。それゆえ，データ形式の問題は，監査証拠の質保証の問題

とも密接な関係を持っていることになる。

　監査証拠の質保証については，企業全般の業務がITによって処理され，会計記録も電子データで作成・保存されている企業環境において，電子的監査証拠[2]を積極的に活用することで，従来に比して，効率的により強い監査証拠を入手することができるようになっている（日本公認会計士協会［2013b］）。つまり，会計帳簿の電子化，監査証跡としての原始証憑の電子化，EDINETにおけるXBRLの利用など，企業のIT化に対応した適切な監査アプローチを採用するとともに，企業の情報システムを積極的に活用して監査業務のIT化を図ることにより，監査の効率性だけでなく有効性を高めることが可能になっていると考えられる。また，電子的監査証拠の質はその作成と管理に関する内部統制の有効性に大きく依存するため，監査業務のIT化は，企業側における財務報告内部統制の整備を促すことにもなるであろう。

　以上のように監査とXBRLとの関わりについては大きく2つのものがあり，それぞれについて簡単に概説したが，ADSは後者の「XBRLデータを使った監査」に関わるデータ標準であって，監査の対象としてのXBRLデータを標準化しようと試みているわけではない。

AICPAのADSの概要

1　AICPAによるADSへの取組み

　前章でも述べたようにAICPAでは，ASECの先端保証技術タスクフォース（Emerging Assurance Technologies Task Force）の下に，「ADSワーキング・グループ」（the Audit Data Standard working group）を設置し，監査プロセスの有効性，適時性，および効率性に寄与する新技術の開発を進めてきた。そこでは，経営者，内部監査人および外部監査人が高度な分析のために利用する標準データモデルを構築し，それによって監査プロセスの適時性と有効性を改善することが期待されている。

　ADSの最初のバージョンは2013年に3つの基準書が公表されたが，すぐに改定作業がなされ，2015年7月に以下の4つの基準書が揃うことになった

(AICPA [2015a, b, c, d])。

- 基礎編 (Base Standard)
- 総勘定元帳編 (General Ledger Standard)
- 受注現金回収補助元帳編 (Order to Cash Subledger)
- 調達支払補助元帳編 (Procure to Pay Subledger)

さらに公表が遅れていた「在庫補助元帳編」(Inventory Subledger) と「固定資産補助元帳編」(Fixed Assets Subledger) が,それぞれ 2017 年 3 月と 2017 年 12 月に追加されている (AICPA [2017a, b])。

- 在庫補助元帳編 (Inventory Subledger)
- 固定資産補助元帳編 (Fixed Assets Subledger)

2 基礎編の概要

まず ADS 全体の概要を理解するために,ADS の「基礎編」(Base Standard) に示されている以下の項目の概要を見ていくことにしよう。

- ファイルとフィールドの形式
- ユーザ登録
- 事業単位の登録
- セグメントの登録
- 税金テーブル

(1) ファイルとフィールドの形式

ここでは,「ファイルの命名規則」,「ファイル形式」,「データ・フィールド」について規定している。このうちファイル形式については,フラット・ファイル形式(具体的には PSV)と XBRL-GL 形式の 2 つのうちのいずれかによることとされている。またデータ・フィールドの部分においては,ADS において掲載される表の見方についての注意点が示されている。特に,「レベル」という列はデータの重要性を示すもので,1 または 2 のいずれかのラベルが付されている。レベルが 1 となっている項目は必須であり,システム全体を通じて利

用可能でなければならないことを示している。レベルが2となっている項目は推奨項目であり，利用可能でなくてもよいことを示している。

(2) ユーザの登録情報

ユーザの登録情報を格納する表では，システム内の各ユーザの識別子と情報が含まれている。各ユーザは，フルネームと職位，そして可能であればシステム内での役割を記載するよう推奨される。

また User_ID，First_Name，Last_Name（以上の3つは必須項目），User_Active_Status，User_Active_Modified_Data，Title，Department，Role_Responsibility（後半の5つは推奨項目）といったフィールド名が示されており，それぞれ対応する XBRL GL Taxonomy のエレメント名との対応が示されている。

さらに XBRL GL の追加コメントとして，以下の GL Taxonomy エレメントとその値を付加することが必須もしくは推奨されている。

- gl-cor: entriesType   value="other"
- gl-cor: entriesComment   value="ads: User_Listing"

(3) 事業単位の登録情報

事業単位の登録情報では，GL_Detail ファイル内において表示されている事業単位に関する追加的な情報を提供する。具体的には，必須項目として Business_Unit_Code，Business_Unit_Description の2つの項目と，推奨項目として Business_Unit_Hierarchy1~Business_Unit_Hierarchy5 の5つの項目が示されており，それぞれ対応する XBRL GL Taxonomy エレメントとの対応関係が示されている。

さらに XBRL GL の追加コメントとして，以下の GL Taxonomy エレメントとその値を付加することが必須もしくは推奨されている。

- gl-cor: entriesType   value="other"
- gl-cor: entriesComment   value="ads: Business_Unit_Listing"

(4) セグメントの登録情報

財務データを分析する際に，多様な側面（たとえばプロフィット・センター，部門，支店，製品，地域，等）から分析することは往々にしてある。ADSでは，セグメントに関して，5つを上限としてセグメントの情報を登録するようになっている。それぞれのセグメント情報の登録に当たって，Segment0X_Value，Segment0X_Descriptionの2つの推奨項目（Xには1〜5の数字が入る）を記述し，それぞれに対応するXBRL GL Taxonomyのエレメントとの対応関係が示されている。

(5) 税金テーブル

課税当局のための税金に関するマスター表が定義されている。具体的には，必須項目としてRegulator_Code, Regulator_Country, Regulator_Region, Regulator_Name, Regulator_Role, Regulator_Default_Payable_GL_Account_Number, Regulator_Default_Accrual_GL_Account_Number, Regulator_Default_Expense_GL_Account_Number, Regulator_Identifier, Regulator_Identifier, Regulator_Active_Flagの11の項目が示されており，それぞれ対応するXBRL GLTaxonomyエレメントとの対応関係が示されている。

なおRegulator_Regionについては，レベル番号に「?」という文字が添えられており，もしかしたら必須でないかもしれない。

以上の5つの他に，「基本基準についての質問と回答」というセクションが設けられており，「ADSに対する例外」について2つ，「企業情報」について2つ，「ユーザおよび事業単位の登録」について8つ，合計12の質問と回答が示されている。

3 総勘定元帳編の概要

総勘定元帳編では，関連する情報について複数の表が定義されている。表の中で示されているレベルは1もしくは2の値をとり，1の場合は必須項目，2の場合は推奨項目であることを示していることは基礎編と同様である。

総勘定元帳データとして，以下の項目が定義されている。

- 総勘定元帳の詳細
- 試算表
- 勘定科目表
- ソースの登録

4 受注現金回収補助元帳編・調達支払補助元帳編・在庫補助元帳編の概要

受注現金回収補助元帳編・調達支払補助元帳編・在庫補助元帳編では，基本的な受注現金回収および調達支払のプロセスを分析するための項目を定義しており，外部監査目的のみならず，現場のスタッフや内部監査の場面でも分析できることを念頭に置いている。

受注現金回収および調達支払のプロセスは，サプライチェーンに関連するいくつかのビジネス・プロセスのうちの一部を構成している。

サプライチェーンにおけるビジネス・プロセスは，ADSでは以下の4つのパートに分かれ，それぞれに以下のような項目が示されている。なお，[ ]で示されている項目は，ADSでは扱われていない項目である。

- 調達支払（Procure to Pay）
  Supplier, [Purchase Contract], [Purchase Requisition], Purchase Orders, Goods, Receipts, Purchase Invoices, Open Accounts Payable, Payments Made, Cash, Application to AP, AP Adjustments
- 棚卸資産（Inventories）
  [Add to Inventory], [Inventory], [Inventory Movements], [Relieve Inventory]
- 製造（Manufacturing）
  [WIP]
- 受注現金回収（Order to Cash）
  Customer, [Sales Contract], Sales Orders, Shipments Made, Sales Invoices, Open Accounts Receivable, Cash Received, Cash Application to AR, AR, Adjustments

第14章　XBRLと監査データ標準（ADS）　249

それぞれの項目の関係を見てみると，棚卸資産のプロセスと，製造のプロセス（項目的には仕掛品）については，ADS は提供されていないことが分かる。

5　固定資産補助元帳編の概要

固定資産補助元帳編は，固定資産についての分析を行うための情報を格納するもので，以下の4つの表から構成される。

- 固定資産台帳（Fixed_Asset_Master_File）
- 固定資産の追加（Fixed_Asset_Additions）
- 固定資産の除却（Fixed_Asset_Removals）
- 固定資産の減価償却（Fixed_Asset_Deprecitaion）

各表にはさらに細かいフィールドが設定されており，固定資産台帳には 24 の項目が，固定資産の追加には2つの項目が，固定資産の除却は 27 項目および追加的なコメントのために2つの項目が，固定資産の減価償却には 21 の項目および追加的なコメントのために2つの項目が，それぞれ定義されている。

ADS の意義を理解するための XBRL GL に関する知識

前節において，ADS として公表された6つの基準書の概要をみたが，これらの意義を理解するためには，若干ながら XBRL GL に関する補足的な知識が必要となる。ADS の可能性と課題を議論する前に，XBRL GL のエレメントとプロファイルとの関係，XBRL GL データと XBRL FR データとを結びつけるための仕組みである SRCD，そして XBRL GL データの表示に関わる技術としてテーブル・リンクベースと InlineXBRL について解説をおこなう。

1　XBRL GL のエレメントとプロファイル

XBRL GL は，現時点で公表されているタクソノミにおいて 400 を超える大量のエレメントが定義されている（正確には 413 個存在する）。しかし，実際にはすべてのエレメントを使って会計事象を記録することはない。さまざまな会計帳票類を表現するために考えられる限りすべての項目を取り込んだ結果とし

て，これだけの大量のエレメントが定義されたわけである。

　実際には，利用目的によって使用するエレメントは限定されている。たとえば通常の監査目的の場合（ADS）と税務調査の場合（SAF-T）とでは，当然ながら使用するエレメントが異なるはずである。このように利用場面に応じて，どのようなエレメントを利用したらよいか，という情報をまとめたものを「プロファイル」（profile）と呼んでいる[3]。

　ADS や SAF-T のフォーマットとして XBRL GL を採用するということの意味は，それぞれの目的に応じて XBRL GL のエレメントを新たに定義するということではない。既にある大量の GL エレメントの中から必要なものを取捨選択し，どのようなプロファイルを定義したらよいかということと技術的には同義となる。どのようなエレメントが必要となるかを議論するためには，もちろん XBRL GL に関する技術，とりわけ XBRL GL Taxonomy についての知識も必要であるが，最も重要なことは，監査をおこなううえで必要となるデータがどのようなものであるかという監査実務についての深い知識である。そのため，ADS の議論を進めるためには，監査のエキスパートである公認会計士のコミットメントが決定的に重要であり，欠かすことはできない。

　なお，もしも既存の GL エレメントでは足りないということが判明したならば，GL タクソノミの拡張をおこなう必要がある。タクソノミの拡張には，XBRL GL についての深い知識が必要となるため，ADS の議論を進めるためには，結局，監査と XBRL GL 双方についての理解が欠かせない。

2　SRCD

　ISO の ADS について，ある国において XBRL GL のインプットデータと，XBRL FR のアウトプットデータを突き合わせ，整合性をチェックするという試みがなされようとしていると述べたが，これは自動的に実現できるわけではない。なぜならば，XBRL GL のデータと，XBRL FR のデータは基本的にはヒモ付けされておらず，そのままでは何の連携もとれないからである。

　このことを理解するためには，データとメタデータの関係を理解する必要がある。たとえば10万円の商品を売上げ，代金は掛けとした場合を考えてみよう。仕訳は，

第14章　XBRLと監査データ標準（ADS）

　　　　　（借方）売掛金　100,000　（貸方）売上　　100,000

となり，それぞれ貸借対照表上の「売掛金」の金額，および損益計算書上の「売上高」の金額に反映されるはずだ。

　この時，インプット側であるXBRL GLのデータの構造を考えてみると，メタデータ（タクソノミのエレメント名）は「借方項目」「借方金額」「貸方項目」「貸方金額」であり，それぞれに対応するデータ（インスタンス）は「売掛金」「100,000」「売上」「100,000」となる。またアウトプット側であるXBRL FRのデータ構造を考えてみると，メタデータは「売掛金」「売上高」であり，データは「100,000」「100,000」ということになる[4]。

　両者を対比すれば分かるが，「売掛金」というのはXBRL GLではデータであるが，XBRL FRではメタデータであり，「売上」の場合もGLではデータであるが，FRではメタデータということになる。しかも売上は，FRでは「売上高」となり，そもそも値そのものが一致していない。データ構造からすると，一見同じものに見えても，その本質はまったく異なっているため，何らかの方法で両者を結び付けない限りXBRL GLデータとXBRL FRデータを突き合わせて検証をおこなうことはできない。

　XBRL GLの「借方項目」というメタデータに，「売掛金」というデータが格納された場合，XBRL FRのタクソノミに定義されたメタデータである「売掛金」というエレメントの値として，XBRL GLの「借方金額」の値100,000を格納する，といったヒモ付けのためのルールを何らかの形で定義する必要があるが，これらのヒモ付けのためのデータを格納する標準的方法を提供するのが，SRCD（Summary Reporting Contextual Data）モジュールである。

　SRCDに格納されるのは，上記のような単純な仕訳データと財務諸表とのヒモ付けだけではない。XBRL GLには1つの取引に対してさまざまな日付データが格納されている。前述の売上データであれば，発注を受けた時の日付，発送をした時の日付，検収を受けた時の日付，代金を回収した時の日付等々である。これらの日付のうち，どの日付データをトリガーとしてXBRL FRデータへのヒモ付けをおこなうかということも重要である。ある企業で販売基準として発送基準を採用している場合，発送をした時の日付を格納するエレメントに

データが入力された場合に，XBRL FR データへ反映させるといったことが実現できるからだ。SRCD にはそのようなデータも格納されることになる。

抽出された会計データ（XBRL GL データ）について，実際の財務諸表データ（XBRL FR データ）と整合性があるかどうかをチェックするためには，内部的に利用されている総勘定元帳の勘定科目名と，財務諸表の報告項目との対応関係がどのようになっているかを知っている必要があるが，SRCD はそのような対応付けを自動化するための仕組みであるということを知っておくことは，ADS の意義を理解する上で欠かすことのできない知識である。

3　テーブル・リンクベースと Inline XBRL

監査データを XBRL 形式で入手できたとしても，それを見やすく表示できるかどうかということは大きな問題として立ちはだかっている。いくらインテグリティの高い形式のデータであっても，特殊なシステムやソフトウェアを用いなければ中身を見ることもままならないようでは，そのデメリットはメリットを上回りかねないからである。

XBRL GL データを見やすいレイアウトで表示するためには，いくつかのアプローチがあるが，最も汎用性の高いものは，テーブル・リンクベースを用いる方法である。テーブル・リンクベースを採用した場合，特定の見読ツールや情報システムに依存しないため汎用性が高いという点で，優れた方法であるといえるだろう。

XBRL GL の場合，実は「借方項目」と「貸方項目」，あるいは「借方金額」と「貸方金額」を格納するエレメントは同じものを用いる。違いは「借・貸」エレメントに「借方」というデータが入るか「貸方」と入るかの違いだけである。これを我々が一般的に抱く仕訳のイメージとして表示するためには，「借・貸」エレメントに「借方」とある項目を表の左側に配置し，「借・貸」エレメントに「貸方」とある項目を表の右側に配置するといった工夫が必要となる。このように，XBRL GL データに格納されている各エレメントをどのような様式で表として表示したらよいかという情報を格納するのが，テーブル・リンクベースである。表示のための雛形がしっかりと確立している帳票類については，テーブル・リンクベースの定義についても議論をしていく必要がある。

XBRL GL データの表示について，もう1つの汎用的な方法は，Inline XBRL の技術を使うことである。ひとことで言えば，HTML データの中に XBRL データを組み込むことで，Web ブラウザー上で XBRL データを綺麗に整形された状態で表示できるようにする技術である。もう少し技術的に説明すると，HTML 文書の中に，XBRL フラグメントを埋め込むための標準的な方法を定めたもので，「不明なタグは無視する」という HTML の仕様を巧妙に利用したものである。

　Inline XBRL は，XBRL FR データの領域では既に採用されており，EDINET や TDNet より入手できるデータ形式としても採用されており，特殊な見読システムがなくても普段利用している Web ブラウザー上で手軽に閲覧できるので，今後の普及が見込まれている。

Ⅴ　おわりに

　以上のように，本章では最近の XBRL と監査をめぐる動向について，ADS という監査データの標準化と XBRL GL の概要について検討をした。ADS は現在，基礎編，総勘定元帳基編，受注現金回収補助元帳編，調達支払補助元帳編，在庫補助元帳編，固定資産補助元帳編の5つが公表されており，今後も増え続けていくだろう。そこで終わりにあたり，今後，我々が取り組むべき課題について考えてみたい。

　まず，ADS の全体像を適切に把握する必要があるだろう。ADS では，今後公表されるであろう基準のすべてに共通する内容について，「基礎編」を規定した。またすべての勘定項目を格納する総合的な帳簿に対応するものとして「総勘定元帳編」を公表している。これらを土台として，今後さまざまな台帳 (subledger) に関する基準が公表されていくことになるが，その体系の全容とその内容について把握することが必要となる。

　続いて，それらの諸基準で示されているデータ・フィールドの妥当性について，検討することも必要であろう。各データ・フィールドの必須・推奨の違い (Level) についても，本当にそれでよいのか吟味する必要があるだろう。必須項目 (Level 1) は本当にこれだけでよいのか，推奨項目 (Level 2) について他

にも必要となるものはないか，あるいは不要なものが提示されていないか，といったことを確認していかなければならない。

次に，このADSがもたらす影響についても検討する必要がある。このADSが導入されることによって，監査実務にどのように影響を与えるのか，これまで不可能だったことが可能になるものがあるのか，あるいはADSを導入することによって失われてしまう部分は本当にないのか，副作用をもたらす可能性はないのか，等々である。

注目すべき動向としては，ISOのADSに対する中国をはじめとする各国の反応である。各国は電子開示システムなどにより，企業の会計システムからのアウトプットデータについては，既に十分な把握が可能となっている。AICPAもしくはISOのADSが導入され，企業の会計システムへのインプットデータについても把握が可能となれば，インプットデータとアウトプットデータの整合性をとることを自動化することが可能となる。これは，インボイス方式での付加価値税の把握などもきわめて容易となり，政府側にとっては大きなメリットをもたらすと同時に，監視社会を実現するためのツールとしても十分に機能を発揮できることを意味している。このような意味で，ADSが仮に制度化され強制されるようになれば，そのインパクトは単に財務的な管理・把握といったレベルを超え計り知れない広がりをもたらす可能性がある。ADSについては，技術的な側面が強調されがちであり，このような社会的なインパクトが看過されないよう，十分な知識を得る必要がある。

● 注
1 日本公認会計士協会IT委員会実務指針第8号（日本公認会計士協会［2018］）では，「…EDINETに提出されたXBRLデータを分析すると，XBRLデータに誤りが生じたまま公衆の縦覧に供されたために，訂正報告書を提出する実例も出ている」（1頁）との指摘があり，「かかる状況において，XBRLデータについて責任を有するXBRLデータ提出会社の経営者（以下「経営者」という。）は，XBRLデータの信頼性を向上させることが必要となり，<u>そのニーズに応えるため監査事務所が合意された手続業務を実施することが考えられる。</u>」（2頁）との見解を示している（下線は筆者）。
2 電子的監査証拠とは，日本公認会計士協会［2013b］によれば，「企業において電

子的に作成，転送，処理，記録，保存された情報から監査人が入手し，意見表明の基礎となる個々の結論を導くために利用する情報」と定義されている。

3　XBRL GLでは，このようなプロファイルといった表現とは別に，パレット・アプローチという呼び方も存在している（Goto［2010］）。これはパレットの上に絵の具を絞り出し，さまざまな色を組み合わせてパレット上に色を作り出すことをなぞらえた表現である。

4　インスタンスに入力される金額は，正確には3桁ごとのカンマは挿入されておらず，この場合は「100000」が正しい。本文中の説明では理解しやすいように敢えて「100,000」と表記している点に注意されたい。

● 参考文献

American Institute of Certified Public Accountants（AICPA）［2013a］，Assurance Services Executive Committee（ASEC），Emerging Assurance Technologies Task Force，AuditDataStandards.Base.August2013（Base Standard as of August 2013），AICPA．（http://www.aicpa.org/InterestAreas/FRC/AssuranceAdvisoryServices/DownloadableDocuments/AuditDataStandards%20Base%20August2013.pdf）（2018年2月18日確認）

──────［2013b］，ASEC，Emerging Assurance Technologies Task Force，AuditDataStandards.GL.August2013（General Ledger Standard as of August 2013），AICPA．（http://www.aicpa.org/InterestAreas/FRC/AssuranceAdvisoryServices/DownloadableDocuments/AuditDataStandards%20GL%20August2013.pdf）（2018年2月18日確認）

──────［2013c］，ASEC，Emerging Assurance Technologies Task Force，AuditDataStandards.AR.August2013（Accounts Receivable Subledger Standard as of August 2013），AICPA．（http://www.aicpa.org/InterestAreas/FRC/AssuranceAdvisoryServices/DownloadableDocuments/AuditDataStandards%20AR%20August2013.pdf）（2018年2月18日確認）

──────［2015a］，ASEC，Emerging Assurance Technologies Task Force，AuditDataStandards.Base.July2015（Base Standard as of July 2015），AICPA．（http://www.aicpa.org/InterestAreas/FRC/AssuranceAdvisoryServices/DownloadableDocuments/AuditDataStandards/AuditDataStandards.BASE.July2015.pdf）（2018年2月18日確認）

──────［2015b］，ASEC，Emerging Assurance Technologies Task Force，AuditDataStandards.GL.July2015（General Ledger Standard as of July 2015），AICPA．（http://www.aicpa.org/InterestAreas/FRC/AssuranceAdvisoryServices/DownloadableDocuments/AuditDataStandards%20GL%20August2013.pdf）（2018

年 2 月 18 日確認）

――――　[2015c], ASEC, Emerging Assurance Technologies Task Force, AuditDataStandards.O2C.July2015 (Order to Cash Receivable Subledger Standard as of July 2015), AICPA. (http://www.aicpa.org/InterestAreas/FRC/Assurance AdvisoryServices/DownloadableDocuments/AuditDataStandards/AuditData Standards.O2C.July2015.pdf)（2018 年 2 月 18 日確認）

――――　[2015d], ASEC, Emerging Assurance Technologies Task Force, AuditDataStandards.P2P.July2015 (Procure to Pay Subledger Standard as of July 2015), AICPA. (http://www.aicpa.org/InterestAreas/FRC/AssuranceAdvisory Services/DownloadableDocuments/AuditDataStandards/AuditDataStandards.P2P. July2015.pdf)（2018 年 2 月 18 日確認）

――――　[2017a], ASEC, Emerging Assurance Technologies Task Force, AuditDataStandards.Inventory.March2017 (Inventory Subledger Standard as of March 2017), AICPA. (https://www.aicpa.org/content/dam/aicpa/interestareas/ frc/assuranceadvisoryservices/downloadabledocuments/auditdatastandards/ auditdatastandardsinventory.march2017.pdf)（2018 年 2 月 18 日確認）

――――　[2017b], ASEC, Emerging Assurance Technologies Task Force, AuditDataStandards.FixedAssets.December2017 (FixedAssetsSubledger Standard as of December 2017), AICPA. (https://www.aicpa.org/content/dam/aicpa/ interestareas/frc/assuranceadvisoryservices/downloadabledocuments/ auditdatastandards/auditdatastandardsfixedasset-dec2017.pdf)（2018 年 2 月 18 日確認）

Goto, M. [2010] XBRL as a Semantics over XML That Makes RelaxedData Analysis. (http://www.imes.boj.or.jp/iso/papers/11 4.pdf)（2018 年 2 月 18 日確認）

日本公認会計士協会［2011］，IT 委員会研究報告第 41 号『XBRL データに対する合意された手続』日本公認会計士協会，2011 年 12 月 5 日公表．以下の URL より PDF 版を入手できる．(http://www.hp.jicpa.or.jp/specialized_ field/main/41_7.html)（2018 年 2 月 18 日確認）

――――　[2013a], IT 委員会研究報告第 5 号『IT に係る保証業務等の実務指針（一般指針）［改正］』日本公認会計士協会，2013 年 7 月 24 日公表．以下の URL より PDF 版を入手できる．(http://www.hp.jicpa.or.jp/ specialized_field/post_1705.html)（2018 年 2 月 18 日確認）

――――　[2013b], IT 委員会研究報告第 43 号『電子的監査証拠～入手・利用・保存等に係る現状の留意点と展望～』日本公認会計士協会，2013 年 7 月 30 日公表．以下の URL より PDF 版を入手できる．(http://www.hp.jicpa.or.jp/specialized_field /main/43.html)（2018 年 2 月 18 日確認）

―――――［2018］，IT委員会実務指針第8号『電子開示書類等のXBRLデータに対する合意された手続業務に関する実務指針』日本公認会計士協会，2018年1月12日公表。以下のURLよりPDF版を入手できる。(http://www.hp.jicpa.or.jp/specialized_field/files/2-10-8_4480-2-20180112.pdf)（2018年2月18日確認）

（坂上　学・林　隆敏・町田　祥弘）

第 15 章

米国における特別目的の財務諸表に対する監査

I　はじめに

　米国公認会計士協会(以下,AICPAと表記する)は,2013年6月に『中小企業の財務報告フレームワーク』(AICPA [2013a],以下 FRF for SMEs[1] と表記する)を公表した。本章は FRF for SMEs に準拠して作成される財務諸表の信頼性の保証の問題を特別目的の財務報告に対する監査という観点から検討しようとするものである。AICPA が公表した FRF for SMEs は,一般に認められた会計原則(以下,US GAAP と表記する)に基づく財務諸表の作成が義務づけられていない場合に,汎用的な用途の財務諸表の作成と当該財務諸表の外部的な利用にとって適切な規準となるものである(AICPA [2013a], p.v.)。従来,US GAAP に準拠した財務諸表の作成が義務づけられていない場合の会計実務の基準として,「その他の包括的会計基準(other comprehensive basis of accounting)」(以下,OCBOA と表記する。cf. Madray [2006])が適用されてきた。

　OCBOA は,当該基準を設定する権威ある機関が存在せず,OCBOA に基づく財務諸表の作成は,AICPA の監査基準審議会(Auditing Standards Board, 以下 ASB と表記する)が公表した監査基準書第62号「特別報告」(以下,AU623 と表記する)が主要な指針となってきた(Madray [2006], p.1.02.)。FASB が非公開会社向けの会計基準の策定の枠組みを議論している中で,FASB に先んじて AICPA が FRF for SMEs を設定したことは,OCBOA の公

式ルール化を狙いとするものであったと指摘されている（河﨑 [2013a]）。AICPA は FRF for SMEs の採用を義務づける権限を有するものではなく，企業経営者による任意の選択に委ねられているが（AICPA [2013a], p.vii.），一定のデュー・プロセスを踏んで FRF for SMEs が公表されていることからも相当の権威づけを行う意図があったことを窺い知ることができる（浦崎 [2013], 42-46頁）。

　AICPA の動向を総合的に考慮するならば，AICPA は FRF for SMEs を特別目的の財務諸表の監査の前提となる会計基準（特別目的の財務報告の枠組み）と措定し，中小企業会計および監査の制度の体系的な整備を図ったのではないかという点が筆者の解釈である。以下においては，そのような観点から中小企業会計および監査の制度設計についてその構図を浮き彫りにしようとするものである。

特別目的の財務諸表に対する監査手続

1　特別目的の財務諸表の意義

　国際監査基準第 800 号「特別な考慮事項―特別目的の枠組みに準拠して作成された財務諸表の監査」（IAASB [2009]）によれば，特別目的の財務諸表とは特別目的の枠組みに準拠して作成された財務諸表を意味し，また特別目的の枠組みとは特定の利用者の財務情報ニーズを満たすために策定された財務報告の枠組みをいうものとされ，そしてその特別目的の財務報告の枠組みは適正表示の枠組みまたは準拠性の枠組みとして利用することができると指摘されている（IAASB [2009], para.6）。例えば，特別目的の財務諸表は，規制当局や契約当事者等からの求めに応じて作成される。資金借入れに際しては，銀行は借り手の中小企業に契約内容に基づいた連結財務諸表の作成を求めることがある（ASB [2012], para.A1）。本章では，AICPA が指摘しているように（AICPA [2013a], pp.v, vi, vii, 12），FRF for SMEs が特別目的の枠組みをなすものであり，FRF for SMEs に準拠して作成された財務諸表を特別目的の財務諸表として解釈している。

国際監査基準書第800号では，財務諸表は関連する注記を含む完全な一組の特別目的の財務諸表と定義されている（IAASB［2009］，para.7）。FRF for SMEsにおいても，財務諸表は，通常，財政状態計算書，事業活動計算書，持分変動計算書，キャッシュ・フロー計算書ならびに財務諸表の注記および附属明細書で構成されるものであるが，単一の財務表，例えば財政状態計算書のみの作成を妨げるものではない。しかしながら，財政状態計算書と事業活動計算書の双方を作成する場合には，同時にキャッシュ・フロー計算書をも作成しなければならないと述べられている（AICPA［2013a］，para.1.04.）。したがって，FRF for SMEsに準拠して財務諸表を作成する場合には，それを構成する財務表は常に完全な一組のもので構成されているとは限らない。

上述のように，これまでOCBOAに基づいた特別目的の財務諸表の監査は，AU623に基づいて行われてきたが，ここではAICPAのAU-C800「特別な考慮事項—特別目的の枠組みに準拠して作成された財務諸表の監査」（ASB［2012］，以下AU-C800と表記する）をも考慮に入れながら，特別目的の財務諸表の監査の手続きについてみていきたい。AU623およびAU-C800は，次の財務諸表等に関連して公表する監査報告書（auditors' report）に適用される（ASB［1989］，para.01）。

① US GAAP以外の包括的会計基準に準拠して作成された財務諸表
② 財務諸表の特定の要素，勘定，または項目
③ 監査済み財務諸表に関連する契約条項または規制上の要求への準拠性
④ 契約条項または規制条項に準拠した財務上の表示
⑤ 決められた監査報告書の形式が要求している決められた様式または細則で表示された財務情報

本章に関連する事項は上記の①US GAAP以外のその他の包括的会計基準[2]に準拠して作成された財務諸表であり，具体的にはFRF for SMEsに準拠して作成された財務諸表について，その信頼性を保証する手続きはどのようになっているかを検討することである。

米国において一般に認められた監査基準（以下，GAASと表記する）が適用されるのは，監査人が財務諸表の監査を実施しその報告書を作成するときである。財務諸表とは，前記の事項を含め，例えば，会社の財務諸表，会社の連結

グループの財務諸表，関係会社の結合グループの財務諸表，非営利組織の財務諸表，政府組織の財務諸表，不動産または信託の財務諸表，パートナーシップの財務諸表，個人会社の財務諸表，それらのセグメントの財務諸表，個人事業者の財務諸表などである。財務諸表という用語は，財務データの表示のことをいう。それには，財務諸表の注記も含まれている。財務諸表は，会計記録から作成され，ある時点の企業の経済的資源または債務，あるいは，一定期間のそれらの変動について，包括的会計基準に準拠して伝達することを意図したものである。報告目的に照らすならば，監査人は，財務諸表となるべき以下のタイプの財務的表示のそれぞれについて監査を実施することが求められている（ASB [1989], para.02）。

① 貸借対照表
② 損益計算書または事業活動計算書
③ 留保利益計算書
④ キャッシュ・フロー計算書
⑤ 所有者持分変動計算書
⑥ 所有者持分勘定に計上されない資産および負債の計算書
⑦ 収益と費用の計算書
⑧ 事業活動の要約
⑨ 生産ライン毎の事業活動計算書
⑩ 現金収支の計算書

　AU-C800 によれば，それらの監査対象について特別に考慮すべき点は，(a)監査契約の受嘱，(b)監査契約に基づく監査計画の立案と監査の実施，(c)監査意見の形成と報告である。中小企業の財務諸表の監査においては，当該企業の経営状態やその環境を分析し，効率的な内部統制システムが運用されているかどうかを把握することにある。所有と経営が分離していない中小企業の場合には，内部統制システムが不十分なケースが多く内部統制に依存した監査手続を実施することができないことがあるからである。その場合には，実証的な監査手続を中心とした監査計画が組まれることになることは周知のところである。

2 監査における特別考慮事項

(1) 監査契約受嘱時の考慮事項

監査人は，特別目的の財務諸表を作成するために準拠した財務報告の枠組みの妥当性を確認するために，(a)財務諸表の作成目的，(b)財務諸表の意図される利用者，(c)採用した財務報告の枠組みが状況に適合しているかどうかを決定するために経営者が行った手続について理解することが求められている（ASB [2012], para.10）。また，監査の前提条件として，監査人は，経営者には自社の財務諸表を作成するために採用した特別目的の枠組みに関連して必要となるすべての情報を開示する責任があることを自覚し理解していることについて経営者から合意を得なければならない。それ以外に留意すべき事項は次の4点である（ASB [2012], para.11）。

① 重要な会計方針を含めた特別目的の枠組みの説明，当該枠組みとUS GAAPの差異，その差異が及ぼす影響
② US GAAPに準拠して作成される財務諸表の項目と同一もしくは類似の項目を記載する特別目的財務諸表についてUS GAAPで要求される事項と同等のすべての情報を開示していること。
③ 特定の当事者との契約に基づいて特別目的の財務諸表を作成している場合の当該契約に関する重要事項についての解釈
④ 特別目的の財務諸表の適正な表示を得るために必要とされる追加的な情報を開示すること

(2) 監査計画の立案と監査実施時の考慮事項

特別目的の財務諸表の監査計画の立案と当該監査の実施に際して，監査人は監査契約の状況を斟酌し，会計方針の選択と適用について理解することが求められている。また，企業と財務諸表の提供先との契約に基づいて特別目的の財務諸表を作成する場合には，監査人は当該契約についての十分な理解が求められる。契約内容について十分理解が求められるのは，契約内容について別の合理的な解釈が生じ財務諸表に表示されている情報に重要な変更が生じないようにするためである（ASB [2012], para.12, 13）。

(3) 監査意見形成時の考慮事項

　財務諸表全体の表示に関する監査人の判断は，明確な枠組みに基づいて行われなければならない。通常，その枠組みは一般に認められた会計原則によって提供される。そして，監査意見を形成するときの監査人の判断は，US GAAPの枠組みに従って行われる。しかしながら，状況によっては，US GAAP以外の包括的会計基準が，監査人の判断の枠組みとして用いられる（ASB［1989］, para.03）。すなわち，本章では FRF for SMEs が監査人の判断の準拠枠となるものとして捉えている。

　US GAAP 以外の包括的会計基準に準拠して作成された財務諸表を報告するときには，監査人は監査報告書において次の事項を記載しなければならない（ASB［1989］, para.05）。

(a) 独立という用語を含めて記載する表題。監査人でない場合はその限りではない。
(b) 次の事項を含むパラグラフ
　　1. 監査報告書に明示される財務諸表は監査済みであるということを記載する。
　　2. 財務諸表は会社の経営者の責任であること，そして，監査人は監査に基づいて表明した監査意見に対して責任を有していることを記載する。
(c) 次の事項を含むパラグラフ
　　1. 監査は一般に認められた監査基準に準拠して実施されたこと，そして，その監査基準は米国合衆国の監査基準であることを記載する。
　　2. 当該監査基準は監査人が財務諸表には重要な虚偽表示がないことについての合理的な保証を獲得するために監査を計画し実施することを要求していることを記載する。
　　3. 監査には次の事項が含まれていることを記載する。
　　　　① テストベースで財務諸表の金額と注記の根拠となる証拠を検証したこと
　　　　② 経営者が採用した会計原則と経営者が行った重要な見積について評価したこと
　　　　③ 財務諸表全体の表示について評価したこと

第 15 章　米国における特別目的の財務諸表に対する監査　265

　　4．監査人は実施した監査が監査意見の合理的な証拠を提供するものであることを確信していることを記載する。
（d）次の事項を含むパラグラフ
　　1．表示基準を記載する。そして，表示基準に関する財務諸表の注記に言及する。
　　2．表示基準はUS GAAP以外のその他の包括的会計基準であることを記載する。
（e）財務諸表は，すべての重要な事項について，その他の包括的会計基準に準拠して，適正に表示されているかどうかに関する監査意見を表明する（あるいは監査意見を拒否する）パラグラフ。
（f）財務諸表が政府規制当局の要求や財務報告に関する規則に準拠して作成されている場合，監査報告書の末尾に独立のパラグラフを設け，監査報告書は単に情報を提供することに目的が有り，監査報告書は企業内での利用を目的としたものであることを記載する。また，その企業が適用を受ける法律を作る規制当局に対するものであり，これらの特定の関係者以外の人によって利用されることを意図するものではないし，利用されてはならないことを記載する。監査人がこの様式の監査報告書を利用することができるのは，財務諸表と監査報告書が企業内の人々によって利用される場合のみであり，あるいは，規制当局が利用する場合である。
（g）監査会社のマニュアルまたは印刷署名
（h）日付
　なお，財務諸表が「US GAAP以外の包括的会計基準」に準拠した表示の条件を満たしていないときは，監査人は，US GAAPに準拠したものではないことを考慮して，適切に修正した標準様式の監査報告書を使用しなければならない（ASB［1989］, para.06）。

Ⅲ　日本の会計監査制度に関する検討

　企業会計審議会は，2014年2月18日に監査基準の改訂に関する意見書（以下，意見書2014と表記する）を公表した。監査基準の改訂についての審議の背

景によれば，この度の改訂のポイントは，一般目的の財務諸表とは異なる特別目的の財務諸表に対する信頼性の保証について規定したところにある。一般目的の財務諸表とは「幅広い利用者に共通するニーズを満たすべく一般に公正妥当と認められる企業会計の基準に準拠して作成された財務諸表」（意見書 2014，1 頁）をいい，特別目的の財務諸表とは「特定の利用者のニーズを満たすべく特別の利用目的に適合した会計の基準に準拠して作成された財務諸表」（意見書 2014，1 頁）を意味する。ここでは，非公開の中小企業が作成する特別目的の財務諸表の信頼性の保証について検討することを目的とするものである。

後者の特別目的の財務諸表に関する規定が定められたのは，近年，公認会計士に対して特別目的の財務諸表に対しても監査という形で信頼性の担保を求めたいとの要請が高まってきたこと，また，国際監査基準では，財務諸表の利用者のニーズに応じて，一般目的の財務諸表と特別目的の財務諸表という財務報告の枠組みが分類され，適正性に関する意見と準拠性に関する意見とのいずれかが表明されることが既に規定されており，実際に適用されていることからである（意見書 2014，1 頁）と指摘されている。

ところで，会社法によれば，株式会社の会計は，一般に公正妥当と認められる企業会計の慣行に従ってそれを行い（会社法 431 条），法務省令で定めるところより，適時に，正確な会計帳簿を作成しなければならない（会社法 432 条）。かかる会計帳簿に基づき，株式会社は，法務省令で定めるところより，各事業年度に係る計算書類（貸借対照表，損益計算書その他の株式会社の財産および損益の状況を示すために必要かつ適当なものとして法務省令で定めるもの）および事業報告ならびにこれらの付属明細書を作成しなければならない（会社法 435 条 2）。また，会計監査人設置会社においては，計算書類およびその附属明細書について会計監査人による監査が義務づけられている（会社法 436 条 2 一）。

当該監査済み計算書類等は，取締役会設置会社においては，取締役会の承認を受け（会社法 436 条 3），定時株主総会に提出され承認をうけることとなる（会社法 438 条）。なお，会計監査人設置会社においては，一定の要件を満たす場合，取締役は，当該計算書類の内容を定時株主総会に報告しなければならない（会社法 439 条）。さらに，株式会社は，法務省令で定めるところにより，定時株主総会の終結後遅滞なく，貸借対照表（大会社にあっては，貸借対照表およ

び損益計算書）を公告しなければならないとされている（会社法440条）。ここでは，非公開であって大会社に区分されない会社が，公告以外の特別目的で財務諸表を作成する場合の保証業務の特徴について検討したい。

　米国においては，一般に認められた会計原則に基づいて財務諸表を作成することが要求されていない場合に，当該財務諸表の作成の準拠枠となるものが特別目的の枠組みであり，当該枠組みに基づいて特定の利用目的のために限定的に作成される財務諸表が特別目的の財務諸表である。日本の会社法は，非公開会社であって大会社に区分されない中小会社であっても，貸借対照表の公告が求められている。公告は，不特定多数の利用者に対して情報を提供するものであるから，一般目的の財務報告であると理解することができる。そのため，中小企業が公告を行う場合を除き，ここで議論の対象となるのは，中小企業が外部の金融機関から資金を調達する場合の財務諸表の作成とその信頼性の保証である。そこで，論点を整理すれば以下のようになる。

① 　米国では，US GAAP以外の準拠枠，たとえばOCBOAやFRF for SMEsを特別目的の枠組みと呼んでいるのに対して，日本では中小企業の会計に関する指針（中小指針）や中小企業の会計に関する基本要領（中小会計要領）は会社法にいう一般に公正妥当と認められる企業会計の慣行（会社法431条）と考えられるにもかかわらず，監基報800および監基報800・805Q&Aでは中小指針および中小会計要領は特別目的の財務報告の枠組みとされていること。

② 　米国の監査基準では，特別目的の枠組みによって作成される財務諸表は特別目的の財務諸表と規定されているが，AICPAは，FRF for SMEsでは当該枠組みによって作成される財務諸表は一般目的の財務諸表であると述べており，用語法に矛盾があること。

③ 　日本では，特別目的の財務諸表は，「特定の利用者のニーズを満たすべく特別の利用目的に適合した会計の基準に準拠して作成された財務諸表」（意見書2014，1頁）という定義のみで，特別目的の財務諸表を作成するための準拠枠（中小指針や中小会計要領）については，監基報800・805および監基報800・805Q&Aにおいて規定が見られること。

④ 　監査の実施に当たっては，準拠性に関する意見の表明の場合であっても，

適正性に関する意見の表明の場合と同様に，リスク・アプローチに基づく監査を実施し，監査リスクを合理的に低い水準に抑えた上で，自己の意見を形成するに足る基礎を得なければならないこと（意見書2014，3頁）。また，個別の財務表または個別の財務諸表項目等に対する監査意見を表明する場合であっても，単にそれらの検討にとどまることなく，意見を表明するために必要な範囲で，内部統制を含む，企業および企業環境を理解し，これらに内在する事業上のリスク等が重要な虚偽の表示をもたらす可能性を考慮しなければならない（意見書2014，4頁）。

⑤ 日本においては，財務諸表の利用者が財政状態や経営成績等を理解するに当たって財務諸表が全体として適切に表示されるように追加的な開示を求める規定（追加的な開示要請の規定）が会計の基準にないことが多いことなどから，監査意見は準拠性について意見表明が行われること。財務諸表における表示が利用者に理解されるために適切であるかどうかの判断（適正性に関する意見表明）には，財務諸表が表示のルールに準拠しているかどうかの評価と，財務諸表の利用者が財政状態や経営成績等を理解するに当たって財務諸表が全体として適切に表示されているか否かについての一歩離れて行う評価が含まれるが，準拠性に関する意見の表明の場合には，後者の評価が行われないという差異がある（意見書2014，3頁）。

⑥ 日本における準拠性に関する監査意見であっても，財務諸表には重要な虚偽の表示がないことの合理的な保証を得たとの監査人の判断が含まれており，この判断に当たり，監査人は，経営者が採用した会計方針が，会計の基準に準拠して継続的に適用されているかどうか，財務諸表が表示のルールに準拠しているかどうかについて形式的に確認するだけではなく，当該会計方針の選択および適用方法が適切であるかどうかについて，会計事象や取引の実態に照らして判断しなければならないとされている（意見書2014，4頁）。

⑦ また，この度の監査基準の改訂では，特別目的の財務諸表の利用者の誤解を招かないようにするために「第四　報告基準」に「八　特別目的の財務諸表に対する監査の場合の追記情報」を新設し，特別目的の財務諸表に対する監査報告書を作成する場合には，監査報告書に，会計の基準，財務

諸表の作成の目的および想定される主な利用者の範囲を記載するとともに，財務諸表は特別の利用目的に適合した会計の基準に準拠して作成されており，他の目的には適合しないことがある旨を記載しなければならないこととされている（意見書2014，4・5頁）。

周知のように，日本においては公開大会社向けの会計基準と非公開の中小会社向けの会計基準が整備され，会計制度の二分化の現象が観察される（河﨑[2014]）。意見書2014は，そのような会計制度の2分化の現象のうち，特別目的の財務諸表という観点から中小会社の会計監査制度の整備を行ったものではないかと理解している。米国においては，日本に遅れてAICPAがFRF for SMEsを公表したことにより中小企業版の概念フレームワークと会計基準の設定が行われた。そのような動向は，すでに監査基準において規定されていた特別目的の財務諸表に適合する特別目的の枠組みを設定することに目的があったと推察される。すなわち，FRF for SMEsを特別目的の財務諸表を作成するための前提として措定し，特別目的の財務報告制度の体系化を図ったものであると解釈されるのである。つまり，日本の監査実務において特別目的の財務諸表に対する保証業務が浸透するためには，「一般目的」と「特別目的」の考え方，「適正性意見」と「準拠性意見」の取扱い，さらには「追記情報」との関連を含めて，実務判断が的確に行われるような判断規準が必要であろう。

Ⅳ　おわりに

本章は，不特定多数の外部の投資者に定期的に財務報告を行うインセンティブのない非公開の中小企業が，特別目的のフレームワーク，すなわちFRF for SMEsに準拠して，個々の情報利用者のニーズに応じたテーラーメードの財務情報としての特別目的の財務諸表を作成する場合の当該財務諸表の信頼性の保証問題について検討したものである。

周知のように，中小企業の経営環境に関連して，中小企業には経営上次のような特徴があるために，上場大企業とは異なる監査手続が取られると一般に指摘されている（AARF[1990]，para.1.5）。

① 所有の集中，すなわち出資者と経営者が一致していること

② 事業活動が複雑でないということ
③ システムおよび権限の手続は，しばしば，公式の文書記録をもたないこと
④ 兼務すべきでない職務の分掌が制限されていること
⑤ 経営管理者が内部統制を無視する可能性（経営者の誠実性の問題）があること
⑥ 経営管理者が限られた会計の知識しかもっていないということ
⑦ 政策決定機関（例えば，取締役会）が機能していないまたは有効でないこと

　上記の特徴点のうち，特に，③の公式のシステムおよび権限の手続の欠如や④の職務分掌の制限があるために，財務報告書の諸項目に具体化された網羅性の意思表示に関する監査保証を行うことが困難であり，さらに，上記の⑤に示すように内部統制やその手続が確立されていたとしても経営者がそれを無視して内部統制を無効にするリスクがあるために，実証性監査手続を中心とした監査計画が組まれることになる（詳細は，浦崎［2000］の第7章を参照されたい）。
　そのような経営環境の中で営まれる事業活動を記録・分類・集計する会計システムとしてFRF for SMEs[3]を措定している。当該枠組みは，US GAAPやOCBOAを採用せず，経営者が任意の選択で採用するものであり，AU-C800でいう特別目的の枠組みに該当するものである。したがって，FRF for SMEsに準拠して作成された財務諸表の信頼性について検証するためには，米国においてはAU623およびAU-C800の規程を考慮してレビューや監査が行われる。その際，FRF for SMEsの適切性の確認，当該枠組みとUS GAAPの相違点の確認が行われ，会計処理の原則・手続としてFRF for SMEsに問題がないことについて意見表明が行われる。そのような手続を経て公表されるレビュー報告書や監査報告書は，特別目的の財務諸表の信頼性について一定の保証を提供し，特定の情報利用者は当該財務諸表をその経済的意思決定に役立てるという連関が示されている。
　会計制度が二分化し会計基準の複線化が進む中で，株式を公開しない非上場の中小企業に対して，一般に公正妥当と認められる企業会計の慣行として中小指針と中小会計要領が公表されている。それは中小企業の属性に見合った最適

第15章 米国における特別目的の財務諸表に対する監査 | 271

な会計制度を構築するという観点があってのことである。本章において検討してきたように，中小企業が作成する特別目的の財務諸表に対する保証業務は，米国においてはクライアントのニーズに応じて保証業務が提供されている。日本における特別目的の財務報告制度の定着を促進するためには，企業規模・資金調達・事業内容等の企業属性を考慮した上で，監査業務のみならずレビュー業務または財務諸表のコンピレーションやプレパレーションの提供など中小企業の実務上のニーズに応じた監査関連業務の整備が求められている（浦崎［2017］，終章）。

●注
1 FRF for SMEs（FRF for SMEs accounting framework）については，河﨑［2013c］と浦崎［2013］がその全体像を明らかにしているので参照されたい。FRF for SMEs 会計フレームワークという表記は，公開草案［AICPA 2012］では用いられていなかったが，2013年6月に公表された正式版では当該用語が使用されている。本章では，FRF for SMEs という略称を用いており，FRF for SMEs と FRF for SMEs 会計フレームワークは，同義で用いている。
2 その他の包括的会計基準には，現金基準，税法基準，規制当局基準，契約基準がある。現金基準は現金収支に基づいて取引を記録するものである。また，現金主義を原則としながら，有形固定資産の減価償却費を認識する会計処理を修正現金主義と読んでいる。税法基準は所得税の納税申告書の作成に利用される基準である。規制当局基準とは，特定の業界，たとえば規制当局が保険会社に義務づける会計処理基準である。契約基準とは，企業が監査人以外の複数の取引当事者との合意によって利用される会計処理基準である（ASB［2012］, para.7）。
3 FRF for SMEs 会計フレームワークの体系について特別目的の財務報告フレームワークという観点から拙稿［浦崎 2013］において整理しているので参照されたい。

●参考文献
AARF［1990］, *The Audit of Small Business Financial Reports*, Audit Guide No.3.
AICPA［2012］, *Proposed Financial Reporting Framework for Small- and Medium-Sized Entities*, Exposure Draft, November 1, 2012.
―――［2013a］, *Financial Reporting Framework for Small and Medium-Sized Entities*, developed by AICPA FRF for SMEs Task Force［2012-2013］and

AICPA Staff.
―――― [2013b], *Evolution of a New Non-GAAP Reporting Option*.
―――― [2013c], *Illustrative Financial Statements Prepared Using the Financial Reporting Framework for Small- and Medium-Entities*.
ASB [1989], SAS No. 62 (AU Section 623) *Special Reports*, AICPA.
―――― [2005], AU Section 9623 *Special Reports: Auditing Interpretations of Section 623*, AICPA.
―――― [2012], AU-C Section 800 *Special Considerations—Audits of Financial Statements Prepared in Accordance With Special Purpose Frameworks*, Source: SAS No. 122 ; SAS No. 125, Effective for audits of financial statements for periods ending on or after December 15, 2012, AICPA.
FASB [2010], Statement of Financial Accounting Concepts No. 8, Chapter 1, The Objective of General Purpose Financial Reporting, and Chapter 3, Qualitative Characteristics of Useful Financial Information, September 2010.
―――― [2012], *Private Company Decision-Making Framework*, A Framework for Evaluating Financial Accounting and Reporting Guidance for Private Companies, Discussion Paper, July 31, 2012.
―――― [2013], *Private Company Decision-Making Framework*, A Guide for Evaluating Financial Accounting and Reporting for Private Companies, April 15, 2013.
IAASB [2009], International Standards on Auditing 800, *SPECIAL CONSIDERATIONS - AUDITS OF FINANCIAL STATEMENTS PREPARED IN ACCORDANCE WITH SPECIAL PURPOSE FRAMEWORKS*, IFAC.（国際監査基準第800号「特別な考慮事項――特別目的の枠組みに準拠して作成された財務諸表の監査」（日本公認会計士協会国際委員会翻訳））
Madray, J.L. [2006], *OCBOA Guide*, 2007 edition, CCH.
浦崎直浩 [1989]「財務諸表の基礎概念――カナダ勅許会計士協会の「ハンドブック」・セクション1000を中心として」『商経学叢』第36巻第1号, 53-69頁。
―――― [2000]『オーストラリアの会計制度に関する研究』近畿大学商経学会。
―――― [2013]「特別目的の財務報告フレームワークと中小企業会計―― AICPAのFRF for SMEsを中心として」『會計』第184巻第3号, 42-56頁。
――――編著 [2017]『中小企業の会計監査制度の探究――特別目的の財務諸表に対する保証業務』同文舘出版。
河﨑照行・万代勝信編著 [2012]『詳解 中小会社の会計要領』中央経済社。
河﨑照行 [2013a]「米国における中小企業会計の新展開」, 甲南大学大学院社会科学研究科会計専門職専攻・教員によるリレーガイダンス, 2013年6月8日。
―――― [2013b]「『中小企業の会計』と計算書類の信頼性保証」『税経通信』第68巻第1号, 35-41頁。

──────［2013c］「米国における中小企業会計の新たな動向」『税経通信』第 68 巻第 10 号, 17-23 頁。
──────［2014］「会計制度の二分化と会計基準の複線化」『會計』第 186 巻第 5 号, 1-13 頁。
坂本孝司［2011］『会計制度の解明──ドイツとの比較による日本のグランドデザイン』中央経済社。
国際会計研究学会［2011］『各国の中小企業版 IFRS の導入実態と課題』(「研究グループ報告」最終報告, 委員長・河﨑照行)。
日本公認会計士協会［2013］「多様化する財務報告に対する監査ニーズ～適用される財務報告の枠組みと監査意見～」2013 年 6 月 24 日。
日本公認会計士協会監査基準委員会［2014a］監査基準委員会報告書 800『特別目的の財務報告の枠組みに準拠して作成された財務諸表に対する監査』(本文では監基報 800 と表記する。)
──────［2014b］ 監査基準委員会報告書 805『個別の財務表又は財務諸表項目等に対する監査』(本文では監基報 805 と表記する。)
──────［2014c］監査基準委員会研究報告第 3 号「監査基準委員会報告書 800 および 805 に係る Q&A」(本文では監基報 800・805Q&A と表記する。)
町田祥弘［2013］「わが国の『監査基準』における『監査の目的』の経緯と準拠性意見の位置づけ」2013 年 6 月 24 日。

(浦崎　直浩)

パラダイム転換期における企業の会計行動

- 第16章　会計利益と課税所得の一致性と利益の質
- 第17章　日本企業の租税回避行動の特徴とその決定因子
- 第18章　IFRS適用是非の意思決定に与える影響
　　　　　——経営者持株比率に焦点を当てて
- 第19章　経済社会の変化と非GAAP利益の開示

第16章

会計利益と課税所得の一致性と利益の質

 **はじめに**

　本章では，会計利益と課税所得の一致性（Book-Tax Conformity，以下 BTC）が利益の質に与える影響を分析する。日本の場合，確定決算主義を背景として，会計利益計算と課税所得計算が制度的に連携するため，BTC の水準は比較的高いと考えられている。事実，会計利益と課税所得の差額は平均的には僅少であることが先行研究で明らかにされている[1]。しかし，会計利益計算と課税所得計算が強く連携することに対する批判もある。すなわち，両者が強く連携し，BTC の水準が高くなると，企業は財務報告よりも税金への影響を優先して会計処理を選択し，投資家にとって望ましい属性を有さない会計利益を報告することになるという批判である。実際のところ，両者の連携はどの程度会計利益に影響を与えるのだろうか。これが BTC と利益の質の関係に焦点を当てる理由である。

　会計利益計算と課税所得計算をどの程度連携させるべきかという論争は，近年では，アメリカを中心に展開している。2001 年末に破綻したエンロンを契機として，タイコ，ワールドコム，ゼロックスなどの会計不祥事が明るみに出ると，経営者による利益操作が問題視された。財務報告に対する経営者の機会主義的行動を抑止するためにも，BTC を高くする必要があるという主張が展開された。例えば，Desai［2005］は，アメリカでは会計利益の報告システム

と課税所得の申告システムが分離しているため，経営者が投資家には過大な会計利益を報告し，課税当局には過少な課税所得を申告することが同時に達成できるとする。そのため，BTCの程度を高めることによって，経営者の機会主義的な利益操作を阻止する必要があると主張する。これに対して，Hanlon et al. [2008] はBTCを高めると，企業が税金への影響を配慮するため会計利益に下方のバイアスがかかり，結果として会計利益の有用性が低下することを指摘し，この提案に反対している。また，Blaylock et al. [2015] は，BTCと利益調整の関係を分析し，むしろBTCが高い国の方が利益調整を行っていることを指摘し，BTCを高めることに否定的な考えを示している。

このようにアメリカではBTCに関する議論はいまだ収束していないが，BTCを高くすることに否定的な証拠が多い。日本のように確定決算主義を中心として会計利益計算と課税所得計算を制度的に連携させることは，もはや意義はないのだろうか。本章では，Blaylock et al. [2015] と同様に，BTCの国ごとの違いが利益の質にシステマティックに影響を与えるのか否かを分析する。

II 先行研究

会計利益と課税所得の関係性に焦点をあてた先行研究には，個別企業レベルの会計利益と課税所得の差額を分析する研究と，会計利益計算と課税所得計算の制度的連携として国ごとに識別されるBTCを分析する研究に分類できる。個別企業レベルの会計利益と課税所得の差額を分析した代表的な研究にHanlon [2005] がある。彼女は会計利益と課税所得が著しく乖離する場合，当該企業の利益の持続性が低下することを発見した。さらに，利益の構成要素であるキャッシュ・フローと会計発生高の持続性にも会計利益と課税所得の乖離が影響することを指摘している。また，Phillips et al. [2003] は会計利益と課税所得の差額が大きい場合には法人税等調整額が多額に計上されることに着目し，これが経営者の利益調整を発見する上で有効なツールになることを指摘した。いずれの研究も，個別企業レベルにおいては，会計利益と課税所得が大きく乖離することによって利益の質が低下することを指摘する。

これに対して，国ごとに識別されるBTCを分析する研究としては，

Atwood et al.［2010］がある。Atwood et al.［2010］は国際データを用いて，国・年ごとに当期の税金費用を税引前利益などに回帰し，その残差のバラツキをBTCの指標とした。その上で，国・年ごとのBTCの違いが個別企業の利益およびキャッシュ・フローの持続性に与える影響を分析した。その結果，BTCが高い国・年に属する企業ほど利益およびキャッシュ・フローの持続性が低下することを発見した。Atwood et al.［2010］の貢献の1つは，国ごとに異なるBTCの程度を指標化したことにある。これまでもBTCが利益の質に与える影響を分析する研究はあったが（Alford et al.［1993］, Hung［2001］など），その多くはBTCの高低を主観的な判断に基づいて2値に変数化したものであったため，各国間の違いを捉えることができなかった。Atwood et al.［2010］の提案する指標はそれぞれの国ごとのBTCを識別することができるため，そのような問題を克服することができる。

また，Blaylock et al.［2015］は，Atwood et al.［2010］と同様の方法によりBTCを指標化し，BTCと利益調整の関係を分析した。各国の制度的特性の中でも投資家保護（Investor Protection）の違いが利益調整に多大なる影響を与えることを指摘したLeuz et al.［2003］に従って，国・年ごとの利益調整の変数として利益平準化，会計発生高，損失回避の裁量行動を取り上げている。さらに利益捻出型の利益調整を識別するために，国・年・産業別にROA修正ジョーンズモデルによって推定される裁量的会計発生高も利益調整の変数として用いている。その結果，すべての利益調整変数について，BTCが高い国・年の方が利益調整を行っていることが明らかとなった。

このように，企業レベルの分析では，会計利益と課税所得が乖離するにつれて利益の質が低下するが，国レベルの分析ではBTCが高い国ほど利益の質が低下するという結果が得られている。個別企業ごとの分析結果と国ごとの分析結果を同列に論じることはできないものの，両者の結論は一見すると矛盾するようにも受け取れる。BTCが高いことのメリットは本当にないのか。本章では，Blaylock et al.［2015］では取り上げられなかった利益の質の変数も追加して分析する。

Ⅲ リサーチ・デザイン

1 会計利益と課税所得の一致性に関する指標

Atwood et al. [2010] は，国・年ごとに BTC の程度を指標化する方法を提案した。彼らは BTC を「企業が税引前利益と異なる課税所得を申告するために有するフレキシビリティ」と定義する。彼らの説明は次の通りである。A国に本社がある a 企業と，B国に本社がある b 企業があり，そのどちらも 100ドルの税引前利益を報告するときに，A 国に本社がある a 企業は 90 ドル〜110 ドルの幅で課税所得を申告できるフレキシビリティを持つが，B 国に本社がある b 企業は 95 ドル〜105 ドルの幅でしか課税所得を申告できるフレキシビリティを持たないとする。100 ドルの税引前利益を報告するときの課税所得の期待値はどちらも 100 ドルであるが，その分散は異なる。つまり，特定の水準の税引前利益を報告するときに，A 国に本社がある a 企業は B 国に本社がある b 企業よりも，税引前利益から乖離した課税所得を申告することができる。経営者が会計利益は高く報告したいが，課税所得は低く申告したいというインセンティブを持つ場合，特定の水準の税引前利益に対する実際に申告された課税所得のバラツキは，会計利益と課税所得が一致しないことを許容する程度を示すことになる。実際の課税所得は一般的には入手できないものの，損益計算書上の当期税金費用（current tax expense）は課税所得に基づくため，特定の水準の税引前利益に対する実際に申告された課税所得の期待値（E (TI|PTBI)）は，特定の水準の税引前利益に対する当期税金費用の期待値（E (CTE|PTBI)）として取り扱うことができる。そのため，特定の水準の税引前利益に対する課税所得の分散は，特定の水準の税引前利益に対する当期税金費用の分散とすることができる。このような考え方のもと，Atwood et al. [2010] は当期税金費用を税引前利益に回帰することによって得られる平均二乗誤差の平方根（Root Mean Square Error: 以下，RMSE）を BTC を示す指標としている。

$$CTE_{j,i,t} = \alpha_{0,j} + \alpha_{1,j} PTBI_{j,i,t} + \varepsilon_{j,i,t} \tag{1}$$

本章の分析では，Atwood et al. [2010] に従って，(1)式を国・年ごとに回帰

することによって得られる RMSE をその国の BTC の指標として利用する。すなわち，RMSE が小さいほど会計利益と課税所得の一致性が高く，それが大きいほど会計利益と課税所得の一致性が低いと解釈できる。ここで CTE は当期税金費用であり，「Total Current Taxes」（括弧内は Capital IQ データベースにおける項目名称）を用いる[2]。また，PTBI は税引前利益であり，「EBT Incl Unusual Items」を用いる。両変数ともに総資産（「Total Assets」）の期中平均で割っている。添え字の j, i, t はそれぞれ国，企業，年を表す。なお，Atwood et al. [2010] は税引前利益だけでなく，国外で獲得した税引前利益（foreign pre-tax book income）と配当総額（Total dividends）を説明変数に加えている。当期税金費用には国内で支払う税金費用だけでなく国外で支払う税金費用も含まれるため，国外で獲得した税引前利益によって国ごとの税率差が当期税金費用に与える影響をコントロールしている[3]。また，国ごとの配当課税方式の違いが当期税金費用に与える影響を配当総額によってコントロールしている。しかし，本章の分析で利用する Capital IQ データベースでは，国外で獲得した税引前利益の推定に必要となる項目に欠損値が多く，また配当に関する項目も時系列を通じて安定的に入手できないため，CTE を PTBI のみに回帰する方法によることとした。

2 利益の質に関する指標

利益の質を指標化する方法は，これまでに数多く提案されてきた[4]。その中でも，本章では，利益平準化，会計発生高の質，裁量的会計発生高および適時的な損失認識に着目する。

利益平準化の指標は Leuz et al. [2003] および Blaylock et al. [2015] に従って2つの方法により測定する。1つは，(2)式に示されるように，国・年ごとの営業キャッシュ・フローの標準偏差に対する営業利益の標準偏差の割合である[5]。いま1つは，(3)式によって示されるように，会計発生高の変動と営業キャッシュ・フローの変動の国・年ごとの相関である。なお，OI は営業利益（「Operating Income」），CFO は営業キャッシュ・フロー（「Cash from Ops.」），ACC は会計発生高を表す。会計発生高は営業利益から営業キャッシュ・フローを控除することにより算出する。なお，Δ は前期から当期への変動を表し，

すべての変数は総資産(「Total Assets」)の期中平均で割っている。

$$EQ1_{j,t} = \sigma_{j,t}(OI_{j,i,t})/\sigma_{j,t}(CFO_{j,i,t}) \tag{2}$$

$$EQ2_{j,t} = \rho_{j,t}(\Delta Acc_{j,i,t}, \Delta CFO_{j,i,t}) \tag{3}$$

　経営者が利益平準化を達成するためには,経営の意思決定(すなわち,キャッシュ・フロー)を通じて実質的に利益をコントロールする方法と,会計方針の選択や変更等(すなわち,会計発生高)を通じて技術的に利益をコントロールする方法がある。(2)式と(3)式で測定される指標は,キャッシュ・フローを経済的な業績(economic performance)と位置づけた上で,いずれも会計発生高を通じた利益のコントロールに焦点を当てる。(2)式は経済的な業績のバラツキに比した会計利益のバラツキの程度を表し,EQ1 の指標が低いほど利益平準化を行っていることになる。また,(3)式は経済的な業績の変化と会計発生高の変化の相関を表す。会計発生高とキャッシュ・フローの相関は発生主義会計の当然の帰結として負になるものの(Dechow [1994]),それが著しく負の場合は利益平準化によって引き起こされていると考えられる。したがって EQ2 が強い負の相関をもつ場合は利益平準化を行っていることになる。なお,利益平準化が利益の質の低下を意味するか否かについては意見が分かれるが,ここでは先行研究と同様に,利益調整の視点から過度な利益平準化を利益の質の低下として取り扱うこととする。

　会計発生高の質の指標は,Dichow and Dichev [2002] のモデルがベースとなる。Dichow and Dichev [2002] は,短期の会計発生高を,前期,当期および翌期の営業キャッシュ・フローに回帰し,それによって得られる残差に会計発生高の質が表れると指摘する。短期の会計発生高が隣接する会計期間に反転すると仮定すると,回帰によって得られる残差は将来キャッシュ・フローの見越計上に伴う経営者の見積誤差を表すことになる。見積誤差が小さいほど,会計発生高の質は高くなると考えられる。本章の分析では,Dichow and Dichev [2002] のモデルに Francis et al. [2005] の修正を加えたものを利用するため,実際には(4)式のように,国・年・産業ごとに短期の会計発生高を前期,当期および翌期の営業キャッシュ・フローと売上高の変動,有形固定資産に回帰し,その残差の国・年ごとの標準偏差を EQ3 とする[6]。EQ3 が小さいほど,利益

の質は高いと考えられる。なお，短期の会計発生高（CAcc）は，営業利益から営業キャッシュ・フローを控除して算出される会計発生高（ACC）に減価償却費（「Depreciation & Amort, Total」）を足し戻して算出する。Rev は売上高（「Revenues」）を，PPE は有形固定資産（「Net Property, Plant & Equipment」）を表す。また，Δ は前期から当期への変動を表し，すべての変数を総資産（「Total Assets」）の期中平均で割っている。

$$CAcc_{j,i,t} = \beta_{0,j,t} + \beta_1 CFO_{j,i,t-1} + \beta_2 CFO_{j,i,t} + \beta_3 CFO_{j,i,t+1} + \beta_4 \Delta Rev_{j,i,t} + \beta_5 PPE_{j,i,t} + \varepsilon_{j,i,t} \tag{4}$$

$$EQ3_{j,t} = \sigma_{j,t}(\varepsilon_{j,i,t}) \tag{5}$$

裁量的会計発生高（DAcc）は修正 Jones モデルに基づいて算出し，その絶対値を利益の質の指標とする。国・年・産業ごとに(6)式を回帰し，その残差を裁量的会計発生高とする。ここで，TA は総資産（「Total Assets」）の期中平均，Rev は売上高（「Revenues」），Rec は売上債権（「Total Receivables」），PPE は有形固定資産（「Net Property, Plant & Equipment」）をそれぞれ表す。なお，Δ は前期から当期への変動を表し，すべての変数は総資産（「Total Assets」）の期中平均で割っている。裁量的会計発生高の絶対値の国・年ごとの中央値が EQ4 となる。裁量的会計発生高の絶対値が高いと利益調整を行った可能性が高くなることから，EQ4 が低いほど利益の質が高いと考えられる。

$$Acc_{j,i,t} = \gamma_{0,j,t} + \gamma_{1,j,t}(1/TA_{j,i,t}) + \gamma_{2,j,t}(\Delta Rev_{j,i,t} - \Delta Rec_{j,i,t}) + \gamma_{3,j,t} PPE_{j,i,t} + \varepsilon_{j,i,t} \tag{6}$$

$$EQ4_{j,t} = Median_{j,t}\{|DAcc_{j,i,t}|\} \tag{7}$$

適時的な損失認識（Timely loss recognition）に関する指標は，Basu［1997］のモデルに依拠して算出する[7]。具体的には，(8)式を国・年ごとに推定することで得られる δ_3 を EQ5 として取り扱う。なお，R は年次の株式リターンを表し，RD は R が負である場合に 1 ，それ以外の場合に 0 をとるダミー変数を表す[8]。Basu［1997］によれば，会計利益は経済的利得よりも経済的損失に関する情報をより適時的に反映するため，δ_3（EQ5）は経済的損失に対する会計利

益の追加的な感応度を示すことになる[9]。適時的な損失認識が利益の質の改善を意味するか否かは議論の余地があるが，本章では EQ5 が高いほど利益の質が改善すると考える[10]。

$$OI_{j,i,t} = \delta_{0,j,t} + \delta_{1,j,t}RD_{j,i,t} + \delta_{2,j,t}R_{j,i,t} + \delta_{3,j,t}RD_{j,i,t}*R_{j,i,t} + \varepsilon_{j,i,t} \quad (8)$$

$$EQ5_{j,t} = \delta_{3,j,t} \quad (9)$$

3 回帰モデル

BTC と利益の質の関係を(10)式によって分析する。EQ は利益の質を表す指標であり，EQ1〜5 の指標が利用される。BTC は(1)式を国・年ごとに回帰して得られる RMSE が利用される。また，Leuz et al. [2003] は国ごとの投資家保護（Investor Protection）の制度的相違が経営者による利益調整にシステマティックに影響することを明らかにしているため，この代理変数である Outside Investor Rights（OIR）および Legal Enforcement（LE）をコントロール変数として追加する[11]。OIR は，La Porta et al. [1998] によって作成された経営陣に対抗する権利（anti-director right）に関する指標である。国ごとに 0 から 5 までの 6 段階でスコア化されており，スコアが高いほど外部投資家の権利が強いと考えられる。また，LE も La Porta et al. [1998] によって作成された指標である。法の実効性に関する国ごとの 3 つの評価指標を単純平均したものになり，数値が高いほど法の実効性が強いと考えられる。なお，3 つの評価指標とは，司法の効率性（efficiency of judicial system），法の支配（rule of law）および腐敗（corruption）であり，いずれも 0 から 10 までの数値をとる。

$$EQ_{j,t} = \eta_0 + \eta_1 BTC_{j,t} + \eta_2 OIR_{j,t} + \eta_3 LE_{j,t} + \varepsilon_{j,t} \quad (10)$$

4 サンプル選択

分析対象期間は，2003 年から 2012 年までの 10 年間とする。データはすべて S&P 社の Capital IQ から入手した。公開企業（Public Company）および Capital IQ の業種分類で金融業（Financials）以外に属する企業を分析対象とした。本章の分析では，BTC と利益の質の指標を国・年ごと測定する必要があ

る。両者の指標を作成するために共通のサンプルを使用すると、多くのサンプルが失われるため、BTCの指標を測定するためのサンプルと、利益の質の指標を測定するためのサンプルをそれぞれ別に選択する。すなわち、別のサンプルを利用してBTCと利益の質の指標を算出したとしても、国・年ごとの代表性は維持されると仮定することになる。

BTCの指標の作成に必要なサンプル選択については、まず当期税金費用（CTE）および税引前当期利益（PTBI）を入手できるサンプルのうち、Atwood et al. [2010] と同様にCTEとPTBIが正のサンプルに限定する。これは繰越欠損金や繰戻還付が(1)式の推定に与える影響を緩和するためである。さらに(1)式の推定に外れ値が与える影響を緩和するために、各変数の上下1％を除外する。また、(1)式を推定するときに、ある程度のサンプルを確保するために、40社未満となる国・年のサンプルは除外する。その結果、BTCの指標の作成に用いられるサンプルは97,941企業・年となった。

次に、利益の質の指標の作成に必要なサンプル選択については、分析に必要な変数がすべて入手可能なサンプルに限定する。また、外れ値の影響を緩和するために、各変数の上下1％をサンプルから除外する。また、会計発生高の質と裁量的会計発生高については国・年・産業ごとに推定する必要があることから、10社未満の国・年・産業はサンプルから除外する。さらに、国・年ごとにある程度のサンプル数を確保するために、40社未満の国・年はサンプルから除外する。その結果、利益の質の指標の作成に用いられるサンプルは72,634企業・年となった。

Ⅳ 分析結果

1 BTC指標の記述統計量

Atwood et al. [2010] に従って、国・年ごとにBTCを推定した結果が**図表16－1**である。サンプルに含まれる分析対象国は46ヵ国である。図表16－1のN（year）はサンプルに含まれる当該国の年数である。Ave. α_0, Ave. α_1, Ave. RMSE, Ave. R2は(1)式を国・年ごとに推定した結果の平均値を示して

図表 16 − 1 BTC 指標の記述統計量

Country	N(year)	Ave. a_0	Ave. a_1	Ave. RMSE	Ave. R2	Ave. N
Canada	10	0.004	0.183	0.0208	0.368	261
United States	10	0.002	0.254	0.0189	0.534	1,665
Sri Lanka	5	0.001	0.195	0.0183	0.378	120
Pakistan	8	−0.002	0.248	0.0179	0.642	132
Nigeria	3	0.002	0.212	0.0175	0.599	43
Australia	8	0.003	0.244	0.0175	0.647	235
South Africa	8	0.002	0.249	0.0172	0.620	137
Philippines	7	0.004	0.160	0.0163	0.394	85
Bangladesh	3	−0.002	0.257	0.0159	0.682	54
Norway	5	0.002	0.192	0.0158	0.438	57
Denmark	5	0.004	0.194	0.0153	0.563	52
Egypt	1	0.005	0.147	0.0150	0.478	76
Brazil	6	0.003	0.189	0.0148	0.535	79
Ireland	1	0.004	0.134	0.0145	0.440	43
Sweden	7	0.001	0.217	0.0143	0.650	124
Thailand	5	−0.001	0.217	0.0140	0.554	143
India	10	−0.001	0.233	0.0139	0.643	1,221
Russia	9	0.006	0.196	0.0137	0.662	103
United Kingdom	10	0.002	0.234	0.0137	0.645	367
Peru	5	0.005	0.268	0.0136	0.749	51
Israel	9	0.003	0.180	0.0134	0.545	109
Germany	8	0.002	0.247	0.0133	0.686	224
China	10	0.002	0.157	0.0130	0.543	1,341
Mexico	6	0.001	0.252	0.0129	0.681	59
South Korea	8	0.006	0.169	0.0129	0.511	317
Malaysia	8	0.004	0.152	0.0127	0.453	474
Belgium	5	0.002	0.221	0.0127	0.633	50
Netherlands	6	0.000	0.232	0.0124	0.671	61
Indonesia	9	0.002	0.253	0.0123	0.766	159
Hong Kong	10	0.002	0.131	0.0121	0.463	403
Italy	7	0.005	0.313	0.0119	0.724	108
France	9	0.002	0.262	0.0117	0.653	183
Singapore	8	0.004	0.124	0.0113	0.463	259
Vietnam	6	0.000	0.162	0.0109	0.640	206
Japan	10	0.000	0.387	0.0106	0.786	796
Taiwan	10	0.002	0.138	0.0102	0.524	541
Turkey	8	0.002	0.171	0.0100	0.672	108
Finland	6	0.002	0.226	0.0099	0.694	68
New Zealand	6	0.000	0.303	0.0097	0.821	48
Poland	9	0.002	0.158	0.0092	0.656	169
Spain	4	0.001	0.230	0.0091	0.626	48
Switzerland	6	0.005	0.159	0.0091	0.576	123
Greece	9	0.003	0.199	0.0078	0.650	70
Austria	2	0.000	0.218	0.0077	0.579	46
Chile	5	0.002	0.158	0.0076	0.659	93
Oman	4	0.002	0.100	0.0046	0.717	44

おり，a_0 は定数項，a_1 は税引前利益（PTBI）の回帰係数，RMSE は平均二乗誤差の平方根，R2 は決定係数である。

本章では，RMSE を BTC の指標として利用する[12]。図表 16 - 1 は RMSE の大きさに基づいて RMSE が大きい順に並んでいる。図表 16 - 1 をみると，日本は 46 ヵ国中 12 番目に RMSE が低い水準であり，BTC が高い国に属するといえる。先行研究でも会計利益と課税所得の差額が小さいことは既に指摘されており，それと整合的な結果と考えられる。また，BTC が高い国では税引前利益の回帰係数が法定実効税率に近似することが知られる。日本の a_1 をみると，平均で 0.387 と法定実効税率と同等の水準となっている。日本よりもBTC が高い国は，RMSE が低い順にオマーン，チリ，オーストリア，ギリシャ，スイス，スペイン，ポーランド，ニュージーランド，フィンランド，トルコ，台湾となっている。BTC が低い国は，RMSE が高い順にカナダ，アメリカ，スリランカ，パキスタン，ナイジェリア，オーストラリア，南アフリカ，フィリピン，バングラデシュ，ノルウェーとなっている。チリや日本が BTC が高く，カナダやアメリカは BTC が低いという点は Atwood et al. [2010] と共通している。ただし，Atwood et al. [2010] では，ドイツが BTC の低い国として位置づけられていたが，この分析では中程度に位置しているなど，若干の相違もある。

2 利益の質に関する指標の記述統計量

図表 16 - 2 には，営業利益，営業キャッシュ・フロー，会計発生高の国ごとの中央値と標準偏差，および EQ1 から EQ5 までの利益の質に関する指標，さらに回帰分析で利用する Outside Investor Rights（OIR）および Legal Enforcement（LE）に関する指標が示されている。

各国の OI の中央値の平均は 5.1％であり，各国の CFO の中央値の平均は 6.4％である。したがって，営業利益は平均的に営業キャッシュ・フローを下回る水準であることがわかる。そのため，平均的には負の会計発生高が計上されていることがわかる。実際，各国の ACC の中央値の平均は －1.4％となっている。

次に各国の OI，CFO および ACC の標準偏差を見ると，バラツキの程度が

図表 16 − 2 利益の質

Country	N(firm)	N(year)	Med(OI)	SD(OI)	Med(CFO)	SD(CFO)
Australia	3,954	8	−0.033	0.243	−0.012	0.201
Brazil	57	1	0.101	0.071	0.072	0.121
Canada	5,011	10	0.031	0.213	0.062	0.172
Denmark	46	1	0.042	0.160	0.068	0.115
Finland	587	6	0.076	0.094	0.081	0.090
France	2,800	9	0.059	0.093	0.069	0.081
Germany	2,284	8	0.047	0.119	0.065	0.110
Hong Kong	749	10	0.024	0.117	0.040	0.112
India	15,021	10	0.078	0.087	0.058	0.096
Italy	1,173	7	0.043	0.081	0.056	0.079
Japan	14,610	10	0.042	0.064	0.055	0.065
Malaysia	1,103	8	0.052	0.085	0.058	0.084
Netherlands	188	4	0.051	0.123	0.074	0.100
Norway	464	5	0.043	0.130	0.063	0.121
Singapore	774	8	0.058	0.107	0.068	0.096
South Africa	335	5	0.100	0.093	0.109	0.088
South Korea	7,005	8	0.045	0.084	0.049	0.093
Spain	421	4	0.050	0.066	0.068	0.072
Sweden	855	6	0.036	0.221	0.054	0.196
Switzerland	731	6	0.066	0.083	0.087	0.085
Taiwan	706	7	0.026	0.081	0.060	0.083
United Kingdom	2,239	10	0.068	0.144	0.078	0.125
United States	11,521	10	0.064	0.169	0.081	0.140
Mean	3,158	7	0.051	0.119	0.064	0.110
Median	855	8	0.050	0.094	0.065	0.096
SD	4,556	3	0.027	0.051	0.022	0.037
Min	46	1	−0.033	0.064	−0.012	0.065
Max	15,021	10	0.101	0.243	0.109	0.201

に関する指標の記述統計量

Med(ACC)	SD(ACC)	EQ1	EQ2	EQ3	EQ4	EQ5	OIR	LE
−0.020	0.122	1.217	−0.306	0.095	0.045	0.361	4	9.51
0.021	0.099	0.591	−0.937	0.033	0.001	0.102	3	6.13
−0.038	0.118	1.240	−0.421	0.071	0.073	0.367	5	9.75
−0.021	0.091	1.390	−0.110	0.048	0.006	0.540	2	10.00
−0.014	0.077	1.011	−0.757	0.033	0.011	0.190	3	10.00
−0.011	0.077	1.107	−0.755	0.041	0.014	0.091	3	8.68
−0.017	0.089	1.059	−0.677	0.051	0.019	0.183	1	9.05
−0.015	0.089	0.991	−0.603	0.044	0.002	0.129	5	8.91
0.014	0.094	0.902	−0.843	0.062	0.002	0.053	5	5.58
−0.009	0.066	1.078	−0.796	0.037	0.005	0.155	1	7.07
−0.009	0.056	0.970	−0.801	0.038	0.000	0.041	4	9.17
−0.010	0.085	1.025	−0.757	0.052	0.005	0.102	4	7.72
−0.021	0.065	1.220	−0.553	0.034	0.008	0.209	2	10.00
−0.023	0.082	1.120	−0.653	0.049	0.001	0.145	4	10.00
−0.014	0.085	1.144	−0.727	0.047	0.010	0.164	4	8.93
0.002	0.078	0.995	−0.706	0.037	0.001	0.132	5	6.45
−0.006	0.084	0.900	−0.777	0.058	0.000	0.081	2	5.55
−0.020	0.060	0.793	−0.814	0.027	0.004	0.044	4	7.14
−0.016	0.104	1.118	−0.456	0.063	0.016	0.389	3	10.00
−0.020	0.064	0.992	−0.807	0.036	0.004	0.340	2	10.00
−0.036	0.073	0.965	−0.812	0.041	0.000	0.130	3	7.37
−0.012	0.084	1.150	−0.595	0.051	0.029	0.262	5	9.22
−0.021	0.087	1.204	−0.472	0.062	0.021	0.306	5	9.54
−0.014	0.084	1.051	−0.658	0.048	0.012	0.196	3.43	8.51
−0.015	0.084	1.059	−0.727	0.047	0.005	0.155	4.00	9.05
0.013	0.017	0.167	0.196	0.015	0.017	0.131	1.31	1.53
−0.038	0.056	0.591	−0.937	0.027	0.000	0.041	1.00	5.55
0.021	0.122	1.390	−0.110	0.095	0.073	0.540	5.00	10.00

国ごとに異なることがわかる。OIの標準偏差が小さい国は日本，スペイン，ブラジル，台湾，イタリアであり，それが大きい国はオーストラリア，スウェーデン，カナダ，アメリカ，デンマークとなっている。また，CFOの標準偏差が小さい国は日本，スペイン，イタリア，フランス，台湾であり，それが大きい国はオーストラリア，スウェーデン，カナダ，アメリカ，イギリスである。さらに，ACCの標準偏差が小さい国は日本，スペイン，スイス，オランダ，イタリアであり，それが大きい国はオーストラリア，カナダ，スウェーデン，ブラジル，インドとなっている。営業利益のバラツキが大きい国は，営業キャッシュ・フローのバラツキも大きく，さらに会計発生高のバラツキも大きくなるという傾向が観察される。

　図表16－2のEQ1は，国・年ごとに算出したCFOの標準偏差に対するOIの標準偏差の割合について国ごとにその中央値を示したものであり，この数値が小さいほど利益平準化を行っており，利益の質が低いと評価される。EQ1が小さい国はブラジル，スペイン，韓国，インド，台湾であり，日本は6番目に低い位置にある。EQ1が大きい国はデンマーク，カナダ，オランダ，オーストラリア，アメリカとなっている。図表16－2のEQ2は，国・年ごとに算出したΔACCとΔCFOの相関について国ごとにその中央値を示したものであり，著しい負の相関があるほど利益平準化を行っており，利益の質が低いと考えられる。EQ2が小さい国はブラジル，インド，スペイン，台湾，スイスであり，日本は6番目に低い水準となっている。EQ2が大きい国はデンマーク，オーストラリア，カナダ，スウェーデン，アメリカとなっている。EQ1およびEQ2のスコアを考慮すると，日本企業の利益は相対的に利益平準化の影響を受けていると評価できる。

　図表16－2のEQ3は，(4)式を推定することによって得られる残差の国・年ごとの標準偏差について国ごとにその中央値を示している。この残差は経営者の短期会計発生高に対する見積誤差を表すことから，EQ3が小さいほど，利益の質は高いと考えられる。EQ3の小さい国はスペイン，ブラジル，フィンランド，オランダ，スイスであり，日本は8番目に低い水準となっている。EQ3が大きい国はオーストラリア，カナダ，スウェーデン，アメリカ，インドである。EQ1やEQ2によって表される利益平準化のパターンと概ね反対の

傾向が観察される。すなわち，利益平準化の観点から利益の質が低いとされた国の多くは会計発生高の質の観点からは利益の質が高いと評価される。図表16－2のEQ4は，裁量的会計発生高の絶対値の国・年ごとの中央値を算出し，それらを利用して得られた国ごとの中央値を示している。EQ4が大きいほど会計発生高を過大または過小に認識しており，利益の質が低いと考えられる。EQ4の小さい国は，韓国，日本，台湾，ブラジル，南アフリカであり，それが大きい国はカナダ，オーストラリア，イギリス，アメリカ，ドイツである。

図表16－2のEQ5は，国・年ごとに算出した適時的な損失認識について国ごとにその中央値を示したものである。EQ5が大きいほど経済的損失を適時的に会計利益に織り込んでいると評価できる。EQ5の小さい国は，日本，スペイン，インド，韓国，フランスであり，それが大きい国はデンマーク，スウェーデン，カナダ，オーストラリア，スイスである。

3　回帰分析

BTCが利益の質に与える影響を分析するために，回帰分析を行う。BTCの指標，利益の質の各種指標およびコントロール変数を利用することができる161の国・年のサンプルを用いる。**図表16－3**のPanel Aは回帰分析に用いる各種指標の記述統計量であり，Panel Bは回帰分析に用いる各種指標の相関関係である。EQ1とEQ2の相関関係は0.641と高く，両者とも利益平準化を表す指標であることと整合的である。EQ1とEQ3またはEQ2とEQ3の相関関係はそれぞれ0.380，0.572と比較的高い水準にある。これは利益平準化傾向の強い国・年ほど会計発生高の質が高いことを示唆する。また，EQ1とEQ4またはEQ2とEQ4の相関関係はそれぞれ0.463，0.544と比較的高い水準にあり，利益平準化傾向の強い国・年ほど裁量的会計発生高の絶対値が小さいことを意味する。さらに，EQ3とEQ4の相関関係も0.554と高い水準にあり，会計発生高の質が低い国・年ほど裁量的会計発生高の絶対値が大きいことを意味する。EQ1とEQ5またはEQ2とEQ5の相関関係は0.388と0.465と比較的高い水準にあり，利益平準化傾向の強い国・年ほど損失を適時に認識しないことを示している。EQ3とEQ5またはEQ4とEQ5の相関関係はそれぞれ0.259，0.307という水準であり，他の利益の質の指標間ほどの関連性はないと考えら

図表16－3 回帰分析に用いる各種指標の記述統計量と相関係数

Panel A：記述統計

	N	Mean	SD	Min	Max
EQ1	161	1.066	0.146	0.591	1.395
EQ2	161	-0.652	0.189	-0.937	0.177
EQ3	161	0.051	0.016	0.019	0.103
EQ4	161	0.015	0.023	0.000	0.142
EQ5	161	0.199	0.193	-0.290	1.296
BTC	161	0.013	0.004	0.007	0.024
OIR	161	3.646	1.311	1.000	5.000
LE	161	8.534	1.436	5.550	10.000

Panel B：相関関係

	EQ1	EQ2	EQ3	EQ4	EQ5	BTC	OIR	LE
EQ1	1.000							
EQ2	0.641	1.000						
EQ3	0.380	0.572	1.000					
EQ4	0.463	0.544	0.554	1.000				
EQ5	0.388	0.465	0.259	0.307	1.000			
BTC	0.349	0.539	0.619	0.630	0.167	1.000		
OIR	0.131	0.252	0.298	0.277	0.018	0.364	1.000	
LE	0.471	0.496	0.100	0.401	0.417	0.178	0.061	1.000

れる。

　説明変数間については，BTCの指標とOutside Investor Rights（OIR）の指標の相関関係が0.364と若干高い。Leuz et al.［2003］に従えば，Code Law体系の国よりもCommon Law体系の国の方が投資家保護に関して優れた制度的特徴を有しており，OIRの指標が高くなると考えられる。BTCの指標も全体的にCommon Law体系の国の方が高い傾向にある。そのため，BTCとOIRは正の相関を持つと考えられる。

　図表16－4は回帰分析の結果である。利益の質の指標ごとに3つの回帰式の推定結果が上段・中段・下段にそれぞれ示されている。利益の質をBTCのみに回帰した結果が上段に，Outside Investor Rights（OIR）とLegal Enforcement（LE）のコントロール変数のみに回帰した結果が中段に，3つの説明変

図表16-4　回帰分析の結果

	Cons.		BTC		OIR		LE		R2
	coeff.	t-stat.	coeff.	t-stat.	coeff.	t-stat.	coeff.	t-stat.	
EQ1	0.897	(17.73)***	16.629	(4.08)***					0.191
	0.642	(6.05)***			0.012	(0.90)	0.047	(4.79)***	0.261
	0.586	(7.51)***	13.045	(3.31)***	-0.0004	(-0.03)	0.041	(5.01)***	0.343
EQ2	-1.035	(-19.01)***	31.462	(6.41)***					0.361
	-1.336	(-9.22)***			0.031	(2.12)**	0.064	(3.84)***	0.316
	-1.448	(-14.54)***	25.894	(4.73)***	0.007	(0.65)	0.052	(4.56)***	0.508
EQ3	0.016	(2.58)**	2.566	(4.69)***					0.409
	0.025	(1.40)			0.003	(1.96)*	0.001	(0.55)	0.165
	0.015	(1.02)	2.430	(4.29)***	0.001	(0.85)	-0.0001	(-0.05)	0.416
EQ4	-0.036	(-2.00)*	4.036	(2.37)**					0.421
	-0.059	(-2.00)*			0.004	(1.28)	0.007	(2.50)**	0.268
	-0.075	(-2.77)**	3.527	(2.35)**	0.001	(0.43)	0.005	(3.43)***	0.507
EQ5	0.093	(1.17)	10.311	(1.70)					0.087
	-0.283	(-2.82)***			-0.001	(-0.11)	0.058	(5.07)***	0.233
	-0.310	(-3.43)***	6.414	(1.15)	-0.007	(-0.60)	0.055	(4.54)***	0.245

※（　）内はt値であり、***は1％、**は5％、*は10％水準で有意であることを表す。

数すべてに回帰した結果が下段に示されている。それぞれの回帰式は年次ダミーを含んでおり、国レベルでクラスターロバストな標準誤差を用いている。

EQ1はCFOの標準偏差に対するOIの標準偏差の割合であり、この値が小さいほど利益平準化の程度が大きくなり、利益の質は低下すると考えられる。BTCの指標のみを説明変数に加えた場合、その回帰係数は1％水準で有意にプラスである。すなわち、BTCの程度が高いほど利益平準化を行う傾向にある。また、OIRとLEを説明変数に加えた場合は、LEの回帰係数のみ1％水準で有意にプラスとなった。法の実効性が強い国・年ほど利益平準化を抑制する効果があるといえる。すべての変数を追加した場合は、BTCとLEの回帰係数がどちらも1％水準で有意にプラスとなった。すなわち、国ごとの利益平準化の傾向は、Leuz et al. [2003] が指摘した投資家保護の相違のみならず、BTCの相違によっても影響を受けることになる。同様の結果がEQ2の分析からも得られた。EQ2は⊿ACCと⊿CFOの相関係数であり、著しい負の相関

があるほど利益平準化を行う傾向にあると解される。BTC のみを説明変数に加えた場合，その回帰係数は1％水準で有意にプラスである。また OIR と LE を説明変数に加えた場合は，OIR の回帰係数が5％水準で有意にプラス，LE の回帰係数が1％水準で有意にプラスである。したがって，EQ1 と同様に，BTC の程度が高いほど利益平準化を行う傾向にあり，投資家保護の水準が高いほど利益平準化が抑制されるということになる。さらにすべての説明変数を加えた場合でも BTC の回帰係数は1％水準で有意にプラスであり，コントロール変数については LE の回帰係数のみが1％水準で有意にプラスであった。これらを踏まえると，BTC の水準が高い国ほど，利益平準化を行う傾向にあり，この観点からは利益の質が低いと評価できる。

　EQ3 は(4)式を推定することによって得られる残差の国・年ごとの標準偏差であり，経営者の会計発生高に対する見積誤差を表す。そのため，EQ3 が小さいほど会計発生高の質は高くなり，利益の質は高くなると考えられる。BTC のみを説明変数に加えた場合，その回帰係数は1％水準で有意にプラスである。コントロール変数を説明変数に加えた場合は，OIR の回帰係数のみ10％水準で有意にプラスとなった。したがって，BTC の水準が高いほど経営者の会計発生高に対する見積誤差が小さくなり，利益の質は高くなるが，OIR が高いほど経営者の会計発生高に対する見積誤差が大きくなり，利益の質は低くなるという結果が得られた。ただし，すべての変数を加えた場合は，BTC の回帰係数のみが1％水準で有意にプラスとなった。課税所得計算は公平性や客観性をより重視するため，課税所得に含まれる会計発生高は，確実にキャッシュ・フローとして実現される範囲内でしか認識されない傾向にあるといえるだろう。そのため，BTC の水準が高い国では，税金への影響を考慮する結果，確実に生じる範囲内で会計発生高を認識する傾向にあり，結果として会計発生高の見積誤差が小さくなると考えられる。

　EQ4 は裁量的会計発生高の絶対値の国・年ごとの中央値である。EQ4 が大きいほど，過大または過小に会計発生高を認識しており，利益の質が低下すると考えられる。BTC のみを説明変数に加えた場合，その回帰係数は5％水準で有意にプラスとなった。コントロール変数を説明変数に加えた場合は，LE の回帰係数のみ5％水準で有意にプラスとなった。また，すべての変数を加え

た場合も，BTCの回帰係数が5％水準で有意にプラス，LEの回帰係数が1％水準で有意にプラスとなった。したがって，裁量的会計発生高の観点からは，BTCの水準が高い国の方が会計発生高を過大または過小に認識しない傾向にあり，利益の質が高いと評価できる。一方，LEについては，その水準が高い国ほど会計発生高を過大または過小に認識する傾向にあり，利益の質が低下するという結果となった。Leuz et al. [2003] が指摘するように，投資家保護や法の実効性が強いほど，経営者の利益調整の機会は減少すると考えられるため，予想に反する結果といえる。

　EQ5は(8)式を国・年ごとに回帰することによって得られる δ_3 であり，適時的な損失認識の程度を表す。EQ5が大きいほど適時的に損失を認識し，利益の質が高いと考えられる。BTCのみを説明変数に加えた場合，その回帰係数はプラスであるが有意ではない。また，コントロール変数のみを説明変数に加えた場合は，LEの回帰係数のみ1％水準で有意にプラスとなった。また，すべての変数を加えた場合も，BTCの回帰係数はプラスであるが有意ではなく，LEの回帰係数のみが1％水準で有意にプラスとなった。本分析では，BTCの水準と適時的な損失認識との間に有意な関係を見出すことはできず，法の実効性が強い国ほど経済的損失を適時的に認識するということが明らかとなった。

V　おわりに

　本章では，BTCと利益の質の関係を国際データを用いて分析し，次のことを明らかとした。第1に，46ヵ国の中で日本はBTCの水準が高い方から12番目に位置しており，会計利益計算と課税所得計算の制度的連携が比較的強いカテゴリーに属するということである。第2に，BTCが高い国は利益平準化を行う傾向にあるということである。日本はEQ1，EQ2ともに小さい方から6番目に位置しており，利益平準化を行う傾向が強いといえる。第3に，BTCが高い国ほど，会計発生高の見積誤差が小さく，また裁量的会計発生高の絶対値が小さいということである。BTCが高い国では会計利益計算と課税所得計算の連携という制約があることにより，確実にキャッシュ・フローとして実現する範囲内で会計発生高を認識するようになり，結果として会計発生高の見積

誤差が小さくなり，会計発生高の過大または過小計上を抑制することになる。

　これらの結果を踏まえると，会計利益計算と課税所得計算の制度的連携は利益の質を低下させる効果と改善させる効果をそれぞれ有すると考えられる。Lev and Nissim［2001］が指摘するように企業は課税所得を平準化するインセンティブを持つ。そのため，日本のようにBTCが高い国では会計利益の平準化を通じて課税所得の平準化を達成すると考えられる。その結果，日本企業の会計利益が過度に平準化されている可能性は否定できない。また，利益平準化の指標（EQ1およびEQ2）と適時的な損失認識の指標（EQ5）の相関関係が比較的高いことからも明らかなように，過度に平準化された利益はその適時性を失う。今回の分析では，BTCの水準と適時的な損失認識の間に有意な関係を見出せなかったが，日本の適時的な損失認識の水準が分析対象国（23ヵ国）の中で最低であることを鑑みると，日本企業の会計利益は平準化の影響を強く受けていると予想される。しかし一方で，会計利益計算と課税所得計算の制度的連携は会計発生高の見積誤差を小さくし，会計発生高の過大または過小計上を抑制するという効果を持つ。その結果，日本のようにBTCが高い国では，確度の高い会計利益が報告されていると考えられる。

　日本の会計制度は確定決算主義を背景として会計利益計算と課税所得計算が密接に連携している。これによって日本企業の会計利益が過度に平準化されているのであれば，連携の程度を見直す必要があるだろう[13]。しかし，その見直しの程度によっては従来よりも確度の低い会計利益が報告されることを覚悟しなければならない。

●注

1　山下・奥田［2006］を参照。
2　Capital IQ データベースでは，当期税金費用を表す「Total Current Taxes」は，税金費用の総額を表す「Income Tax Expense」に比べて多くの欠損値を含む。Compustat Global Industrial/Commercial データベースを利用する Atwood et al. ［2010］は，当期税金費用の欠損値に対応するために，比較的多く入手できる繰延税金費用（deferred tax expense）を利用して，基本的には税金費用の総額から繰延税金費用を控除することによって間接的に当期税金費用を算出し，税金費用の

総額と繰延税金費用が利用できない場合で，かつ，当期税金費用が利用できる場合に直接的に当期税金費用を入手するという方法を採用している。しかし，Capital IQ データベースでは繰延税金費用にも多くの欠損値が含まれるため，当期税金費用を間接的に推定するという方法は採用せず，当期税金費用が入手できることを Book-Tax Conformity を推定するためのサンプル選択の基準としている。

3　税引前利益の国内と国外の内訳を入手することはできないため，Atwood et al.［2010］は税金費用の総額に占める国外税金費用の割合を税引前利益にかけることで，海外で獲得した税引前利益を推定している。

4　Dechow et al.［2010］は，利益の質に関する指標の包括的なレビューを行っている。

5　Leuz et al.［2003］および Blaylock et al.［2015］は個別企業ごとに過去5年間の営業キャッシュ・フローの標準偏差に対する営業利益の標準偏差の割合を算出し，それを国ごと（あるいは国・年ごと）に算出した中央値を分析に用いており，正確には本研究の指標と異なる。本研究ではキャッシュ・フロー計算書の営業キャッシュ・フローを利用するため，サンプルを確保する観点から国・年ごとに算出した営業利益の標準偏差と営業キャッシュ・フローの標準偏差の比とした。

6　産業分類はサンプル確保の観点から Capital IQ の最も大きな分類に基づいて，Energy, Materials, Industrials, Consumer Discretionary, Consumer Staples, Healthcare, Information Technology, Telecommunication Services, Utilities の9分類とした。なお，この分類には Financials も含まれるが，当該産業に属する企業はサンプルから除外されている。なお，裁量的会計発生高の推定に用いられる産業分類も同様である。

7　Basu［1997］に依拠して適時的な損失認識と制度的要因の関係を国際的に分析した研究として Ball et al.［2000］などがある。

8　本章では，当期末と前期末の配当等調整済株価（「Dividend Adj. Day Close Price」）に基づいて年次の株式リターンを算出している。また，Basu［1997］は被説明変数に1株あたり当期利益を期首時点の株価で基準化した数値を用いているが，本章では利益の質に関する他の指標と整合性を考慮して，営業利益を総資産（「Total Assets」）の期中平均で基準かした数値を用いている。

9　経済的損失に対する利益の適時性は(8)式の $(\delta_2+\delta_3)$ で表されるが，本章では経済的損失に対する追加的な適時性に着目するため，δ_3 のみを指標として取扱う。

10　適時的な損失認識の指標が抱える問題点等は Dechow et al.［2010］に整理されている。市場が効率的であり，かつ，適時的な損失認識に対する需要があるという前提のもとでは，適時的な損失認識が高いほど利益の質が改善することになる。

11　Enomoto et al.［2013］も投資家保護の国際的な相違が会計発生高を利用した利益調整に影響することを指摘している。

12　Atwood et al.［2010］は，年ごとの RMSE の国別順位に基づいて，それを0から1までの変数に置き換えたもの（当該順位から1を引いた数を当該年に含まれ

る国の数から1を控除した数で割った数値）をBook-Tax Conformityの指標としている。本章では，サンプルに含まれる国の数が期間を通じて一定ではないため，RMSEの順位ではなく，RMSEそのものを利用することとした。

13 なお，会計利益計算と課税所得計算の制度的連携を見直すことなく，過度な利益平準化を是正する方法も考えられる。例えば，欠損金の繰戻還付・繰越控除の金額・期間の拡大である。これにより多額に欠損金が発生したとしても税ベネフィットを享受できるのであれば，課税所得を平準化するインセンティブは低下すると考えられる。

● 参考文献

Alford, A., J. Jones, R. Leftwich, M. Zmijewski [1993], "The Relative Informativeness of Accounting Disclosures in Different Countries," *Journal of Accounting Research*, 31, pp. 183-221.

Atwood, T. J., M. S. Drake, and L. A. Myers [2010], "Book-tax conformity, earnings persistence and the association between earnings and cash flows," *Journal of Accounting and Economics*, 50, pp. 111-125.

Ball, R., S. P. Kothari, A. Robin [2000], "The effect of institutional factors on properties of accounting earnings," *Journal of Accounting and Economics*, 29, pp. 1-51.

Basu, S. [1997], "The conservatism principle and the asymmetric timeliness of earnings," *Journal of Accounting and Economics*, 24, pp. 3-37.

Blaylock, B. F. Gaertner, T. Shevlin [2015], "The association between book-tax conformity and earnings management," *Review of Accounting Studies*, 20, pp. 141-172.

Dechow, P. [1994], "Accounting earnings and cash flows as measures of firm performance: The role of accounting accruals," *Journal of Accounting and Economics*, 18, pp. 3-42.

Dechow, P., I. Dichev [2002], "The quality of accruals and earnings: the role of accrual estimation errors," *The Accounting Review*, 77, pp. 35-59.

Dechow, P., W. Ge and C. Schrand [2010], "Understanding earnings quality: A review of the proxies, their determinants and their consequences," *Journal of Accounting and Economics*, 50, pp. 344-401.

Desai, M. [2005], "The degradation of corporate profits," *Journal of Economic Perspectives*, 19, pp. 171-192.

Enomoto, M., F. Kimura and T. Yamaguchi [2013], "Accrual-Based and Real Earnings Management: An International Comparison for Investor Protection,"

Discussion Paper, Research Institute for Economics & Business Administration, Kobe University.

Francis, J., R. LaFond, P. Olsson and K.Schipper [2004], "Costs of equity and earnings attributes," *The Accounting Review*, 79, pp. 967-1010.

Hanlon, M. [2005], "The persistence and pricing of earnings, accruals, and cash flows when firms have large book-tax differences," *The Accounting Review*, 80, pp. 137-166.

Hanlon, M., E. Maydew, T. Shevlin [2008], "An unintended consequence of book-tax conformity: A loss of earnings informativeness," *Journal of Accounting and Economics*, 46, pp. 294-311.

Hung, M. [2001], "Accounting standards and value relevance of financial statements: An international analysis," *Journal of Accounting and Economics*, 30, pp. 401-420.

Leuz, C., D. Nanda, P. Wysocki [2003], "Earnings management and investor protection: An international comparison," *Journal of Financial Economics*, 29, pp. 53-72.

La Porta, R., F. Lopez-de-Silanes, A. Shleifer, R. Vishny [1997], "Legal Determinants of External Finance," *Journal of Finance*, 52, pp. 1131-1150.

─── [1998], "Law and Finance," *Journal of Political Economy*, 106, pp. 1113-1155.

Lev, B., D. Nissim [2004], "Taxable Income, Future Earnings, and Equity Values," *The Accounting Review*, 79, pp. 1039-1074.

Phillips, J., M. Pincus, S. O. Rego [2003], "Earnings Management: New Evidence Based on Deferred Tax Expense," *The Accounting Review*, 78, pp. 491-521.

山下裕企・奥田真也 [2006]「日本の会計利益と課税所得の差異に関する分析」『会計プログレス』第7号, 32-45頁。

(米谷　健司)

第│17│章

日本企業の租税回避行動の特徴と
その決定因子

 はじめに

　本章のねらいは，日本企業の租税回避行動の特徴について，国際比較を通じて明らかにしたうえで，その決定因子を推定することにより，日本における法人税システムに対して企業会計システムが果たしている役割を明らかにすることにある。こうした研究を行う背景に，以下の3点が影響している。

　第1に，会計基準の変更が，日本におけるその他の法制度に与える影響についての実証的な証拠の蓄積が十分ではない点があげられる。1990年代後半よりグローバル資本主義の進展を契機として，会計基準の国際的統合化・収斂化が進展し，多くの会計基準が改訂されたり，あるいは新たに公表された。こうした会計基準の改訂・公表の多くは，証券取引法ないしは金融商品取引法上での要請で実施されたものである。それらの会計基準の改訂・公表が，会計情報の比較可能性や透明性，価値関連性などをいかに高めたかという観点から数多くの検証が蓄積され始めている（詳細については加賀谷［2010］）。

　一方で，日本においては，会社法・金融商品取引法・税法それぞれで求められる会計処理が密接に関連したトライアングル体制をとっていたことを前提とすれば，会計基準の改訂や公表は，少なからず会社法や税法などのねらいとする利害調整機能に影響を与える可能性もある。しかしながら，会計基準の変更が日本における会計制度のトライアングル体制に与える影響についての実証的

な証拠が十分ではないのが現状である。日本企業の租税回避行動などにそうした会計基準の変更がどのような影響を与えたかを分析することは，そうした会計基準の国際的統合化・収斂化がトライアングル体制を通じて，日本企業の税務行動にどのような影響を与えるかを検討するうえで有効であると考える。

　第2に，世界的に見て企業の租税回避行動に対する関心が高まっている点である。近年，租税回避を目的として，租税回避地（タックスヘイブン）を活用する企業が世界的に見て増大しつつある。欧州や米国ではそうした企業の活動に対する批判が増大しつつあり，いかに租税回避を抑制するかということが，世界的に見て大きな課題となりつつある。では，日本企業は租税回避行動をどれほど実施しているのか，それが会計基準の改訂・新訂を契機にどのように変化しているのか。こうした点を検討することは，法人税システムにおいて会計制度が果たす役割を解明するうえで重要であると考える。

　第3に，日本の制度的因子を前提とした場合，どのような会計のグランドデザインを描くかが極めて重要な論点となっているものの，それに関する実証的な証拠が十分に蓄積されていないことがあげられる。日本の租税回避行動の特徴やその時間軸での推移を分析・検討することで，特に会計基準の国際的統合化・収斂化にいかに対峙すべきかについて，法人税システムの中における役割を意識しながら，検討することは，日本における会計制度のグランドデザインを描くにあたって重要であると考える。

II　租税回避行動をめぐる先行研究

1　国際比較に関する先行研究

　租税回避行動（tax avoidance）とは，明示される税金の支払を節約する取り組みを指す（Dyreng, Hanlon, and Maydew [2008], Hanlon and Heitzman [2010]）。租税回避行動は，Tax Aggressiveness, Tax Sheltering, Tax Evasion, Tax Non-compliance などの総称と位置づけることができる。さまざまな言葉で表現され，またその内容は法が予定している節税行為から脱税行為と位置づけられるものまで多岐にわたる。移転価格，リースイン・リースアウト，国家間配

当受領，オフショア知的財産避難地などの設定などを通じて，法定税率など明示的に設定されている税金支払いを節約しようとする一連の取組みを総称した概念と位置づけることが可能である（日本企業の租税回避行動については，大沼 [2015] 参照）。

では，租税回避行動に対する姿勢は各国企業でどのように異なっているのだろうか。各国企業の租税回避行動を比較した研究がいくつか実施されている。たとえば，Atwood, Drake, and Myers [2010] では，Compustat Global Vantage のデータベースを活用し，1992 ～ 2005 年における 33 ヵ国 125,859 企業・年のデータを分析し，各国における課税所得と報告利益の一致性（Book Tax Conformity）について検討している。同研究では，その一致性が高い国ほど，利益の持続性が低く，利益と将来キャッシュ・フローの関係性が低くなることを明らかにしている（米谷 [2019] も同様の結論を得ている）。また Atwood, Drake, Myers, and Myers [2012] では，Compustat Global Vantage のデータベースを活用し，1993 ～ 2007 年における 22 ヵ国 69,301 企業・年のデータを分析し，各国の租税回避行動と税務システムとの関係性を検証している。同研究では，先行研究で言及されている業績，企業規模，営業費用，レバレッジ，事業の国際化の状況，産業，法定税率，利益の変動性，制度因子などをコントロールしたうえで，各国の課税所得と報告利益の一致性（Book Tax Conformity），税率の適用方針（worldwide vs territorial），課税徴収の執行力の大小が，租税回避行動に影響を与えていることを示している。Goncharov and Jacob [2014] では，課税所得上で認められている裁量的発生高（tax accruals）が，国家における税収入とどのような関係を持つのかを検証している。同研究によれば，課税所得上で認められる裁量的発生高のレベルが高い国ほど，税収入の変動性が低くなることを示している。さらに成長期においては裁量的発生高のレベルが高い国ほど多くの税収入を確保できることを示している。

2 決定因子をめぐる先行研究

では，租税回避行動はどのような要因によって促進されるのだろうか。たとえば，Slemrod [2004] では，税引後利益と連動した経営者報酬制度を導入している企業の経営者は租税回避行動に積極的になることを明らかにしている。

所有と経営の分離を前提とした場合，必ずしも税引後利益を最大化するインセンティブを経営者は持たない可能性もあるが，業績連動制度を導入している場合には，税引後利益の最大化のため租税回避行動に積極的になる可能性がある。一方で，Desai and Dharmapala [2006] では，経営者のインセンティブ構造と租税回避行動の関係性について検討している。同研究では，経営者の報酬のうちストックオプションによる報酬のプレゼンスが大きい企業は，租税回避行動に消極的になる傾向があることを明らかにしている。ストックオプションによる報酬プレゼンスの高い企業は，レントの転用を低減させる傾向があり，結果としてレントの転用と深くかかわる租税回避行動も抑制する効果があると彼らは解釈している。さらに質の高いコーポレート・ガバナンス構造をとっている場合，そもそもそうしたレントを転用する余地が少ないことから，租税回避行動に積極的にならないことを明らかにしている。Brown and Drake [2014] では，租税回避に積極的な企業の取締役が，自社の取締役の一員である場合，当該会社においても租税回避に積極的になる傾向があることを明らかにしている。また Chen, Chen, Cheng, and Shevlin [2010] は，ファミリー企業のように株式集中度が高い場合，租税回避に積極的になる傾向があることを示している。

　このように企業の Agency Settings により生じるインセンティブ構造に基づき，租税回避行動の決定因子を明らかにするタイプの研究が実施される一方で，企業が経済的特徴に照らした場合，必ずしも租税回避行動に積極的にはならない傾向があるという Under-sheltering の謎については，Agency Settings に基づく研究のみでは十分に解明されないことが明らかになっていた（Hanlon and Heizman [2010]）。このため，近年注目され始めているのが tax system や評判コスト，製品・サービス市場におけるポジショニングに基づき租税回避行動を説明する研究である。前述したとおり Atwood, Drake, Myers, and Myers [2012] では，課税所得と報告利益の一致性，税率適用アプローチ（worldwide vs territorial），税制の強制執行力の差異などの税制システム上の差異が，各国における租税回避行動の差異に結びついていることを明らかにしている。また Gallemore, Maydew, and Thornock [2014] では，租税回避をめぐる行動がメディアなどを通じて明らかにされた場合，製品・サービス市場における当該企業の評価に影響を与えることから，事後的な評価の低下を懸念して，レピュ

テーション低下の影響が潜在的に大きくなると予想される企業は，租税回避に消極的になる傾向があることを明らかにしている。また Kubick, Lynch, Mayberry, and Omer ［2015］では，製品市場で相対的に競争力の強い企業は租税回避行動に積極的になる傾向があり，多くの企業はそれに追随する傾向があることを示している。また Higgins, Omer, and Phillips ［2015］では，製品・サービス市場において展開される競争戦略と租税回避行動に一定の関係性があることを明らかにしている。同研究では，コストリーダーシップ戦略をとる企業はリスクや不確実性への対応を回避するため，租税回避に消極的になる傾向があり，一方でイノベーション戦略をとる企業は租税回避に積極的になる傾向があることを明らかにしている。

日本企業の租税回避行動の実態

1　租税回避の程度の測定

本章では，特に日本企業の租税回避行動の特徴を明らかにしたうえで，日本と他国企業の租税回避行動の差異を決定づける要因が何であるのかを解明することを狙いとしている。このため，まず先行研究において租税回避行動がどのように整理されているかを確認しておくことにしよう。

Hanlon and Heizman ［2010］では，租税回避行動についての先行研究をレビューしたうえで，租税回避の程度を測定する方法を整理している（図表 17 － 1）。これによれば，実効税率（Effective Tax Rate：ETR）を基礎とした測定（ETR の水準や法定税率との差異に注目した指標），課税所得と会計利益の乖離金額（Book tax difference：BTD）を基礎とした測定，租税回避事象を活用した測定などに分類される。なお本章で活用する「実効税率」は，各国の法人税法等に基づき導出される，課税所得に対する法人税，住民税，事業税の表面税率に基づく所定の算定式による総合的な税率を指す「法定実効税率」（Statutory Tax Rate：STR）とは異なる概念であり，各社が実質的に課税所得に対してどれほどの税金を支払っているかを示す概念である点に留意されたい。

本章では，各国における租税回避行動の積極性・消極性の傾向を確認したい

図表17－1　租税回避行動の測定方法

Measure	Computation	Measure	Computation
GAAP ETR	$\dfrac{\text{Worldwide total income tax expense}}{\text{Worldwide total pretax accounting income}}$	Total BTD	Pretax book income-{(US CTE + FgnCTE)/US STR-(NOL_t-NOL_{t-1})}
Current ETR	$\dfrac{\text{WorldWide current income tax expense}}{\text{Worldwide total pretax accounting income}}$	Temporary BTD	Deferred tax expense/US STR
Cash ETR	$\dfrac{\text{Worldwide cash tax paid}}{\text{Worldwide total pretax accounting income}}$	Abnormal total BTD	Residual from BTD/TA=bTA+Bm+e
Long-run cash ETR	$\dfrac{\Sigma\ \text{Worldwide cash tax paid}}{\Sigma\ \text{Worldwide total pretax accounting income}}$	Unrecognized tax benefits	Disclosed amount post-FIN48
ETR Differential	Statutory ETR-GAAP ETR	Tax shelter activity	Indicator variable for firms accused of engaging in a tax shelter
DTAX	Error term from the following regression Income=a+b*Controls+e	Marginal tax rate	Simulated marginal tax rate

ことから，実効税率と法定税率の差異の大きさに注目して分析を進めることにする。分析にあたっては，各国における実効税率と法定税率の差異ポイントを基礎としたヒストグラムを作成し，その分布の形状によって，各国企業における租税回避行動の特徴を明らかにする（ヒストグラムを活用した利益マネジメントの分析手法については Burgsthaler and Dichev［1997］）。

2　サンプル

本章では，Compustat Global Vantage Database と Compustat North America を活用し，各国企業の租税回避行動の程度を測定することにする。測定にあたっては，双方のデータベースにて法人税等（taxation）が入手できる企業が累計で3,000社・年以上獲得できる22ヵ国・地域（オーストラリア，ブラジル，スイス，中国，ドイツ，フランス，イギリス，香港，インドネシア，インド，イタリア，日本，韓国，マレーシア，ポーランド，シンガポール，スウェーデン，タイ，台湾，南アフリカ，カナダ，アメリカ）を抽出し，分析を行うことにする（**図表17－2**）。なお各国の法定税率については，OECD Statistics や PwC world tax summary，EY worldwide corporate tax guide などに掲載されているデータを参照している。実効税率の算定にあたっては，過去3年間の課税所得の平均

図表 17－2 サンプル

Country	Sample	Country	Sample
AUS	9,477	JPN	52,307
BRA	3,443	KOR	7,996
CHE	3,398	MYS	11,230
CHN	29,311	POL	3,471
DEU	9,438	SGP	7,344
FRA	9,679	SWE	4,055
GBR	20,895	THA	5,308
HKG	3,415	TWN	13,389
IDN	3,514	ZAF	3,808
IND	28,380	CAN	32,485
ITA	3,092	USA	203,391

値を過去3年間の税引前利益で控除した数値を会社ごとに算出し，それを基礎に各国におけるヒストグラムや分布を表記している。

3 分析結果

(1) 法定税率と実効税率の差異

まず全サンプルにおける法定税率と実効税率の差異について分析していくことにしよう。**図表17－3**には，各国における法定税率と実効税率の平均値をそれぞれ表記している。法定税率は過去20年間で低下傾向にあるが，調査対象期間のほとんどで実効税率が法定税率を下回っていることが確認できる。

次に情報収集したサンプルを活用し，2.5％を1マスとしたヒストグラムを作成した（**図表17－4**）。これによれば，全体として法定税率を下回る実効税率を計上している企業のプレゼンスが高く，また0近傍に注目すると，0を少し下回る「実効税率－法定税率」を計上している企業が上回る企業に比べて比率が高くなっている。これらの事実は，世界的に見て実効税率を低減させる租税回避行動が実施されていることを示唆していると解釈することができる。

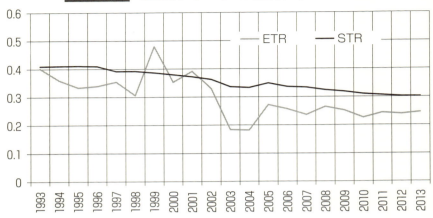

図表17－3 法定税率（STR）と実効税率（ETR）の差異

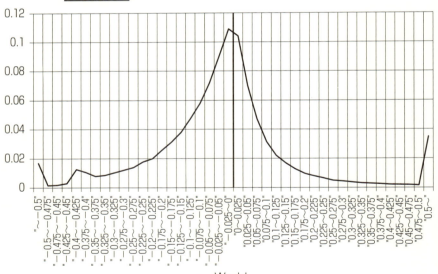

図表17－4 「実効税率－法定税率」の差異のヒストグラム

(2) 租税回避行動の国際比較

各国にて租税回避行動の積極性・消極性がどれほど異なるのか。各国におけるヒストグラムを比較分析した（図表17－5）。

これによれば，オーストラリア，ブラジル，カナダ，中国，香港，マレーシア，タイ，米国，南アフリカなどの国では，分布の最頻範囲が負に偏っているのに対して，スイス，ドイツ，フランス，イギリス，インドネシア，インド，イタリア，日本，韓国，ポーランド，シンガポール，スウェーデン，台湾では分布の最頻範囲が正にある。前者のグループは相対的に見て，租税回避行動に積極的，後者のグループは消極的と考えることができる。

さらに「実効税率－法定税率」の符号がそれぞれ各国にてどれくらいの割合存在するのかをみることで，相対的に租税回避行動に積極的であるかどうかを確認することができるかもしれない（図表17－6）。オーストラリア，ブラジル，カナダ，中国，ドイツ，フランス，香港，インド，マレーシア，タイ，台湾，アメリカ，南アフリカでは，実効税率が法定税率を下回る（法人税支払いを節約している）企業の割合が高いのに対して，スイス，イギリス，インドネシア，イタリア，日本，韓国，ポーランド，スウェーデンなどでは実効税率が法定税率を上回る企業の割合が相対的に高くなっている。

続いて特定のヒストグラムの分布形態にフォーカスをあて，各国企業の租税回避行動の特徴を分析していくことにしよう。まず0周辺での分布にフォーカスをあてる（図表17－7(1)）と，オーストラリア，ブラジル，カナダ，中国，香港，マレーシア，タイ，アメリカ，南アフリカなどでは0を少し下回る企業の割合が高くなっている。当該諸国は，法定税率を下回る課税所得を算出できるような租税回避行動を実施している可能性がある。一方で，スイス，ドイツ，フランス，イギリス，インドネシア，イタリア，日本，韓国，ポーランド，シンガポール，スウェーデンなどでは0を少し上回る企業の割合が高くなっている。さらに「実効税率－法定税率」が大きく負の企業（「実効税率－法定税率」が－0.05以下の企業）がブラジル，カナダ，中国，インド，マレーシア，南アフリカは高いのに対して，スイス，フランス，イギリス，インドネシア，イタリア，日本，韓国，ポーランド，スウェーデンは低くなっている（図表17－7(2)）。

図表17－5 「実効税率－法定税率」の差異のヒストグラムの国際比較

(1) 最頻範囲が負

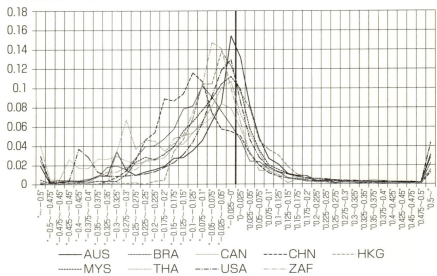

(2) 最頻範囲が正

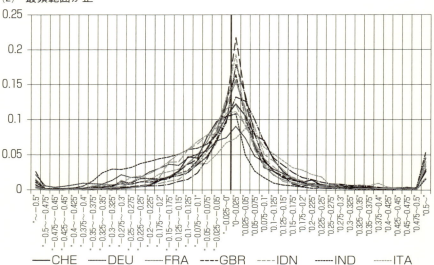

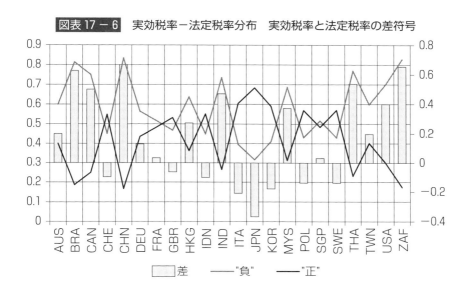

図表17-6　実効税率－法定税率分布　実効税率と法定税率の差符号

　これらの図表からオーストラリア，ブラジル，カナダ，中国，マレーシア，アメリカ，南アフリカなどは租税回避行動に積極的な企業が多いことが推測される。一方で，日本，イタリア，韓国，スイス，ポーランド，スウェーデンなどは概ね租税回避行動に消極的な企業が多いことが推測される。

(3) 租税回避行動の変化

　では，各国における租税回避行動はどのように変化しているだろうか。**図表17-8**(1)には，実効税率が法定税率を下回る企業の割合がどれほどあるのかを，**図表17-8**(2)では，実効税率が法定税率を5％以上下回る企業の割合をそれぞれ示している。両者に共通しているのは，全般的に租税回避行動に積極的である企業の割合が増大傾向にある点である。特に日本，アメリカなどは増大傾向にあることが確認できる。日本は国際比較でみると租税回避行動に消極的であるものの，徐々に租税回避行動に積極的な企業の割合が増えている可能性がある。

312　第Ⅳ部　パラダイム転換期における企業の会計行動

図表17-7　実効税率-法定税率　分布

(1) 0周辺の分布

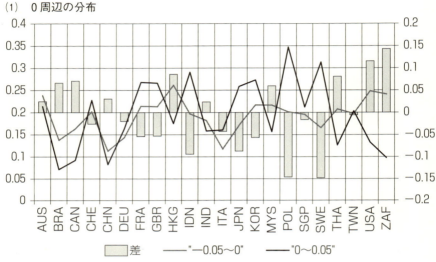

(2) -0.05以下の割合

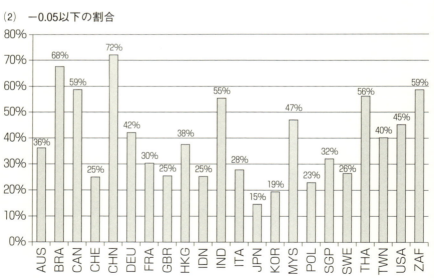

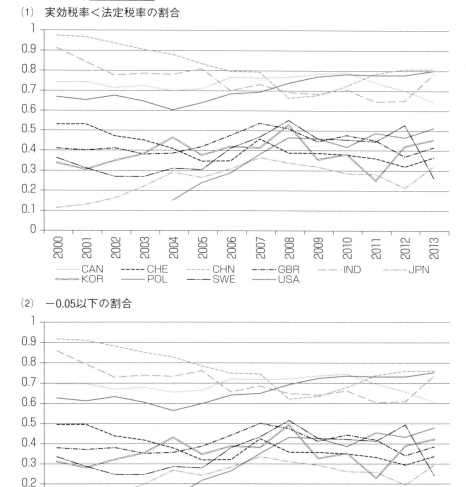

第 17 章 日本企業の租税回避行動の特徴とその決定因子

図表 17 − 8 実効税率−法定税率　分布の時系列の推移

(1) 実効税率＜法定税率の割合

(2) −0.05以下の割合

※図表を見やすくするため，ここではサンプル数が多く，かつ租税活動の特徴がつかみやすい 10 ヵ国に絞って，推移を記載している。

なぜ日本企業の租税回避行動に消極的か

なぜ日本企業は租税回避行動に消極的であるのか。こうした点を検討するにあたっては，先行研究をベースに，租税回避行動の決定因子となるような経済的環境の差異に注目するのが合理的であると考える。

先行研究に基づけば，経営者と投資家との間の情報の非対称性が大きく，経営者が機会主義的な行動を行うような状況において，仮に経営者報酬が税引後利益と連動している場合には，経営者は積極的に租税回避行動を行う可能性があることを示している。日本企業の過去10年間の資金調達の状況を分析すると，内部金融と負債金融が中心であり，株式による資金調達はそれほど実践されていない（**図表17－9**）。また加賀谷［2015］によれば，日本企業は他国企業とは異なり，経営者報酬が高い水準にはなく，税引後純利益を増大させるインセンティブがそれほど強くないことが推測される。言い換えれば，積極的に租税回避行動を実施するドライバーがそれほど強くないことが推測される。

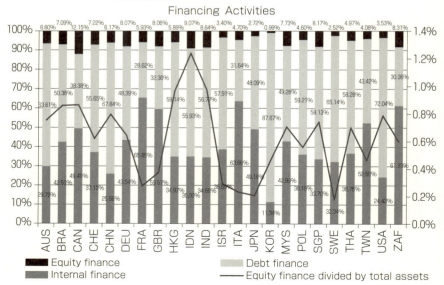

図表17－9 各国における資金調達構造

第 17 章　日本企業の租税回避行動の特徴とその決定因子　315

　一方で，製品・サービス市場における評価やレピュテーションという観点からみると，日本企業が租税回避行動に消極的な理由が明らかになってくる。たとえば，世界経済フォーラム（World Economic Forum）が実施している世界競争力評価の項目では，製品・サービス市場における評価や供給業者の品質に対するこだわりなどがどれほど強いかをサーベイ調査によって明らかにしている。2006-07 から 2014-15 年までの平均スコアを**図表 17 − 10**に示している。これによれば，日本企業は顧客の再購入意向などに対する関心が高く，また供給業者の品質に対するこだわりも相対的に強いことが確認できる。こうした製品・サービス市場における評価やレピュテーションへのこだわりが強い場合には，租税回避行動に消極的になる可能性が高い。特に顧客からの再購入意向が重視され，供給業者に高い品質が求められる市場においては，顧客や供給業者との継続取引が求められる傾向が強くなることが推測される。そうした状況において，租税回避行動により国税庁などの関連省庁などからの訴訟や調査は，中・長期的に企業に対する信頼性に影響を与え，ひいては顧客や供給業者との取引関係にも影響を与える可能性が出てくると推測される。日本企業にこうした顧客や供給業者との長期的な取引関係を前提とする傾向があることから，税引後利益最大化のための租税回避行動を実施する動機は小さくなるものと推測され

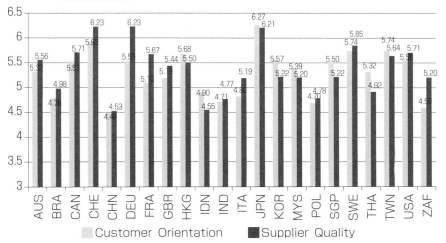

図表 17 − 10　各国における顧客志向とサプライヤー品質志向

る。

　さらに，日本企業の税務システムそのものが租税回避行動の消極性に影響を与えている側面もある。前述した Atwood, Drake, Myers, and Myers［2012］では，各国における各国の課税所得と報告利益の一致性（Book Tax Conformity：BTM），税率の適用方針（worldwide vs territorial），課税徴収の執行力の大小を分析しているが，日本企業は BTM が相対的に高く，税率の適用方針も worldwide であり，海外子会社から日本の親会社に配当を行うにあたっても，その差分は法人税を納入することが求められる傾向にある。さらに日本は課税徴収の執行力も相対的には高いことが確認されている。たとえば**図表17－11**に OECD による租税回収のためにどれほど支出をしているかの程度を示しているが，これについても他国に比べて，日本企業100社あたりに実施される課税回収のための支出が大きいことが確認できる。

　さらに**図表17－12**には，Ernst & Young 社が2004-2013年まで調査した繰戻欠損金・繰越欠損金の期間の国際比較のデータをあげているが，日本企業は相対的に繰戻欠損金・繰越欠損金が認められる期間が短い傾向がある。なお無期限での繰戻・繰越が可能な国・地域については，図表17－12上では便宜

図表17－11 OECD 諸国における税回収コスト

国	値
AUS	0.99
BRA	0.97
CAN	1.28
CHE	0.38
CHN	
DEU	1.47
FRA	1.18
GBR	0.99
HKG	0.80
IDN	0.56
IND	0.67
ITA	1.09
JPN	1.65
KOR	0.78
MYS	1.21
POL	2.03
SGP	0.87
SWE	0.40
THA	
TWN	
USA	0.55
ZAF	1.03

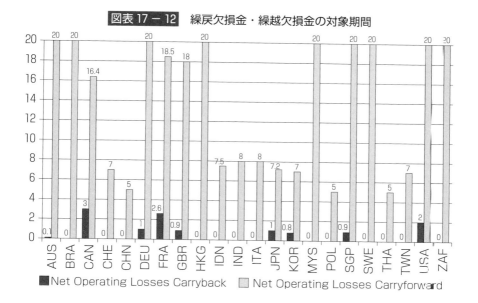

図表 17−12 繰戻欠損金・繰越欠損金の対象期間

上20年の期間を表示している。

さらに Goncharov and Jacob [2015] によれば，日本企業は課税所得上で認められている裁量的発生高（tax accruals）が相対的に小さいことが確認されている。日本の税務システムは，租税回避行動が相対的に実施しにくい構造になっていることが，その租税回避行動の消極性に結びついている可能性がある。

とはいえ，近年，日本企業でも租税回避行動に積極的な企業が増大し始めている点には留意が必要である。グローバル資本主義が進展する中，より税引後利益の最大化のための行動を志向する企業が増えていることがその背景にあるものと推測される。さらに繰戻欠損金・繰越欠損金の容認期間が長期化し，加えて課税所得と会計利益の一致性が低下するなど日本の法人税システムも大きく変貌を遂げつつある。こうした中で，徐々に日本企業においても租税回避行動を実施する企業が増大しているものと推測される。

おわりに
——会計基準の国際的統合化が税務に与えるインパクト

　本章のねらいは，日本企業の租税回避行動の特徴について，国際比較を通じて明らかにしたうえで，その決定因子を推定することにより，法人税システムに対して，企業会計システムが果たしている役割を明らかにすることにある。
　このため，本章では特に実効税率と法定税率との差異に注目し，そのヒストグラムの形状から，各国における租税回避行動に積極的な企業の割合を比較分析した。日本企業は他国企業と比べると法定税率を上回る実効税率を計上している企業の割合が高く，0周辺に注目しても，法定税率を少し上回る実効税率を計上している企業の割合が少し下回る実効税率を計上している企業の割合に比べて多い傾向がある。さらに法定税率を大きく下回る実効税率を計上している企業のプレゼンスも小さい。これらの事実は，日本企業が相対的に租税回避行動に消極的な事実を示している。一方で，オーストラリア，ブラジル，カナダ，中国，香港，マレーシア，アメリカ，南アフリカは相対的に租税回避行動に積極的な企業の割合が大きいことが確認されている。
　ではなぜ日本企業は租税回避行動に消極的であるのか。日本では株式市場などにおける資金調達がそれほど重要なプレゼンスがあるわけではなく，むしろ製品・サービス市場における顧客や供給業者との長期的な取引関係を重視することが影響している可能性が高い。こうした長期的な取引関係の構築においては，企業に対する信頼性が極めて重要な役割を果たす。租税回避行動が仮に企業の信頼性を低減させる可能性がある行動と位置づけられるのであれば，それらに積極的な姿勢を示すことは，企業経営にリスクを生じさせる可能性がある。このため，日本企業は相対的に租税回避行動に消極的になっている可能性がある。加えて，日本では，金融商品取引法，会社法，税法が密接に関連したトライアングル体制に基づく会計システムを採用してきており，課税所得と会計利益の一致性が高い。さらに繰戻欠損金・繰越欠損金の容認期間が短く，課税所得上での裁量の余地が小さい。さらに課税所得の回収に対する政府支出は相対的に大きい傾向がある。また企業の経理担当もそうした確定決算主義に基づく

会計システムのもとで鍛えられ，租税回避行動に基づきネガティブな評判がたたないよう，会計処理を行うことが求められてきたと推測することができる。こうした法人税システムが租税回避行動への消極性を支えてきた可能性が高い。

しかしながら，近年，会計基準の国際的統合化・収斂化の進展に伴う，トライアングル体制に基づく会計システムを維持することが困難となり，徐々に課税所得と会計利益の一致性は低下しつつある。またグローバル資本主義の進展に伴い，繰戻欠損金・繰越欠損金の容認期間も長期化するなど，租税回避行動の余地が増大しつつある。こうした中で，徐々にではあるが，日本企業においても租税回避行動に積極的な企業が増大しつつある。近年，メディアなどで，巨額の利益を計上しながら，課税所得がゼロである企業が批判を浴びるようなケースが増え始めているのは，課税所得と会計利益の乖離現象がもたらしている結果と解釈することも可能である。

会計基準の国際的統合化・収斂化により，法人税システムにおいても，従来の会社法・税法・金融商品取引法のトライアングル体制を前提とした会計システムの転換を余儀なくされる可能性が高い。税務会計と財務会計の狙いが必ずしも同じではない以上，連単分離などを通じて，課税所得計算や配当計算など企業の利害調整に関わる会計システムと投資家などへの情報提供に関わる会計システムが異なるベクトルで進化していくことが求められるかもしれない。

では，課税所得はどのような会計システムに基づき算出されるべきなのか。日本では，これまで課税所得と会計利益を一致させることを重視してきた会計システムを志向してきたが，仮にそれらを分離する会計システムへの転換が余儀なくされるのだとすれば，それぞれの会計システムの目的やそれに基づく会計概念への理解が不可欠となる。そうした理解が欠如したまま，両者の乖離が進展していくと，日本企業の租税回避行動が促進されるなど，予期せざる負の経済的影響をもたらす可能性もある。その結果，これまで日本企業の会計利益や課税所得が果たしてきた経済的役割が損なわれる可能性もでてくる。こうした各制度における経済的役割を整理したうえで，日本の会計システムのグランドデザインを描くことが喫緊の課題になっているといえる。

●参考文献

Atwood, T.J., M. S.Drake, and L.A.Myers [2010], "Book-tax conformity, earnings persistence and the association between earnings and future cash flows." *Journal of Accounting and Economics* Vol.50, No.1, pp.111-125.

Atwood, T.J., M. S.Drake, J.N.Myers, and L.A.Myers [2012], "Home Country Tax System Characteristics and Corporate Tax Avoidance: International Evidence." *The Accounting Review* Vol.87, No.6, pp.1831-1860.

Brown, J.L., and K.D..Drake [2014], "Network Ties Among Low-Tax Firms." *The Accounting Review* Vol.89, No.2, pp.483-510.

Burgstahler, D., and I.Dichev [1997], "Earnings management to avoid earnings decreases and losses." *Journal of Accounting and Economics* Vol.24, No.1, pp.99-126.

Chen, S., X.Chen, Q.Cheng, and T.Shevlin [2010], "Are family firms more tax aggressive than non-family firms?" *Journal of Financial Economics* Vol.95, No.1, pp.41-61.

Desai, M.A., and D.Dharmapala [2006], "Corporate tax avoidance and high-powered incentives." *Journal of Financial Economics* Vol.79, No.1, pp.145-179.

Dyreng, S.D., M. Hanlon, and E.L.Maydew [2008], "Long-Run Corporate Tax Avoidance." *The Accounting Review* Vol.83, No.1, pp.61-82.

Gallemore, J., E.L.Maydew, and J.R.Thornock [2014], "The Reputational Costs of Tax Avoidance." *Contemporary Accounting Research* Vol.31, No.4, pp.1103-1133.

Goncharov, I., and M.Jacob [2014], "Why Do Countries Mandate Accrual Accounting for Tax Purposes?" *Journal of Accounting Research* Vol.52, No.5, pp.1127-1163.

Hanlon, M., and S.Heitzman [2010], "A review of tax research." *Journal of Accounting and Economics* Vol.50, No.2-3, pp.127-178.

Higgins, D., T.C.Omer, and J.D.Phillips [2014], "The Influence of a Firm's Business Strategy on its Tax Aggressiveness." *Contemporary Accounting Research* Vol.32, No.2, pp.674-702.

Kubick, T.R., D. P. Lynch, M.A.Mayberry, and T.C.Omer [2015], "Product Market Power and Tax Avoidance: Market Leaders, Mimicking Strategies, and Stock Returns." *The Accounting Review* Vol.90, No.2, pp.675-702.

Slemrod, J., [2004] . "The economics of corporate tax selfishness." *National Tax Journal* Vol.52, No.4, pp.887-899.

大沼宏［2015］『租税負担削減行動の経済的要因　租税負担削減行動インセンティブの実証分析』同文舘出版。

加賀谷哲之［2010］「IFRS 導入が日本企業に与える経済的影響」『国際会計研究学会年次臨時増刊号 2010 年度』，2010 年，5-22 頁。

―――――［2015］「日本企業の利益属性にみる会計観と個別会計基準の関連性」『會計』，第187巻第4号，444-457頁。
米谷健司［2019］「会計利益と課税所得の一致性と利益の質」河﨑照行編著『会計制度のパラダイムシフト――経済社会の変化が与える影響』中央経済社，第16章。

（加賀谷　哲之）

第 18 章

IFRS適用是非の意思決定に与える影響
── 経営者持株比率に焦点を当てて

I　はじめに

　本章の目的は，IFRS（国際財務報告基準）任意適用是非の意思決定に影響を与える要因を明らかにすることである。すでに先行研究では，日本企業でIFRSを任意適用した企業の特徴を明らかにした研究が行われている（井上・石川［2014］など）。しかしながら，それらの研究の多くは，IFRSを任意適用「済」企業をサンプルとしたものであり，上場会社全体をカバーしたものではない。本章の特徴は，2015年3月期の決算短信から開示が始まった「会計基準の選択に関する基本的な考え方」のデータを用い，全上場会社を対象とした大量データによる検証を実施した点にある。

　日本では，2010年5月に日本電波工業が初めて，IFRSによって作成した財務諸表によって決算発表を行った。それ以降，IFRSを任意適用する企業数は増加傾向にあり，本章執筆時点で任意適用企業数は139社（予定を含めると161社）となっている。先行研究では，こうした任意適用企業を対象にしてその特徴を抽出し，非適用企業と比較することによってIFRS適用に影響を与える要因を特定してきている。しかしながら，上場会社で連結財務諸表を作成している3,123社のうちで，IFRS任意適用企業139社の比率は4.5％だが，時価総額でみるとこの139社の占める比率は21.4％となる。つまり，時価総額の大きい大企業を中心にIFRSが任意適用されており，時価総額が相対的に小さい企業

については検証することが困難である。また，会計システムを IFRS に移行するためには数千万円規模の費用がかかるとも言われている。つまり，こうした費用を負担することができる大企業が任意適用の中心となっている。実際に生じる費用を考慮することなく，その会社の IFRS に対する基本的な姿勢を直接に知ることができるのも，決算短信情報を用いることの優位性であると考えている。

II 先行研究と仮説構築

1 先行研究

日本で IFRS を任意適用した企業の特性を明らかにした研究としては井上・石川［2014］がある。井上・石川［2014］は，2014 年 3 月期までに任意適用した 25 社を取り上げ，業種・総資産が近似するコントロール企業を 25 社それぞれで抽出し，プロビット分析を行っている。その結果，研究開発費比率，負債比率および外国人持株比率が高い企業が IFRS を任意適用していると報告している。

海外でも IFRS 任意適用企業の特性についての先行研究が蓄積されている。El-Gazzar et al.［1999］は，ヨーロッパ企業を対象に海外売上高の比率が高い企業，重複上場している海外株式市場の数が多い企業，EU 加盟国に籍を置く企業，および負債比率が低い企業ほど IFRS を任意適用する可能性が高いことを発見している。また，Gassen and Sellhorn［2006］は，ドイツ企業を対象に規模の大きい企業，海外株式市場に重複上場している企業，株式所有構造の集中度が低い企業，近年 IPO を行った企業ほど，IFRS を任意適用する可能性が高いことを発見している。同様に，ドイツ企業を対象とした Hung and Subramanyam［2007］は，株式や負債による資金調達を行う企業と海外の株式市場に重複上場している企業ほど，IFRS を任意適用する可能性が高いことを発見した。

このように，諸外国を対象としたこれまでの先行研究は，IFRS を任意適用する企業の特性に主に分析の焦点を当てて文献を蓄積してきた。本研究でも先

行研究と同様に IFRS 任意適用企業の特徴を浮き彫りにすることを目的としているが，後述するように，サンプル企業のほとんどは「(IFRS 任意適用は)これから検討する」「適切に対応する」といった記述に終始しているため，任意適用する意思があるのかどうかの定量化が極めて困難であった。したがって，我々は「適用する予定はない」と明記している企業群，つまり IFRS 非適用の企業を抽出し，その特性の分析に焦点を当てることとした。適用企業の特徴を直接的に検証しているわけではないため，これは本研究が抱える問題点とも言えるが，しかし，IFRS を非適用する企業の特性に関する文献の蓄積は比較的浅く，新しい研究視点の提示という意味では特徴を有している。

本研究と最も関連している研究は，Christensen et al.［2015］である。Christensen et al.［2015］は，ドイツ企業を対象に IFRS を非適用とする企業の特性に分析の焦点を明示的に当てた研究である[1]。分析の結果，フォローするアナリストの数が多い企業や株式による増資を行う企業ほど IFRS を非適用とする可能性が低い一方で，負債比率が高い企業や企業の内部者または銀行による株式持株比率が高い企業ほど IFRS を非適用とする可能性が高いことが報告されている。また，その理由としては，ドイツの会計基準は内部者志向の会計基準であるのに対して IFRS は外部者志向の会計基準であるため，内部者志向の特性を強く有する企業ほど IFRS を非適用する可能性が高くなると指摘されている。

本研究は Christensen et al.［2015］と同様に IFRS を非適用とする企業の特性を調査している。しかし，経営者持株比率が IFRS 非適用の意思決定に与える影響に焦点を当てた分析を行っている点で，Christensen et al.［2015］とは異なる。IFRS を適用するかしないかの判断は財務報告をするうえでの重要な意思決定であり，その最終的な判断は実質的には経営者によってなされていると考えられる。近年，経営者持株比率が経営者の意思決定に与える影響について注目が集まっている。ただし，会計基準選択（IFRS 適用の是非）の意思決定に与える影響はこれまでの先行研究からは明かにされてこなかった論点であり，それゆえ未解決の研究課題であると言える。

2 経営者持株比率が意思決定に与える2つの効果

では,経営者持株比率はIFRS適用是非の意思決定にどのような影響を与えるのだろうか。経営者持株比率に関する日米におけるこれまでの先行研究は,経営者が自社の株式を保有した場合,それが株主のために行動するインセンティブ(以下,努力インセンティブ)に与える影響について,理論的にも実証的にも多くの証拠を蓄積してきた[2]。こうした一連の研究からは,経営者持株比率が経営者の努力インセンティブに与える影響は線形ではなく,非線形の関係にあることが明らかにされている。つまり,経営者持株比率が経営者の努力インセンティブに与える影響には,経営者持株比率の高低に応じてそれが経営者の努力インセンティブを向上させる効果(以下,アラインメント効果)と低下させる効果(以下,エントレンチメント効果)の両方の影響が存在するのである(首藤[2010],305頁)。

具体的には,アラインメント効果が支配的な経営者持株比率の範囲では,経営者が株式を多く保有するほど経営者自身の富と企業価値の連動が大きくなるため,経営者が株主のために行動するインセンティブは高くなる。他方,エントレンチメント効果が支配的な経営者持株比率の範囲では,経営者の株式保有は議決権の増加を伴うことから経営者の解雇や敵対的買収といった経営者に対する規律づけができなくなる。その結果,経営者による株式保有は経営者の努力インセンティブを低下させることになる(首藤[2010],305-306頁)。

たとえば,Morck et al. [1988], Short and Keasey [1999], McConnell and Servaes [1990]および手嶋[2004]は,経営者の努力インセンティブの代理変数として企業業績を用いて,経営者持株比率が低い範囲と高い範囲では経営者持株比率と企業業績は正の相関関係を有するのに対し経営者持株比率が中間範囲では負の相関関係を有することを示している。また,首藤[2010,第12章]は,経営者の努力インセンティブの代理変数として経営者の機会主義的行動,すなわち裁量的発生高を用いて,経営者持株比率が相対的に低い範囲と高い範囲では経営者持株比率と裁量的発生高の絶対値の間に負の相関関係が観察されるのに対し中間範囲では正の相関関係が観察されることを発見している。これらの発見事項は,経営者持株比率と経営者の努力インセンティブの関係は非線

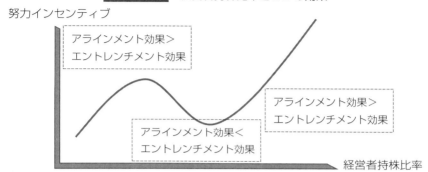

図表18－1 経営者持株比率と2つの効果

形であり，アラインメント効果とエントレンチメント効果の両方の効果が影響を与えているということと整合的である。先行研究の結果を視覚的に示したのが**図表18－1**である。

3　仮説構築

　以上のような先行研究に対する本研究の特徴は，経営者の努力インセンティブの代理変数として企業業績や裁量的発生高を用いるのではなく，IFRS適用是非の意思決定に焦点を当てていることである。Christensen et al.［2015］の示すように，IFRSは外部者志向の会計基準であるため，株式投資家といった外部への豊富な情報開示を重視している。他方，日本の会計基準はドイツの会計基準と同様に内部者志向の会計基準の色合いが強いため，少なくとも情報開示の面に関してはIFRSよりも劣っていると一般的に言われている。

　こうした見立てが正しければ，日本基準からIFRSに移行することに伴い外部の株主への情報開示が増加することで，株主による経営者に対するモニタリング活動がより効果的なものとなると考えられる（Karamanou and Nishiotis［2009］）。また，株主のために行動するインセンティブの高い経営者，すなわち努力インセンティブの高い経営者は外部の株主・投資家に対する情報開示を増加させる会計基準を選択すると考えられる（アラインメント効果）。他方，経営者自身の私的便益のために行動するインセンティブの高い経営者，すなわち努力インセンティブの低い経営者は外部の株主・投資家に対する情報開示を増

加させる会計基準を選択しないと考えられる（エントレンチメント効果）。

このため，本研究では経営者持株比率とIFRS適用是非の意思決定の間に非線形の関係があるという考えかたのもとで以下の仮説を設け，3次関数の実証モデルを用いて分析を行う。

H1a: 経営者持株比率が低い範囲では，経営者持株比率とIFRS適用の意思決定の間には正の相関関係が存在する

H1b: 経営者持株比率が中間範囲では，経営者持株比率とIFRS適用の意思決定の間には負の相関関係が存在する

H1c: 経営者持株比率が高い範囲では，経営者持株比率とIFRS適用の意思決定の間には正の相関関係が存在する

Ⅲ　リサーチ・デザイン

1　検証モデル

本研究は前節で設定した仮説H1aからH1cを検証するため，IFRSの任意適用の是非に関するダミー変数 *Resister* を従属変数とする二項プロビット分析を行う。具体的には，IFRSを任意適用しない（非適用）と明確に表明している企業の場合に1の値をとるダミー変数である。後述するように，決算短信の開示情報は曖昧な記載が多く，任意適用に前向きかそうでないかを定量化することが極めて困難であった。一方で，任意適用しないと表明している企業群の特定は可能であった。よって，本研究では非適用企業を1とするダミー変数を設定している。

また，前節で設定した仮説は，IFRS適用是非の意思決定と経営者の持株比率が非線形の関係にあることを示唆している。このため，本研究は首藤［2010，第12章］に倣って，以下のような経営者持株比率に関する3次関数を設定し，経営者持株比率がIFRS適用是非の意思決定に与える影響を検証する。本研究の検証モデルは，下記の(1)式の通りである。

$$\begin{aligned}\text{Prob}(Resister_i = 1) = &\beta_0 + \beta_1 Directors\ ownership_i + \beta_2 Directors\ ownership_i^2 + \beta_3 Directors\ ownership_i^3 \\ &+ \beta_4 Top10Shareholders\ ownership_i + \beta_5 Mainbank\ ownership_i + \beta_6 Leverage_i \\ &+ \beta_7 Analyst\ following_i + \beta_8 Equity\ issue_i + \beta_9 Growth_i + \beta_{10} Big4_i \\ &+ \beta_{11} Size_i + \beta_{12} Number\ of\ foreign\ segments_i + \beta_{13} Foreign\ sales\ to\ total\ sales_i \\ &+ \beta_{14} Foreign\ listing_i + \beta_{15} Age_i + \beta_{16} Return\ on\ assets_i + Industry\ Dummies + \varepsilon_i\end{aligned} \quad (1)$$

Resister ＝IFRS 非適用を表明している企業の場合に 1 の値をとるダミー変数

Directors ownership ＝経営者持株比率［役員持株数÷発行済株式総数（自己株式数を除く）］

Directors ownership^2 ＝ *Directors ownership* の 2 乗

Directors ownership^3 ＝ *Directors ownership* の 3 乗

Top10Shareholders ownership＝上位十大株主持株比率［上位十大株主持株数÷発行済株式総数（自己株式数を除く）］

Mainbank ownership ＝メインバンク持株比率

Leverage＝レバレッジ［負債合計÷資産合計］

Analyst following＝企業をフォローするアナリストの数［（企業をフォローするアナリストの数 +1）の自然対数］

Equity issue＝株式による資金調達を実施した企業（キャッシュ・フロー計算書上の株式の発行による収入が正）の場合に 1 をとるダミー変数

Growth＝売上高成長率［(t 期の売上高 − t-1 期の売上高) ÷ t-1 期の売上高］

Big4＝財務諸表に関する監査人が 4 大監査法人（有限責任あずさ監査法人，EY 新日本有限責任監査法人，有限責任監査法人トーマツ，PwC あらた有限責任監査法人）である場合に 1 の値をとるダミー変数

Size＝企業規模（普通株式時価総額の自然対数）

Number of foreign segments＝海外事業セグメントの数

Foreign sales to total sales＝海外売上高比率

Foreign listing＝海外証券取引所に重複上場している企業の場合に 1 の値をとるダミー変数

Age＝企業の設立年数の自然対数［(2015 −実質上設立年 +1) の自然対数］

Return on assets＝総資産当期純利益率［資産合計÷親会社株主に帰属する当期純利益］

Industry Dummies＝産業固定効果［日経業種分類中分類に基づく産業ダミー変数］

2　従属変数

従属変数は，IFRS非適用を表明している企業の場合に1の値をとるダミー変数（*Resister*）である。髙橋［2016］は，上場会社が提出した決算短信の中の「会計基準の選択に関する基本的な考え方」をハンドコレクトし，**図表18－2**のように分類した。

図表18－2　IFRS適用の検討状況

A	IFRS適用決定済または適用予定	1.3%
B	検討作業中	7.3
C	これから検討する	19.1
D	適切に対応する	44.3
E	動向を注視する	1.3
F	IFRSを適用する予定はない	1.2
G	IFRSを適用するかは未定	0.7
H	その他	1.0
I	記載なし	23.4

（出所）　髙橋［2016］，表8。

図表18－2で「記載なし(I)」となっているのは連結財務諸表を作成していない企業などである。次に，調査企業のほとんどが「これから検討する(C)」「適切に対応する(D)」といった表現で記載しており，任意適用に前向きであるのかそうでないのかを判断することができない。そこで，本研究では「IFRSを適用する予定はない(F)」と明記されている企業に焦点を当てる。これによって変数作成における曖昧さを排除できると考えた。また，髙橋［2016］で収集されたのは2015年3月31日から同11月30日までに決算期を迎えた日本基準による全上場会社2,903社であり，一部の決算期が収集対象外となっている。そこで，本研究では髙橋［2016］のサンプル期間を拡張させ，2015年3月31日から2016年3月30日までに決算期を迎えた全上場会社の記載状況をハンドコレクトし，分類した。その結果，79社の決算短信において「IFRSを適用する予定はない」との記載があった。具体的には，「当社は日本基準を適用しており，当面変更の予定はありません。」といったように任意適用をしないとい

う経営意思が明確に確認できる企業を抽出している。

3 独立変数

(1)式に含められているさまざまな独立変数のうち，本研究は仮説検証のために経営者持株比率に関する3つの変数に関心を寄せる。すなわち，経営者持株比率（$Directors\ ownership$），経営者持株比率の2乗（$Directors\ ownership^2$），および経営者持株比率の3乗（$Directors\ ownership^3$）である。もし経営者持株比率とIFRS非適用の意思決定の関係について設定した本研究の仮説が支持されるのであれば，経営者持株比率が相対的に低い範囲と高い範囲においては両者の間に正の相関関係が期待され（アラインメント効果），中間範囲においては負の相関関係が期待される（エントレンチメント効果）。ただし，前述したように従属変数は非適用表明の場合に1の値をとるダミー変数としているため，$Directors\ ownership$ および $Directors\ ownership^3$ の係数の予測符号は負，$Directors\ ownership^2$ の係数の予測符号は正となる。

また，本研究ではChristensen et al.［2015］に倣ってIFRS非適用の意思決定に影響を与えると考えられるその他の独立変数をコントロール変数として(1)式に追加する。これらの変数は，上位十大株主持株比率（$Top10Shareholders\ ownership$），メインバンク持株比率（$Mainbank\ ownership$），レバレッジ（$Leverage$），企業をフォローするアナリストの数（$Analyst\ following$），株式による資金調達を実施した企業であるか否かを表すダミー変数（$Equity\ issue$），売上高成長率（$Growth$），財務諸表に関する監査人が4大監査法人であるか否かを表すダミー変数（$Big4$），企業規模（$Size$），海外事業セグメントの数（$Number\ of\ foreign\ segments$），海外売上高比率（$Foreign\ sales\ to\ total\ sales$），企業が海外証券取引所に重複上場しているか否かを表すダミー変数（$Foreign\ listing$），企業の設立年数（Age），総資産当期純利益率（$Return\ on\ assets$），および産業の影響をコントロールするための産業ダミー変数（$Industry\ Dummies$）である。

4 サンプルの選択と基本統計量

本研究は，2015年3月31日から2016年3月30日までに決算期を迎えた日本の全上場会社を最初サンプルとした。つまり，髙橋［2016］で欠損していた

決算期の上場会社をこのたび追加収集して加え，単年度ではあるが全上場会社を網羅するサンプルを構築した。そこから下記に該当する企業を除外することで分析に用いる最終サンプルを得ている。本研究の最初サンプルから除外される企業は，①米国基準を採用している企業，②連結財務諸表を作成していない企業，③分析に必要なデータが入手できない企業である。本研究は，経営者の株式保有によって企業の選択する会計基準が日本基準とIFRSの間でどのように違ってくるかを取り扱っている。このため，米国基準を採用している企業は本研究の分析対象とはならず，ゆえにサンプルから除外している。

また，連結財務諸表を作成していない企業（つまり，単体財務諸表しか作成していない企業）の半数以上でIFRS適用の検討状況の記載がないため（髙橋[2016]，表11参照），サンプルから除外している。このようなサンプル選択の手続きを経て，本研究は2,935社（resister = 1は78社，resister = 0は2,857社）を分析に用いる最終サンプルとして得ている。なお，ダミー変数を除く連続変数については，上下0.5％をウィンザライズすることで異常値処理を施している。

分析に必要な財務データと株式所有構造に関するデータ（経営者持株比率と上位十大株主持株比率）は日本経済新聞社の提供するNEEDS-Financial-QUEST2.0から取得している。また，メインバンク持株比率に関するデータは，同社の提供するNEEDS-Cgesから取得した。さらに，企業をフォローするアナリストの数，監査法人に関するデータ，および海外事業セグメントの数に関するデータはQUICK社の提供するAstra Managerから，重複上場に関するデータはユーザベース社の提供するSPEEDAからそれぞれ取得している。

図表18－3には，分析に用いる変数の基本統計量を示している。本研究の従属変数である*Resister*の平均値は0.027であり，本章の最終サンプルに含まれる企業の2.7％がIFRSを非適用とするとの意思決定を下していることがわかる[3]。また，本研究で設定した仮説の検証にあたって関心を寄せる変数である*Directors ownership*の平均値は0.072であり，ここからは本研究の最終サンプルに含まれる企業の経営者持株比率の平均値は7.2％であることがわかる。

図表18－3　基本統計量

	平均	標準偏差	最小値	25%ile	中央値	75%ile	最大値	n
Resister	0.027	0.161	0.000	0.000	0.000	0.000	1.000	2,935
Directors ownership	0.072	0.120	0.000	0.002	0.016	0.083	0.628	2,935
Top10Shareholders ownership	0.509	0.167	0.168	0.376	0.500	0.636	0.956	2,935
Mainbank ownership	0.016	0.018	0.000	0.000	0.008	0.030	0.050	2,935
Leverage	0.496	0.209	0.080	0.333	0.490	0.647	0.957	2,935
Analyst following	0.596	0.828	0.000	0.000	0.000	1.099	2.944	2,935
Equity issue	0.143	0.350	0.000	0.000	0.000	0.000	1.000	2,935
Growth	0.060	0.166	−0.368	−0.013	0.035	0.095	1.239	2,935
Big4	0.732	0.443	0.000	0.000	1.000	1.000	1.000	2,935
Size	24.046	1.741	20.593	22.724	23.810	25.187	28.953	2,935
Number of foreign segments	0.257	0.864	0.000	0.000	0.000	0.000	5.000	2,935
Foreign sales to total sales	0.151	0.240	0.000	0.000	0.000	0.249	0.896	2,935
Foreign listing	0.205	0.404	0.000	0.000	0.000	0.000	1.000	2,935
Age	3.827	0.684	1.386	3.555	4.078	4.263	4.836	2,935
Return on assets	0.029	0.057	−0.346	0.013	0.030	0.053	0.196	2,935

IV　分析結果

　図表18－4は，(1)式の推定結果を示したものである。本研究が仮説検証のために焦点を当てる変数は，経営者持株比率（Directors ownership），経営者持株比率の2乗（Directors ownership^2），および経営者持株比率の3乗（Directors ownership^3）である。図表18－4から，これらの変数に係る係数が全て予測した符号と一致する有意な値を示していることが見て取れる。具体的には，Directors ownership の係数は−4.6407で有意な負の値を示しており（z = −1.70），Directors ownership^2 の係数は26.2647で有意な正の値を示していることがわかる（z = 1.74）。また，Directors ownership^3 の係数は−37.0641で有意な負の値を示していることが確認できる（z = −1.80）。したがって，本研究で設定した仮説はその有意水準は弱いが全て支持される。

　これらの結果は，経営者持株比率とIFRS非適用の意思決定の関係が非線形の関係にあることを示唆する。これらの結果はまた，経営者持株比率が低い範

図表18−4 分析結果

Resister Selection Probit Model			
Variables		coefficient	z-statistic
Directors ownership	−	−4.6407	−1.70*
Directors ownership2	+	26.2647	1.74*
Directors ownership3	−	−37.0641	−1.80*
Top10Shareholders ownership	−	−0.6230	−1.77*
Mainbank ownership	+	0.9643	0.30
Leverage	+	0.1431	0.50
Analyst following	−	−0.1432	−1.35
Equity issue	−	−0.0152	−0.09
Growth	−	−1.2620	−2.87***
Big4	−	−0.0105	−0.09
Size	−	0.0247	0.50
Number of foreign segments	−	−0.0100	−0.16
Foreign sales to total sales	−	−0.0428	−0.18
Foreign listing	−	0.1694	1.12
Age	+	−0.0163	−0.17
Return on assets	?	2.6731	2.28**
constant		−2.6815	−2.09**
Industry Dummies		Included	
Pseudo R^2		0.0949	
N		2,935	

*10％水準で有意，**5％水準で有意，***1％水準で有意。なお，係数推定値の検定統計量の算定には，White [1980] の示す，不均一分散に頑健な標準誤差を用いている。

囲と高い範囲ではアラインメント効果が支配的となっていることを示唆する。つまり，努力インセンティブの高い経営者はIFRSといった外部の株主・投資家への情報開示を増加させる会計基準を選択している可能性がある。他方，経営者持株比率が中間範囲では，エントレンチメント効果が支配的となっていることが示唆される。つまり，努力インセンティブの低い経営者は，IFRSを適用することで株主に対する情報開示を増加させようとするインセンティブが低

い可能性がある。

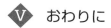 おわりに

　本研究では，IFRS 適用是非の意思決定に影響を与える要因を，とりわけ経営者持株比率という視点から検証した。先行研究では IFRS の適用済み企業を対象とした研究蓄積は進んでいるものの，全上場会社を対象にして，IFRS 適用に前向きかどうかを定量化して検証した研究は少ない。また，経営者持株比率が経営者の努力インセンティブに与える影響に関する実証研究が日米で報告されている中で，IFRS 適用と経営者持株比率に焦点を当てたことも本研究の特徴である。検証の結果，経営者持株比率に関する3変数に係る係数が，有意水準は弱いものの全て予測した符号と一致する有意な値を示した。

　本研究では分析サンプルを上場会社全社に拡大させるために各社の決算短信情報を用いた。しかしながらほとんどの企業の決算短信において，IFRS 適用に前向きなのかそうでないのかが外部からは判断できないような曖昧な表記に終始しており，結果的には IFRS 非適用を表明している企業を1とするダミー変数を従属変数とするにいたっている。とりわけ機関投資家は日本企業の制度開示における定性情報の記載情報が紋切り型である，と批判的に指摘しているが，いみじくも本研究を通じてそうした指摘の一端を明らかにすることとなった。

● 注
1　Christensen et al. [2015] は，IFRS がドイツ企業に強制適用された際，会計利益の変化に影響を与える要因について分析しているが，pp.54-57 で IFRS を任意適用しない企業（つまり，IFRS の適用に抵抗する企業という意味での resister）の特性に関する追加分析を実施している。
2　経営者持株比率と経営者の努力インセンティブに関する体系的な文献のサーベイについては，首藤 [2010]，305-311 頁を参考にしている。
3　2,935 社 × 0.027＝79.245 社であり，本研究の最終サンプルに含まれる IFRS 非適用企業の数（78 社）と一致しない。このことは，本研究が表中の表記にあたって小数点以下4桁を四捨五入しているためである。小数点以下4桁を四捨五入しなかった場合の resister の平均値は 0.0265758 であり，2,935 社 × 0.0265758＝77.999973 社で，78 社とほぼ一致する。

●参考文献

Christensen, Hans B., Edward Lee, Martin Walker, and Cheng Zeng [2015], Incentives or Standards: What Determines Accounting Quality Changes around IFRS Adoption?, *European Accounting Review*, Vol. 24 No. 1.

El-Gazzar, Samir M., Philip M. Finn, and Rudy Jacob [1999], An Empirical Investigation of Multinational Firms' Compliance with International Accounting Standards, *The International Journal of Accounting*, Vol. 34 No. 2.

Gassen, Joachim, and Thorsten Sellhorn [2006], Applying IFRS in Germany: Determinants and Consequences, Available at SSRN：https://ssrn.com/abstract=906802

Hung, Mingyi, and K. R. Subramanyam [2007], Financial Statement Effects of the Adoption of International Accounting Standards: the Case of Germany, *Review of Accounting Studies*, Vol. 12 No. 4.

Karamanou, Irene, and George P. Nishiotis [2009], Disclosure and the Cost of Capital: Evidence from the Market's Reaction to Firm Voluntary Adoption of IAS, *Journal of Business Finance & Accounting*, Vol. 36 No.7-8.

McConnell, John J., and Henri Servaes [1990], Additional Evidence on Equity Ownership and Corporate Value, *Journal of Financial Economics*, Vol. 27 No. 1.

Morck, Randall, Andrei Shleifer, and Robert W. Vishny [1988], Management Ownership and Market Valuation: An Empirical Analysis, *Journal of Financial Economics*, Vol. 20.

Short, Helen, and Kevin Keasey [1999], Managerial Ownership and the Performance of Firms: Evidence from the UK, *Journal of Corporate Finance*, Vol. 5 No. 1.

White, Halbert [1980], A Heteroskedasticity-consistent Covariance Matrix Estimator and a Direct Test for Heteroskedasticity, *Econometrica*, Vol. 48 No. 4.

井上謙仁・石川博行［2014］「IFRSが資本市場に与えた影響」『証券アナリストジャーナル』第52巻第9号。

首藤昭信［2010］『日本企業の利益調整――理論と実証』中央経済社。

髙橋幹夫［2016］「決算短信「会計基準の選択に関する基本的な考え方」の分析」『ディスクロージャーニュース』Vol.32。

手嶋宣之［2004］『経営者のオーナーシップとコーポレート・ガバナンス――ファイナンス理論による実証的アプローチ』白桃書房。

（円谷　昭一・髙橋　幹夫・金　鐘勲）

第19章

経済社会の変化と非GAAP利益の開示

 デジタル化と競争環境の変化

　20世紀末から今世紀にかけて，ITに代表されるデジタル化の波は，世界の秩序に大きな影響を与えた。デジタル化により情報はじめヒト，モノ，カネの流れに変革がもたらされ，グローバリゼーションも大きく進展することとなった。このような社会の変化は，企業経営にも計り知れない影響を及ぼした。グローバルでの市場シェア争いの激化やIT技術を駆使したビジネス・モデルの革新競争などがその例である。

　これらの動向の具体例をいくつか示してみよう。1990年代の終わりに，自動車業界における生き残りの条件として，「400万台クラブ」ということが盛んにいわれた。つまり，年間の生産台数が400万台を超えることがこの業界での生き残りの条件とされたのである。その後，この数字は1,000万台へと引き上げられ，自動車業界の合従連衡が進行した。

　典型的なハイリスク事業である製薬業界においては，研究開発投資を通じた新薬開発が企業業績を大きく左右する。しかしながら，新薬創出に至るには潤沢な研究開発投資が不可欠であり，それを支えるものがグローバルでの市場シェアの拡大による売上高の増大であった。そのため，企業規模の拡大を通じた競争力確保のための業界再編が行われた。

　かつては世界を席巻した日本の電機産業であるが，デジタル化の波をうまく

捕まえることができず，多くの名門企業が事業撤退を余儀なくされた。日本の電機メーカーの競争力は，川上から川下までのすり合わせによるアナログ型モノづくりにあったことはよく知られている。しかしながら，デジタル化された製品群においては，すり合わせよりもスピードとコストが競争力の源泉となっていった。デジタル型モノづくりという新たなビジネス・モデルに後れを取った日本の電機メーカーは，グローバルでの競争力を失うこととなった。

　以上のような経済社会の変化の中で，企業規模の拡大を通じた市場シェアの拡大，研究開発力に代表される知的資産の獲得，あるいはビジネス・モデル革新のための経営資源の取り込みなどを目的に，in-in，in-out を問わず，M&A に積極的に取り組む企業が現れた。また，グローバリゼーションに対応するために，海外企業との間で事業提携などによるアライアンスを組む事例も見られるようになった。さらに，設備投資の比重を低める一方で，知的資産の獲得やビジネス・モデルを革新するために，研究開発投資や広告宣伝投資などの比重を高める動きも加速した。

　このような企業行動の変化は，経済社会の変化に対応した合理的な判断といえよう。しかしながら，これらの活動の成果をとらえる会計制度は，果たして経済社会の変化に対応できているのかといった点については議論のあるところであろう。たとえば，企業価値の創出源泉が設備投資から知的資産投資へシフトしているといわれる状況下において，設備投資は資産計上し，研究開発投資などの知的資産投資は支出時費用処理というルールを適用することが，企業業績を的確に描写することにつながるのだろうか。あるいは，スピーディーな投資が競争の結果を大きく左右する昨今，M&A は有効な投資戦略と考えられるが，わが国においては M&A に伴い生じたのれんについて，一定の期間で償却することが求められている。この処理は，M&A が巨額化すればするほど，M&A 後の企業利益を圧迫することにつながり，企業の M&A 意欲に水を差す可能性がある。これら 2 つの事例は，いずれも本業の成果を示す営業利益に対して，マイナスの要素となる。

　また，関連会社相当の資本関係によりグローバルでアライアンスを組む事例も増加しているが，このような投資の成果は持分法投資損益として表示される。そのため，本業の成果を示す営業利益には成果が反映されない。

このように，経済社会の変化に伴い企業行動に大きな変化がみられる中で，一般に認められた会計原則（GAAP）に基づき計算された営業利益によって本業の成果を的確に把握することはできているのだろうか。その一方で，情報作成者である企業サイドにおいては，GAAPによらない業績指標を開示する事例が見られるようになった。これらの業績指標は，非GAAP利益（non-GAAP earnings）やプロフォーマ利益（pro forma earnings）などと呼ばれている。本章では，わが国における非GAAP利益の動向とその効果について検証することにしたい。

Ⅱ 非GAAP利益の開示をめぐる論点

 非GAAP利益の開示は，1990年代の後半あたりから米国企業において見られるようになった。特に1998年以降，開示の頻度だけではなく，開示される非GAAP利益の多様性においても拡がりが見られるようになった。

 たとえば，代表的な非GAAP利益であるEBITDA（Earnings Before Interest, Taxes, Depreciation, and Amortization）に関して，「支払利息・税金・減価償却費および償却費控除前利益」と定義づけて開示している企業もあれば，「支払利息・税金・減価償却費および償却費控除前利益。ただし現金支出を伴わない経営者報酬は除外」と定義づけている企業や「営業キャッシュフローから本社費用を控除したもの」と定義している企業もある。そのため，情報利用者は，企業によってさまざまに定義されたEBITDAに直面することになった。

 非GAAP利益に関する比較可能性の問題は，企業間での比較にとどまらず，同一企業の時系列比較においても生じている。例えば，EBITDAという同じ名称で報告されているにもかかわらず，開示時期によってその定義が異なるという事例も見られる。

 このような非GAAP利益に対して，「投資家をミスリードする」，「比較可能性の面で問題がある」，「経営者による恣意性の介入余地が大きすぎる」といった批判がなされる一方で，企業の「持続性のある「コア利益」を伝達している」，「リストラ費用などの非経常的な費用を除外することで比較可能性が高まる」と支持する指摘もなされている。

前者の見解を支持する極めつけの事例として，2001年12月2日にニューヨーク連邦破産裁判所に連邦破産法Chapter11を申請したEnron社をあげることができる。同社は破産法申請に先立つ2001年10月16日の決算発表で，第3四半期および通期の業績見通しを黒字と報告していた。その際に用いられた指標は「経常性のある利益（recurring earningsやrecurring net income）」，すなわち非GAAP利益であった。

一方，後者の見解を支える論理として，Pitt元SEC委員長の指摘は示唆深い。非GAAP利益は「現行財務報告システムを再考する必要性を暗示している。（中略）それが埋めようとしている隙間について検討する必要がある」。つまり，非GAAP利益は，現行の会計制度では伝えきれない情報を伝達するための工夫であるというのである。このように賛否渦巻く非GAAP利益について，その有用性の検証が試みられた。

Ⅲ 非GAAP利益の情報有用性に関する研究

非GAAP利益の存在意義を探るために，さまざまな実態調査や実証研究が行われてきた。以下では，これまでに行われた非GAAP利益の情報有用性に関する実証研究のいくつかを要約することにしたい。多くの研究は，GAAP利益をベンチマークとし，非GAAP利益の情報有用性を検証するスタイルが採用されている。

非GAAP利益の有用性を検証した初期のものにBhattacharya et al. [2003]がある。彼らは，①非GAAP利益とGAAPベースの営業利益の差額，②非GAAP利益とGAAP利益の情報提供性の比較，③非GAAP利益とGAAP利益の永続性の比較を検証課題とし，分析を進めた。そこで彼らは，米国市場に上場する企業を対象に，1998年1月から2000年12月までに四半期報告で非GAAP利益が開示され，必要なデータが入手可能なプレス・リリース1,149件をサンプルとして検証を行った。その結果，①非GAAP利益の金額＞GAAP利益の金額というケースが70%に達し，②GAAP損失計上企業で報告される頻度が高く，③公表企業はサービス産業，ハイテク産業に集中していることを示した。また，短期的な超過リターンと証券アナリストによる1四半期先の利

益予想にそれぞれ注目した場合，GAAP 利益よりも非 GAAP 利益の方が情報有用性，持続性ともに高いことを報告した。

Lougee and Marquardt [2004] は，GAAP 利益の情報提供性（informativeness）が低い企業が非 GAAP 利益を開示する傾向があり，そのような企業においては，GAAP 利益を上回る情報内容および増分情報内容を有していることを報告している。

また，Johnson and Schwartz [2005] は，① GAAP 利益に対して利益増加型の非 GAAP 利益を公表する企業が多数であること，②調整項目として経常項目を除外する事例も見られること，③非 GAAP 利益の開示を行っている企業とそうでない企業の間の GAAP ベースの営業利益の持続性に差はないこと，④平均的に投資家は非 GAAP 利益に誤導されていないことを報告している。

以上のように，GAAP 利益と非 GAAP 利益の情報有用性を比較した研究から，GAAP 利益よりも非 GAAP 利益の方が情報有用性，持続性ともに高いという結果と，両者の持続性には差がないという結果が報告されている。このように，非 GAAP 利益の方が GAAP 利益よりも有用性が高いという決定的な証拠はないが，GAAP 利益の質に問題がある場合などには非 GAAP 利益の有用性が高まると考えられる。次節では，このような米国企業における実証研究を手掛かりに，わが国における企業を対象に，非 GAAP 利益の開示状況とその情報効果について検証することにしたい。

わが国企業の非 GAAP 利益の特徴と情報効果

1　わが国企業の非 GAAP 利益開示の実態

わが国企業における非 GAAP 利益の開示実態を把握するために，eol データベース（株式会社プロネクサス）を用いて，2004 年 4 月 1 日から 2017 年 3 月 31 日の期間において開示された決算短信で，「EBIT」，「EBITDA」，「実業ベース」，「調整後営業利益」，「キャッシュ・アーニングス」，「キャッシュ・インカム」のいずれかの記載を検索したところ，606 件が抽出された（**図表 19 − 1 参照**）。

図表 19 - 1 非 GAAP 利益について言及のあった年度別／業種別集計表

業種	2004年度	2005年度	2006年度	2007年度	2008年度	2009年度	2010年度	2011年度	2012年度	2013年度	2014年度	2015年度	2016年度	合計	割合
水産業												1	2	3	0.50%
建設業												1		1	0.17%
食料品	1	1	2	2	3	3	6	5	5	6	6	6	6	52	8.58%
繊維														0	0.00%
化学							2	1	1		1	2	1	8	1.32%
医薬品				1	1	1	1	2	3	2	1	1		13	2.15%
パルプ・紙	2	1	1		1	1		1	1		2	1	1	12	1.98%
ガラス・土石							1			1	1	1		4	0.66%
鉄鋼							1			2	1	2		6	0.99%
金属製品												1		1	0.17%
非鉄金属						1								1	0.17%
機械					2			1	1	1	2	1	3	11	1.82%
電気機器	2	3	3	4	3	2	3	3	2	2	6	5	6	44	7.26%
輸送用機器											1	1	1	3	0.50%
精密機器											1	2	1	4	0.66%
その他製品製造							1		1	1		1		4	0.66%
卸業				1	1		2	1	1	1	2	2	2	13	2.15%
小売業	1	1	4	5	2	3	5	4	5	5	7	7		54	8.91%
情報・通信業	6	8	9	8	10	6	9	13	13	6	7	9	13	117	19.31%
不動産業	3	3	5	6	8	6	6	6	4	4	5	6	6	66	10.89%
陸運業	6	6	9	8	5	4	8	6	7	8	6	7	10	90	14.85%
運輸倉庫				1										1	0.17%
その他金融			1		1							1		3	0.50%
サービス業	2	1	2	6	9	10	8	8	8	7	8	12	14	95	15.68%
合計	23	24	36	39	49	35	49	54	50	44	57	67	79	606	100.00%
割合	3.80%	3.96%	5.94%	6.44%	8.09%	5.78%	8.09%	8.91%	8.25%	7.26%	9.41%	11.06%	13.04%	100.00%	

※割合は，606 件に対する業種または年度の占める値である。
※年度は，4 月 1 日から 3 月 31 日の期間である。

2008年9月15日に発生したリーマン・ショックの影響を受けた2009年度開示の決算短信においては，非GAAP利益に言及した開示企業数が落ち込んだものの，調査対象期間を通じてほぼ増加基調にあり，わが国においても利用する事例が増えてきていることが分かる。また，業種別で見た場合は，情報・通信業，不動産業，陸運業，サービス業において抽出件数の10％を超えており，相対的に開示事例の多い業種と考えることができる。なかでも，情報・通信業は117件，抽出件数の19.31％と突出している。Bhattacharya et al. [2003] では，ハイテク産業，サービス産業での開示事例が多いとの報告がされているが，わが国においても同様の傾向を見て取ることができる。その一方で，わが国においては，陸運業（90件，14.85％），不動産業（66件，10.89％）が情報・通信業，サービス業に次いで多く，米国企業とは異なる特徴といえる。

また，**図表19－2**では，非GAAP利益（実績値または予想値）を金額により開示した企業を年度別／業種別に集計したものである。図表19－1で見たように，非GAAP利益について言及のあった開示は606件であったが，数値が開示されているものは265件と大幅に減少する。年度別にみると，2015年度以降，抽出件数の10％を超えている。業種別では，情報・通信業（64件，24.15％）が最も多く，次いで食料品（41件，15.47％），サービス業（38件，14.34％），不動産業（37件，13.96％），陸運業（24件，9.06％）と続く。これら5業種で約77％に達しており，わが国における非GAAP利益の開示は，特定の業種に集中しているといえる。

さらに，これら265件で定義されている非GAAP利益を列挙したものが**図表19－3**である。EBITDA，平準化EBITDA，調整後EBITDA，EBIT，実業ベースでの営業利益，キャッシュ・インカム，EBITDAベースの営業キャッシュフローなどさまざまな非GAAP利益が報告されている。件数としてはEBITDAが最も多いが，その定義は実に多様である。件数として最も多いのは，営業利益に減価償却費とのれん償却費を加算するEBITDAであるが，受取利息・受取配当金や持分法投資利益を加算するものや固定資産除却損や減損損失を加算するものもある。

また，調整の方法も営業利益に調整を加えるタイプ，経常利益に調整を加えるタイプ，税金等調整前当期純利益に調整を加えるタイプ，当期純利益に調整

図表19－2 非GAAP利益数値を開示した年度別／業種別集計表

業種	2004年度	2005年度	2006年度	2007年度	2008年度	2009年度	2010年度	2011年度	2012年度	2013年度	2014年度	2015年度	2016年度	合計	割合
水産業													1	1	0.38%
建設業												1		1	0.38%
食料品	1	1	2	2	3	2	3	3	4	5	5	5	5	41	15.47%
化学							1	1	1		1	1		5	1.89%
医薬品					1	1	1	1	2	3	1			10	3.77%
鉄鋼							1				1			2	0.75%
機械								1	1	1	1	1	1	6	2.26%
電気機器				1							2	2	3	8	3.02%
その他製品製造									1	1				2	0.75%
卸業				1							1	2	2	6	2.26%
小売業				2			1				2	6	6	17	6.42%
情報・通信業	5	7	5	3	4	3	4	6	4	3	4	7	9	64	24.15%
不動産業	1	1	2	4	5	5	4	4	2	2	2	2	3	37	13.96%
陸運業			1	2	3	2	3	2	2	2	2	2	1	24	9.06%
運輸倉庫				1										1	0.38%
その他金融		1		1										2	0.75%
サービス業		1	1	3	6	6	3	3	2	2	2	5	4	38	14.34%
合計	7	10	12	19	23	19	19	23	20	19	25	33	36	265	100.00%
割合	2.64%	3.77%	4.53%	7.17%	8.68%	7.17%	7.17%	8.68%	7.55%	7.17%	9.43%	12.45%	13.58%	100.00%	

※割合は，265件に対する業種または年度の占める値である。
※年度は，4月1日から3月31日の期間である。

を加えるタイプなど，どの利益を起点に調整を加えるのかも多様である。

　以上のように，わが国の非GAAP利益の開示実務も，米国企業と同様に混沌としている状況は変わりがないといえる。なお，詳細な計算式は示さず，単に「償却前営業利益」と記載しているものや定義そのものの記載がないケースもあり，このような情報発信については，情報利用者をミスリードする可能性が危惧される。

図表19－3　わが国企業における非 GAAP 利益の定義

EBIT
EBIT＝経常利益＋金融費用
EBIT（利払前税引前利益）
EBIT＝税引前当期純利益から，受取利息の額を減算し，支払利息の額を加算して算出

EBITA
EBITA＝買収に係るのれん等の減価償却費控除前営業利益

EBITDA
＜計算式を明示しない事例＞
EBITDA（減価償却前営業利益）
EBITDA（償却前営業利益）
EBITDA（税引前・償却前・利払前利益）
EBITDA（金利・税金支払前，償却前利益）。営業利益に減価償却費，探鉱開発権償却費およびのれん償却費を足し戻して計算）
EBITDA（支払利息，税額，減価償却費及び償却費控除前の利益）
EBITDA（各セグメント利益に減価償却費を加えた数値）
＜売上総利益を起点とした事例＞
EBITDA＝売上総利益－販売費・一般管理費＋受取配当金＋持分法損益＋減価償却
＜営業利益を起点とする事例＞
EBITDA＝営業利益＋減価償却費
EBITDA＝営業利益＋減価償却費等
EBITDA＝営業利益＋売上原価，販管費に含まれる減価償却費およびその他償却費
EBITDA＝営業利益＋減価償却費（のれん償却含む）
EBITDA＝営業損益＋減価償却費＋のれん償却費
EBITDA＝営業利益＋減価償却費＋のれん
EBITDA＝営業利益＋減価償却費＋のれん償却額
EBITDA＝営業利益＋減価償却費＋ソフトウエア償却費＋のれん償却額
EBITDA＝営業利益＋減価償却費（有形固定資産，無形固定資産，長期前払費用，連結調整勘定償却額の償却費）
EBITDA＝営業利益＋減価償却費＋固定資産除却費
EBITDA＝営業利益＋減価償却費＋有形固定資産売却・除却損
EBITDA＝営業利益＋減価償却費＋有形固定資産売却・除却損＋減損損失
EBITDA＝営業利益＋減価償却費＋のれん償却額（販売費及び一般管理費）
EBITDA＝（営業収益）－（番組・その他営業費用）－（販売費及び一般管理費）
EBITDA＝営業利益＋減価償却費等の非現金支出費用
EBITDA＝営業利益＋減価償却費＋その他償却費＋現金流出を伴わない費用
EBITDA＝営業利益＋受取利息・配当金＋持分法による投資収益＋減価償却費
EBITDA＝営業利益＋持分法による投資利益＋減価償却費＋のれん償却額（一時償却除く）＋特別損益（持分変動利益を除く）
EBITDA＝営業利益（損失）－買収に伴い生じた無形資産に係る償却費，調整項目（収益及び費用）

＜経常利益を起点とする事例＞
EBITDA＝経常利益＋支払利息＋減価償却費
EBITDA＝経常利益＋支払利息＋減価償却費＋のれん償却額
EBITDA＝支払利息，法人税等，減価償却費および特別損益を控除する前の利益
EBITDA＝経常利益に，営業利益にかかる特殊要因（棚卸資産のステップアップに係る売上原価の増加除く），減価償却費および支払利息を加算
＜税引前当期純利益を起点とする事例＞
EBITDA＝税金等調整前当期純損益＋支払利息＋減価償却費
EBITDA＝税金等調整前当期純利益＋支払利息－受取利息・配当金＋減価償却費＋のれん償却額
＜当期純利益を起点とする事例＞
EBITDA＝当期純利益に少数株主損失，法人税，住民税及び事業税，支払利息，減価償却費を加減算した値として算出
EBITDA＝当期純利益に支払利息，法人税等，減価償却費等の償却費を加算した数値

その他の非GAAP利益
東急EBITDA＝営業利益＋減価償却費＋のれん償却額＋固定資産除却費）
Adjusted EBITDA（償却前営業利益）
調整後EBITDA＝営業利益＋減価償却費及び償却費＋のれんの減損損失±調整項目（収益及び費用）
調整後EBITDA＝営業利益＋減価償却費及び償却費＋のれんの減損損失±リストラクチャリングに係る費用及び収益
平準化EBITDA＝営業利益＋減価償却費＋のれん償却額＋持分法適用関連会社からの受取配当金
実業ベースでの営業利益＝「GAAPベース」から買収に伴う企業結合会計特有の処理（非キャッシュ項目）を除き算出
キャッシュ・インカム＝当期純損益＋有形・無形固定資産償却費＋インプロセス研究開発費＋のれん償却費＋減損損失
キャッシュ・インカム＝当期純損益＋有形・無形固定資産減価償却費＋インプロセス研究開発費＋のれん償却額＋減損損失（投資有価証券評価損含む）
EBITDAベースの営業キャッシュフロー＝連結キャッシュ・フロー計算書内の「Ⅰ営業活動によるキャッシュ・フロー」の「小計」額

2　非GAAP利益とGAAP利益の差異

　米国企業においては，非GAAP利益の方がGAAP利益よりも金額的に大きいことが報告されている。そこで，この点を確認するために，報告対象年度の業績や今期の見通しである予想情報が金額により開示されている265件を対象に，わが国の動向を確認することにしたい。265件について，報告された非GAAP利益のタイプと実績値および予想値の件数を示したものが**図表19－4**である。なお，実績値または予想値のみを開示している企業があるため，合計

第 19 章　経済社会の変化と非 GAAP 利益の開示

図表 19 − 4　報告された非 GAAP 利益と実績値／予想値の集計表

	EBIT	EBITA	EBITDA	平準化 EBITDA	キャッシュ・インカム	調整後営業利益	合計
実績値	8	2	226	5	7	1	249
予想値	8	0	145	5	6	1	165

が 265 件とならない点に注意してほしい。

　非 GAAP 利益と GAAP 利益（営業利益，経常利益，当期純利益）の金額的差異を確認するに当たり，それぞれの利益を期首総資産で除して標準化した。それぞれの利益および非 GAAP 利益と GAAP 利益の差異の基本統計量および差の検定結果を示したものが**図表 19 − 5** である[1]。

図表 19 − 5　非 GAAP 利益，GAAP 利益および両者の差異に関する基本統計量

		平均値	標準偏差	最小値	第1四分位	中央値	第3四分位	最大値	n	t 値	p 値
非 GAAP 利益	実績値	0.106	0.098	−0.370	0.059	0.094	0.138	0.785	247		
	予想値	0.114	0.106	−0.124	0.063	0.094	0.127	1.029	163		
GAAP 利益（実績値）	営業利益	0.056	0.081	−0.317	0.030	0.052	0.086	0.547	263		
	経常利益	0.052	0.080	−0.351	0.025	0.047	0.081	0.488	265		
	当期純利益	0.018	0.093	−0.645	0.010	0.027	0.048	0.295	265		
GAAP 利益（予想値）	営業利益	0.066	0.069	−0.094	0.033	0.051	0.089	0.577	222		
	経常利益	0.062	0.074	−0.094	0.026	0.045	0.081	0.577	240		
	当期純利益	0.035	0.055	−0.138	0.013	0.025	0.050	0.410	246		
非 GAAP 利益 − GAAP 利益（実績値）	営業利益	0.046	0.056	−0.153	0.020	0.040	0.057	0.545	245	12.852	0.000
	経常利益	0.050	0.060	−0.225	0.023	0.042	0.064	0.619	247	13.092	0.000
	当期純利益	0.084	0.080	−0.194	0.043	0.070	0.103	0.637	247	16.339	0.000
非 GAAP 利益 − GAAP 利益（予想値）	営業利益	0.052	0.064	−0.038	0.026	0.044	0.056	0.682	140	9.526	0.000
	経常利益	0.058	0.068	−0.027	0.031	0.046	0.062	0.755	155	10.674	0.000
	当期純利益	0.083	0.073	−0.013	0.047	0.068	0.090	0.796	159	14.376	0.000

　非 GAAP 利益（実績値）と GAAP 利益（実績値）の金額の差異の平均値は，営業利益で 0.046，経常利益で 0.050，当期純利益で 0.084 といずれも非 GAAP 利益の方が大きな額で報告されている。また，非 GAAP 利益（予想値）と GAAP 利益（予想値）の金額の差異の平均値についても，営業利益で 0.052，経常利益で 0.058，当期純利益で 0.083 といずれも非 GAAP 利益の方が大きな

額で報告されている(それぞれの平均差は1%水準で統計的に有意である)。これは米国企業を対象とした調査と整合的な結果である。

ちなみに,実績値で見た場合,GAAP利益で赤字であったが非GAAP利益で黒字を報告したケースは,営業利益で30件のうち13件,経常利益で30件のうち15件,当期純利益では43件のうち24件であった。おおよそ半数において GAAP 損失の企業が非 GAAP 利益では黒字として報告していた。

3 非GAAP利益の情報効果

非GAAP利益のうち,新情報を有していると考えられる部分は,GAAP利益との差異(UE)であると考えることができる。このアーニングス・サプライズ部分である UE を,非GAAP利益の公表日を0日とした前後3日間の累積異常投資収益率(CAR)に回帰させる。なお,CARは市場リターン控除法により求めている。回帰モデルは次のとおりである。

$$CAR = \alpha_0 + \alpha_1 UE + \varepsilon_1$$

図表19-6 非GAAP利益とGAAP利益の差異の情報効果

		n	α_0	α_1	Adj. R^2
非GAAP利益(実績値)					
－GAAP営業利益(実績値)		241	−0.005	−0.048	0.000
	p値		0.495	0.629	
－GAAP経常利益(実績値)		243	−0.005	−0.050	0.000
	p値		0.510	0.595	
－GAAP当期純利益(実績値)		243	−0.004	−0.041	0.000
	p値		0.555	0.636	
非GAAP利益(予想値)					
－GAAP営業利益(予想値)		139	0.002	−0.194	0.028
	p値		0.820	0.003	
－GAAP経常利益(予想値)		154	0.003	−0.169	0.025
	p値		0.661	0.027	
－GAAP当期純利益(予想値)		158	0.003	−0.129	0.015
	p値		0.653	0.066	

図表19-6より,非GAAP利益とGAAP利益の差異(UE)は,CARに対していずれも負の効果を有している。また実績値については統計的に有意な

関係はみられないが，予想値との差異については，p 値が営業利益で 0.003,経常利益については 0.027, 当期純利益については 0.066 と統計的に有意な関係が示されている。

V おわりに

　経済社会が変化するなかで 1990 年代後半より登場し始めた非 GAAP 利益の開示について，日本企業における実態とその情報効果について分析を加えてきた。本章での分析を通じて，以下の点が明らかとなった。
① 日本企業においては 2006 年度頃より開示件数が増加している
② 情報・通信業，不動産業，サービス業，食料品，陸運業で開示件数が多い
③ 非 GAAP 利益の定義は極めて多様である
④ 金額面では非 GAAP 利益の方が GAAP 利益よりも大きい（1％水準で有意）
⑤ 非 GAAP 利益と GAAP 利益の差異は，CAR に対して負の効果を有している

　その一方で，本章で分析対象とした開示書類は年度決算に係る決算短信のみである。四半期の決算短信や決算説明会資料など，他の開示書類を分析対象に含めた場合，異なる知見が得られる可能性がある。また，非 GAAP 利益のサプライズ部分について，本章では GAAP 利益との差異によって捉えた。しかしながら，サプライズ部分の捉え方については，例えばコンセンサス予想との差異によって捉えることも考えられる。リサーチ・デザインについての改善・工夫の余地が残されている。

　最後に，わが国においても非 GAAP 利益が徐々に浸透している現状を踏まえ，わが国の開示制度の課題を指摘しておきたい。そもそもわが国の会計制度においては，日本基準のほかに IFRS, 米国基準，修正国際基準が適用できるとされている。いわゆる GAAP 利益においても 4 つのタイプの情報が流通することになるのである。これらから派生する非 GAAP 利益情報も流通するとなると，そのバリエーションは無数に拡大し，情報の利用者を混乱させる可能

性は否定できない。そこで，非GAAP利益を開示する場合には，単にその定義を示すだけではなく，GAAP利益との調整表の添付を求めることが必要と思われる。

前述のEnron事件などを踏まえ，米国においては非GAAP利益の開示に対して規制機関や産業団体より指針が公表された。具体的には，2001年9月にFEI（財務担当役員協会）とNIRI（全米IR協会）よりベスト・プラクティス指針が公表された。そこでは，次の3点が求められた。

① 最重要な情報を見出しに表示することを推奨
② 非GAAP数値とGAAP数値の調整表添付を推奨
③ 非GAAP数値とGAAP数値の調整に関する平易な説明を推奨

この指針公表後，7割超の企業で非GAAP数値とGAAP数値の関係を理解可能なレベルで提供する工夫がとられたという。さらに，SECより警告的意見が公表されてからは，過半数を超える企業で非GAAP数値とGAAP数値の調整表が添付されるようになったという（Wallace [2002]）。

わが国においても，非GAAP利益を公表する場合は，調整表の添付を義務付けることで，非GAAP利益の透明性は大きく改善するものと期待される。また，調整される項目は，GAAP利益では抜け落ちてしまう当該企業の競争力の源泉が反映される可能性が高いので，当該企業のビジネス・モデルをより良く理解することにつながる可能性もある。また，学術的な見地からも，GAAP利益との差異を生じさせる項目のうち，どのような項目が情報として意味があるのかということを分析することができる。調整表の添付が実現し，情報作成者と利用者の双方で経験が蓄積されていけば，Pitt元SEC委員長が問題提起した"現行財務報告システムに存在する隙間"を非GAAP利益によって埋めることができるかもしれない。

●注
1 図表19－5の非GAAP利益（実績値）の標本数(n) 247は，図表19－4の実績値合計249の内，EBITDAとキャッシュインカムを併せて開示していた2サンプルについて，キャッシュインカムの実績値を分析対象としたことで2サンプルの

減少となった。また，非 GAAP 利益（予想値）の標本数(n) 163 は，図表 19 － 4 の予想値合計 165 の内，EBITDA とキャッシュ・インカムを併せて開示していた 2 サンプルについて，キャッシュ・インカムの予想値を分析対象としたことで 2 サンプルの減少となった。

● 参考文献 ─────────

AICPA [1994], Special Committee on Financial Reporting, *Improving Business Reporting-A Customer Focus*, American Institute of Certified Public Accountants.（八田進二・橋本尚共訳［2002］『事業報告革命』白桃書房）

Bhattacharya, N., E. L.Black, and T. E. Christensen, C. R. Larson [2003], "Assessing the Relative Informativeness and Permanence of Pro Forma Earnings and GAAP Operating Earnings," *Journal of Accounting and Economics* 36, pp.285-319.

FEI [2001], FEI/NIRI Earnings Press Release Guidelines.

Johnson, W. B., and W. C. Schwartz [2005], "Are Investors Misled by 'Pro Forma' Earnings ?" *Contemporary Accounting Research* 22, pp.915 － 963.

Liesman, S., and J. Weil [2001], "Standard & Poor's Fires New Salvo in Debate over Pro Forma Earnings," *The Wall Street Journal*, November 7.

Lougee, B. A., and C. A. Marquardt [2004], "Earnings Informativeness and Strategic Disclosure: An Examination of 'Pro Forma' Earnings. *The Accounting Review* 79, pp.769 － 795.

Pitt, H.L. [2001], Remarks Before the AICPA Governing Council. Miami Beach, FL, October 22.

SEC [2001], Cautionary Advice Regarding the Use of "Pro Forma" Financial Information in Earnings Releases, Release Nos.33-8039, 34-45124, FR-59.

────── [2003], Final rule: Conditions for use of non-GAAP financial measures. (January 22).

Wallace, W. [2002], *Pro Forma Before and After the SEC's Waning- A Quantification of Reporting Variances from GAAP*. FEI Research Foundation.

Weil, J. [2001], "Companies Pollute Earnings Reports, Leaving P/E Rations Hard to Calculate," *Wall Street Journal* (August 21) : A1.

（中條　祐介）

総括と展望

第20章　本書の総括
第21章　本書の展望
　　　　――会計制度の二分化と会計基準の
　　　　複線化のゆくえ

第 20 章

本書の総括

I はじめに

　経済社会のダイナミックな変化(経済社会のダイナミズム)が会計制度を大きく揺るがせている。今日,会計制度の揺らぎは,次の2つの局面で顕在化している。

(1) 第1の揺らぎは,会計制度の二分化である。具体的には,「上場企業(大企業)の会計制度」と「中小企業の会計制度」の二分化がこれである(河﨑・万代［2013］; Kawasaki & Sakamoto［2014］)。

(2) 第2の揺らぎは,各会計制度内部での会計基準の複線化である。例えば,わが国では,「上場企業(大企業)の会計制度」では,①「日本基準」(J-GAAP),②「国際会計基準」(full IFRS),③「米国基準」(US GAAP),④「修正国際基準」(JMIS)の4つの会計基準が併存している。一方,「中小企業の会計制度」では,①「中小指針」(中小企業の会計に関する指針),②「中小会計要領」(中小企業の会計に関する基本要領)の2つの会計基準が併存している。

　かかる問題意識に基づき,本研究の目的は,会計理論(会計概念・会計基準),会計文化論,社会学,監査論,税制,実証研究といった多様な視点から,経済社会のダイナミズムに対応したわが国の会計制度のあり方(会計制度のパラダイム転換)を総合的に研究することであった。

本章の目的は，本書の個別論点と結論を総括することにある。

第Ⅰ部の論点と結論
―経済社会のダイナミズムと会計概念の変容

本書の第Ⅰ部（経済社会のダイナミズムと会計概念）の課題は，経済社会のダイナミックな変化に即して，会計理論（会計概念・会計基準）の変化の諸側面を浮き彫りにすることであった。第1部の個別論点と結論は，以下のとおりである。

1 経済社会と会計理論の変化の諸相（第1章）

第1章の目的は，産業構造の変化を基底とする会計理論の変容過程を浮き彫りにすることであった。今日の会計理論の変革は，企業環境のダイナミックな変化を背景としている。その変化は，次の2つの波として表現できる。

(1) 第1の波は，グローバリゼーションである。1990年代の急激な円高以来，わが国企業のグローバル化が促進され，そのことが重要な経営課題として認識されてきた。

(2) 第2の波は，情報技術（IT）の発展とイノベーションである。企業の外部では，ITの発展がデリバティブ等の金融商品の開発を促す一方，企業の内部では，イノベーションやR&Dが活発に推進されてきた。

かかる変化の波は，会計理論に大きな変革をもたらすこととなった。近年の会計理論の変革は，会計の認識，測定および伝達の3つの側面から，次のように特徴づけることができる。

① 認識面における資産負債アプローチの台頭
② 測定面における公正価値会計の拡充
③ 伝達面における電子情報開示の展開

このような会計理論の変革の基底にあるのが，産業構造（市場経済）の変化である。つまり，プロダクト（商製品）中心の市場経済（「プロダクト型市場経済」）からファイナンス（金融商品）中心の市場経済（「ファイナンス型市場経済」）へ，さらにはナレッジ（知的資産）中心の市場経済（「ナレッジ型市場経済」）へ

の推移がこれである。本章では，上記の議論を踏まえ，会計理論の将来について，次のような展望が示された。

(i) 第1に，会計の認識は，産業構造の変化に即応して，その経済的実質を反映するものでなければならないこと。つまり，新時代の会計理論は，プロダクト型市場経済からファイナンス型市場経済へ，さらにナレッジ型市場経済への移行を踏まえ，有形財，金融財および無形財の経済的実態を忠実に写像する必要がある。

(ii) 第2に，会計の測定は，測定対象の属性に即した測定ルールを適用するものでなければならないこと。つまり，有形財は生産的利用可能性という属性を有するのに対して，金融財は投資の回収可能性という属性を有する。また，無形財は企業の価値創出の知的利用可能性に本来的特性がある。したがって，新時代の会計理論は，有形財，金融財および無形財の測定属性に即した多元的測定を可能にする必要がある。

(iii) 第3に，会計の伝達は，企業の経済的実態を適時かつ適切に提供するものでなければならないこと。つまり，新時代の会計ディスクロージャーは，従来の財務報告を，企業の価値創出能力の評価に役立つ非財務的・定性的情報を加味する形で拡張された事業報告（あるいは統合報告）であるとともに，Webなどの電子メディアを活用した即時的な情報提供を可能にする必要がある。

2　会計基準の強制力と公正妥当性（第2章）

第2章の目的は，複数の会計基準の選択適用が容認されているわが国の状況において，会計基準の「強制力」と「公正妥当性」をどのように理解するかについて議論することであった。本章での具体的な検討課題は，次のとおりであった。

(1) 異なる「特定の会計処理の原則および手続き並びに表示の方法（会計方針等）」を強制している一組の会計基準群が複数あり，それらの中からの選択が可能であれば，それは強制と言えるのかどうか。

(2) どれか1つの会計基準群に依拠していると決めた場合でも，そこでは複数の会計処方針等から選択可能である場合，強制と言えるのかどうか。

(3) 複数の会計基準群のうち，1つの会計基準群に準拠したとしても，その中の一部分だけは別の会計基準群にある会計方針等を採用すること（一部だけの選択的準拠）は可能かどうか。

本章では，このような論点について，金融商品取引法領域における会計基準に限定して議論が展開された。この領域においては，「一般に公正妥当と認められる企業会計の基準」という概念が存在し，重要な位置づけが与えられていることから，本章では，その意味の理解についても検討がなされた。

本章での検討結果から，「強制」には，次の2つの意味があると結論づけられた。

① ある取引事象に対して単一の会計方針等のみを適用せざるを得ず，報告企業による選択の余地がないという意味（積極的強制）
② たとえ報告企業による選択の余地があったとしても，制裁を受けることを避けるためには，会計基準の認めた会計方針等の選択肢の中から選択をせざるを得ないという意味（消極的強制）

また，「一般に公正妥当と認められる企業会計の基準」については，その公正妥当性の判断が特定の会計方針等のレベルで行われているとすると，特定の会計基準群によりながら，一部の取引に関してのみ別の会計基準群にある取扱いによることも否定できない。たとえば，IFRSによりながらのれんとその他の包括利益に関してIFRSとは異なる取扱い（日本基準）によっているJMISがこの例とされる。

さらに，「一般に公正妥当と認められる企業会計の基準」であるとしても，それが必ずしも会計慣行になるわけではないとすると，「一般に公正妥当と認められる企業会計の基準」ではあるが，「一般に公正妥当と認められる企業会計の慣行」には該当しない会計処理方法等が存在することになる。しかし，会社法上，「一般に公正妥当と認められる企業会計の基準」は，「一般に公正妥当と認められる企業会計の慣行」に含まれると解釈するのが通常であることから，「一般に公正妥当と認められる企業会計の慣行」には該当しない「一般に公正妥当と認められる企業会計の基準」が存在することになる。その場合，金融商品取引法上の「一般に公正妥当と認められる企業会計の基準」と，会社法上の「一般に公正妥当と認められる企業会計の基準」とは異なる意味を持つことに

なる。

　このように，本章では，日本の会計制度には，複数の会計基準の選択適用に起因するさまざまな問題が内在していることが指摘された。

3　会計基準における合理性の変容（第3章）

　第3章の目的は，国際会計基準（IFRS）における変化について，国際会計基準の合理性を支える論拠が変容している可能性があることを指摘し，その影響に関する検討を行うことであった。本章での議論は，次のように総括できる。

(1)　これまでの会計基準の設定の議論では，市場が効率的であることが前提とされてきた。しかし，現実の資本市場は必ずしも効率的であるとは限らないことから，外部性や「取引コスト」の概念を基礎とする会計基準の合理性に依拠して設定される会計基準に対する評価が行われなければならない。外部性や「取引コスト」に基づいた会計基準の評価を行うのであれば，経営者を情報の提供者として，投資家を情報の利用者とする検討の枠組みを組み替える必要がある。

(2)　アメリカ財務会計基準審議会（FASB）は，財務情報に求める質的特性について，「信頼性」を「忠実な表示」に置き換える変更を行った。「信頼性」は，外部の情報利用者である投資家の視点から財務情報に求められる質的特性であると考えられる。それが「忠実な表示」に置き換えられたことは，財務報告の内容に対する評価を外部の情報利用者という視点からだけでなく，より広い視点から行う枠組みが採用されたことを意味している。このことから，会計基準の設定に対する視点の変換が進められつつあると考えられる。

(3)　国際会計基準は，企業会計制度に対する国際的なガバナンスの手段である。このようなガバナンスに対する現在の国レベルの行動は，ある国の国内的な会計制度が他の国の会計制度に影響を与えることが生じる外部性に対して，各国が共同して対応する仕組みを設けて取引上の相互接続性を確保している状況であると位置づけている。ただし，各国の具体的な会計制度が変化していくのであれば，各国が共同して対応するという状況も変化する。そのため，各国が独自の行動をとることが生じる「囚人のジレン

マ」を回避するための仕組み（「底辺への競争」に対する歯止め）として国際会計基準を設けることが重要となる。
(4) 国際会計基準が「底辺への競争」に対する歯止めとして設定されるのであれば，国際会計基準の内容は会計実務を革新することよりも，望ましい水準の財務報告のレベルを確定することが重視されることになる。一方，国際会計基準が歯止めとして機能するためには，各国が表面上は国際会計基準を尊重しながら，実質的な国別の制度では国際会計基準とは異なるようなルールが設けられることがないような国際的な監視体制が整備されなければならない。その結果，IASB は国際的な裁定機関としてよりも，各国の会計制度の整備状況を監視し，過度のカーブアウトによる「底辺への競争」を阻止することが大きな役割となることが予想される。

このように，本章で議論した会計基準設定における合理性の変容は，今後の会計基準設定活動が従来とは異なる方向に進んでいく可能性が高いことを示唆するものであった。

4　蓋然性規準の動向と課題（第4章）

第4章の目的は，蓋然性規準をめぐる国際会計基準（IFRS）の動向と日本基準に与える影響を検討することであった。

本章の背景をなしているのが，近年の国際会計基準審議会（IASB）における蓋然性規準（probability criteria）の位置づけをめぐる議論であった。この規準は，会計計算に不可避的に介入する不確実性（uncertainty）に対処する手段として機能してきた。しかし，引当金に関する公開草案を端緒として，概念フレームワークに関する討議資料や公開草案では，蓋然性規準の廃止すらも主張されているのが現状である。

かかる背景を踏まえ，本章では，研究開発の会計を題材に，蓋然性規準が国際会計基準と日本基準に与える影響が議論された。両基準では，研究開発における不確実性に対処する手段として，次の3つが議論されてきた。

(1) 資産・負債の認識における蓋然性規準
(2) 資産の認識をより厳格にする保守主義
(3) 経済事象による変動を抑制する利益計算の平準化

国際会計基準では，概念フレームワークの改訂作業を通じて，上記(1)の蓋然性規準を排除する方向にある。従来，蓋然性規準には閾値に関する統一的な規定がないなどの問題点が指摘されてきた。しかし，目的適合性など会計情報の質的特性によって認識の可否を判定することが可能かどうかについて検討の余地がある。その際には，蓋然性規準を含めた各判定指標の実務上の有効性を具体的に検証する作業が必要である。当面は，業種別，上場企業・非上場企業，大企業・中小企業などの属性分類を前提としたアンケート調査や公認会計士など実務家に対するインタビュー調査などによる検証作業が考えられる。

　また，概念フレームワークにおいて蓋然性規準が削除された場合，早晩，個別基準にも影響することが予想される。特に国際会計基準と日本基準の相違が際立っている開発費の処理も変更される可能性がある。これに対して，日本基準における無形資産の規定は，もともと蓋然性というよりは，上記(2)の保守主義を重視した即時費用処理や上記(3)の平準化を志向した規則的償却の強制が主流であった。仮に，こうした処理をわが国固有のものとして主張する場合には，保守主義や平準化といった概念が，近年の概念フレームワークで中心となっている目的適合性等に比肩し得るものであることを論証する必要がある。

　これらのことから，本章では，概念性規準は，会計基準のあり方を検討するうえで，今後も注目に値する論点であるとされた。

5　利益の堅さと利益マネジメント（第5章）

　第5章の目的は，業績連動型報酬制度と利益マネジメントの関係を取り上げ，「利益の堅さ」と「利益マネジメント」の関係を検討することにあった。

　ある指標の「堅さ」とは，ある指標を過大評価あるいは過小評価しようという意図をもった人が測定を試みるとき，それがどれくらい操作しにくいかを表している。「利益の堅さ」が問題となるのは，利益に基づく報酬制度や利益が業績指標として利用される場合などである。例えば，Enron の粉飾決算や東芝の会計不正の問題を分析するにあたり，「利益の堅さ」と「利益マネジメント」の議論が参考となる。

　以上のような認識のもとで，本章では，絶対的リスク回避度一定の効用関数，アフィン報酬契約，正規確率変数による撹乱項を仮定した標準的なモラル・ハ

ザード・モデルにおいて,「利益の堅さ」を,エージェントが利益マネジメントをするときの心理コストの高さとしてモデル化している。また,本章では,「利益マネジメント」を抑制するのにはコストがかかり,「利益の堅さ」を高めれば高めるほど,プリンシパルにコストがかかると仮定している。

モデル分析の結果,本章では,利益の堅さと利益マネジメントの関係について,次のことが指摘された。

(1) 経営者の経営努力コストが大きくなると,最適経営努力水準が下がり,より穏やかなインセンティブ・スキームとなる一方で,利益は柔らかくなるものの,最適な利益マネジメントの水準も下がる。
(2) 経営者のリスク回避度が高まったり,企業の事業リスクが高まったりした場合には,最適経営努力水準が下がり,より穏やかなインセンティブ・スキームが採用されるが,利益が柔らかくなって,最適な利益マネジメントは増加する。
(3) 事業リスクについての比較静学の結果からは,Enron や東芝が,柔らかい利益指標を用い,利益マネジメントの水準を高く維持したことには一定の合理性があった可能性が示唆される。不適正・違法とされるレベルの利益操作は許されないが,適正・合法の範囲内の利益マネジメントについては,その抑制にコストがかかるかぎり,最適な水準というものがあるため,利益マネジメントの水準が高いこと自体は,非難されることではない。

Ⅲ 第Ⅱ部の論点と結論——主要諸国における会計制度改革

本書の第Ⅱ部(主要諸国における会計制度改革)の課題は,EU,ドイツ,フランス,イギリス,韓国,IASB(国際的動向),および日本を取り上げ,各国・各地域の会計制度(とりわけ,中小企業会計の制度化)の変貌を概観し,各国・各地域の会計制度に与える IFRS の影響を議論することであった。本書の第Ⅱ部の議論を要点的に示したのが**図表 20 − 1** である(なお,図表には,アメリカを追加し,EU と IASB は除いている)。

第20章 本書の総括　363

図表20−1　各国の会計制度の比較

		ドイツ	フランス	イギリス	アメリカ	韓国	日本
上場企業	連結財務諸表	・IFRS (EU版IFRS)	・IFRS (EU版IFRS)	・IFRS (EU版IFRS)	・US GAAP	・IFRS (K-IFRS)	・IFRS (完全版IFRS) ・日本基準 (企業会計基準) ・US GAAP ・修正国際基準
	個別財務諸表	・HGB	・PCG	・FRS102 (UK GAAP)	・US GAAP	・IFRS (K-IFRS)	・日本基準 (企業会計基準)
非上場企業（中小企業）：個別財務諸表		・HGB	・PCG	・FRS101 ・FRS102 (UK GAAP) ・FRS105	・FRF for SMEs ・[中小企業版 US GAAP]*	・IFRS (K-IFRS) ・一般企業会計基準 (K-GAAPの簡素化) ・中小企業会計基準 (法務省)	・中小指針 ・中小会計要領
「中小企業版IFRS」への対応		・適用なし	・適用なし	・FRS102に反映	・任意	・適用なし	・適用なし
税制との関係		・確定決算方式 (損金経理要件あり)	・確定決算方式 (損金経理要件あり)	・分離方式	・分離方式	・確定決算方式 (損金経理要件あり)	・確定決算方式 (損金経理要件あり)

● [　]の基準は，現在策定中であることを示している。
（出所）　中小企業庁『諸外国における会計制度の概要＜参考資料1＞』（第7回中小企業の会計に関する研究会配付資料）経済産業省，2010年9月，32-38頁の「まとめ表」を参考に，筆者が作成。

この図表から，次のことが理解される。
(1) 各国では，IFRS導入問題を契機として，「大企業（上場企業）の会計制度」と「中小企業の会計制度」の二分化が生じている。
(2) 「中小企業版IFRS」の導入に対する各国の対応は，上場企業におけるIFRSの導入に対する各国の姿勢に応じて異なっている。
(3) とりわけ，税制のあり方がIFRS導入に強い影響を与えており，その受入態度も「分離方式」（例えば，イギリス）を採用しているか，「確定決算方式」（例えば，ドイツ，フランス）を採用しているかで異なっている。

(4) しかし，IFRSを導入した先進諸国であっても，その多くが中小企業の会計基準として「中小企業版IFRS」を適用することなく，自国基準を尊重し，その軽減化を図っている。

以下では，第Ⅱ部の個別論点と結論を明らかにしてみたい。

1　EUにおける会計制度改革 (第6章)

第6章の目的は，EUにおける会計制度改革の現状を浮き彫りにすることであった。本章では，具体的には，中小企業の会計に焦点をあて，中小企業をめぐるEUの会計指令およびEFRAGに関する文書，指令2012/6/EUの概要，指令2013/34/EUの概要，コミュニケーションCOM (2015) 301の概要，およびEU加盟国におけるIFRS受け入れの現状およびEFRAG（ヨーロッパ財務報告諮問グループ）の組織改革について，それぞれの内容が検討された。

EUは，2005年以降EUの規制市場に上場する企業の連結財務諸表について国際会計基準/国際財務報告基準（IAS/IFRS）が義務づけられている。EUは1つの経済共同体として，1つの会計規制のルールを必要としていたが，これまでの個別財務諸表に関する第4号会社法指令および連結財務諸表に関する第7号会社法指令による調和化のプロセスではEU加盟国の国内の会計基準は調和化できず，また新しい会計基準設定主体を作るのは時間的・経済的に困難であり，EU加盟国が議論に参加できる既存の国際会計基準審議会（IASB）の作成するIFRSを上場企業の連結財務諸表に採用するに至った。

しかし，EUは1つの経済的には主権国家のような存在であり，IASBが作成した会計基準をそのまま受け入れることはできず，EU内部の組織である会計規制委員会（ARC）および外部の諮問機関であるヨーロッパ財務報告諮問グループ（EFRAG）が国際会計基準を受け入れてもいいかどうかの諮問をしている。現在，IAS39号「金融商品」のうち公正価値オプションにかかる部分を一部カーブアウトしている。

EUは，「加盟国の企業が国際的競争において不利にならないようにする」ことが重要なテーマの1つであり，近年において中小企業への負担の軽減ということが重要なテーマとなっている。このような問題の一環として，IASBの中小企業版IFRS（IFRS for SMEs）を受け入れるかどうかが重要な問題とされ，

2012年3月14日にマイクロ企業の範囲を定めた指令2012/6/EUを公表し，次いで，2013年6月26日に指令2013/34/EUを公表し，これまでの第4号会社法指令と第7号会社法指令を統合した新たな指令が公表された。このように，EUでは，中小企業版IFRSを直接導入せず，中小企業の負担の軽減を織り込んだ，EU会計指令の大改正によって対応しようとしている。

また，IFRSをグローバル・スタンダードとして採用し続けながらも，EFRAGの組織改革を支持し，承認プロセスを強化し，基準設定にあたり，特に長期投資者の視点で経済的影響分析を行うとか，慎重性の原則を概念フレームワークに取り入れることに積極的に意見発信しているように，影響力を強める方向も明らかである。このように，本章では，結論的に，これまでの考え方を守りながら，国際的会計問題に対応するというEUの方向は，わが国にも参考になる点があるとされた。

2 　ドイツにおける会計制度改革（第7章）

第7章の目的は，ドイツにおける会計制度改革の現状を浮き彫りにすることであった。本章では，次の2つの制度改革を取り上げ，その内容が解説された。

(1) 「会計指針変換法（BilRUG）」の概要
(2) 中小企業版IFRS（IFRS for SMEs）をドイツ中小企業に導入した際の影響を評価するためのフィールドテストおよびアンケート調査

ドイツでは，EUの会計制度改革により，2013/34/EUを国内法にする義務があるため，連邦政府は，2015年1月7日公開草案を公表し，1月23日に連邦参議院により可決し，「会計指針変換法（BilRUG）」が公表された。しかし，このBilRUGによる改正は，EUの指針を国内法化するための比較的小規模な修正となっている。

ドイツは，このBilRUGに先立ち，2009年に「会計法現代化法」（BilMoG）において1985年以来の商法大改正を行って，ドイツの会計基準を国際的な会計基準へ対応するために，EUの改革を先取りした会計改正を行っている。そこでは，企業の大，中，小，マイクロの区分の閾値については，多くの変更や改正が行われた。このような変更は，ドイツが中小企業版IFRSを中小企業に採用する予定はないため，会計規定の大改正を行ったとみることができる。

また，本章では，この改正に先立ちドイツ会計基準審議会を中心に行われた3つの実態調査から，次の点が明らかにされた。
① 公開企業と小規模企業では会計報告（行為）目的に相違があること
② あるシステムから他のシステムへ移行することは多くのコストがかかり，中小企業にとって強制されなければ他のシステムへの移行は困難であること
③ 規模の大きい企業はIFRSに前向きであるが，規模の小さい企業は否定的であること

さらに，本章では，個別の論点についても，中小企業にとって重要なテーマと比較的採用されることが少ないテーマも検討されている。たとえば，「のれん」，「税効果」，「退職給付」，「貸し手のファイナンス・リース」，「株式報酬制度」，「投資不動産」，「廃止事業」などはニーズの少ないテーマであるが，これらの規定を利用する企業がある限り廃止する選択肢はなく，少なくとも大企業の情報提供を前提とした会計基準を簡素化するというようなトップ・ダウン型の基準では，中小企業向けの基準にはならないということが明らかにされた。

3　フランスの会計基準設定主体『戦略プラン』における会計改革の方向性（第8章）

第8章の目的は，会計制度の「パラダイム転換」ないしは「揺らぎ」について，フランスの状況を調査することにあった。本章では，フランスの会計基準設定主体である国家会計基準局（ANC）の視点から，次のような検討を加えている。
(1) 経済社会のダイナミックな変化が，フランスの会計制度のあり方にどのようなインパクトを与えているか。
(2) 日本における会計制度の二分化と各会計制度内部における複線化との関連で，フランスにおいて同じ現象があるのか。
(3) 上記(1)と(2)の検討結果にもとづき，わが国の会計制度はいかにあるべきか，あるいはどのように改善すべきかについて，どのような示唆があるか。

かかる研究課題に応えるため，本章では，具体的には，ANCが2011年に公表した『戦略プラン』および，その後継の『戦略プラン：2019年への挑戦』

が分析された。当該分析で得られた知見を摘記すれば，次のとおりである。

① 『戦略レポート』には，フランスにおける将来の会計基準設定の方向性を探る題材がある。会計制度のあり方について，中小企業版IFRSを適用することには慎重な考えが示されており，二分化を意識する一方で，会計基準設定主体の戦略的な行動の源泉として学術的な研究成果の活用が意図されている。

② 会計基準局はエビデンス・ベースの会計基準設定を志向し，研究者コミュニティとの緊密な関係の構築を主導していることは注目に値する。

③ 2002年のIAS規則後のフランス会計基準設定主体の行動は，フランスの基準設定の長い歴史において，これまでにない新しさがある。研究志向を内外に明確に伝えている点，重点領域には非財務情報のディスクロージャーと排出権取引や汚染予防のメカニズムなど環境会計のテーマをも含んでいることがその理由として指摘できる。

④ フランスでは，会計基準設定主体ないしは会計基準局自身が，研究者が生み出す学術的知見の情報収集センターになりつつある。こうした試みにおいては，まず財務報告と金融をも含む研究成果を統合し，フランスの研究力を底上げし，さらにIASBの基準開発とECおよびEFRAGに積極的にコミットすることが意図されている。

⑤ 研究方法は実証研究のみならず，伝統的な理論の変遷や各国の比較分析，歴史研究，実務の現状調査も奨励されており，多様な研究方法を活用する可能性が示されている。

⑥ 『戦略レポート』が公表された背景には，フランスが内部で抱えている様々な会計制度上，会計基準設定上の問題があると推測される。国内の問題を研究者との共同作業によって解決に導くという方策を広く外部からも可視化したのは，近年の新しい試みであり，今後の動向が注目される。

4 イギリスにおける会計基準の改革とその特徴 （第9章）

第9章の目的は，イギリスにおいて近年推進されてきた会計基準の改革を議論することにあった。

中小企業版IFRSは，その導入にあたって各国における独自の会計基準との

軋轢を引き起こす危険を有している。中小企業版 IFRS が投げかけている課題とは，中小企業版 IFRS それ自体の適用の是非ではなく，各国において中小企業会計は如何にあるべきか，また中小企業会計を含む各国の会計制度が如何にあるべきかという課題である。

かかる問題意識を踏まえたうえで，イギリスでは，IFRS を基軸として国内基準を整備し，わが国と対照的ともいえる制度設計が試みられている。本章の議論で得られた知見を摘記すれば，次のとおりである。

(1) イギリスにおける会計基準の改訂は，一貫して IFRS を基軸としている一方，会社法や税法の規定との調和が図られている点に特徴がある。

(2) イギリスでは，中企業，小企業，およびマイクロ企業の規模基準が明確であり，当該基準に応じた会計基準が設定されている。企業はその規模基準に適合する FRS を順守するよう求められるが，自社より規模の大きい企業が準拠している FRS を適用することが可能である一方で，より規模の小さい企業を対象とした FRS を適用することはできない。これによって，より簡便な基準を安易に選択できないようになっている。かかるイギリスの事例は，規模基準に応じた中小企業会計基準の棲み分けのあり方を示している。

(3) IFRS への対応について，イギリスの対応はわが国の制度改革にも参考になる。イギリスでは，無批判に IFRS を取り入れるのではなく，会社法等の規定と必要な調和が図られたうえで，FRS 第 102 号をはじめとする会計基準が IFRS を共通の枠組みとするように設定されている。FRS 第 102 号は，IFRS を簡略化した中小企業版 IFRS に基づいて設定され，FRS 第 102 号セクション 1A「小規模企業」と FRS 第 105 号は，FRS 第 102 号を簡素化して作成されている。

(4) イギリスでは，わが国とは大きく異なる制度設計を行っており，わが国のような「会計の二元化」や「会計基準の複線化」に該当する事態は生じていない。そのため，今後わが国において会計制度設計が議論される際，イギリスの事例がアプローチの 1 つとなり得る。とりわけ，思考の異なる 2 つの会計基準が並存している中小企業会計において，イギリスの事例は，中小企業会計基準の整備を如何に行うかにあたって，少なからぬ示唆を提

供し得ると思われる。

5 韓国における中小企業会計制度の普及・活用（第10章）

第10章の目的は，韓国において会計制度が二分化し，さらに中小企業の会計制度において会計基準が複線化した経緯を明らかにするとともに，日韓両国において中小企業会計制度を普及・活用させるための課題を浮き彫りにすることであった。本章では，具体的に，次の3点が議論された。

(1) 韓国の会計制度が「上場企業向け」と「非上場企業向け」に二分化し，さらに非上場企業向けの会計制度が「一般企業会計基準」と「中小企業会計基準」に複線化した経緯を明らかにすること
(2) 韓国と日本における中小企業会計制度の特徴を比較検討すること
(3) 韓国と日本における中小企業会計制度の普及・活用に対する取組みを概観するとともに，今後の課題を浮き彫りにすること

本章で議論された韓国における会計制度改革の特徴は，日本の会計制度の現状と比較して，次のように総括できる。

① 韓国では，上場企業向けに「K-IFRS」を強制適用し，非上場企業向けには「一般企業会計基準」を適用する「二元的な会計制度」を目指しながら，中小企業に対する会計負担軽減の必要性から「中小企業会計基準」が公表され，非上場企業向けの会計基準は複線化の状況にある。韓国では，中小企業の会計は，事実上，税金納付のための税務会計に留まっているのが現状とされるが，このような状況は，諸外国でも同様であると推察される。

② 本来，中小企業においても，「税務会計」に留まることなく，「自社の経営状況の把握に役立つ会計」が実践されるべきであり，多くの中小企業経営者もそれを望んでいるはずである。このような経営者の期待に応えるために，中小企業向けの会計基準は，その属性に応じて，経営者が理解しやすいよう簡潔かつ平易に表現されるべきであり，これを実現したのが中小企業会計制度である。

③ 韓国では，中小企業会計基準を普及させるための課題として，「教育」と「インセンティブ」が挙げられている。日本においても，中小会計要領

の「作成支援」（指導）や「活用」（インセンティブ）といった取組みに消極的であることが指摘されており，個々の中小企業の実態に応じた「指導・助言」の充実が課題とされている。

④ これらの課題を踏まえ，日韓両国において中小企業会計制度を普及・活用させるには，会計プロフェッションと金融機関とが緊密にコラボレーションし，「指導・助言」と「活用・インセンティブ」に積極的に取り組むべきである。

6　中小企業版会計基準をめぐる国際的動向（第11章）

第11章の目的は，中小企業版会計基準の設定をめぐる動向を国際的な視座から考察することにあった。

中小企業版会計基準の設定の歴史を辿っていくと，各国（とりわけ新興経済国）における中小企業版IFRSの採用は，ある意味で不合理な現象と言わざるを得ない。なぜ中小企業版IFRSが採用されるのかという疑問である。本章では，その疑問を新制度派社会学の理論を援用することで明らかにすることを試みている。

本章で援用された新制度派社会学の理論や概念に依拠すれば，中小企業版IFRSの採用をめぐる新興経済諸国の動向は次のように総括できる。

(1) 資本主義社会では，その発展に伴い会計というツールを用いることが合理的行動を可能ならしめるという制度的ルールが確立されてきた。それをすべての社会が受け入れた結果，どの国や法域においても個人は会計という行為を行い，また国や法域も会計に関する制度を整備していった。

(2) 資本主義は元来，その中の機構や行動規範などが画一化していく性格を帯びており，会計という行為の内容にも画一化が生じていった。資本主義が新自由主義的な資本主義に移行していく中で，会計基準もその方向で画一化した。それは単一のグローバル基準であり，かつ市場指向型会計基準であるIFRSとして具現化する。

(3) IFRSが登場すると，IFRSに準拠して行われる会計が合理的行動をもたらすという制度的ルールが国際社会で確立されるようになった。その結果，国・法域のレベルでも，あるいは個人レベルでもIFRSが指向される

ようになる。具体的には，多くの国がIFRSを採用し，会計プロフェッションはIFRSに準拠した実務を実施するようになっていった。
(4) やがて中小企業を対象とした会計基準が別途模索されるようになれば，この制度的ルールは中小企業版会計基準にも取り入れられていく。基準設定に携わる会計プロフェッションは，中小企業に関する会計基準にも，投資意思決定有用性指向や公正価値測定といった特徴を取り込もうとする。その結果が完全版IFRSであると考えれば，IASBが完全版IFRSと同じ概念的枠組みに準拠し中小企業版IFRSを設定したことも説明がつく。
(5) 新興経済諸国においてIFRSの採用は，自国の会計基準としてIFRSを備えることが融資を受けるに値する国としての正統性をもたらしてくれる。それゆえ，中小企業版IFRSをも積極的に採用していく傾向が先進国に比べ強まっていくことになり，新興経済圏ほど，中小企業版IFRSの採用が顕著となる。
(6) IFRSに向けた会計基準の国際的収斂あるいはIFRSの採用については，経済的効率性の観点からのみでは説明できない部分が多い。新興経済圏における中小企業版IFRSの採用は，そのことを象徴するような問題といえる。

7　日本の中小企業における自発的開示－テーマ分析による質的研究
（第12章）

　第12章の目的は，日本において，中小企業が自発的な財務報告を行うに際して採用する会計基準の選択に影響を与える要因について，包括的に調査することであった。本章の実態調査では，テーマ分析を活用した探索的研究が採用された。テーマ分析とは，データに潜むパターンをテーマとして特定，分析，報告する方法である。

　本章の問題意識の起点は，財務報告制度に関して，日本の中小企業は多くの選択肢が存在することにある。たとえば，中小企業のために公表された会計基準は2つ存在する。「中小企業の会計に関する指針（中小指針）」と「中小企業の会計に関する基本要領（中小会計要領）」である。したがって，中小企業は計算書類の作成に際して複数の会計基準から自発的に選択するという裁量を有し

ているといえる。

　本調査研究に関する先行研究では，日本の中小企業がどの会計基準を選択し，その選択にはどのような要因が影響を及ぼしているのかについては，限られた研究しか存在しない。

　本章での調査研究の結果は，次のように総括できる。
　(1)　先行研究では示されることがなかった主要な要因を特定することができた。具体的には，中小企業は，1つの要因に大きく影響を受けて会計基準を選択しているというよりも，各企業が置かれた環境の中で複数の要因の影響を同時に受けながら最適解を選択していることが明らかとなった。
　(2)　本章の研究が，日本の会計制度のパラダイム変換に与えるインプリケーションは，次の2点である。
　　①　第1に，日本の中小企業にはグローバル・スタンダードとしての中小企業会計に対するニーズがほとんど存在しないことが判明した。したがって，IFRSの影響を受ける「中小指針」や「中小企業版IFRS」は中小企業にとっては採用し難いものであると解釈できる。そうなると逆に「中小会計要領」は，中小企業のための会計として今後大きな役割が期待される。
　　②　第2に，先行研究には企業規模や企業成長の意図により適用する会計基準の棲み分けを図ろうとする見解がみられた。しかし，本研究の被験者は，それらの棲み分け規準は中小企業にとって会計基準選択の影響要因とは考えられていなかったため，先行研究とは整合しない結果が示された。したがって，本研究では，当該規準による会計基準選択の棲み分けは妥当でないと考えられた。

第Ⅲ部の論点と結論——監査制度のパラダイム転換

　本書の第Ⅲ部（監査制度のパラダイム転換）は，経済社会のダイナミズムが監査制度に与える影響を議論することであった。第Ⅲ部の個別論点と結論は，以下のとおりである。

1 情報技術の進展と監査制度の標準化 (第13章)

　第13章の目的は，監査制度の標準化という流れの中で，監査データの標準化がなぜ必要とされたのか，いかなる意義を持つのか，監査実務に対していかなる影響があるのかについて，歴史的な背景を含めながら検討することにあった。本章では，かかる検討の経済的・社会的背景として，次の2点が指摘された。

(1) 経済社会のダイナミックな変化。具体的には，経済基盤の変化，市場経済の変化，アカウンタビリティーに対する認識の変化が監査パラダイムの変化を余儀なくしている。

(2) 開示情報の信頼性確保の要請。具体的には，国内外の粉飾決算事件を契機として開示情報の信頼性保証に対する社会からの期待や圧力が高まっている。

　このような監査制度や監査環境のダイナミズムの中で，監査の制度改革は，監査基準の国際標準化と監査規制の国際標準化の2つの流れに加え，監査データの標準化という新たなフェーズに突入した。その契機となったのが，2013年8月に米国公認会計士協会（AICPA）が公表した「監査データ標準」（ADS）である。かかる標準化が監査上の問題となった理由は，次の3点である。

① ITの財務諸表監査への影響があり，内部統制の調査と評価にはITがもはや欠かせないものとなっていること

② 監査手続と監査証拠については，会計システムがコンピュータ上に構築されるようになり，帳簿突合などの実証的手続ができなくなっていること

③ それを克服するためにさまざまなコンピュータ利用監査技法が開発され，実際の監査の場面で使われていること

　このように，ITが監査という行為に大きな影響を与えるにつれ，情報システム間の会計データの互換性の問題が浮上するようになり，監査を実施するための会計データの取得において標準化が求められることとなった。しかも，AICPAがADSを公表したことにより，監査のための仕訳や元帳レベルの会計データについて，その標準化が一気に進むものと予想される。そのため，本章では，監査データの標準化の進展は，情報技術（IT）による監査制度に，次

のような変革をもたらすものとされた。
  (i) ITは，かつて実証的手続を阻む要因であったが，その進展により，大幅な適用範囲の拡大がもたらされ，かつ効率性も大きく改善されること
  (ii) ITの進展によって，試査ではなく精査を前提とした監査の実現可能性が見えてくるなど大きな変化をもたらす要因となりうること
  (iii) ITが継続監査の質的な変化をもたらし内部統制の評価に対しても大きな影響を与えること

2　XBRLと監査データ標準（ADS）（第14章）

第14章の目的は，第13章の議論を受けて，AICPAの「監査データ標準」（ADS）とXBRL GLの関係について検討することにあった。ADSは，XBRL GLというコンピュータ言語と関連が深いことから，XBRLのもつベネフィットの多くを享受する一方で，XBRL自身のもつデメリットも引き継ぐことになる。このためXBRLについての理解が，ADSの理解にとって不可欠となることが指摘されている。

また，本章では，情報技術（IT）の進展に伴う監査パラダイムの変化について，次のような課題が指摘された。
  (1) 第1に，ADSの全体像を適切に把握する必要性である。ADSでは，今後公表される基準のすべてに共通する内容について，「基礎編」を規定した。また，すべての勘定項目を格納する総合的な帳簿に対応するものとして「総勘定元帳編」が公表されている。これらを土台として，今後さまざまな台帳（subledger）に関する基準が公表されることになるが，その体系の全容とその内容について把握する必要がある。
  (2) 第2に，それらの諸基準で示されているデータ・フィールドの妥当性について，検討することが必要である。「各データ・フィールドの必須・推奨の違い（Level）について，本当にそれでよいのか」，「必須項目（Level 1）はこれだけでよいのか」，「推奨項目（Leve 2）について他にも必要となるものはないか」，といったことの確認が必要となる。
  (3) 第3に，ADSの影響について検討する必要がある。ADSが導入されることによって，「監査実務にどのような影響を与えるのか」，「これまで不

可能だったことが可能になるものがあるのか」、「ADS を導入することによって失われてしまう部分はないのか」等である。

さらに、今後、注目すべき動向として、ADS に対する各国の反応があげられる。各国は電子開示システムなどにより、企業の会計システムからのアウトプットデータについて、既に十分な把握が可能となっている。AICPA あるいは ISO の ADS が導入され、企業の会計システムへのインプットデータについても把握が可能となれば、インプットデータとアウトプットデータの整合性をとることを自動化することが可能となり、そのことは、監視社会を実現するためのツールとしても十分に機能を発揮できることを意味する。

このような意味で、ADS が制度化され強制されるようになれば、そのインパクトは単に財務的な管理・把握といったレベルを超え計り知れない広がりをもたらす可能性があるため、今後、ADS については、十分な配慮が必要とされる。

3 　米国における特別目的の財務諸表に対する監査（第 15 章）

第 15 章の目的は、非公開の中小企業が、特別目的のフレームワーク（FRF for SMEs）に準拠して、個々の情報利用者のニーズに応じたテーラーメードの財務情報としての特別目的の財務諸表を作成する場合、当該財務諸表の信頼性の保証問題について検討することであった。

本章の背景にあるのは、米国公認会計士協会（AICPA）が、2013 年 6 月に公表した『中小企業の財務報告フレームワーク』（FRF for SMEs）である。FRF for SMEs は、一般に認められた会計原則（US GAAP）に基づく財務諸表の作成が義務づけられていない場合に、汎用的な用途の財務諸表の作成と当該財務諸表の外部的な利用にとって適切な規準となるものである。かかるAICPA の動向は、FRF for SMEs を特別目的の財務諸表の監査の前提となる会計基準（特別目的の財務報告の枠組み）と措定し、中小企業会計および監査制度の体系的な整備を図ったのではないかと解釈できる。

中小企業の経営環境では、「公式のシステムおよび権限の手続の欠如」や「職務分掌の制限」があるため、財務報告書の諸項目に具体化された網羅性の意思表示に関する監査保証を行うことが困難である。また、「内部統制リスク

が高い」ため，実証性監査手続を中心とした監査計画が組まれることになる。本章では，そのような経営環境の中で営まれる事業活動を記録・分類・集計する会計システムとして，FRF for SMEs が措定されたものと理解された。当該枠組みは，US GAAP や OCBOA（その他の包括的な会計基準）を採用せず，経営者が任意の選択で採用するものであり，AU-C800 でいう特別目的の枠組みに該当するものである。したがって，FRF for SMEs に準拠して作成された財務諸表の信頼性を検証するためには，米国においては AU623 および AU-C800 の規程を考慮してレビューや監査が行われることになる。そのような手続を経て公表されるレビュー報告書や監査報告書は，特別目的の財務諸表の信頼性について一定の保証を提供し，特定の情報利用者は当該財務諸表をその経済的意思決定に役立てるという連関が成立することになる。

このような米国の事例に鑑みて，本章では日本において特別目的の財務報告制度の定着を促進するためには，企業規模・資金調達・事業内容等の企業属性を考慮した上で，監査業務のみならずレビュー業務または財務諸表のコンピレーションやプレパレーションの提供など，中小企業の実務上のニーズに応じた監査関連業務の整備が求められると結論づけられた。

第Ⅳ部の論点と結論
──パラダイム転換期における企業の会計行動

本書の第Ⅳ部（パラダイム転換期における企業の会計行動）は，パラダイム転換期における日本企業の租税行動と情報開示行動を実証研究によって分析することであった。第Ⅳ部の個別論点と結論は，以下のとおりである。

1 会計利益と課税所得の一致性と利益の質 （第 16 章）

第 16 章の目的は，会計利益と課税所得の一致性（BTC）が利益の質に与える影響を分析することであった。本章での分析結果は，次のとおりであった。
(1) 第 1 に，46 ヵ国の中で日本は BTC の水準が高い方から 12 番目に位置しており，会計利益計算と課税所得計算の制度的連携が比較的強いカテゴリーに属する。

(2) 第2に，BTCが高い国は利益平準化を行う傾向にある。日本はEQ1（国・年ごとに産出した営業キャッシュ・フローの標準偏差に対する営業利益の標準偏差の割合について国ごとにその中央値を示したもの），EQ2（国・年ごとに産出した会計発生高の前期から当期への変動と営業キャッシュ・フローの前期から当期への変動の相関について国ごとにその中央値を示したもの）ともに，小さい方から6番目に位置しており，利益平準化を行う傾向が強いといえる。

(3) 第3に，BTCが高い国ほど，会計発生高の見積誤差が小さく，また裁量的会計発生高の絶対値が小さい。BTCが高い国では会計利益計算と課税所得計算の連携という制約があることにより，確実にキャッシュ・フローとして実現する範囲内で会計発生高を認識するようになり，結果として会計発生高の見積誤差が小さくなり，会計発生高の過大または過小計上を抑制することになる。

これらの分析結果から，本章では，BTCについて次の点が指摘された。

① 会計利益計算と課税所得計算の制度的連携は利益の質を低下させる効果と改善させる効果をそれぞれ有すると考えられる。企業は課税所得を平準化するインセンティブを持つため，日本のようにBTCが高い国では，会計利益の平準化を通じて課税所得の平準化を達成すると考えられ，日本企業の会計利益が過度に平準化されている可能性は否定できない。

② 利益平準化の指標（EQ1およびEQ2）と適時的な損失認識の指標（EQ5）の相関関係が比較的高いことから，過度に平準化された利益はその適時性を失うことになる。本章の分析では，BTCの水準と適時な損失認識の間に有意な関係を見出せなかった。しかし，日本の適時な損失認識の水準が分析対象国（23ヵ国）の中で最低であることに鑑みると，日本企業の会計利益は平準化の影響を強く受けていると予想される。

③ 一方，会計利益計算と課税所得計算の制度的連携は，会計発生高の見積誤差を小さくし，会計発生高の過大または過小計上を抑制するという効果をもっている。その結果，日本のようにBTCが高い国では，確度の高い会計利益が報告されていると考えられる。

④ 日本の会計制度は確定決算主義を背景として会計利益計算と課税所得計

算が密接に連携している。これによって，日本企業の会計利益が過度に平準化されているのであれば，連携の程度を見直す必要がある。しかし，その見直しの程度によっては，従来よりも確度の低い会計利益が報告されることを覚悟しなければならない。

2　日本企業の租税回避行動の特徴とその決定因子（第17章）

　第17章の目的は，日本企業の租税回避行動の特徴について，その決定因子を推定することにより，日本における法人税制度システムで企業会計システムが果たしている役割を明らかにすることであった。そこで，本章では，特に実効税率と法定税率との差異に注目し，そのヒストグラムの形状から，各国における租税回避行動に積極的な企業の割合が比較分析された。その結果，次のことが明らかとなった。

(1)　日本企業は他国企業と比べると法定税率を上回る実効税率を計上している企業の割合が高く，0周辺に注目しても，法定税率を少し上回る実効税率を計上している企業の割合が少し下回る実効税率を計上している企業の割合に比べて多い傾向がある。

(2)　法定税率を大きく下回る実効税率を計上している企業のプレゼンスも小さい。

　これらの事実は，日本企業が相対的に租税回避行動に消極的な事実を示している。本章では，日本企業が租税回避行動に消極的である理由として，次の点が指摘された。

①　日本では株式市場などにおける資金調達がそれほど重要なプレゼンスがあるわけではなく，むしろ顧客や供給業者との長期的な取引関係を重視している可能性が高い。その場合，企業に対する信頼性が極めて重要な役割を果たす。租税回避行動が仮に企業の信頼性を低減させる可能性がある行動と位置付けられるのであれば，相対的に租税回避行動に消極的になる可能性がある。

②　日本では，金融商品取引法，会社法，税法が密接に関連したトライアングル体制に基づく会計システムを採用してきており，課税所得と会計利益の一致性が高い。また，繰戻欠損金・繰越欠損金の容認期間が短く，課税

所得上での裁量の余地が小さい。さらに，企業の経理担当者も確定決算主義に基づく会計システムのもとで，租税回避行動に基づきネガティブな評判がたたないよう，会計処理を行うことが求められてきた。こうした税務システムが租税回避行動への消極性を支えてきた可能性が高い。

しかし，近年，会計基準の国際的統合化・収斂化の進展に伴い，トライアングル体制に基づく会計システムを維持することが困難となり，徐々に課税所得と会計利益の一致性は低下しつつある。こうしたことから，日本では，会計基準の国際的統合化・収斂化により，税制システムにおいても，従来の金融商品取引法・会社法・税法のトライアングル体制を前提とした会計システムの転換を余儀なくされる可能性が高い。今後，利害調整に関わる会計システムと情報提供に関わる会計システムが異なるベクトルで進化していくことが求められる。

3　IFRS適用是非の意思決定に与える影響──経営者持株比率に焦点を当てて（第18章）

第18章の目的は，IFRS任意適用是非の意思決定に影響を与える要因を，とりわけ経営者持株比率という視点から，明らかにすることであった。

本章では，2015年3月期の決算短信から開示が始まった「会計基準の選択に関する基本的な考え方」のデータを用い，全上場会社を対象とした大量データによる検証を実施している。また，経営者持株比率が経営者の努力インセンティブに与える影響に関する実証研究が日米で報告されている中で，IFRS適用と経営者持株比率に焦点を当てたことも本研究の特徴である。

本研究では，経営者持株比率とIFRS適用是非の意思決定の間に非線形の関係があるという考え方のもとで，次の仮説を設けて，3次関数の実証モデル分析を行った。

H1a：経営者持株比率が低い範囲では，経営者持株比率とIFRS適用の意思決定の間には正の相関関係が存在する。

H1b：経営者持株比率が中間範囲では，経営者持株比率とIFRS適用の意思決定の間には負の相関関係が存在する。

H1c：経営者持株比率が高い範囲では，経営者持株比率とIFRS適用の意思決定の間には正の相関関係が存在する。

本研究での検証の結果，経営者持株比率に関する3変数（経営者持株比率，経営者持株比率の2乗，経営者持株比率の3乗）に係る係数は，有意水準は弱いものの，すべて予測した符号と一致する有意な値が示された。

なお，本研究では，分析サンプルを上場会社全社に拡大させるために各社の決算短信情報を用いているが，ほとんどの企業の決算短信において，IFRS適用に前向きなのかそうでないのかが外部からは判断できないような曖昧な表記に終始している。そのため，本研究では，IFRS非適用を表明している企業を1とするダミー変数を従属変数としている。投資者は，「日本企業の制度開示における定性情報の記載情報が紋切り型である」と批判的に指摘している。本章の研究結果は，いみじくもそうした指摘の一端を明らかにすることとなった。

4　経済社会の変化と非GAAP利益の開示（第19章）

第19章の目的は，わが国における非GAAP利益の動向とその効果について検証することにあった。

本章では，1990年代後半より登場し始めた非GAAP利益の開示について，日本企業における実態とその情報効果について実証分析が行われた。本章での分析を通じて，次の点が明らかとされた。

(1) 日本企業においては2006年度頃より開示件数が増加していること
(2) 情報・通信業，不動産業，サービス業，食料品，陸運業で開示件数が多いこと
(3) 非GAAP利益の定義は極めて多様であること
(4) 金額面では非GAAP利益の方がGAAP利益よりも大きい（1％水準で有意）こと
(5) 非GAAP利益とGAAP利益の差異は，CARに対して正の効果を有している（1％水準で有意）こと

本章での分析結果と，わが国においても非GAAP利益が徐々に浸透している現状を踏まえ，わが国の開示制度の課題について，次のことが指摘された。

① わが国の会計制度においては，日本基準のほかにIFRS，米国基準，修正国際基準が適用できるとされている。いわゆるGAAP利益においても4つのタイプの情報が流通することになる。これらから派生する非GAAP

利益情報も流通するとなると，そのバリエーションは無数に拡大し，情報利用者を混乱させる可能性は否定できない。そのため，非GAAP利益を開示する場合には，単にその定義を示すだけではなく，GAAP利益との調整表の添付を求めることが必要と思われる。

② Enron事件などを踏まえ，米国においては非GAAP利益の開示に対して規制機関や産業団体より指針が公表された。具体的には，2001年9月にFEI（財務担当役員協会）とNIRI（全米IR協会）よりベスト・プラクティス指針が公表された。そこでは，次の3点が求められている。

(i) 最重要な情報を見出しに表示することを推奨
(ii) 非GAAP数値とGAAP数値の調整表添付を推奨
(iii) 非GAAP数値とGAAP数値の調整に関する平易な説明を推奨

とりわけ，調整表の添付については，次のようなメリットが指摘されている。

(i) 非GAAP利益を公表する場合は，調整表の添付を義務づけることで，非GAAP利益の透明性は大きく改善するものと期待される。

(ii) 調整される項目は，GAAP利益では抜け落ちてしまう当該企業の競争力の源泉が反映される可能性が高いので，当該企業のビジネス・モデルをより良く理解することにつながる可能性もある。

(iii) 学術的な見地からも，GAAP利益との差異を生じさせる項目のうち，どのような項目が情報として意味があるのかということを分析することができる。

このことから，本章では，調整表の添付が実現し，情報作成者と利用者の双方で経験が蓄積されていけば，「現行財務報告システムに存在する隙間」を非GAAP利益によって埋めることができる可能性が指摘された。

（河﨑　照行）

第21章

本書の展望
―― 会計制度の二分化と会計基準の複線化のゆくえ

I　はじめに

　今日の経済社会では，「グローバリゼーション」（globalization）の名のもとに，「国際文化」と称する「ローカルな文化」が「世界文化」として，全世界を席巻しようとしている。会計分野では，「国際会計基準」（IFRS：International Financial Reporting Standards）を各国の会計基準として国内化する動き（IFRSのアドプション）がこれである。

　そもそも，「文化」は，各国の民族的・風土的特質，特有の教条（宗教）・習慣等を反映したものであり，「文化」の特徴は，それが有する「ローカル（地域）性」にあるといってよい。たとえば，「アメリカ文化」はアメリカという「ローカルな地域」の民族的・風土的特質，特有の教条（宗教）・習慣等に根ざしたものであり，「日本文化」とは明らかに異なっている。しかし，近年の「グローバリゼーション」の波は，ある「ローカルな文化」（IFRS）を「世界文化」（統一的な会計文化）の地位に高めることにより，それに従うことが，あたかも近代化（先進性）であるかのような錯覚をもたらしているように思える。

　現在，わが国では，IFRSの導入問題を契機として，大企業の会計制度と中小企業の会計制度の二分化が進行している。しかも，各会計制度では，複数の会計基準が存在し，当該会計基準の設定方法には明確な相違がみられるなど，ある種，混沌とした会計制度の様相を呈している。

かかる認識に基づき，本章の目的は，「文化のローカル（地域）性」の観点から，本書での議論の総括を踏まえ，わが国の会計制度のあり方について提言を試みるものである。本章の具体的な課題は，次の4点である。
(1) 西洋文化と東洋文化の相違を比較文化論の観点から浮き彫りにすること
(2) IFRSとわが国の伝統的な会計文化との特徴的な相違点を浮き彫りにすること
(3) 会計基準設定の方法論について，異なる2つのアプローチ（機能論的アプローチと機械論的アプローチ）を提示し，その方法論的特質を論じること
(4) わが国の会計制度の二分化と会計基準の複線化を踏まえ，わが国の会計制度のあり方について提言すること

会計文化の「ローカル性」

1　西洋文化と東洋文化の相違

わが国における会計制度のあり方を論じる前提として，比較文化論の視点から，西洋文化と東洋文化の相違に触れておきたい。「西洋人と東洋人の文化は本質的に異なる」というのは，比較文化論の定説である。リチャード・ニスベット（Nisbett, R. E.）の所説（Nisbett［2003］；村本［2004］；河﨑［2016］，52-53頁）に従って，このことを明らかにしてみよう。

いま，「鶏」と「草」の2つの絵が示され，次に「牛」の絵が示されたとしよう。「牛」と一緒にするとすれば，「鶏」と「草」のどちらかと問われれば，どちらを選ぶであろうか。「牛と鶏を一緒にする」という答えは，西洋人の思考態度である。これに対し，「牛と草を一緒にする」という答えは，明らかに東洋人のそれである。リャンファン・チウ（Chiu, L.-H.）によれば，中国人とアメリカ人の子供たちに同様の問い（実験）をしたところ，中国人（東洋人）の子供たちは，「牛と草が仲間」であるとし，その理由は「牛は草を食べるから」と答えたとされる。これに対し，アメリカ人（西洋人）の子供たちは，「牛と鶏が仲間」であるとし，その理由は「牛と鶏は動物だから」と答えたとされる。この実験結果から，チウは，東洋人は「関係性」から世界を体系化するの

に対し，西洋人は「カテゴリー」(規則性) から世界を体系化する傾向が強いとしている (村本 [2004], 159-160頁)。

いうまでもなく，このような実験は，どちらの考え方が正しいとか，間違っているとかを問題にしているのではない。西洋人と東洋人では，対象に対する見方や考え方が，基本的に異なっているのである。つまり，西洋と東洋の「文化」が異なっているのである[1]。

2 国際会計モデルと日本型会計モデル

(1) 国際会計モデルと日本型会計モデルの相違

会計制度は文化的制度の1つであるとすれば，前節の議論は会計分野にも妥当する。つまり，会計制度 (会計基準) は，各国の固有の企業文化 (文化的制度) に根ざしており，本来，「地域性」(ローカル性) を有している。したがって，「国際文化」としてのIFRS (国際会計モデル) は，「地域文化」としての各

図表 21 − 1　国際会計モデルと日本型会計モデルの相違

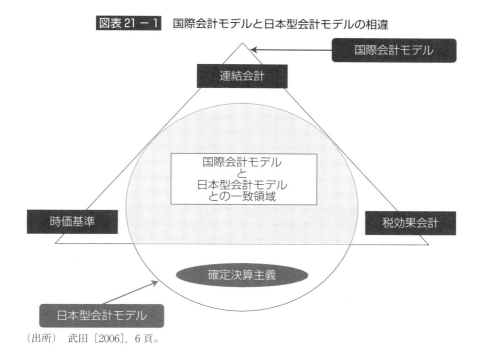

(出所)　武田 [2006], 6頁。

国の会計基準（例えば，日本型会計モデル）とは調和できない性質を有している。このことを示したのが**図表 21 − 1** である。この図では，三角形が国際会計モデルを示し，円形が日本型会計モデルを示している。両者はその多くが共通しているものの，次の点で相違がみられる（武田 [2006]，6-7 頁；河﨑 [2016]，54-55 頁）。

(1) 企業集団に係る「連結財務諸表」を主要財務諸表としていること。従来，わが国では，各企業の「個別財務諸表」が原則的な財務諸表であり，企業集団に係る「連結財務諸表」はその補足的な役割を担うに過ぎなかった。しかし，現在では，IFRS とのコンバージェンスにより，連結財務諸表が原則的な財務諸表となっている。

(2) フロー面では，「税効果会計」がその特徴となっていること。従来から，わが国では，確定決算主義が維持されており，確定した決算（計算書類）をベースに，課税所得が計算される構造となっていることから，税効果会計（会計上の利益額と課税金額との調整計算）は必要とされていなかった。これに対して，欧米諸国では会計上の利益計算と課税上の所得計算とが分離されていることから，IFRS では税効果会計が要請されている。

(3) ストック面では，「時価会計」がそれを支える仕組みとして特徴づけられること。IFRS では，資産・負債の時価評価を通じて企業価値全体を把握するアプローチ（資産負債アプローチ）が重視されているのに対し，従来のわが国の会計思考は取得原価による評価を基礎として，収益・費用計算により業績評価を行うアプローチ（収益費用アプローチ）が重視されていた。

(2) 日本型会計モデルとしての確定決算主義

上記の３つは，従来の日本型会計モデルにはなかった仕組みである。これに対し，図表 21 − 1 に示すように，日本型会計モデルは，「確定決算主義」がその特質の１つをなしている。これは，国際会計モデルにはない仕組みであることから，IFRS 導入の阻害要因とみなされることがある。

しかし，確定決算主義は，国際文化としての IFRS には馴染みのない制度であるとしても，地域文化であるわが国の会計制度では，十分な理論的根拠を有

している。税法が会社法上の確定決算に基づき課税所得を計算するのは，わが国の会計制度における「法」の性格に由来する。会社法と税法では，法律上の性質が次のように異なる（武田［2005］，39-44頁；河﨑［2016］，56頁）。
  (1) 会社法は，対等の私人間の関係を規制する法規範（私法）の系統に属すること
  (2) 税法は，公権力の把持者（国）とその服従者に対する関係を規制する法規範（公法）の系統に属すること

このように，会社法と税法は法律上の性質は異なるが，その適用される対象が同一であることから，会社法は税法に対して基本法的な性格を帯びることとなる。その結果，税法上の課税所得計算は，会社法上の利益計算に原則的に依存して決定されなければならないこととなる。また，本書の第16章で議論したように，一方で，確定決算主義は利益の質を改善させる効果を有し，他方で，本書の第17章で議論したように，租税回避行動を抑制させる効果をも有している。

(3) 「グローバリゼーション」という名の「国際文化」

このように，本来，会計制度は各国の文化的制度を背景としており，固有性を有しているはずである。しかし，これまでわが国の会計制度は，もっぱら「アメリカ型会計文化」をほぼ無条件に受容する形で推移してきた。今日，「グローバリゼーション」（globalization）の名のもとに，再度，同様の現象が起きようとしている。本来，「グローバリゼーション」は，「人間生活のさまざまな社会的・文化的差異が相互作用を伴いながら，全一体のなかに複合的に融和した状態」がその本質とされ，必ずしも文化の「画一性」や「統一性」を意味するものではないとする理解が重要である（武田［2003］，6頁）。これに対し，IFRSの強制適用の議論は，「国際文化」と称する，ある意味で「ローカルな文化」（IFRS）を「世界文化」（会計の統一的文化）の地位にまで高めることにより，それに従うことが，あたかも近代化（あるいは先進性）であるかのような錯覚に陥ろうとしているように思える。

いうまでもなく，このような主張は，決して，IFRSの存在意義を否定しようとするものではない。国際市場で事業活動を展開し，国際的な資本市場で資金

調達をする企業は,むしろ積極的にIFRSを導入すべきである。わが国の「IFRSの任意適用」はそのための適切な装置であるといってよい。しかし,国内市場のみで事業活動を展開し,国内資本市場でしか資金調達しない企業にまで,IFRSの強制適用を求めることの意義は乏しい。

III 会計基準設定の方法論的特質

会計基準設定の方法論については,次の2つのアプローチを区別できる(武田[2009],157頁)。
(1) 機能論的アプローチ
(2) 機械論的アプローチ

上記(1)の「機能論的アプローチ」とは,思考対象(ここでは,会計基準)が一定の目的をもって全一体として機能しているとみて,「機能」の面から対象を解明する立場をいう。これに対し,上記(2)の「機械論的アプローチ」とは,思考対象を解析的に分解し,分解された部分の性質を明らかにするとともに,その部分を集めて再び対象を再構成する立場をいう。図表21-2に示すように,会計行為を「取引(インプット)→会計システム(認識・測定:プロセス)→財務諸表(アウトプット)」の一連の流れとみた場合,「機能論的アプローチ」は「財務諸表」(アウトプット)から「会計システム」のあり方を考察する思考法であるのに対し,「機械論的アプローチ」は「取引」(インプット)から「会計システム」のあり方を考察する思考法とみることができる。

上記(1)の「機能論的アプローチ」に基づいているのがIFRS(「完全版IFRS」や「中小企業版IFRS」)や企業会計基準であり,財務諸表の果たすべき「機能」(意思決定有用性)の観点から,会計基準のあり方を議論するものである。これに対し,上記(2)の「機械論的アプローチ」に基づいているのが企業会計原則や中小会計要領(中小企業の会計に関する基本要領)であり,取引(記帳)を重視したアプローチであるといってよい。

会計基準の設定にあたり,いずれのアプローチを採択すべきかは,会計目的観に応じて異なる。経済的意思決定に対する有用性を指向する大企業会計基準であれば,「機械論的アプローチ」よりも「機能論アプローチ」の適用が推奨

図表21－2　機能論的アプローチと機械論的アプローチ

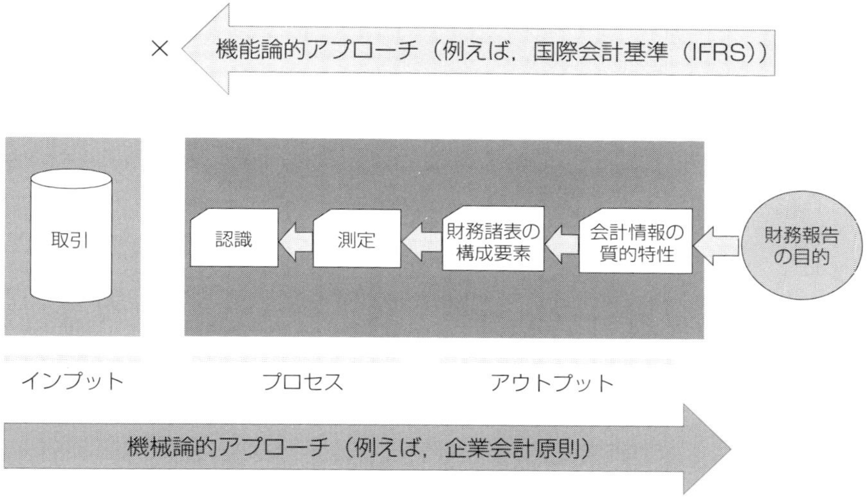

（出所）　武田［2009］，157頁。なお，この図表は一部を省略して示している。

されることはいうまでもない。その場合，本書の第18章で議論した業績予想の精度の問題や第19章で議論した非GAAP利益の開示問題が議論の俎上に上る可能性がある。これに対し，内部統制機構が未整備である中小企業の場合は，会計行為の基点である「帳簿」（記録の証拠性）を重視する観点が重要であることから，中小企業会計基準の設定にあたっては，「機能論的アプローチ」よりも「機械論的アプローチ」の適用が推奨されることになろう（本書の第12章を参照）。

Ⅳ　わが国の会計制度の二分化とそのあり方

IFRSの導入問題を契機に，わが国の会計制度が二分化の時代を迎えていることは既に指摘したとおりである。このことを図示したのが**図表21－3**である。この図表の解説を敷衍する形で，わが国の会計制度のあり方を展望してみたい。

（1）　わが国の会計制度は，「大企業（上場企業）の会計制度」と「中小企業

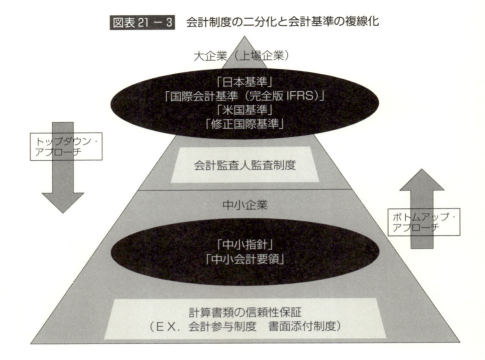

図表21－3　会計制度の二分化と会計基準の複線化

の会計制度」とに二分化される傾向にある。このような二分化の契機となったのが，IFRS の導入問題であった。経済のグローバル化の進展を背景として，わが国では，IFRS と日本基準（企業会計基準）とのコンバージェンスの流れの中で，会計基準の量的・質的拡大化が，中小企業会計の制度化を促進させることとなった。

(2) 「大企業（上場企業）の会計制度」には，現在，「日本基準（企業会計基準）」(J-GAAP)，「国際会計基準」(full IFRS)，「米国基準」(US GAAP)，「修正国際基準」(JMIS) の 4 つの会計基準が併存している。「日本基準（企業会計基準）」は IFRS とのコンバージェンスによって，それとほぼ同等の内容を有していることから，「修正国際基準」の存在意義は乏しいように思える[2]。今後，このような会計基準の複線化がどのように収斂するかは定かではないが，本書の第 2 章～第 5 章の議論を踏まえれば，国際資本市場の「場」で資金調達を図る企業には，IFRS の任意適用を推奨する一方，

その他多数の企業には，特定の会計基準を強制するよりは，当該企業の自由な選択に任せるのが合理的であるように思える。経済的・社会的に合理性を有する会計基準であれば，自ずとその存在が支持されるはずである。

(3) 他方，「中小企業の会計制度」には，現在，「中小指針」(「中小企業の会計に関する指針」)と「中小会計要領」(「中小企業の会計に関する基本要領」)の2つが併存している。「中小指針」は，2005年6月に，日本公認会計士協会・日本税理士会連合会・日本商工会議所・企業会計基準委員会の4団体によって，「企業会計基準」を要約・簡素化する形（トップダウン・アプローチ）で策定され，公表された。また，「中小会計要領」は，2012年2月に，中小企業の会計に関する検討会によって，中小企業の属性に見合った会計基準を積み上げる形（ボトムアップ・アプローチ）で策定され，公表された。これらはともに，「一般に公正妥当と認められる企業会計の慣行」（会社法431条）とされる。その選択適用にあたっては，会計参与設置会社には「中小指針」が推奨される一方，それ以外の中小企業には，身の丈にあった「発生文化」としての「中小会計要領」の活用が推奨される。

(4) 「大企業（上場企業）の会計制度」と「中小企業の会計制度」の二分化は，国際的な動向である。「中小企業版IFRS」の公表を契機に，諸外国では，「中小企業版IFRS」を適用するか，それとも独自の中小企業会計基準を策定するかの議論が活発化しており，本書の第6章～第11章で議論したように，ほとんどの先進諸国は後者を選択する傾向にある[3]。しかし，各国の中小企業会計のあり方を調整すべきかどうかは，各国の会計文化のあり方（とりわけ，税制のあり方）とも関係する問題であり，今後の検討課題とされる。

(5) 上場企業（およびその子会社）・大企業には，計算書類（財務諸表）の信頼性を保証するために，会計監査人による監査が義務づけられている。本書の第13章と第14章で議論したように，監査制度については，①監査基準の国際標準化および②監査規制の国際標準化に加えて，③監査データの標準化が今後の重要な課題となりうる。これに対し，中小企業には，会計監査人設置会社を除き，明示的に，計算書類の信頼性を保証する制度は存在しない。ただし，現行制度では，それに類似する制度として，(ア)会計参

与制度と(イ)書面添付制度の2つがある。「会計参与」は,「計算書類の共同作成」と「計算書類の別保管」を行うことを通じて,計算書類の信頼性を担保する役割が期待されている。これに対し,「書面添付」は,税理士が「計算事項」等を記載した書面を申告書に添付して提出することを通じて,申告書の基礎となる計算書類や会計帳簿の信頼性を担保する役割が期待されている。しかし,この2つの制度は,その利用状況がかなり低いという点に問題がある[4]。今後は,その普及・活用の促進を図る一方,これらとは異なる何らかの保証制度,例えば,本書の第15章で議論した「特定目的財務諸表の監査」の制度化を構想する必要があるかもしれない。

このように,日本の会計制度は,IFRSの導入問題を契機に,中小企業会計(中小企業会計基準)を独立の会計制度(会計基準)としてとらえる形で,会計制度の二分化が進行する一方,各制度では,複数の会計基準の適用が容認される形で,会計基準の複合化が進行している。各会計制度において,会計基準の複線化がどのように収斂するかは,各会計基準の制度的定着化のゆくえにかかっている。

Ⅴ　おわりに

　日本の会計制度(会計基準)は,「国際会計基準」(IFRS)の導入(コンバージェンス)により,徐々にその独自性を失いつつあるように思える。そもそも,各国の「文化」は,各国の民族的特性,風土的特質,特有の教条(宗教)・習慣等を反映したものであり,これらはすべて「地域性」(ローカル性)を有するものである。その意味では,文化的制度としての会計制度(会計基準)は,各国の文化的特質(企業文化)を反映したものである必要がある。

　しかし,このような主張は,決してIFRSの存在意義を否定するものではない。繰り返すまでもなく,IFRSが意義を有するのは,「国際資本市場」という「場」においてである。つまり,IFRSは国際資本市場という,ある種の「ローカルな場」で通用する会計基準に過ぎないということである。

　このような理解にたてば,合理的な帰結として,IFRSという「ローカルな会計文化」を「会計の統一的文化」とみなすことにより,すべての企業に強制

適用すべきであるという見解に与(くみ)することはできない。結論的に，わが国では，IFRSの任意適用が容認されていることから，「国際資本市場の場」で資金調達や事業展開を図る企業（上場企業）には，積極的にIFRSの導入を推奨する一方，「国内資本市場の場」で資金調達や事業展開を図る企業（とりわけ，中小企業）は，その影響が及ばないような制度設計が望まれる。

●注

1 同様の理解については，Hofstede［1991］（岩井・岩井［1995］）を参照されたい。
2 新聞報道によれば，2018年3月末で，修正国際基準の適用会社は0社とされる（日本経済新聞2018年4月14日朝刊）。
3 IASBによれば，中小企業版IFRSは，2017年12月現在，85の国・地域がその採用または採用計画を表明しているとされる。しかし，そのほとんどがアジアやアフリカの発展途上国である（IASB［2017］，pp.3-4.）。
4 中小企業庁の調査によれば，株式会社約260万社のうち，会計参与設置会社は2,000社程度とされ，法人税書面添付の普及割合は平成29（2017）事務年度で9.1％とされる。

●参考文献

IASB［2017］, *IFRS for SMEs Fact Sheet*, IFRS Foundation.
Hofstede, Geert［1991］, *Cultures and Organizations:Software of the Mind*, McGraw-Hill International（UK）Limited.（G・ホフステード，岩井紀子・岩井八郎訳［1995］『多文化世界：違いを学び共存への道を探る』有斐閣）
Kawasaki, Teruyuki& Sakamoto, Takashi［2014］, *The General Accounting Standard for Small- and Medium-sized Entities in Japan*, Wiley.
Nisbett, Richard E.［2003］, *The Geography of Thought*, The Free Press.（リチャード・E・ニスベット，村本由紀子訳［2004］『木を見る西洋人　森を見る東洋人』ダイヤモンド社）
河﨑照行［2012］「SME基準と諸外国における小規模会社の会計ルール」『税研』第28巻第1号，50-55頁。
―――編著［2015］『中小企業の会計制度：日本・欧米・アジア・オセアニアの分析』中央経済社。
―――［2016］『最新 中小企業会計論』中央経済社。

――――・万代勝信編著［2013］『詳解 中小会社の会計要領』中央経済社。
企業会計基準委員会［2010］『非上場会社の会計基準に関する懇談会 報告書』財務会計基準機構。
国際会計研究学会・研究グループ［2011］（委員長：河﨑照行）『各国の中小企業版IFRSの導入実態と課題＜最終報告＞』国際会計研究学会。
武田隆二［2003］「グローバリゼーションと文化論」『TKC』第364号，4-12頁。
――――［2005］『法人税法精説（平成17年版）』森山書店。
――――［2006］「米国型会計モデルという名の国際モデル－会計文化論の在り方（その2）」『TKC』第397号，4-9頁。
――――［2009］『最新財務諸表論（第11版）』中央経済社。
中小企業庁［2010］『諸外国における会計制度の概要＜参考資料1＞』（第7回中小企業の会計に関する研究会配付資料）経済産業省。
万代勝信［2012］「『中小会計要領』と『中小会計指針』の棲み分けの必要性」『企業会計』第64巻第10号，32-39頁。

（河﨑　照行）

索　引

― 英　数 ―

AARF ································· 172
ADS ····················· 218, 225, 228, 244
ADSの意義 ···························· 249
AI ···································· 231
AICPA ··························· 218, 244
ANC ·································· 129
AU-C800 ····························· 261
BDI ·································· 114
BilMoG ······························· 117
BilRUG ······························· 110
CAAT ································ 224
Capital IQデータベース ················ 281
COM［2015］301 ····················· 104
CSV ·································· 243
DIHK ································ 115
DRSC ································ 114
EBITDA ······························ 339
EDINET ························· 218, 242
EDP ·································· 221
EDPシステム ························· 221
EFRAG ······························· 89
EFRAGの組織改革 ···················· 106
EU ································ 85, 364
FRF for SMEs ························ 259
FRS ·································· 139
FRSME ······························· 138
FRSSE ······················· 139, 173, 175
FRS第102号 ····················· 140, 144
FRSの法的裏付け ····················· 143
GAAP利益の情報提供性 ··············· 341
IFRS ······················ 5, 39, 50, 58, 105
IFRS（EU版IFRS） ··················· 123
IFRS適用是非の意思決定 ·············· 379
IFRS任意適用企業 ···················· 325
IFRSの公正妥当性 ···················· 29

Inline XBRL ·························· 252
ISO ·································· 228
JMIS ···································· 5
JMISの公正妥当性 ····················· 29
KAI ·································· 156
KASB ································ 156
K-GAAP ····························· 156
K-IFRS ······························· 156
LENフレームワーク ··················· 71
MASB ································ 180
MIA ·································· 181
MPERS ······························· 180
OCBOA ······························ 259
OECD ································ 226
OECD諸国における税回収コスト ······ 316
PERS ···························· 173, 175
SAF-T ································ 226
SAP ·································· 221
SAS ·································· 222
SLASS ··························· 173, 175
SME ··································· 86
SMEGA ·························· 173, 175
SME関連文書 ·························· 86
SORP ································ 139
SRCD ································ 250
SSAP ································· 139
UITF摘要書 ··························· 139
UK GAAP ···························· 136
Webベース・ビジネスレポーティング ··· 3, 18
XBRL ···························· 218, 374
XBRL FR ····························· 242
XBRL GL ························ 242, 249
XBRLタクソノミ ······················ 242
XBRLデータを対象とする監査 ········· 242
XBRLデータを使った監査 ············· 242

索引

— あ行 —

- アカウンタビリティー ……………………… 18
- アカウンタビリティーの変化 ………… 2, 12
- アフィン報酬契約 ………………………… 68
- アメリカ型会計文化 …………………… 387
- アラインメント効果 …………………… 326
- イギリス ………………………… 135, 367
- 一般企業会計基準 ……………………… 159
- 一般規定 …………………………… 95, 98
- 一般財務報告原則 ……………………… 95
- 一般に公正妥当と認められる企業会計の基準
  ……………………………………… 26
- 一般に認められた会計実務 …………… 136
- 一方的報告 ………………………………… 4
- 営業キャッシュ・フロー ……………… 281
- 営業利益 ………………………………… 281
- エレメント ……………………………… 249
- エントレンチメント効果 ……………… 326
- 欧州委員会 ……………………………… 89
- オーストラリア会計研究財団 ………… 172

— か行 —

- 回帰モデル ……………………………… 284
- 会計監査制度 …………………………… 265
- 会計基準設定 ……………………… 52, 388
- 会計基準における蓋然性 ……………… 57
- 会計基準における合理性 ……………… 359
- 会計基準の改訂過程 …………………… 137
- 会計基準の強制 ………………………… 29
- 会計基準の強制力 ……………………… 357
- 会計基準の公正妥当性 ………………… 357
- 会計基準の構造 ………………………… 32
- 会計基準の合理性 ………………… 39, 48
- 会計基準の国際的統合化 ……………… 318
- 会計基準の複線化 ………… 5, 355, 390
- 会計コミュニティの強化 ……………… 129
- 会計指針変換法 ………………………… 110
- 会計指令 …………………………… 86, 90
- 会計指令関連文書 ……………………… 87
- 会計制度の二分化 ………… 5, 355, 389
- 会計制度のパラダイム転換 …………… 5
- 会計制度の揺らぎ ……………………… 5
- 会計ディスクロージャーのパラダイム転換 … 3
- 会計ディスクロージャーの変化 ……… 16
- 会計ディスクロージャーの変貌過程 …… 4
- 会計の自由度 …………………………… 207
- 会計発生高 ……………………………… 281
- 会計発生高の質 ………………………… 282
- 会計法現代化法 ………………………… 117
- 会計利益計算 …………………………… 277
- 会計利益と課税所得の一致性 …… 277, 376
- 会計理論のパラダイム転換 …………… 2
- 会計理論の変化 …………………… 11, 356
- 会計理論の変貌過程 …………………… 13
- 会計理論モデル ……………………… 3, 13
- 会計を扱える能力 ……………………… 197
- 開示形式 ………………………………… 19
- 開示手段 ………………………………… 3
- 開示対象 ………………………………… 18
- 開示内容 ………………………………… 3
- 開示頻度 ………………………………… 18
- 解説書 …………………………………… 163
- 蓋然性規準 ………………………… 57, 360
- 画一化される会計 ……………………… 186
- 確定決算主義 ……………… 6, 277, 386
- 課税所得計算 …………………………… 277
- 活用 ……………………………………… 166
- 株主の企業価値 ………………………… 71
- 関係性 …………………………………… 384
- 慣行性 …………………………………… 34
- 韓国 ……………………………… 155, 369
- 韓国会計基準委員会 …………………… 156
- 韓国会計基準院 ………………………… 156
- 韓国企業会計基準 ……………………… 156
- 監査意見形成時の考慮事項 …………… 264
- 監査基準書 ……………………………… 222
- 監査基準の改訂 ………………………… 265
- 監査基準の標準化 ……………………… 219
- 監査規制の標準化 ……………………… 219
- 監査計画 ………………………………… 223
- 監査計画の立案 ………………………… 263
- 監査契約受嘱時の考慮事項 …………… 263
- 監査実施時の考慮事項 ………………… 263

索引　397

監査実務　230
監査証拠　222, 223
監査制度の標準化　218, 373
監査データの標準化　220, 229
監査データ標準　218, 225, 374
監査手続　222
監査手続書　221
企業環境　16
企業環境の変化　12
企業実体の変化　12
企業成長の意図　204
企業責任　17
企業責任の変化　12
企業の範囲　94
規則性　385
基礎編　245
機能論的アプローチ　388
期末監査　232
強制的同型化　187
競争環境の変化　337
金融商品取引法　24
繰越欠損金　316
繰戻欠損金　316
グループの範囲　95
グローバリゼーション　383
経営者努力コスト　76
経営者の行動変化　51
経営者のリスク回避度　78
経営者報酬　69
経営者報酬制度　71
経営者持株比率　325
経営上のゴール　204
経営努力コスト　69
経営努力水準　69
経済基盤の変化　2, 12
経済協力開発機構　226
経済社会　1
経済社会のダイナミズム　1
経済社会の変化　11
経済的合理性　40
継続監査　232
継続的報告　4
研究開発　58

研究者コミュニティとの連携　126
現状維持　209
行為者の循環性　184
合議制　127
交渉コスト　45
公正価値　97
公正価値測定　176
公正価値評価　92
公表　103
広報　165
合理化　184
合理性の判断ツール　184
国際会計基準における合理性の変容　45
国際会計基準の合理性　43
国際会計モデル　385
国際監査基準　219, 260
国際標準化機構　228
国際文化　387
国家会計基準局　126
固定資産　96
固定資産補助元帳編　249
コンピュータ利用監査技法　224

― さ　行 ―

再交渉コスト　45
在庫補助元帳編　248
最適報酬契約　73
財務諸表の様式　92
財務報告　3, 18
財務報告の質　50
裁量的会計発生高　283
作成支援　166
産業構造　17
サンプル選択　284
ジェンキンス報告書　3
支援センター　163
仕掛研究開発　58
事業報告　4
事業リスクの変化　79
資金調達の目的　201
試査　232
市場経済の変化　2, 12

市場の失敗	41	総勘定元帳編	247
次世代の会計システム	4	相当に権威ある支持	40
実効税率	307	双方向的報告	4
資本主義社会	184	即時的報告	4
囚人のジレンマ	42	租税回避行動	302
修正国際基準	5, 46, 49, 62	租税回避行動の国際比較	309
受注現金回収補助元帳編	248	租税回避行動の消極性	305
小企業および中企業に対する簡素化	100, 103	租税回避行動の積極性	305
小規模企業	142	租税回避行動の変化	311
消極的強制	30	租税回避の程度	305
小公開企業	117	その他の包括的会計基準	259
上場企業の会計制度	5, 355	損益計算書	98
上場企業向けの会計制度	156	損益計算書の表示	100
情報技術	221		
情報技術の進展	373	― た 行 ―	
情報の範囲	18	大企業の会計制度	5
情報の非対称性	314	貸借対照表	98
情報の要請	178	貸借対照表の表示	98
情報要求	3	代替的測定	96
除外規定	103	代替的測定基礎	97
除外の制限	103	ダイナミズム	1
指令2012/6/EU	91	探索的研究	195
指令2013/34/EU	92	男女の争い	44
新興経済諸国	178	チェックリスト	202, 208
人工知能	231	中規模企業	138
真実かつ公正な概観	92	中規模企業に対する財務報告基準	138
新制度派社会学	183	中小会計要領	6, 162, 164, 193, 391
信頼性の保証	266	中小会社の会計	124
正規確率変数	68	中小企業会計基準	160
成長の意図	209	中小企業会計基準事務局	163
静的報告	4	中小企業会計制度の活用	163
制度的ルール	184	中小企業会計制度の普及	163
税務会計	208	中小企業における自発的開示	193, 371
税務用標準監査ファイル	226	中小企業の会計制度	5, 161, 355
西洋文化	384	中小企業の財務報告フレームワーク	259
税理士	194	中小企業版IFRS	6, 126, 140, 157, 171, 176
世界文化	387	中小企業版IFRS（公開草案）	114
積極的強制	30	中小企業版会計基準	171
絶対的リスク回避度	69	中小企業版会計基準における金融商品	175
セミナー	165	中小企業版会計基準の概念フレームワークにおける測定基礎	173
専門家への依存	207	中小企業版会計基準をめぐる国際的動向	370
戦略プラン	124		
戦略プラン：2019年への挑戦	127		

中小指針 …………………………… 6, 193, 391
調達支払補助元帳編 …………………… 248
定期報告 …………………………………… 4
底辺への競争 …………………………… 53
データ標準化 …………………………… 226
テーブル・リンクベース ……………… 252
テーマ分析 ……………………………… 195
適格企業 ………………………………… 142
適時的な損失認識 ……………………… 283
デジタル化 ……………………………… 337
電子データ処理 ………………………… 221
電子的監査証拠 ………………………… 223
ドイツ ……………………………… 109, 365
ドイツ会計基準審議会 ………………… 114
ドイツ産業連盟 ………………………… 114
ドイツ商工会議所 ……………………… 115
ドイツ商法 ……………………………… 111
同型化 …………………………………… 186
統合報告 …………………………………… 4
投資家保護 ……………………………… 279
動的報告 …………………………………… 4
東洋文化 ………………………………… 384
特別規定 ………………………………… 98
特別考慮事項 …………………………… 263
特別目的の財務諸表 ……………… 260, 266
特別目的の財務諸表に対する監査 …… 375
トップダウン・アプローチ ……… 160, 391
取引コスト ………………………… 41, 45
努力インセンティブ …………………… 326
トレード・オフ関係 …………………… 207

— な 行 —

内部管理情報の外部化 …………………… 4
内部統制 ………………………………… 221
ナレッジ型会計理論 ……………… 3, 15
ナレッジ型市場経済 ……………… 3, 15
日本 ……………………………………… 155
日本型会計モデル ……………………… 385
日本企業の税務システム ……………… 316
日本企業の租税回避行動 ………… 314, 378
日本基準 ………………………………… 61
日本基準の公正妥当性 ………………… 29

日本版IFRS ……………………………… 5
ネットワーク外部性 ……………… 43, 46
ネットワーク合理性 …………………… 48

— は 行 —

発生主義会計 …………………………… 208
判断のレベル …………………………… 31
非GAAP利益 ……………………… 339, 345
非GAAP利益開示の実態 ……………… 341
非GAAP利益とGAAP利益の差異 …… 346
非GAAP利益の開示 …………………… 380
非GAAP利益の情報効果 ……………… 348
非GAAP利益の情報有用性 …………… 340
比較静学 ………………………………… 76
非公開会社 ……………………………… 180
非公開企業会計基準 …………………… 175
非財務情報の重視 ………………………… 3
ビジネスレポーティング ………………… 3
非上場企業向けの会計制度 …………… 157
ビッグバン・アプローチ ……………… 156
比例連結 ………………………………… 102
ファイナンス型会計理論 ………… 3, 15
ファイナンス型市場経済 ………… 3, 15
フェーズイン・アプローチ …………… 156
不確実性 ………………………………… 57
プラン・コンタブル・ジェネラル …… 128
フランス …………………………… 121, 366
フランス会計基準 ……………………… 128
フリーライダー問題 …………………… 42
ブレグジット …………………………… 122
プロダクト型会計理論 ……………… 3, 14
プロダクト型市場経済 ……………… 3, 14
プロファイル …………………………… 250
文化 ……………………………………… 383
文化のローカル性 ……………………… 384
分析的手続 ……………………………… 230
分離方式 …………………………………… 6
米国基準 …………………………………… 5
米国基準の公正妥当性 ………………… 29
米国公認会計士協会 …………………… 218
法定税率 ………………………………… 307
ボトムアップ・アプローチ …………… 391

― ま 行 ―

マイクロ企業 …………………… 88, 139, 142
マイクロ企業の範囲 ……………………… 91
マレーシア会計基準審議会 …………… 180
マレーシア会計士協会 ………………… 181
マレーシア非公開企業報告基準 ……… 180
未来化 ……………………………………… 3
無形資産 ………………………………… 63
免除項目 ………………………………… 91
モラル・ハザード・モデル …………… 69

― ら 行 ―

利益の堅さ ………………………… 67, 361
利益の質 ………………………… 281, 376
利益平準化 …………………………… 290
利益マネジメント ………………… 67, 361
利益マネジメントのコスト …………… 69
利益マネジメントの水準 ……………… 69
利害関係者 ……………………………… 206
リスク・アプローチ …………………… 268
連結財務諸表 …………………………… 100
連結財務諸表の作成 …………………… 102
連結除外 ………………………………… 101
ロードマップ …………………………… 182

◆執筆者一覧 (執筆順)

河﨑　照行	(甲南大学名誉教授)	序章・第1章・第20章・第21章	
佐藤　信彦	(熊本学園大学大学院教授)	第2章	
大塚　成男	(千葉大学大学院教授)	第3章	
梅原　秀継	(明治大学専門職大学院教授)	第4章	
太田　康広	(慶應義塾大学大学院教授)	第5章	
倉田　幸路	(立教大学名誉教授)	第6章・第7章	
小津　稚加子	(九州大学大学院准教授)	第8章	
齊野　純子	(関西大学教授)	第9章	
上野　隆也	(税理士)	第10章	
平賀　正剛	(愛知学院大学教授)	第11章	
菅原　智	(関西学院大学教授)	第12章	
角ヶ谷　典幸	(名古屋大学大学院教授)	第12章	
坂上　学	(法政大学教授)	第13章・第14章	
林　隆敏	(関西学院大学教授)	第13章・第14章	
町田　祥弘	(青山学院大学大学院教授)	第13章・第14章	
浦崎　直浩	(近畿大学教授)	第15章	
米谷　健司	(東北大学大学院准教授)	第16章	
加賀谷　哲之	(一橋大学大学院准教授)	第17章	
円谷　昭一	(一橋大学大学院准教授)	第18章	
髙橋　幹夫	(株式会社スリー・シー・コンサルティング)	第18章	
金　鐘勲	(一橋大学助教)	第18章	
中條　祐介	(横浜市立大学教授)	第19章	

【編著者紹介】

河﨑　照行（かわさき　てるゆき）

1950年　山口県に生まれる
1979年　神戸大学大学院経営学研究科博士課程単位取得。博士（経営学）（神戸大学）
1978年　甲南大学経営学部助手，その後，講師，助教授を経て
1988年　甲南大学経営学部教授
1992年〜1993年　米国テキサス大学客員研究員
2004年〜2006年　甲南大学副学長
2006年〜2013年　甲南大学会計大学院長
現　在　甲南大学名誉教授

- 税理士試験委員，公認会計士試験委員，中小企業庁「中小企業政策審議会」臨時委員，金融庁「企業会計審議会企画調整部会」臨時委員等を歴任
- 中小企業会計学会会長，税務会計研究学会理事
- 公益財団法人「租税資料館」理事長

〔主要著書〕
単著：『情報会計システム論』中央経済社，1997年
　　　『最新　中小企業会計論』中央経済社，2016年
編著：『電子情報開示のフロンティア』中央経済社，2007年
　　　『詳解　中小会社の会計要領』中央経済社，2012年
　　　『中小企業の会計制度—日本・欧米・アジア・オセアニアの分析』中央経済社，2015年
共著：『中小会社の会計—中小企業庁「中小企業の会計に関する研究会報告書」の解説』中央経済社，2003年
　　　General Accounting Standard for SMEs in Japan, Wiley, 2014
監訳：『シンプルIFRS』中央経済社，2011年

会計制度のパラダイムシフト―経済社会の変化が与える影響

2019年3月31日　第1版第1刷発行

編著者　河　﨑　照　行
発行者　山　本　　　継
発行所　㈱中央経済社
発売元　㈱中央経済グループ
　　　　パブリッシング

〒101-0051　東京都千代田区神田神保町1-31-2
　　　電　話　03（3293）3371（編集代表）
　　　　　　　03（3293）3381（営業代表）
　　　http://www.chuokeizai.co.jp/
製　版／三英グラフィック・アーツ㈱
印　刷／三英印刷㈱
製　本／誠　製　本㈱

ⓒ 2019
Printed in Japan

＊頁の「欠落」や「順序違い」などがありましたらお取り替えいたしますので発売元までご送付ください。（送料小社負担）

ISBN978-4-502-28971-2　C3034

JCOPY〈出版者著作権管理機構委託出版物〉本書を無断で複写複製（コピー）することは，著作権法上の例外を除き，禁じられています。本書をコピーされる場合は事前に出版者著作権管理機構（JCOPY）の許諾を受けてください。
JCOPY〈http://www.jcopy.or.jp　eメール：info@jcopy.or.jp　電話：03-3513-6969〉

―■おすすめします■―

学生・ビジネスマンに好評
■最新の会計諸法規を収録■

新版 会計法規集

中央経済社編

会計学の学習・受験や経理実務に役立つことを目的に，最新の会計諸法規と企業会計基準委員会等が公表した会計基準を完全収録した法規集です。

《主要内容》

会計諸基準編＝企業会計原則／外貨建取引等会計処理基準／連結CF計算書等作成基準／研究開発費等会計基準／税効果会計基準／減損会計基準／自己株式会計基準／１株当たり当期純利益会計基準／役員賞与会計基準／純資産会計基準／株主資本等変動計算書会計基準／事業分離等会計基準／ストック・オプション会計基準／棚卸資産会計基準／金融商品会計基準／関連当事者会計基準／四半期会計基準／リース会計基準／持分法会計基準／セグメント開示会計基準／資産除去債務会計基準／賃貸等不動産会計基準／企業結合会計基準／連結財務諸表会計基準／研究開発費等会計基準の一部改正／変更・誤謬の訂正会計基準／包括利益会計基準／退職給付会計基準／税効果会計基準の一部改正／収益認識基準／原価計算基準／監査基準／連続意見書　他

会 社 法 編＝会社法・施行令・施行規則／会社計算規則

金 商 法 編＝金融商品取引法・施行令／企業内容等開示府令／財務諸表等規則・ガイドライン／連結財務諸表規則・ガイドライン／四半期財務諸表等規則・ガイドライン／四半期連結財務諸表規則・ガイドライン　他

関連法規編＝税理士法／討議資料・財務会計の概念フレームワーク　他

■中央経済社■